教育部人文社会科学研究规划基金项目成果

教育部新世纪优秀人才资助计划项目成果

国家211工程四期重点建设学科群"中国—东盟经贸合作与发展研究"资助

教育部哲学社会科学研究重大课题攻关项目阶段性成果

广西高校人才小高地资助成果

广西大学商学院出版基金资助

广西大学中国—东盟研究院文库

范祚军　唐文琳◎著

人民币国际化的条件约束与突破

第二节　区域汇率协作理论与人民币国际化 ·············· 79
　　一、三元悖论 ························· 79
　　二、汇率目标区理论 ···················· 82
　　三、区域汇率协作的博弈论 ················· 87
第三节　最优货币区理论与人民币国际化 ·············· 89
　　一、传统的最优货币理论 ·················· 89
　　二、现代的最优货币理论 ·················· 93
　　三、最优货币区理论对人民币国际化（区域性国际化）的牵引 ··· 97
第四节　一体化货币金融理论与人民币国际化 ············ 98
　　一、完全货币联盟的收益分析 ················ 99
　　二、完全货币联盟的成本分析 ··············· 102
　　三、宏观经济政策对完全货币联盟的影响分析 ········· 103
　　四、一体化货币金融理论对人民币国际化的启示 ········ 106

第三章　人民币国际化现状考察 ·················· 113
第一节　人民币跨境流通的现金数量估计 ·············· 115
　　一、人民币流出入境的渠道 ················· 115
　　二、人民币跨境流通的现金数量估计 ············· 117
第二节　人民币跨境流通的分布及其原因分析 ············ 125
　　一、人民币跨境流通的地区分布 ··············· 125
　　二、人民币跨境流通的基本原因 ··············· 133
第三节　人民币跨境流通原因相关性的实证分析 ··········· 139
　　一、构建模型与数据选择 ·················· 139
　　二、实证分析 ······················· 140

第四章　货币竞争与人民币国际化条件 ··············· 147
第一节　货币竞争的理论与经验 ·················· 149
　　一、货币竞争及其决定要素 ················· 149
　　二、货币竞争的经验 ···················· 153
第二节　主要国际化货币竞争力分析与人民币国际化困境 ······· 156
　　一、整体经济实力比较 ··················· 156
　　二、对外贸易规模与制造业竞争力的比较 ·········· 160

三、金融市场成熟度与开放度比较 …………………… 166

四、币值稳定性比较 ………………………………… 170

第三节　人民币国际化的竞争条件 ……………………… 176

一、从全球视角看人民币国际化面临的货币竞争 …… 176

二、从区域视角看人民币国际化面临的货币竞争 …… 188

三、影响人民币国际化的非经济竞争因素分析 ……… 205

本章小结 …………………………………………………… 208

第五章　人民币国际化的国力条件 …………………………… 211

第一节　中国经济、政治地位与人民币国际化潜力 …… 213

一、中国的经济总量地位和人民币国际化的潜力关系研究 …… 213

二、中国的国际贸易地位和人民币国际化的潜力 …… 220

三、中国的对外投资地位提升和人民币国际化的潜力 …… 225

四、中国国际政治地位提升和人民币国际化的潜力 …… 229

第二节　中国综合国力测度及其与货币国际化条件的差距 … 234

一、货币国际化程度的测度 ………………………… 234

二、人民币国际化的差距分析 ……………………… 237

本章小结 …………………………………………………… 246

第六章　人民币国际化的金融体制条件 ……………………… 249

第一节　人民币国际化与资本账户开放问题 …………… 251

一、资本账户开放与货币国际化 …………………… 252

二、中国资本账户开放的现状及特点 ……………… 254

三、人民币国际化是否需要资本账户完全开放 …… 265

四、人民币国际化过程中需要可兑换的项目及开放顺序 …… 269

第二节　人民币国际化与金融监管制度创新 …………… 275

一、货币国际化对全面适度的有效金融监管的需求 …… 275

二、"一行三会"分业监管结构与货币国际化监管缺陷 …… 279

三、人民币国际化对金融监管与时俱进的警示 …… 297

四、人民币国际化进程中的金融监管体制改革 …… 300

第三节　金融机构国际化与人民币国际化 ……………… 305

一、国际化的现代商业银行体系 …………………… 305

二、国际化的现代投资银行体系 …………………………………… 309

三、国际化的现代保险服务体系 …………………………………… 311

本章小结 ………………………………………………………………… 314

第七章　人民币国际化的金融市场条件 ……………………………… 317

第一节　人民币国际化对国内金融市场的要求 ……………………… 319

一、健康完善的国际化货币市场 …………………………………… 319

二、稳步发展的国际化资本市场 …………………………………… 322

三、逐步完善的国际化衍生品市场 ………………………………… 323

四、人民币国际化与金融市场的国际化需求 ……………………… 325

第二节　基于人民币国际化视角的中国金融市场国际化策略 ……… 327

一、金融市场国际化的框架 ………………………………………… 328

二、中国金融市场国际化差距分析 ………………………………… 329

三、人民币国际化与金融市场改革 ………………………………… 342

本章小结 ………………………………………………………………… 347

第八章　人民币国际化的汇率和利率条件 …………………………… 349

第一节　人民币国际化的汇率条件 …………………………………… 351

一、汇率形成机制相对透明是人民币国际化的汇率基础 ………… 351

二、汇率形成机制透明与主权货币的"国际信任" ……………… 356

三、建立 CAFTA 汇率协调机制尝试推动人民币区域性国际化 … 358

第二节　人民币国际化的利率条件 …………………………………… 366

一、中国利率市场化程度评判 ……………………………………… 367

二、利率市场化与人民币汇率之间的关系 ………………………… 369

三、人民币国际化过程中的利率市场化选择 ……………………… 376

本章小结 ………………………………………………………………… 388

第九章　金融危机后人民币国际化的约束条件变化 ……………… 393

第一节　美国金融危机爆发与国际货币金融体系调整 ……………… 395

一、美国金融危机暴露世界货币体系的内在缺陷 ………………… 396

二、金融危机对国际货币体系和世界经济的影响 ………………… 401

三、国际金融危机对各主要货币经济体的影响 …………………… 405

第二节　国际货币体系改革与人民币国际化战略 …………………… 417

一、国际货币体系改革经验总结 ················· 418

二、国际货币体系现状与改革诉求 ··············· 419

第三节 金融危机后人民币国际化的机遇与挑战 ·········· 429

一、人民币国际化的机遇 ··················· 429

二、人民币国际化的挑战 ··················· 434

本章小结 ·························· 439

第十章 人民币国际化的路径选择 ············· 445

第一节 完善人民币周边国际化基础 ·············· 448

一、人民币周边化现状 ··················· 448

二、边贸的繁荣是人民币国际化（区域性国际化）的基础 ···· 450

三、开放边境投资特区吸收境外人民币 ············· 452

四、争取人民币直接投资试点建设 ··············· 454

第二节 推进人民币区域性国际化 ·············· 455

一、人民币执行计价结算职能 ················ 455

二、人民币执行投资借贷职能 ················ 463

三、人民币成为他国储备货币，执行贮藏职能 ········ 467

第三节 人民币国际化的阶段划分 ·············· 468

一、人民币国际化分阶段基础设施建设 ··········· 469

二、人民币次区域性国际化阶段 ··············· 477

三、人民币亚洲化与国际化 ················· 494

本章小结 ·························· 501

后记 ···························· 504

表目录

表 1-1　国际货币的职能 ……………………………… 15

表 1-2　美元、日元、欧元和人民币国际化综合指数 …… 33

表 1-3　对 2020 年国际债券中币种结构的预测 ……… 33

表 3-1　相关学者对跨境人民币流通量的计算 ………… 118

表 3-2　1997—2005 年我国境外人民币现金数量 ……… 122

表 3-3　2005 年 1 季度—2008 年 4 季度我国境外人民币数量 … 123

表 3-4　1996—2008 年人民币境外持有规模 …………… 124

表 3-5　2006—2009 年广西与越南接壤地区的银行边贸
　　　　结算数据 ………………………………………… 127

表 3-6　2005—2009 年我国全年国内生产总值及其增长率 ……… 133

表 3-7　2005—2009 年我国全年货物进出口总额 ………… 133

表 3-8　边境三省边境小额贸易进出口情况 …………… 134

表 3-9　1997—2008 年人民币跨境流通数量与各要素的数据 …… 140

表 3-10　相关性检验结果 ……………………………… 141

表 3-11　回归分析的结果 ……………………………… 143

表 4-1　国际货币职能一览表 ………………………… 150

表 4-2　日本主要出口目的地和进口目的地金额及其比重 ……… 162

表 4-3　中国主要出口目的地和进口目的地金额及其比重 ……… 164

表 4-4　中国—东盟双边贸易（1997—2008） ………… 164

表 4-5　中国与部分国家的技术高度指数 ……………… 165

表 4-6　2004—2008 年在华外资银行业营业机构数与资产表 …… 169

表 4-7　全球外汇市场日均交易量中主要币种占比 ……… 178

表4-8　世界各国汇率制度安排 …………………………………… 178

表4-9　欧元、美元在国际贸易计价中所占份额 ………………… 180

表4-10　亚洲贸易商品计价货币占有率比较 …………………… 180

表4-11　全球可识别的官方外汇储备的货币构成 ……………… 181

表4-12　人民币国际化现状 ……………………………………… 185

表4-13　在香港发行的以人民币为面值的债券 ………………… 187

表4-14　中国与东亚及周边国家签订的涉及本币的货币
　　　　互换协议情况 …………………………………………… 187

表4-15　美国国债在东亚国家的持有情况 ……………………… 189

表4-16　东亚经济体在外汇市场交易中的货币占比 …………… 192

表4-17　日元在日本对外贸易中的计价比例 …………………… 195

表4-18　中日两国推进货币合作的博弈模型 …………………… 200

表4-19　对人民币货币锚效应的实证研究列表 ………………… 204

表4-20　中国—东盟各国的政治、宗教和文化、领土领海争端
　　　　情况一览表 ……………………………………………… 207

表5-1　中国1998—2009年GDP总量及增长情况 ……………… 215

表5-2　1500—1973年部分国家GDP估算 ……………………… 216

表5-3　1500—1973年一些国家GDP占世界份额估计 ………… 216

表5-4　1979—2050年我国GDP增长率 ………………………… 218

表5-5　1979—2050年我国GDP缩减指数 ……………………… 219

表5-6　1985—2030年我国人民币对美元汇率中间价走势 …… 219

表5-7　2009—2050年中国和世界GDP及中国所占份额变化
　　　　趋势预测 ………………………………………………… 220

表5-8　1948—2008年中美、德、日出口贸易占全球比重 …… 225

表5-9　2004—2007年人民币国际度指标 ……………………… 236

表5-10　2000年美元、欧元与日元的国际度指标 ……………… 237

表5-11　1998—2009年我国人均GDP情况 …………………… 238

表5-12　2007年中国国际投资头寸表 …………………………… 242

表5-13　2006年对华投资前十位国家/地区 …………………… 242

表5-14　2006年中国对外投资前十位国家/地区 ……………… 243

表 6-1　国际货币基金组织成员国资本账户管制状况 …………… 253

表 6-2　2009 年我国国际收支平衡表 ……………………………… 258

表 6-3　中国资本账户开放现状 …………………………………… 259

表 6-4　资本账户开放的成本收益 ………………………………… 267

表 6-5　金融机构与监管部门博弈的支付矩阵 …………………… 295

表 6-6　2009 年我国主要银行国际化概况 ……………………… 307

表 7-1　1996—2009 年同业拆借市场交易量与 GDP 比较………… 332

表 7-2　2004—2009 年货币市场各子市场交易情况 …………… 333

表 7-3　2004—2009 年股票市场与债券市场筹资额比较 ……… 334

表 7-4　2003—2009 年股票市场规模变化 ……………………… 335

表 7-5　1996—2009 年股票市场交易量与 GDP 比较…………… 336

表 7-6　1994—2006 年境内股票筹资与银行贷款增加额和固定资产
　　　　投资的比率 …………………………………………… 338

表 7-7　国内有价证券分类分析 …………………………………… 339

表 7-8　2004—2009 年国债与企业债发行量比较 ……………… 340

表 8-1　各国官方外汇储备构成 …………………………………… 353

表 8-2　麦金农（2000）对中国和东盟国家汇率实证研究的
　　　　结果 ………………………………………………… 360

表 8-3　2002—2007 年中国和东盟国家汇率实证研究的结果 …… 361

表 8-4　2007—2009 年 SHIBOR 不同期限数据统计表 ………… 380

表 8-5　2001—2008 年同业拆借利率和债券回购利率市场
　　　　运行状况 …………………………………………… 381

表 8-6　2009 年 9 月 CHIBOR、SHIBOR、REP 各期限利率……… 382

表 8-7　协整检验 …………………………………………………… 383

表 8-8　GRANGER 因果关系检验 ……………………………… 383

表 8-9　协整检验 …………………………………………………… 386

表 9-1　主要国家的次贷损失 …………………………………… 396

表 9-2　全球经济失衡的基本情况 ……………………………… 397

表 9-3　美国对世界主要国家的出口变化 ……………………… 404

表 9-4　2007—2008 年中国—美国出口情况表 ………………… 411

表 10-1　人民币国际化阶段性目标和战略对策……………………… 476

表 10-2　2003—2007 年香港和内地的贸易与投资情况　………… 479

表 10-3　2003—2007 年澳门主要商品进口原产地和目的地　…… 480

表 10-4　澳门货币统计量 M1 的构成…………………………………… 483

图目录

图 1-1　1993—2008 年欧元区 16 国人均 GDP ·················· 9

图 1-2　1994—2008 年中国与东盟双边贸易情况 ·················· 11

图 1-3　2002—2008 年东盟对中国 FDI 情况 ·················· 12

图 1-4　课题框架研究安排 ·················· 46

图 1-5　人民币国际化战略研究技术路线 ·················· 56

图 2-1　三元悖论作用图 ·················· 81

图 2-2　克鲁格曼模型 ·················· 84

图 2-3　汇率政策协调的福利分析：HAMADA 图 ·················· 87

图 2-4　GG-LL 模型分析 1 ·················· 95

图 2-5　GG-LL 模型分析 2 ·················· 95

图 2-6　动态标准与最优货币区的内生性 ·················· 97

图 2-7　货币区一国风险分析图 ·················· 99

图 2-8　货币区两国风险共担分析图 ·················· 100

图 2-9　货币区成员国成本分析图 ·················· 102

图 3-1　2005—2009 年我国公民出境旅游人数 ·················· 135

图 3-2　2009 年 1—6 月香港与主要国家和地区商品贸易情况 ··· 136

图 3-3　2009 年 1—6 月澳门与主要国家和地区商品贸易情况 ··· 137

图 3-4　2009 年 1—6 月台湾与主要国家和地区商品贸易情况 ··· 137

图 3-5　2005—2009 年末人民币汇率走势图（对美元） ·················· 139

图 4-1　美、欧、日、中四国或地区 GDP 总量的比较
（1999—2010） ·················· 159

图 4-2　美、欧、日、中四国或地区经济增长率比较
（2001—2014） ·················· 159

图 4-3　美、欧、日、中四国或地区人均 GDP 比较分析
（1960—2008）……………………………………… 160

图 4-4　美、欧、日、中四国或地区进出口总额占世界的比重
（1999—2008）……………………………………… 161

图 4-5　国际贸易地域构成（2008）…………………………… 161

图 4-6　东亚经济体对中国出口占其总出口比重 …………… 163

图 4-7　中日两国持有美国国债的情况 ……………………… 167

图 4-8　美、日、欧、中四国或地区银行不良贷款占全部贷款
比重 …………………………………………………… 170

图 4-9　美元对主要货币指数走势（1973—2010 年 3 月）……… 171

图 4-10　各主要货币的实际有效汇率比较（1994 年 1 月—
2010 年 1 月）……………………………………… 172

图 4-11　各主要货币国或地区的消费物价指数（1999—
2009）……………………………………………… 173

图 4-12　1990—2008 年美国经常项目赤字与财政赤字 ……… 174

图 4-13　1999—2009 年各主要货币国家（地区）经常项目余额
比较 ………………………………………………… 174

图 4-14　1978—2009 年中国外汇储备余额 ………………… 175

图 4-15　1999—2009 年中国基础货币投放量 ……………… 175

图 4-16　1999—2007 国际清算银行成员国货币当局存款中的
主要货币构成 ……………………………………… 182

图 4-17　美元、欧元、日元国际债券发行额及其占世界比重 …… 183

图 4-18　全球场外利率衍生市场（名义未清偿金额）……… 184

图 4-19　全球场外外汇衍生市场（名义未清偿金额）……… 184

图 4-20　香港的人民币存款（2004 年 2 月—2010 年 2 月）…… 186

图 4-21　2007 年第四季度欧元在部分地区国际债券市场
占有率 ……………………………………………… 191

图 4-22　发展中国家的外汇储备中各主要货币资产
占比 ………………………………………………… 194

图 4-23　广西边贸银行结算中人民币与美元的比例
构成 ………………………………………………… 197

图 5-1　1978—2008 年我国对外贸易总额 ………………… 223

图 5-2　全球产业链分工示意图 ………………………… 239

图 6-1　美国金融监管模式 ……………………………… 282

图 6-2　英国金融监管模式 ……………………………… 284

图 6-3　日本金融监管模式 ……………………………… 286

图 6-4　德国金融监管模式 ……………………………… 288

图 6-5　中国金融监管模式 ……………………………… 291

图 6-6　我国金融监管体系架构 ………………………… 306

图 7-1　金融市场国际化与人民币国际化的互动机制 ……… 325

图 7-2　货币市场分割原因 ……………………………… 330

图 7-3　1996—2009 年同业拆借市场交易量与 GDP 比较 …… 333

图 7-4　2004—2009 年货币市场各子市场交易情况 ……… 333

图 7-5　2004—2009 年股票市场与债券市场筹资额比较 …… 335

图 7-6　1996—2009 年股票市场交易量与 GDP 比较 ……… 336

图 7-7　1994—2009 年股票市值与 GDP 的比率 …………… 337

图 7-8　2008 年各种债券托管量占比 …………………… 340

图 7-9　2004—2009 年国债与企业债发行量比较 ………… 341

图 7-10　金融市场划分 ………………………………… 344

图 7-11　"国内化+国际化"人民币跨境及境外支付清算
系统的模式 ………………………………… 346

图 8-1　1973 年 1 月—2009 年 1 月实际有效汇率变动趋势 …… 352

图 8-2　三元悖论的"不可能三角" …………………… 355

图 8-3　利率变动对汇率的传导机制 …………………… 371

图 8-4　汇率变动对利率的传导机制 …………………… 372

图 8-5　利率与汇率互动机制示意图 …………………… 375

图 8-6　2007—2009 年 SHIBOR 不同期限利率统计图 …… 379

图 8-7　2007—2009 年隔夜和一周期 SHIBOR 利率情况
统计图 ……………………………………… 379

图 8-8　2007—2009 年 CHIBOR1W、SHIBOR1W、REP1W
利率情况统计图 …………………………… 380

图 8-9　2007—2009 年物价指数（CPI）的波动走势 ……… 384

第一节　选题背景、目的和意义

金融危机以来，全球经济格局发生了巨大变化，随着中国经济实力和对外贸易的增强，人民币在边境贸易结算中越来越受欢迎。在现实需求的推动下，人民币国际化进程已显端倪。特别是 2008 年底以来，中国政府已分别与韩国、香港、阿根廷等 6 个国家和地区签订了人民币货币互换协议，并于 2009 年 7 月开始在上海、广州等五个城市开始了跨境贸易人民币结算试点①，9 月在香港首次发行人民币国债。人民币跨境贸易结算试点近一年后，央行等六部委联合下发了《关于扩大跨境贸易人民币结算试点有关问题的通知》（征求意见稿），北京、重庆、天津、辽宁、江苏、浙江、福建、山东、河北、广西、海南、四川、云南和内蒙古等 14 个省（市）成为第二批开展跨境人民币贸易结算的试点区域。人民币国际化已经从最初的市场自发行为向政府推动方式转变，推进人民币国际化问题已成为我国目前亟待研究的课题。

一、选题背景

从国际经济和金融的发展实践来看，若干个国家或经济体在货币领域的深度合作，不仅有利于参与国之间经济贸易的共荣，更有利于抵御各种外部冲击，维护区域稳定。伴随区域市场和贸易规则的一体化进程，货币竞争也逐渐迈出了国门并将呈现出"强势货币轮动"趋势，欧元的兴起、"亚元"的提出、拉美国家货币美元化趋势以及非洲统一货币、海湾阿拉伯国家统一货币思想的出现从事实上印证了这样的观点。虽然从最终发展趋势来看，国际货币体系在很长一段时间内仍将由几种国际货币主导，但此次金融危机引发的去杠杆化和经济低迷，导致了国际经济竞争格局的变

---

① 国务院常务会议于 2009 年 4 月 8 日决定，在上海市和广东省内四城市开展跨境贸易人民币结算试点。中国国务院总理温家宝 8 日主持召开国务院常务会议，会议决定在上海市和广东省内四城市开展跨境贸易人民币结算试点。

化，改变了国际货币体系的竞争格局，也影响了地区货币的发展趋势。

（一）金融危机后人民币国际化的国际金融条件日趋成熟

此次金融危机的成因诸多，但美元所主导的、基本不受约束和监管的单极化国际货币格局是重要原因。二战以后，尤其是布雷顿森林体系崩溃以来，国际经济力量多元化已成为一个事实，国际经济格局已经改变而且仍在改变。从逻辑上推论，作为国际经济格局内生的国际货币格局也应该发生改变，但我们遗憾的是，以美元为主导的单极化货币格局及以美国金融体系为主体的国际金融格局并没有作出相应调整。此次金融危机爆发前，美元仍然是各国外汇储备中最主要的币种，2005年各国官方外汇储备结构中美元所占比重为66.4%。既然美元在全球经济中处于中心货币地位，基于全球经济、贸易、国际储备不断增长的需求，美元供给以及美元定值资产必然不断增加，支撑了美国经济的高消费、高负债、高逆差和高杠杆经济运行模式。美国不断扩大的经常账户赤字必须靠外部资本的不断流入来弥补，而拥有充足美元储备的国家由于诸多投资限制及投资渠道的相对缺乏，又只能大量投资于美国。大量资金的流入降低了美国利率水平，使美国以极低的成本满足了资本需求，进一步助推美国的低储蓄和高负债行为，放大美国金融经济泡沫。同时，美国的经济金融监管体系也没有制定相应措施"保驾护航"，反而放松监管，致使资本流向风险比较高的金融衍生品，日积月累，必然发生金融危机或经济危机。而且，在单极化货币格局下的这种危机可以通过经济体系和金融体系迅速转嫁到世界各地，让全世界各国被动地为其分担金融危机带来的损失。

国际货币体系以国家经济和金融实力为支撑，当前新兴经济体的崛起创造了有利的改革条件。本次金融危机使美国货币霸权地位受到挑战，增加了改革的可能性。金融危机后，国际货币体系多元化竞争与发展将首先体现在区域货币相对力量的变化上，随后是各个区域内几个主要的货币相互竞争，并且将来有可能形成某种松散的体制。除美元和欧元外，非洲货币一体化趋势、海湾阿拉伯国家统一货币、居未来"亚元"核心地位的人民币和日元都将在新的国际货币体系中发挥重要作用。未来的亚洲就有可能形成两种核心货币，以石油储备为发行基础的海湾阿拉伯国家统一货币更具有竞争力。中东地区现在的多结算货币格局未来的演变趋势可能会十分复杂，甚至与俄罗斯卢布相关联。"石油卢布"或海湾阿拉伯国家货币一旦成为区域货币，其势必将进一步趋向世界货币，全面挑战以美元为主导的国际货币体系。

一国或某一经济体强盛且具有较强的可持续发展的潜力，其货币就会受到他国的高度认可。国际货币体系演进的历史表明，国际货币的中心—边缘结构具有动态演进的特征，它取决于主要大国（经济体）之间的相对实力变化。那么，金融危机导致各主要经济体经济金融地位的变化必将给地区货币竞争格局带来重要影响。这次美国金融危机为亚洲国家加强区域金融合作、提高亚洲货币话语权提供了契机。

首先，美元霸权的衰落将是一个漫长的过程。

经济全球化背景下，金融危机的频繁发生曾迫使拉美国家实施美元化，以期加强与美国的经济联系及借助美元的强势地位促进本地区经济增长，但此次金融危机对美元在国际货币体系中的储备货币地位产生了重大的负面影响，不仅美国金融机构在这次危机中遭受巨大灾难，美国实体经济增长速度急剧下降，股价大幅下挫，股市和汇市持续动荡。由于与美国经济联系紧密，该区域各成员国不可避免地受到了金融危机的严重影响，其经济增长速度趋缓，金融市场动荡，侨汇、出口等大幅缩减。在现行美式拯救经济模式下，美元的长期贬值趋势又会使得持有美元资产的国家抛售其美元计价的资产，转而投向健康经济体的优质资产，更会促使美元储备货币地位的衰落。如此循环，美元霸权地位的衰落将不可避免。当然，以美国为首的北美盟国，也在考虑如何保持美元的强势地位，一方面考虑加快建立北美三国共同货币（AMERO），一方面携手南美国家强化该地区美元化趋势，以期在全球经济一体化竞争中继续保持自己优越的地位。

但是，欧元的地位并没有获得预期的提升。欧元改变了美元独霸国际储备货币的格局，美国将不可能再利用"美元特权"和"美元汇率"来维持其超级大国的地位。随着欧元地位的上升，还将有越来越多的国家以欧元作为越来越大份额的储备货币，改善了国际资本市场状况。因此，欧元的启动和实行，已对处在霸主的地位的美元，构成相当大的威胁。欧元本希望借助这次美元彻底走向衰落的机会巩固和提高其在国际货币体系中的影响力，以进一步获取世界经济金融的领导权，但从金融基本面来看，金融危机致使东欧外债累累（目前东欧国家外债总计1.7万亿美元，短期需要偿还的债务约为4000亿左右，占他们GDP比重的1/3），西欧经济危机四伏（西欧银行当年在东欧投下重金，在东欧拥有巨额债权，东欧金融体系一旦陷入危机，势必会波及西欧），欧元区经济势必持续恶化，欧元汇价岌岌可危。因此，欧元虽然将在国际贸易和外汇储备中发挥更重要的作用，但此次金融危机中欧元不仅不能取代美元，而且前程未卜。

因此，人民币与日元合作推动"亚元"战略的可能性进一步增强。此番金融危机能否改变国际货币格局及亚洲货币国际地位的提升近来成为备受关注的焦点，金融危机后"亚元"呼声又趋高涨，日益密切的亚洲国家和地区之间的经济金融合作，也催生了人们对亚洲未来共同货币——"亚元"①的期待。特别是目前，东亚货币合作进展顺利，从货币互换到共建亚洲外汇储备基金（亚洲货币基金的雏形），如果再前进一步实现联合干预和宏观经济政策协调，我们有理由相信将来联合汇率机制和统一货币的良好前景，尽管还有些遥远。

（二）中国国际地位提高为人民币国际化提供了强有力的国力支撑

金融危机以来，世界经济陷入二战以来最为严重的一次衰退，处于金融风暴中心的美欧等发达国家受损最为严重。在世界几大重要经济体中，作为世界金融中心的美国，经济实力和影响力都有所下降；此外，由于美国巨额负债、信任危机等因素影响，处于世界主导储备货币的美元未来也危机四伏。而"金砖四国"等新兴和发展中经济体在这次危机中发挥了带领世界经济走向复苏的火车头的作用，成为世界经济发展的新动力，新兴经济体在全球经济事务中的作用越来越大，从 G7 到 G20 就是新兴经济体走到世界经济舞台前台的一个反映。中国强有力地应对了这场危机，成为世界经济的稳定力量。虽然，打破旧秩序建立一个全新体系需要时间和努力，且美元目前仍然是世界最主要的储备货币，但是我们必须顺应时代的潮流，积极参与到世界经济新格局的创建中去，才能取得长足的发展，否

---

① 谈及未来"亚元"问题就不可避免涉及人民币与日元的竞争问题。日元受到美元、欧元的政策打压，人民币尚不具备完全开放并自由兑换的实力和条件。因此，中日两国实现货币联手，携手东盟，共建并实施"亚元"体系战略，从推进区域货币互换着手，建立并壮大亚洲货币基金规模以抵御外来冲击，在日元已经国际化的基础上携手推动人民币区域性国际化进程，争取日元和人民币最终成为亚洲国家的储备货币，应该是中日两国和亚洲国家摆脱美欧金融货币压制的唯一出路。当然，合作基础上的竞争应该是亚洲货币主导权的基础，也许最终也要依靠"良币驱逐劣币"规律最终掌握亚洲货币主导权。

则将会是代价巨大、结局惨烈，而人民币国际化正是顺应这一历史潮流的重大举措之一。

一国货币在国际货币体系中的地位是由其背后的经济实力决定的，只有当一国的经济实力发展到一定程度时，人们才愿意持有该国货币。日俄两国货币就是一个很好的例证，俄罗斯虽然拥有强大的军事和政治实力，但是由于其经济实力上与日本的差距，其货币未能像日元一样成为在世界货币格局中占据要位。改革开放以来，中国经济一直处于又好又快的发展状态，GDP 总量从 1979 年的 6175 亿元增长到 2009 年的 335353 亿元，增长了 53.3 倍。与发达国家相比，中国 GDP 在世界 GDP 中的份额也一直居于前列，2009 年超过日本位居全球第二，人均 GDP 也一直保持快速增长。中国经济的崛起已经受到全球的关注，中国特色的发展方式、活跃的所有制结构、不断增强的基础设施和产业及人力资本都为中国经济的持续、健康发展创造了条件，强大的经济实力使得世人更加关注和信赖中国，人民币在国际结算中也越来越受青睐。此外，随着中国的对外开放程度的不断加强，中国经济逐渐与世界接轨，中国对外贸易逐年增长，与国外的经济往来越发密切，这也为人民币在国际贸易中充当结算货币、加速人民币国际化进程提供了有利条件。

（三）东亚联合抵御金融危机的行为使得人民币国际化区域性优势累积

伴随区域经济贸易一体化趋势，货币的国际化整合全面开花：北美三国仍在探讨北美统一货币（AMRO）的路径，拉美国家地区货币美元化趋势日益明显，欧元区的不断扩大，海湾地区六国货币（"海元"）的统一进程在加快，非洲统一货币正在进行，亚洲货币合作取得重要进展。此次金融危机，使得加快地区货币金融合作、增强抵御外界冲击能力、推动地区货币金融一体化的进程大大提速。

金融危机对现行金融体系的冲击加速了地区货币合作趋势。地区经济贸易一体化趋势下的金融合作已经成为金融全球化的一种重要表现形式。从国际经济和金融的发展实践来看，若干个国家或经济体在货币领域的深度合作，不仅有利于参与国之间经济贸易的共荣，更有利于抵御各种外部冲击，维护区域稳定。

从欧元的产生过程可见，它是遵循着循序渐进的原则，依区域经济一体化进程而逐渐演变，直至最后实现了欧洲统一货币和金融一体化。《北美自由贸易协定》和北美自由贸易区 NAFTA 的成功运作大大降低了美、加、墨三国间形成区域货币的难度。非洲法郎区的货币合作虽然从根本上区别于欧洲和美洲以内因为基础的货币合作模式，但他们也认识到其货币联盟制度的基础不牢，于是也开始在次区域范围内建立自由贸易区，以期打牢地区货币一体化的根基。海湾合作委员会的建立（海合会）以及《海合会国家经济一体化协议》为经济贸易的共同发展制定了合作框架，海湾六国已开始了地区经济一体化和货币一体化的进程。

由上我们可以看出，地区货币一体化根植于区域经济贸易一体化，是地区经济金融一体化的必然，也是推动地区经济贸易发展的有力工具。例如欧元的出现改善了欧盟的经贸和外汇交易状况，从而极大地促进了欧元区经济社会的发展。在欧洲一体化进程中，欧盟成员国中相对落后的国家为了尽早达到加入欧元区的标准做出了巨大的努力，在欧盟其他成员国的帮助下，实现了经济的快速增长，这一切都加速了成员国的经济发展（见图 1-1）。同样，海湾经济一体化进程和货币合作已历经 20 多年，对海湾六国经济发展起了巨大的推动作用。如果将来货币联盟如期建成，海湾国家经济无疑将获得更多的发展机遇和动力。

地区货币合作对于经贸发展的促进作用较为明显，我们更想强调的是其另一重要作用，即有利于增强相关经济体的抗冲击能力。其机理一是通过货币合作有利于促进地区经贸发展，进而提振经济金融力量来抵御外部冲击；二是货币合作机制可以使参与国在应对危机冲击时联手行动，避免单打独斗的"孤独性脆弱"，增强稳定市场、稳定金融的力量。例如欧元在 1999 年开始实行时，在全球官方外汇总储备中占比不到 19%，现在已经扩张到 26.99%，增强了其抗风险能力。此次金融危机虽然重创欧元区经济，但并不能证明是区域货币一体化的错误，而主要是由于银行业参差不齐（统计数据表明欧洲一些银行的杠杆比例比美国还要高，导致欧洲在此次金融危机中损失堪比美国）、许多国家的金融业抗风险能力弱于美国、在拯救危机的一致行动中效率低下等非货币原因造成的。海合会启动货币联盟将增加成员国抵御金融风暴的能力，并为成员国经济发展提供新的动

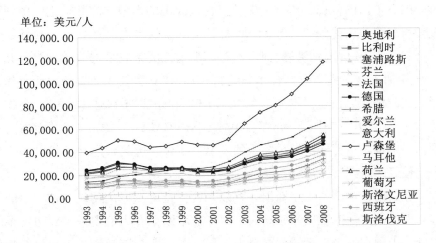

单位：美元/人

图 1-1　1993—2008 年欧元区 16 国人均 GDP①

力。海湾国家货币一体化进程将使六国在共同抗击金融危机的道路上形成更加坚定的合力。如果美、加、墨三国统一货币进程加快，毫无疑问将大大增强其整体抗风险能力。亚洲货币合作的推进虽然较为缓慢，但近期已取得重要成果，我们有足够的理由相信亚洲货币合作将会逐步向更高的层次演进。在此次金融危机中可见，亚洲经济体通过区域内货币、金融等领域合作的深入，有利于增强自身的抗风险能力，并在参与拯救全球经济进程中提高了自身的地位。地区货币合作涉及面甚宽，需要创造多种条件，也要共同克服诸多困难。

（四）中国睦邻友好的外交战略夯实人民币区域性国际化战略的基石

改革开放以来，中国积极发展与周边国际和地区的睦邻友好关系，并提出了"安邻、睦邻、富邻"的思想，以邻为伴、以邻为善，加强同周边国家和地区的合作，逐步改善同东盟、蒙古、印度等周边国家和地区的关系，为中国经济发展和人民币国际化营造了一个和平稳定、平等互信、合作共赢的周边环境。

在东南，中国政府在东南亚金融危机过程中表现出的负责任的态度，以及在同个别国家的领土主权争议中采取的克制态度，都使得东南亚国家

---

①　根据 IMF 网站统计数据整理（根据现价统计）。

对中国有了新的认识，树立了中国负责任大国的形象。在政治上，中国通过参与东盟地区论坛（ARF），增加了与东盟国家之间的信任，目前，中国已与东盟10国分别签署着眼于双方21世纪关系发展的政治文件，并于2003年加入《东南亚友好合作条约》，双方建立了较为完善的对话合作机制。在经济领域，东盟与中日韩（10+3）和东盟与中国（10+1）合作框架的建立，2010年中国—东盟自由贸易区（CAFTA）的正式建成都有力地推动了中国与东盟经济贸易关系的发展，使得双边关系迎来近代以来"历史上最好的时期"。

在西南，中国与巴基斯坦一直以来就保持着深厚的传统友谊，中国与印、巴以及其他南亚国家领导人之间互访不断，有力地促进了双边关系的改善。中国在这个地区的外交努力，促进了与印、巴两个具有重要影响的发展中国家的关系，使得西南地区的紧张局势得到有效缓解，同时也大大改善了我国西南地区的安全环境。

在东北，中国积极推动朝鲜半岛的缓和，并积极促成朝、美、韩、日、俄、中六方会谈，以和平方式为解决朝鲜半岛核问题迈出了重要一步，同时也维护了东北亚地区的安全环境。

在西北，中国与俄罗斯、哈萨克斯坦、吉尔吉斯斯坦、塔吉克斯坦四国达成了关于在边境地区增加军事领域信任和关于在边境地区相互裁减军事力量的协定，这不仅解决了双边的历史遗留边界问题、增加了双边的互信关系，也促进了双边在政治、外交、经济、文化等领域的合作。

（五）中国—东盟自由贸易区（CAFTA）的建成扩展了人民币东盟化成果

中国与东盟在地理上毗邻，近年来双边经济贸易联系密切，相互依存度日益加深。目前，中国与东盟已经互为第四大贸易和投资对象。中国—东盟自由贸易区的建成后将有90%的商品实现零关税，这为双方的贸易和投资方面展开合作提供了更大的便利，也为双方携手共度危机增强了信心。中国是东南亚市场的主要提供者，2008年金融危机以来，为了避免美元币值波动带来的不利影响，东盟国家在与我国的双边贸易中更多选择人民币进行结算，人民币周边化、国际化（区域性国际化）正在自发地形成，这为人民币国际化带来了良好的机遇。自贸区建成以后双边贸易规模定将再度扩大，贸易往来会更加频繁，在使用人民币计价结算的基础上，扩大人民币在东盟区域内的影响力，并最终发展成为区域内的关键货币成为可能。

近年来，中国与东盟的经贸关系发展十分迅猛，从1994年到2008年14年间，中国与东盟的进出口贸易额呈平稳的增长态势（如图1-2所示），尤其是2004年CAFTA建设启动以来，中国与东盟双边的经济贸易往来日益密切，经济合作快速发展，双边贸易的平均增速超过20%。2010年随着中国—东盟自由贸易区的建设成立，双边贸易将进一步扩大，这为实现人民币在东盟的国际化（区域性国际化）提供了可靠的实体经济网络支撑。货币是市场交易中所使用的工具，如果没有大规模的交易，货币的作用也就无法发挥，贸易是推动货币国际化进程中的有效的市场力量，中国与东盟双边贸易的发展也为人民币国际化（区域性国际化）奠定了市场基础。

单位：亿美元

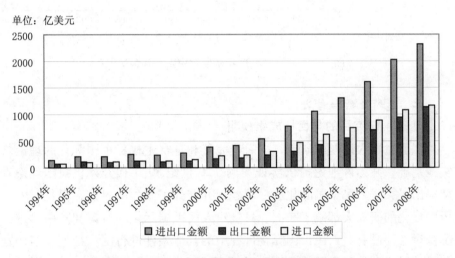

图1-2　1994—2008年中国与东盟双边贸易情况①

2002年伴随着CAFTA建设的正式启动，《中国—东盟全面经济合作框架协议》的签署和实施为双边投资提供了制度框架和保证，为相互投资创造了广阔的市场空间。2002年以来，中国与东盟在贸易扩张的同时，双边的投资也呈现出稳步增长的态势，投资领域也不断向深度和广度延伸。尤其是2004年以来，双边投资迅速发展，2002—2008年，东盟10国对中国

---

① 根据中国海关统计。

的直接投资从 2002 年的 32.76 亿美元增加到 2008 年的 54.61 亿美元，增幅达 67%。中国和东盟双边投资的迅速发展为人民币在区域内作为投资货币使用提供了可能，从一定程度上促进了人民币的国际化。

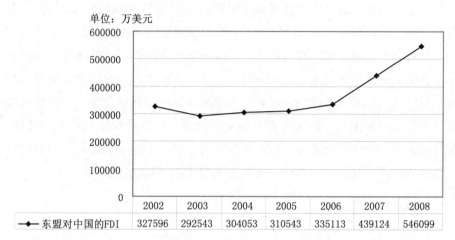

单位：万美元

	2002	2003	2004	2005	2006	2007	2008
东盟对中国的FDI	327596	292543	304053	310543	335113	439124	546099

图1-3　2002—2008 年东盟对中国 FDI 情况①

二、选题目的和意义

（一）研究目的与目标成果预期

拟通过本次课题的研究，进一步完善和丰富主权货币国际化的理论与实践基础，并为该理论提供实证案例。20 世纪 80 年代开始，我国理论界就提出了关于人民币国际化这一课题，并展开了激烈的讨论，但是对人民币国际化的研究大都限于表面，只是对人民币国际化的对策和障碍等进行了探讨，并没有对人民币国际化进程中的具体条件进行深入挖掘。本课题拟通过对比和学习国际上几大国际货币国际化的条件和经验，对人民币国际化进程中所需要满足何种条件，以及如何防范人民币国际化进程中的风险进行深入分析和探讨，为人民币国际化战略的具体实践提供有效的理论支撑和相应的对策建议，进一步丰富了人民币国际化的理论研究。

（二）选题意义

1. 理论层面

2009 年席卷全球的金融危机在一定程度上削弱了美元的国际信用，与

---

① 根据国家统计局网站数据整理。

此同时，随着中国国际地位的提高和中国与周边国家和地区经贸往来的加深，人民币在周边国家充当区域货币职能的需求开始显现，在边境贸易结算中人们开始自发使用人民币进行计价结算。在此时对人民币国际化课题进行研究正是顺应市场这一需求，使人民币国际化这一行为从市场自发向我国积极主动推导方向转变，结合国际经济学、政治经济学、国际关系学等多种学科知识，运用货币替代理论、最优货币区理论、区域汇率协作理论、三元悖论、国家干预理论等运用到人民币国际化课题的研究中，在理论层面上研究人民币国际化的条件是否已经具备？人民币国际化后对于中国经济的影响利弊何在？人民币国际化的条件是自然形成还是人为创造？中国政府在人民币国际化进程中应该主导推进还是尊重市场规律顺势而为？回答这些问题为推进人民币国际化提供了相应的理论指导。

2. 实践层面

眼前看，为应对此次金融危机给中国外向型经济带来的冲击，我国积极调整战略，通过扩大投资和刺激内需来促进经济发展，在推行积极的财政和货币政策的同时也为人民币对内的通胀埋下了隐患，然而在国际上人民币又面临一个升值的压力，这就造成了人民币对内贬值对外升值的失衡局面，造成这种不均衡的原因之一就是人民币不能自由兑换和尚未成为国际储备货币。长远看，中国国家经济的持续发展将会使得人民币"硬"度越来越高，人民币汇率屡次成为国外打压中国国际经济空间的手段之一。研究人民币国际化课题可以从一定程度上缓解人民币内外不均衡的局势并改善中国人民币汇率形成机制；改变中国贸易大国、货币小国的尴尬处境；降低我国持有的美元计价的外汇储备量，从而有效回避因美元币值波动带来的风险，减少美元的制约因素，走自己的路；加大中国在国际社会上的影响力，提高中国在国际经济和金融体制中的地位和发言权；人民币国际化还将获得铸币税收益。但推进人民币国际化并非一朝一夕的事，要经历漫长而渐进的发展过程，研究人民币国际化课题可通过分析人民币国际化的形势，制定一个长期的分阶段的人民币国际化战略，这对中国实施外向型经济发展战略，并最终发展成为世界经济强国具有十分重要的现实意义。

第二节　文献综述

　　研究人民币国际化具有十分重要的意义，以下将从货币国际化研究框架下人民币完全国际化研究和人民币区域性国际化研究两个视角对国内外理论界的相关研究成果进行归纳分析，为本课题的研究提供理论借鉴，并在此基础上明确本课题的研究方向，确定研究的重点和具体思路。

一、货币国际化理论研究综述

（一）关于货币国际化的含义

　　货币国际化是经济国际化的产物，是经济国际化的集中表现。目前，学术界对货币国际化的概念给出了不同的解释，尚未形成统一说法。马克思在《资本论》中定义了世界货币的三大职能，即支付手段、购买手段和财富化身职能。并对货币的主体含义、流通范围的含义以及货币形态含义进行了阐述。这是研究货币国际化较早的成果。Cohen（1971）[①] 从货币职能扩张角度对货币国际化进行了阐述，他认为，货币国际化是货币国内职能在国外的扩展，并且强调私人部门和官方部门职能的不同划分是国际货币区别于一国货币的重要特征。他对国际货币职能的划分如表 1-1 所示。Hartmann（1998）[②]，陈雨露等（2005）[③] 等经济专家又从这个角度入手定义了货币国际化，他们认为：货币国际化即是一国货币突破国别界限，在国际资本流动和贸易中充当交易媒介、价值尺度、贮藏手段等职能。金发奇（2001）[④] 认为，货币国际化即是：一国货币穿越该国国界，在世界范

　　①　Cohen，Benjamin J，1971，"The future of sterling as an international currency"，MacMillan：London.

　　②　Hartmann P. 1998，"Currency competition and foreign exchange market：The dolor"，The Yen and the Euro. Cambridge：Cambridge University Press.

　　③　陈雨露、土芳、杨明：《作为国家竞争战略的货币国际化：美元的经验证据》，《经济研究》2005 年第 2 期。

　　④　金发奇：《人民币国际化探讨》，《四川大学学报（哲学社会科学版）》2004 年第 1 期。

围内自由兑换、流通和交易，并最终成为国际货币。蒙代尔（2003）[①] 认为，货币国际化是指货币流通范围超出法定的流通区域，或该货币的分数或倍数被其他国家或地区模仿。周林，温小郑（2001）[②] 则将货币国际化分为初级、中级和高级三个阶段，三阶段的特征分别为：一国货币与他国货币的汇价关系、经常项目或资本项目中以适当的方式开放、成为世界其他国家储备资产。Mukund Raj（2003）[③] 从广义和狭义的角度对货币国际化进行了阐述，他认为，广义的货币国际化是一国货币在本国之外发挥交换媒介、记账单位和价值储备职能；狭义货币国际化只限于对第三国货币的使用。许少强（2004）[④] 则认为，货币国际化是货币自由兑换后的更高级阶段，即国内货币向国际货币过渡。

表 1-1　国际货币的职能

职能 部门	交易媒介	会计单位	价值储藏
私人部门	交易货币	计价货币	资产货币
官方部门	干预货币	记账单位	储备货币

通过对各种说法的归纳和总结，文章将从静态和动态两个角度对货币国际化进行解释。从静态的角度来看，货币国际化是指一国或地区的统一货币能够为国际社会所普遍接受和承认，在国际上充当价值尺度、流通手段、贮藏手段和支付手段等职能。从动态的角度来看，货币国际化是指一国货币在政策允许的前提下，跨越国界在世界范围内自由流通、交易和兑换，成为国际社会普遍接受和认可的计价、结算及储备的国际货币的过程。国际货币是货币国际化动态运动的结果，货币国际化的发展的最终目标是形成国际货币。

目前，世界上已经国际化的货币有美元、欧元、日元等。虽然当今世

---

① 蒙代尔：《蒙代尔经济学文集——国际货币：过去、现在和未来》，中国金融出版社 2003 年版。

② 周林、温小郑：《货币国际化》，上海财经大学出版社 2001 年版。

③ Mukund Raj PK., Hysteresis of exchange rates, Econwpa, 2003.

④ 许少强：《货币一体化概论》，复旦大学出版社 2004 年版。

界三大货币的国际化道路各不相同，但依托的基础是相同的，他们都有强大的经济实力做支撑，此外他们还具有以下全部或部分特征：（1）在世界范围内发挥价值尺度；（2）在世界范围内执行国际清算货币的职能；（3）发挥国际储备货币职能；（4）在世界范围内自由兑换；（5）在国际投资、国际信贷活动中占比比较大。

（二）关于货币国际化研究成果的归纳

通过对国际货币形成的历史的研究和探讨，通过对国际货币使用情况和国际货币格局变化的分析，学术界对国际货币的一些特性以及一国货币如何成为国际货币和货币国际化能带来哪些效应和影响进行了归纳和总结，并从不同的角度对货币国际化的条件和影响进行了探讨。已有的研究主要包括以下几个方面。

1. 基于货币国际化条件视角的研究综述

吴富林（1991）[①]、温小郑（1996）[②]、刘光灿（2003）[③]、汤炳辉（2006）[④]、孙刚等（2007）[⑤]、中国人民银行哈尔滨中心支行课题组（2007）[⑥]等对货币国际化的条件进行了整体的分析，他们大都认为一国货币要实现国际化需满足稳定的金融环境、国际化的金融市场、强大和开放的经济、健全的金融体制等条件。学术界其他学者则从不同的侧重点入手对货币国际化研究过程中的这些条件进行了分析，并得出了相应的结论。以下从国力条件、贸易条件、金融市场条件、其他条件几方面对学术界的研究进行归纳总结。

（1）国力条件与货币国际化的研究

Andrew（1961）认为一国的经济实力决定了该国货币与他国货币的竞争力强弱和生命周期的长短，而货币国际化即是该国货币与他国货币的竞

---

① 吴富林：《论国际货币与货币的国际化》，《经济学家》1991 年第 2 期。

② 温晓郑：《均衡汇率论：人民币自由兑换及其实现》，中国社会科学院博士论文，1996 年。

③ 刘光灿、蒋国云、周汉勇：《人民币自由兑换与国际化》，中国财政经济出版社 2003 年版。

④ 汤炳辉：《东亚货币合作与人民币区域化问题研究》，暨南大学出版社 2006 年版。

⑤ 孙刚等：《人民币区域化、国际化的趋势及影响》，《广西金融研究》2007 年第 7 期。

⑥ 中国人民银行哈尔滨中心支行课题组：《人民币区域化与中俄边境贸易本币结算研究》，《黑龙江金融》2007 年第 5 期。

争过程。Eihcne green（1994）[1] 研究发现：国家经济实力的差距在可行的国际货币体系的等级结构的形成和维持方面起着举足轻重的作用。我国学者黄梅波（2001）[2] 认为，国家的经济实力对一国货币的国际地位影响起着决定性作用，一国货币的国际化是该国经济实力较强的一种反映。袁宜（2002）[3] 认为，纸币是一种信用货币，其本身没有价值，它在国际上的使用严重依靠该国的国际信誉，而一国的国际信誉是由其经济水平做支撑的，所以他认为，一国的经济规模和经济发展水平是决定该国货币成为国际货币的根本因素。

Bergsten（1975）[4] 在肯定一国经济实力对该国货币国际化的决定性作用的同时，还提出政治因素在货币国际化中也具有重要作用。他把政治和经济这两方面作为一国货币国际化的必要条件，并从内部和外部两个角度对经济条件进行分析（外部经济条件：合理的流动性比率、维持可兑换信心、健康的国际收支及其结构；内部经济条件：价格稳定、经济增长、经济货币的独立性、国际经济规模上的相对优势、发达的金融市场）。他认为，一国货币国际化在经济上强大的同时还要有强大的政治权力作基础，以得到国际合作的支持。篠原三代平（1984）[5] 也强调了政治和军事力量可以巩固一国的货币国际地位。无论是政治还是军事力量，归根结底都是由经济因素决定的，经济强大、政治自然会稳固，故将政治、军事条件划归为国力条件。

（2）贸易条件与货币国际化的研究

McKinnon（1969）[6]、Carse 和 Wood（1979）[7] 通过对国际贸易中的结

---

① Eihcnegreen, Barry, 1994, "History and reform of the international monetary system" Center for international and development economics research（CIDER）working papers C94 -041, university of California at Berkeley.

② 黄梅波：《货币国际化及其决定因素》，《厦门大学学报》2001 年第 2 期。

③ 袁宜：《从国际贸易成因探索历程看竞争优势论》，《国际经贸探索》2002 年第 5 期。

④ Bergsten, C. Fred, 1975, "The dilemmas of the dollar: The economics and politics of united states international monetary policy", New York university press.

⑤ 唐裕德：《日本篠原三代平预测 2000 年亚太地区经济发展》，《科技导报》2006 年第 4 期。

⑥ Mckinnon, R. I. 1969, "Portfolio Balance and International Payments Adjustment," in Monetary Problems of the International Economy, Chicago University Press, pp. 199—234.

⑦ Carse, Stephen and Wood, Geoffrey E. 1981, "The Choice of Invoicing Currency in Merchandise Trade", National Institute Economic Review, No. 98

算进行总结发现：在大宗均质商品市场上，信息传递的经济性要求采用单一货币；但是在有差异的制造业产品贸易中，有使用出口方货币计价的动机。Page（1977）[1] 经研究发现，当一国的国际贸易规模越大时，在贸易中使用该国货币的可能性就越大，相应地该国货币的流动性就会增强。蒙代尔（1983）认为，在国际贸易中，倾向于使用劳动生产率较高国家的货币，而不愿使用劳动生产率较低国家的货币。

（3）金融市场条件与货币国际化的研究

Williams（1968）[2] 以 1914 年前的英镑体系的核心——集中于伦敦的国际银行体系为例进行研究发现：国际货币的流动性对其发行国的实体经济的依赖少于对其发行国的金融部门的发展。Kenen（1988）[3] 研究发现，良好的货币供给条件是货币国际化的前提条件，只有实现资本的自由流动，才能促进一国货币向国际化所需的广度和深度发展，因此他得出金融市场的自由化程度是决定货币国际化程度的关键性因素的结论。Hartmann（1998）[4] 结合使用静态的货币交换模型和带有市场进入和退出决策的交易商外汇买卖价差模型研究发现：货币交换的交易成本与交易量成反比，与汇率波动性和交易商的固定成本成正比；由于网络外部性和建立成本的存在，某个框架中的主要媒介货币存在一种惯性，会在框架中保持主要货币地位较长一段时间；一种货币媒介的消失方式取决于基本的贸易、投资流，以及外汇交易商对订单流预期的冲击种类和规模；当某些条件成熟时，存在多个媒介货币均衡存在的情况。他认为，货币的交换结构除了受世界贸易和资本流动结构影响之外，还受外汇市场微观结构的影响。

（4）其他条件与货币国际化的研究

特里芬（1960）[5] 从国际货币体系演变的视角对美元和英镑作为国际

① Page, S. A. B. 1977, "Currency of Invoicing in Merchandise Trade", National Institute Economic Review, No. 81

② Williams, Eric C. 1968, "Restrictions on the Forward Exchange Market：Implications of the Gold—Exchange Standard", The Journal of Finance, No. 23

③ Kenen, Peter B. 1988, "International Money and Macro economics", in K. A. Elliott and J. Williamsoneds, World Economics Problems, Institute for International Economics, Washington

④ Hartmann, Phillip, 1998, "Currency Com petition and Foreign Exchange Markets：The Dollar, the Yen and the Euro", Cambridge University Press.

⑤ Triffin. R. 1960, "Gold and the Dollar Crisis：The Future of Convertibility", Yale University Press.

货币地位的变迁进行了分析。Cohen（1971）[①]通过分析国际货币的演进过程得出以下结论：在国际货币的 6 个职能中，只有一个职能作为必要条件依赖于其他职能，即如果某国家货币不能广泛应用于交易职能，则它就不会当作干预货币；然而其他职能并不依赖于交易职能，即货币是否执行交易货币的职能并不会影响其计价货币、储备货币、资产货币等职能的实施。Brinley（1978）[②]对英镑进行研究发现，一种货币成为国际货币后会有一定的历史继承性。哈耶克（1970）[③]、Cooper（1986）[④]一致认为货币作为一种资产，它的实际购买力是持有者比较关注的焦点，货币的国际地位在很大程度上受该货币的稳定性及未来价值的可预测性的影响，并把货币价值不规则波动作为衡量货币是否为国际货币的一个必要标准。Alogoskoufis，George and Porters（1992）[⑤]则认为，需求因素是决定在全球经济中哪种货币被用来作为国际货币使用的过程中起着至关重要的作用，他认为国际货币的选择是由国家和私人的共同决策决定的，其中政府可以通过税收等方式在国家货币国际化过程中发挥十分重要的推动和阻碍作用。姜凌（1997）[⑥]认为，一国货币要发展成为国际货币必须具备充足的国际清偿手段，即政府要拥有充足的黄金外汇储备，具备从国外融资的能力，满足随时发生的汇兑需求，维持国家的国际收支的动态平衡，以及汇率和外汇市场的相对稳定。蒙代尔（2003）[⑦]认为货币具有内在规模和范围经济，一国货币要成为国际货币受人们对该国货币的信心指数及该国的货币政策稳定性、开放性、该国货币流通规模，以及货币发行国的国力等因素。张

① Cohen，Benjamin J，1971，"The future of sterling as an international currency"，MacMillan：London.

② Brinley，Thomas. 1978，"The Rhythm of Growth in the Atlantic Economy of the Eighteenth Century."Queen's University，Department of Economics，working paper，No. 288.

③ Hayek. F. A. 1970，"The Denationalization of Money"，London：Institute of Economic Affairs.

④ Cooper. Richard N，1986， "Dealing with the Trade Deficit in a Floating Rate System"，Brookings Papers on Economic Activity，No 1.

⑤ Alogoskous，George and Porters，1992，"European Monetary Union and International Currencies in a Tri-polar World"，in M. Canzoneri，V Grill and P. Masson（eds.），Establishing a Central Bank：Issues in Europe and Lessons from the US. Cambridge University Press and CEPR，Cambridge.

⑥ 姜凌：《人民币国际化理论与实践的若干问题》，《世界经济》1997 年第 4 期。

⑦ 蒙代尔、向松祚：《汇率与最优货币区蒙代尔经济学文集》（第 5 卷），中国金融出版社2003 年版。

文熙（2006）[1] 认为，经济发展、贸易深化及信用扩张发展的最终结果将会出现货币一体化和国际化等现象，国际货币要具有统一的形式和统一的价值，至于哪种货币可以成为国际货币则是多种货币竞争的结果。Tavlas（1997）[2] 将国际货币的影响因素与与最优货币区标准联系起来，用最优货币区标准中的金融市场发达程度、货币一体化和通货膨胀等标准解释投资者和交易者为什么会在跨国交易中选择一种货币作为国际记账单位、交换媒介和价值储藏手段。

2. 基于功能视角的货币国际化研究综述

（1）货币国际化中货币计价功能的理论综述

Grassman（1973）[3] 通过研究丹麦和瑞典两国贸易中使用计价货币的情况发现，在两国的贸易中都倾向使用商品生产者的货币作为计价货币。这也就是国际贸易中著名的 Grassman 定律。Mackinnon（1979）[4] 则分别对高度差异的制成品和相对相似的初级产品的贸易中的计价货币选择问题进行了研究，他认为高度差异的制成品的生产者具有定价权，所以在这类产品的国际贸易中一般以出口商本国的货币计价交易，而对于相对相似的初级产品的生产者，他们还不具备定价权，顾客价格比较的效率收益导致以一种单一的国际货币计价和结算。Giovannini（1988）[5] 对垄断型出口企业在汇率波动不定的情况下，会从预期利润最大化的角度来选择计价货币，他认为计价货币选择与利润函数的形状相关。Friberg（1998）[6] 分析了利用贸易国双方货币以外的第三国货币来作为计价货币的可能性，经研究发现，计价货币的选择不仅取决于利润函数的形状，还与两国汇率的波动性、以及本国与贸易伙伴国和贸易伙伴国与第三国之间的汇率有关。当利润函数是汇率的凹函数，且本国与贸易伙伴国之间汇率的波动大于贸易伙

---

① 张文熙：《人民币国际化研究》，《市场周刊（理论研究）》2006 年第 9 期。

② Tavlas，G. 1997，"The International Use of the US Dollar"，World Economy，No 20.

③ Grassman，Sven，1973，"A Fundamental Symmetry in International Payment Patterns"，Journal of International Economics，No 3，pp. 105—116.

④ McKinnon，R. I，1979，"Money in International Exchange：The Convertible Currency System"，Oxford University Press.

⑤ Giovannini，Alberto，1988，"Exchange Rates and Traded Goods Prices"，Journal of International Economics，No 24.

⑥ Friberg，Richard，1998，"In Which Currency Should Exporters Set Their Prices"，Journal of International Economics，45，pp. 59—76.

伴国同第三国间的汇率波动时，选择第三国货币为计价货币。Devereux and Engel（2001）[1] 通过建立本国与外国货币供给的动态一般均衡模型，发现国内外的企业都会倾向于货币供给变化最小的国家的货币作为计价货币。即：国际贸易中的两个企业会选择两国中有高度可信的货币政策的一国的货币作为计价货币，所以汇率对于那些有高度可信的货币政策的国家的进口的传导较低，国家价格更稳定，想反，那些货币政策可信度较低的国家会受到汇率对本国进口的传导，进而威胁国家的价格稳定。Bacchetta and Wincoop（2000）[2] 研究发现，市场份额和产品差异度是影响计价货币选择的两个主要因素，当出口国出口的产品差异度大且出口产品该国总出口产品的份额较高时，出口商更倾向于用本国货币定价。相反，出口商会以竞争者所在国的货币定价。日本学者 Hiroyuki OI，Akira OTANI，Toyoichrou SHIROTA（2002）[3] 认为在企业对外既参与国际贸易又参与资本交易的情况下，为了降低汇率风险，在执行这两种交易时他们更愿意以同一种货币来进行。他指出，这就是为什么更多东亚国家愿意持有美元而非日元的原因，所以他认为，日本消除对以日元计价的公司债券交易的限制，会促进日元的国际化。

（2）货币国际化中货币交换媒介职能的理论综述

Swoboda（1969）[4] 认为如果没有国际货币来充当交换媒介，国家间贸易只能以不同的货币进行结算和交易，这样会增加携带成本，他还指出，当一种货币充当媒介货币后，规模经济效应会进一步扩大这种货币的使用。Mckinnon（1969）[5] 认为为了节省存货携带成本，交易者会自发选择

---

① Devereux B. Micchael and Engal Charles, 2001, "Endogenous Currency of Price setting in a Dynamic Open Economic Model", NBER Working Paper.

② Bacchetta, P., & Van Wincoop, E, 2000, "Does exchange rate stability increase trade and welfare?", The American Economic Review, No 90.

③ Fujiki, Hiroshi and Otani, Akira. 2002, "Do Currency Regimes Matter in the 21st Century?" An Overview, Monetary and Economic Studies, Institute for Monetary and Economic Studies, Bank of Japan, Vol. 20 (S1), pp. 147—79.

④ Swoboda, Alexander, 1969, "Vehicle Currencies and the Foreign Exchange Market: The Case of the Dollar," in Robert Z. Alibereds, The International Market for Foreign Exchange, Praeger Publishers, New York.

⑤ Mckinnon, R. I, 1969, "Portfolio Balance and International Payments Adjustment", in Monetary Problems of the International Economy, Chicago: University Press, pp. 199—234.

最适当的主要货币从事交易，并尽量使得由于汇率浮动而带来的信息不确定性最小化。Karl Brunner and Allan Meltzer（1971）① 从货币交换的信息效率角度进行了分析，他认为获取任何资产特性的信息的边际成本与资产被使用的频率反向相关。Cohen（1971）② 从货币职能的角度分析了国际货币的选择，他认为在国际贸易中国际货币的选择核心是交易媒介货币。Krugman（1980）③ 通过研究本国和外国货币之间的交易成本发现，随着交易量的增加，边际交易成本是递减的，存在这种现象的货币也即拥有最大交易量的货币将会成为媒介货币，同时他也指出了媒介地位的货币会受到惯性的支持。克鲁格曼（1984）④ 研究发现在交易中人们更愿意选取大家都熟悉的货币，并得出多重稳定均衡有利于美元发挥中心作用的结论。Rey（2001）⑤ 通过建立模型对克鲁格曼的研究进行深入分析，并从贸易关系的实力和交易成本大小的角度，利用三国一般均衡模型证明了媒介货币选择的多重均衡是如何实现的。他还发现媒介货币并不是由它们的相对规模决定的，而是取决于各国的商品需求，对于需求大的商品生产国的货币的国际需求就大，其流动性就越强，交易成本就越小，其成为媒介货币的可能性也越大。Chrystal（1984）⑥ 对银行间外汇交换市场媒介货币的作用进行了分析，他认为在外汇交易中，直接进行交易商需求的交易比通过媒介货币执行交易可能需要更多的成本，为了降低成本，需使用任何一种货币作为媒介来达到一个局部均衡，但是这种部分媒介的运用和外汇直接交易的另一种均衡共存的局面是不可能存在的，这就使得在交易商初始交换需求

① Brunner, Karl and Allan Meltzer, 1971, "The Uses of Money: Money in the Theory of an Exchange Economy", American Economic Review, No. 61.

② Cohen, Benjamin J, 1971, "The future of sterling as an international currency", MacMillan: London.

③ Krugman P, 1980, "Vehicle Currencies and the Structure of International Exchange", Journal of Money, Credit and Banking, Vol. 12, No. 3, 513—526.

④ Krugman, P. R, 1984, "The US Response to Foreign Industrial Targeting and the US Economy", Brookings Paper on Economic Activity, No. 1.

⑤ Rey Hélène, 2001, "International Trade and Currency Exchange", Review of Economic Studies, Vol. 68, 443—464.

⑥ Chrystal, Alec, K, 1984, "Demand for international media of exchange" No. 5.

中最重要的货币自然成为媒介货币。Tavlas（1991）① 从交易成本角度对国际货币使用的继承性和惯性进行了具体证明。Matsuyama，Kiyotaki and Matsui（1993）② 通过货币搜寻模型对创造媒介货币的机制进行分析，并得出在只有本国和外国货币这两种货币存在的前提下，将会出现地方性货币、单一媒介货币和双重媒介货币三种均衡。

3. 基于成本和收益视角的货币国际化研究综述

随着国际货币体系朝着"多元化"格局发展，关于国际货币的研究视角也日益广泛。经济全球化背景下，货币国际化给货币发行国带来的经济收益和政治影响，以及货币发行国为维持国际货币地位所付出的成本，逐渐成为货币国际化研究的又一个研究角度。国内外研究者开始尝试从收益与成本的视角来分析及验证货币国际化给发行国政治、经济、文化等各方面带来的影响。

（1）货币国际化的收益分析

①关于国际铸币税收益研究

Aliber（1964）认为虽然美元作为国际货币可以享受铸币税收入，但是相对于美国 GNP 以及其因为作为国际货币所付出的成本和代价显得微不足道。Aliber（1964）、Cohen（1971）、Bergsten（1975）③、Tavalas（1997）④ 均验证了国际货币发行国能够凭借货币输出获得国际铸币税收益，但其大小则受到具体政策和环境因素影响。Cohen（1971）认为国际货币竞争的激烈程度将会影响国际货币发行国债务利息支付的高低，因此国际铸币税收益随着货币发行国的货币垄断程度的提高而增加，随着货币竞争的增多而减少。Bergsten（1975）也认为随着欧洲货币市场和债券市场的国际化发展，美国的国际铸币税收入正因此而减少。

学者们也是用定量的分析方法对铸币税收益进行了研究，Cohen

---

① Tavlas, G. S, 1991,"On the International Use of Currencies：The Case of the Deutsche Mark", Princeton Studies in International Economics, International Economics Section, Department of Economics Princeton University, No. 181.

② Matsuyama, Kiyotaki and Akihiko, 1993, "Towards a Theory of International Currency1", Review of Economic Studies, pp. 283—307.

③ Bergsten, C. Fred, 1975," The dilemmas of the dollar: The economics and politics of united states international monetary policy", New York University Press.

④ Tavlas, G, 1997, "The International Use of the US Dollar", World Economy, 20, pp. 709—749.

（1971）通过经验测试指出，在 1965—1969 年间，英镑的国际使用净铸币税收益为零。而 Alan S. Blinder（1996）[1] 对 1986—1994 年间的美元国际储备进行研究后指出，美元储备在此期间上升了 3 倍，美联储占据其中的50%—70%，由于无需为这些储备支付利息，美国每年为此获取的国际铸币税收益可达 110 至 150 亿美元。Jeffrey Frankel（1991）[2] 认为，美国铸币税的主要来源美国为外国银行持有美元储备所节省的利息支付，以及非居民持有的美元财政债券与普通投资之间利息的差额。

②关于货币国际化对金融体系影响的研究

Bergsten（1975）、Tavalas（1997）认为随着一国货币的国际化，许多以该货币计价的贷款、投资、贸易都需要通过国际货币发行国的金融机构实施，这无形中增加了金融部门的收益。Aliber（1964）提出国际货币发行国可通过增发本币来弥补国际收支逆差，为赤字融资。Giovannini 和 Mayer（1997）[3] 指出，欧洲金融管制的放松一定程度上促使欧洲金融交易成本下降。McCauely 和 White（1997）也认为欧洲货币一体和国际化进程强化了银行间的竞争，降低了交易成本，提高了市场运作效率。Portes 和 Rey（1998）[4] 指出：在欧元国际化背景下，欧盟机构调整的主要目的是整合欧洲金融市场，降低交易成本，增强资产流动性，形成一个一体化程度更高的金融市场。Trejos and Wright（1995）[5] 在分析货币购买力和汇率问题时发现，货币国际化增加了国际货币在国内的购买力，甚至强于国外。

（2）关于国际货币发行的成本分析

Triffin（1961）最早提出在布雷顿森林体系下，美元既要保证与黄金的兑换比率，又要维持各国对美元的信心和提供美元清偿力之间存在矛盾，这就是我们所说的特里芬难题。Aliber（1964）、Bergsten（1975）认

---

① William J. Baumol. Alan S. Blinder, 1996, "Economics: Principles and Policy-7th Edition", the Dryden Press.

② Frankel J, 1991, "Still the Lingua Franca: The Exaggerated Death of the Dollar", Foreign Affairs 74: 4, pp. 9—16.

③ A. Giovannini and C. Mayer（eds.）, 1997, "European financial intermediation", Cambridge: Cambridge University Press.

④ Portes, R, Helene Rey, 1998, "The Emergence of the Euro as An International Currency", Economic Policy, Vol. 26. No. 2: 307. 332.

⑤ A. Trejos and Randall Wright, 1995, "Search, Bargaining, Money and Prices", Journal of Political Economy, No. 103, 118—141.

为，美元作为世界货币不仅仅面临特里芬难题，美元的国际化使得美国难以实施独立的货币政策，如美国实施扩张性货币政策会导致因资本外流引起的国内通货紧缩局面。此外，美元作为国际货币在一定程度上限制其实施货币贬值政策，因为美元贬值会引起其他货币等比例贬值。他们还认为国际货币发行国可通过发行本国货币的方式为国际收支赤字融资。Jeffrey Frankel（1991）认为，资本流动性增强条件下，货币国际化可能导致货币需求的大幅波动，进而引致发行国内市场利率的大幅变化，则以货币供应量为中介目标的货币政策效果有可能因此而受到影响。此外，他还认为货币国际化会导致国家平均货币需求量上升，而一旦引发货币国际化逆转风险则可能导致本国出口企业因本币升值而国际竞争力降低。Tavalas（1997）认为，在钉住汇率制下，外国人的偏好变动会导致资本流动，这就会对货币当局控制基础货币的能力和国内的经济活动产生影响；在浮动汇率制下，这种变动则会引起汇率的大幅波动，会对货币当局的国内政策能力产生限制。William W. Grimes（2000）[1] 对日元国际化面临的币值、货币政策以及官方储备货币等问题和困境进行了探讨，并提出了相应的政策建议。Otani 等（2002）[2] 分析了国内外企业的非对称的计价决策对货币政策的国际传导的影响。

二、关于人民币国际化研究综述

人民币国际化是一个渐进的发展过程，是继人民币自由兑换后提出来的一个问题，学术界一致认为，人民币要实现国际化首先要经历区域化这一必要的过渡阶段。人民币区域化即是通过与一个地理区域内其他货币的长期竞争而成为该区域内的关键货币，在区域内发挥自由兑换、交易、流通、储备等关键货币职能。人民币国际化则是人民币区域化的最高阶段，是人民币跨越国界，在世界范围内被普遍接受，成为世界贸易中被广泛接受的可自由兑换货币，并为国际上普遍认可的计价、结算和储备货币的

---

[1]　WILLIAM W. GRIMES, 2000, "Internationalization as Insulation: Dilemmas of the Yen", The Japanese Economy, vol. 28, No. 4, pp. 46—75.

[2]　Fujiki, Hiroshi and Otani, Akira. 2002, "Do Currency Regimes Matter in the 21st Century?" An Overview, Monetary and Economic Studies, Institute for Monetary and Economic Studies, Bank of Japan, Vol. 20 (S1), pp. 147—79.

过程。

随着经济金融全球化和自由化的发展，金融危机的不断爆发，现有的国际货币体系受到强烈的冲击，这促使许多国家和地区开始尝试寻求一种新的治理模式。在 20 世纪末，国内学者曾宪久、胡定核、黄道平（1989）①，张屹巍（1994）等便开始对人民币国际化问题的探讨，在亚洲金融危机爆发之前理论界对人民币国际化的探讨还只是停留在如何实现人民币自由兑换和人民币国际化的可行性研究方面，并提出了推进人民币国际化的远大构想，这为人民币国际化研究开了先河。随后许多学者开始关注人民币国际化这一问题，并对人民币国际化所需要的条件、收益和成本，以及推进人民币国际化的具体实施方法进行了相关研究。

（一）国内学术界关于人民币国际化的研究

1. 关于人民币国际化可行性和必然性的研究

郑木清（1995）② 和姜凌（1997）③ 对人民币国际化的必要性和可行性进行了初步探讨。郑木清认为：提出人民币国际化能给中国带来铸币税收入，且对中国的对外贸易、金融机构、经纪业和海外投资的发展都有巨大的推动作用，文章认为，人民币国际化的正面效应远大于负面效应，因此他建议积极推进人民币国际化。此外，姜波克（1994）④、胡定核（1995）⑤、赵海宽（2001）⑥ 一致认为应该推动人民币成为国际货币。他们认为随着中国经济实力的增强和加入 WTO，中国将进一步深入地参与到经济全球化过程中，人民币国际化显得十分必要，中国应采取积极的态度，采取措施加快人民币国际化这一进程。这一定论的提出遭到了一些学者的反对意见，景学成（2002）⑦ 认为，人民币尚不具备国际化的条件，应在我国实现资本账户开放后再讨论这一问题，他还指出，人民币国际化将是一个长期的过程。但是多数学者还是热衷于对人民币国际化这一问

---

① 曾宪久、胡定核、黄道平：《中国金融国际化探讨》，《国际金融导刊》1989 年第 3 期。

② 郑木清：《论人民币国际化的经济效应》，《国际金融研究》1995 年第 7 期。

③ 姜凌：《人民币国际化理论与实践的若干问题》，《世界经济》1997 年第 4 期。

④ 姜波克：《人民币自由兑换论》，立信会计出版社 1994 年版。

⑤ 胡定核：《货币国际化与经济开放的相互关系及其力学模型》，《数量经济与技术经济研究》1995 年第 4 期。

⑥ 赵海宽：《应促进人民币成为世界货币之一》，《财贸经济》2001 年第 5 期。

⑦ 景学成：《论人民币的基本可兑换》，《财贸经济》2000 年第 4 期。

题，尤其是中国加入世贸组织以后，理论界对这一问题的讨论已经上升到如何实现人民币国际化的方向上来。邓聿文（2008）[1] 认为中国要崛起，并最终在国际经济和金融秩序中拥有话语权和规则制定权，人民币走出国门，成为与美元、欧元一样的世界货币至关重要。赵锡军（2009）[2]、陆前进（2010）[3] 选取指标对金融危机中主要国际货币国家和中国进行比较分析，认为人民币国际化机遇大于挑战，应发挥人民币在国际货币体系改革中的作用，推进人民币国际化进程。宣文俊（2009）[4]、巴曙松、杨现领（2009）[5]、王元龙（2010）[6]分析了当代国际货币体系的内在缺陷和系统性风险以及与本次金融危机的内在联系，认为重构以美元为中心的国际货币体系已是大势所趋，国际货币体系改革必要而紧迫。曹红辉、周莉萍（2009）[7] 认为当前的金融危机促进了国际货币体系的改革，认为多元化的国际货币体系是最好的选择，美元、欧元与亚洲关键货币将成为多元化国际货币体系的核心。何帆（2009）[8] 通过考察人民币国际化对中国的影响，指出人民币国际化不能贸然推进，应在汇率改革和金融体制改革之后实施。陈江生、陈昭铭（2010）[9] 认为，人民币国际化是促进国际货币体系多元化、合理化的重要举措。

2. 关于人民币国际化条件的研究综述

有关人民币国际化的条件，我国学者的研究有：温小郑（1996）[10] 认为，人民币要实现国际化，就需要具备人民币币值相对稳定、本国贸易在国际贸易中占有较大比重、人民币可自由兑换、发达的金融市场、健全的

① 邓聿文：《积极谨慎地推进人民币国际化》，《每日经济新闻》2008 年 12 月 29 日。
② 赵锡军：《全球金融危机下的人民币国际化：机遇与挑战》，《亚太经济》2009 年第 6 期。
③ 陆前进：《美元霸权和国际货币体系改革——兼论人民币国际化问题》，《上海财经大学学报》2010 年第 1 期。
④ 宣文俊：《国际货币体系改革与人民币国际化》，《上海经济研究》2009 年第 12 期。
⑤ 巴曙松、杨现领：《从金融危机看未来国际货币体系改革》，《当代财经》2009 年第 11 期。
⑥ 王元龙：《国际金融体系的改革与发展趋势》，《广东金融学院学报》2010 年第 1 期。
⑦ 曹红辉、周莉萍：《国际货币体系改革方向及其相关机制》，《国际金融研究》2009 年第 9 期。
⑧ 何帆：《人民币国际化的现实选择》，《农村金融研究》2009 年第 10 期。
⑨ 陈江生、陈昭铭：《国际货币体系改革与人民币国际化》，《中共中央党校学报》2010 年第 1 期。
⑩ 温小郑：《均衡汇率论：人民币自由兑换及其实现》，中国社会科学院出版社 1996 年版。

银行等金融机构设置等条件。姜波克（1999）[①] 则跳出金融管理的传统框框，从新的战略高度来评价人民币国际化，他认为人民币国际化前提是：中国经济在亚洲保持领先增长；出口以人民币作为结算货币；人民币可兑换；在周边国家和地区开设国内银行分支机构，提供有效的人民币回流渠道。赵海宽（2003）[②] 则通过分析世界货币的产生、发展和现状，讨论了人民币发展为世界货币需要具备哪些方面的条件。凌星光（2003）[③] 通过由购买力平价引起的人民币升值压力这一现象，判定人民币已经成为亚洲强势货币甚至准国际储备货币。李晓、李俊久（2004）[④] 则从经济开放度、货币在区域内被接受程度、货币面临的内外制度环境、国家公信力及协调能力、经济规模、经济增长稳定性和为其他国家提供出口市场能力等方面来判断人民币是否具备国际化的条件。姜波克、陈适宜（2004）[⑤] 认为人民币要想顺利实现国际化，需要从以下几方面努力：首先要在经济方面领先增长，保持人民币币值相对稳定；其次，同周边国家和地区的直接投资与贸易是带动人民币国际化的重要力量；再次，人民币的自由兑换是人民币国际化的前提；此外，要在国外开始我国银行的分支机构；鼓励对外贸易中的人民币结算和支付等。贾永嘉（2004）[⑥]、曾智琳（2005）[⑦] 一致认为，实现人民币的国际化，需要一个一定规模和流动性的对外开放的金融市场，通过吸引境外投资者的方式等来扩大人民币的国际使用范围。王丰（2006）[⑧] 指出，人民币要想发展成为国际货币，要有一个发达的金融体系和高效成熟的金融市场。陈辉（2008）[⑨] 认为，只有高度发达、开放的金融市场才能为国际范围内的资金流动、资产转移带来低成本的服务。一国货币要实现国际化，需要在提供以该国货币计价的金融资产的同时，拥有

① 姜波克：《货币替代研究》，复旦大学出版社 1999 年版。
② 赵海宽：《人民币可能发展成为世界货币之一》，《经济研究》2003 年第 3 期。
③ 凌星光：《加强战略对话——我国对日经济战略的思考》，《国际贸易》2003 年第 8 期。
④ 李晓、李俊久、丁一兵：《论人民币的亚洲化》，《世界经济》2004 年第 2 期。
⑤ 陈适宜：《浅析人民币区域国际化的条件和利弊》，《重庆石油高等专科学校学报》2004 年第 6 期。
⑥ 贾永嘉：《人民币国际化的条件和实现途径的探讨》，《河北化工》2004 年第 5 期。
⑦ 曾智琳：《人民币国际化问题研究》，湖南大学出版社 2005 年版。
⑧ 王丰：《人民币国际化的条件与路径选择分析》，四川大学出版社 2006 年版。
⑨ 陈辉：《人民币区域化在东南亚地区的实证分析》，昆明理工大学出版社 2008 年版。

足够的数量和流动性很强的交易市场。何泼、罗刚（2009）[①] 认为，发达的金融市场可以为人民币国际化提供一个良好的经济金融环境，只有金融市场的高度发达才能为国外资产进入我国提供多种渠道。曹红辉（2006）[②]认为，中国正逐步取代美国成为东亚出口市场的主要提供者，为人民币日益成为被钉住的货币创造了条件，也为人民币在区域贸易中国际化的计价、支付功能的形成奠定了基础。葛兆强（2009）[③]、翁东玲（2009）[④]、周晓娇（2009）[⑤]、石纬林（2009）[⑥] 认为，国际货币形态的更替是市场选择的结果，在国际货币体系改革进程中，人民币国际化是关键的推动力。穆西安（2009）[⑦] 对金融危机后人民币国际化的条件进行了分析，并得出我国应抓住机遇推动人民币国际化的结论。Wu. Friedrich（2009）[⑧] 指出虽然中国高层称中国的外汇储备及贸易结算受美元程度减小，但是中国在某些人民币国际化条件上仍有欠缺，如中国的人均收入水平落后、经济发展不平衡等问题。

3．人民币国际化进程中资本项目开放问题研究

吴念鲁（2002）[⑨] 认为，货币国际化和货币可兑换是不同的两个概念，在考虑货币国际化的风险和收益的前提下，他建议在国际货币体系改革的过程中逐步实现资本账户自由化，进而推动人民币国际化进程。吴念鲁（2005）[⑩] 指出，今后外汇体制改革目标仍是逐步实现人民币可兑换。胡晓练（2006）指出，纵向来看，逐步实现人民币可兑换是中国外汇体制改革不变的目标，而目前需要做的是加强对跨境资本流动的监管，稳步推进人民币资本项目可兑换。邹林（2006）在北京举行的一次投资者会议上表

---

① 何泼、罗刚：《人民币国际化研究》，《经营管理者》2009 年第 20 期。

② 曹红辉：《国际化战略中的人民币区域化》，《中国金融》2006 年第 5 期。

③ 葛兆强：《国际货币体系改革与人民币国际化研究》，《首都经济贸易大学学报》2009 年第 5 期。

④ 翁东玲：《现行国际货币体系下人民币的区域化和国际化》，《亚太经济》2009 年第 10 期。

⑤ 周晓娇：《人民币国际化现状及发展分析》，《中国商贸》2009 年第 15 期。

⑥ 石纬林：《现阶段推进人民币区域化的基本原则与路径》，《经济纵横》2009 年第 7 期。

⑦ 穆西安：《抓住机遇因势利导推进人民币国际化》，《南方金融》2009 年第 3 期。

⑧ Wu, Friedrich, 2009, "How China's Yuan Can Become a Global Currency", Business Week Online, pp. 18—18, 1p

⑨ 吴念鲁、陈全庚：《人民币汇率研究》，中国金融出版社 2002 年版。

⑩ 吴念鲁、陈全庚、鄂志寰：《论人民币汇率机制改革》，《财经科学》2005 年第 1 期。

示，中国计划近期内实现人民币资本项目下的基本可兑换，完全可兑换仍是一项长期目标。政府将积极鼓励资本流出，总体上资本流出和流入应保持平衡。陈全庚认为，实现人民币可兑换是一个系统工程，是我国外汇体制改革的长远目标，需要在借鉴国外先进措施的前提下，采取逐步实现的方式。他提出人民币可兑换需要经历三个阶段，即：首先，要实现人民币经常项目有条件的可兑换。其次，实现人民币经常项目可自由兑换（目前我国已经实现上述两个阶段）。最后，实现人民币全面可兑换即同时实现人民币在经常项目和资本项目的可兑换。周林、温小郑（2001）[①] 认为，应有步骤、分阶段地促进人民币实现自由兑换，使得人民币与国际主要货币建立稳定的、普遍的、广泛的关系，实现我国金融与国际金融的接轨。巴曙松（2005）把资本项目可兑换和人民币国际化联结起来，将一国货币可兑换性分为：经常项目可兑换、政府推动本币的国际化等不同阶段，中国已经实现了第一阶段，第二阶段正在逐步实施过程中，他认为人民币实现完全的自由兑换的过程中，要经历人民币的国际化以及资本项目开放的不同阶段，此外他还认为人民币境外流通可推动人民币完全可兑换进程。王元龙（2008）[②] 在肯定我国学术界关于资本项目有序开放的顺序，同时又指出资本项目开放的排序只能是原则性的，不能模式化，需要根据实际情况适时调整。他指出资本项目可兑换的重点和难点应放在境外直接投资、债务证券投资和股权类投资领域。吴念鲁、杨海平、陈颖（2009）[③] 在对人民币资本项目可兑换的条件分析的基础上，提出了推进人民币资本项目可兑换的时间表、步骤及指导原则。

4. 关于人民币国际化的成本收益研究

对人民币国际化带来的收益和成本分析的过程中，大多数学者都将铸币税作为人民币国际化的一项重大的收益。钟伟、纬恩（2002）[④] 就曾经估算人民币国际化可能获得的铸币税收益，他们粗略地将铸币税等同于其

① 周林、温小郑：《货币国际化》，上海财经大学出版社 2001 年版。

② 王元龙：《人民币资本项目可兑换与国际化的战略及进程》，《中国金融》2008 年第 10 期。

③ 吴念鲁、杨海平、陈颖：《论人民币可兑换与国际化》，《国际金融研究》2009 年第 11 期。

④ 钟伟：《人民币：国际货币的第四级》，《发现》2002 年第 7 期。

他国家和地区对人民币的储备需求，在人民币币值稳定且可以逐步推进国际化的前提下，他们预计将来人民币国际化获得的年均铸币税收入至少可稳定在25亿美元左右。陈适宜（2004）[①] 估算，2011年我国累计向境外输出人民币的总额将达到5000亿元以上，且随着中国与国外经济贸易等交流的进一步加强，人民币输出额会继续增加。除了铸币税，人民币国际化还会给我国带来其他方面的收益。焦继军（2005）[②] 指出，人民币国际化可以为我国带来提高我国的国际地位和政治声望、优化我国的国际贸易和对外投资，以及以较低成本使用别国国际储备等收益。对于人民币国际化过程中会付出哪些成本，国内学者也进行了相关研究。韩骏（2007）[③] 认为，推进人民币国际化，将为中国经济更好更快地发展提供强有力的支持。本次金融危机使各国实体经济损失惨重，改革单一主权信用货币的国际货币体系再次成为国际社会的讨论热点。哈继铭（2009）[④] 通过对人民币国际化对资产价格的影响，他认为人民币国际化将使股票、房地产在内的资产价格受益。郭世坤（2009）[⑤] 指出，人民币国际化可以给我国带来巨大经济利益和国家利益。

关于人民币国际化的成本，姜波克（1999）[⑥]、徐洪水（2004）[⑦]、陶士贵（2002）[⑧]、陈适宜（2004）[⑨]、焦继军（2005）[⑩]、张青龙（2005）[⑪]等不少学者都进行了相关研究，综合来看，他们关于人民币国际化的成本只是在表述方面有些差异，观点大致相同，主要体现在以下几个方面：人民币国际化使得套利的可能性增加，这在一定程度上威胁国内经济金融的

　　① 陈适宜：《浅析人民币区域国际化的条件和利弊》，《重庆石油高等专科学校学报》2004年第2期。

　　② 焦继军：《人民币跻身于国际货币之列的效应分析》，《经济问题》2005年第1期。

　　③ 韩骏：《加快推进人民币国际化的策略》，《投资研究》2007年第6期。

　　④ 哈继铭：《人民币国际化对资产价格的影响》，《中国金融》2009年第9期。

　　⑤ 郭世坤：《人民币应该或将加速国际化》，《中国金融》2009年第21期。

　　⑥ 姜波克：《人民币自由兑换和资本管制》，复旦大学出版社1999年版。

　　⑦ 徐洪水：《人民币国际化的理论分析及战略思考：基于人民币周边流通的分析》，《国际经济探索》2004年第5期。

　　⑧ 陶士贵：《人民币区域化的初步构想》，《管理现代化》2002年第5期。

　　⑨ 陈适宜：《浅析人民币区域国际化的条件和利弊》，《重庆石油高等专科学校学报》2004年第6期。

　　⑩ 焦继军：《人民币跻身于国际货币之列的效应分析》，《经济问题》2005年第1期。

　　⑪ 张青龙：《人民币国际化》，《世界经济情况》2005年第12期。

稳定；人民币国际化使得国内货币政策的制定执行带来许多始料未及的问题和制约，本国的货币政策独立性很难实现；加大了金融风险和危机的传导效应；境外的人民币在回流过程中会对我国的汇率、利率、物价等产生影响。巴曙松、吴博（2008）[①] 则是从金融监管的视角对降低人民币国际化成本提出了相应的政策建议。

5. 关于人民币国际化程度的判断

学术界对人民币国际化程度的研究发现：虽然改革开放以来，中国经济保持了较快的增长，但是在人均 GDP、金融市场的发展、金融体制的改革进程（利率市场化、汇率市场化及资本项目开放等）、金融中心的建设、产业结构的调整及发展模式的转变等方面都存在许多问题，人民币国际化还需要经历一个漫长的过程，现在人民币的跨境流通只是其国际化的一个起步阶段，无论从广度还是从深度来看，其国际化程度都还很低。基于职能视角对人民币国际化程度进行度量和判断的研究有：

李瑶（2004）[②] 设计了货币国际化指数，该指数由以下几个部分组成：（1）本币范围指数 $I_1 = \sum A_i/A_0$，$i = 1，2，\cdots，n$，I_1 为本币流通范围指数、Ai 为持有货币的第 I 个国家、A_0 为与本国存在贸易往来的国家总数；（2）本币境外流量指数 $I_2 = \sum Z_i/M_0$，$i = 1，2，\cdots，n$，I_2 为本币境外流量指数、Z_i 为本币境外于第 I 国的流通量、M_0 为本币总发行量；（3）本币境外储备指数 $I_3 = \sum R_i/R_0$，$i = 1，2，\cdots，n$，I_3 为本币境外储备指数、R_i 第 I 国官方储备中发行国本币的数量、R_0 本币国外汇储备数量；（4）货币国际化指数 $I = \lambda_1 I_1 + \lambda_2 I_2 + \lambda_3 I_3$，$\lambda_1$、$\lambda_2$、$\lambda_3$ 分别为各指数的权重。

李瑶利用上述指数对 2000 年世界主要国家的货币国际化指数进行了估算，其估算结果为：美元（9.11）、欧元（1.70）、日元（1.05）、人民币（0.19），邱兆祥等（2009）[③] 以人民币跨境流通数据为基础，利用李瑶测算货币国际度指数的方法，对 2000 年人民币国际化程度进行了估算，结果为 0.2042，与李瑶的估算值相似，从他们估算结果来看，人民币国际化的

---

① 巴曙松、吴博：《人民币国际化进程中的金融监管》，《中国金融》2008 年第 10 期。
② 李瑶：《人民币资本项目可兑换研究》，清华大学出版社 2004 年版。
③ 邱兆祥等：《人民币区域化问题研究》，光明日报出版社 2009 年版。

程度仍比较低。

　　蒋万进等（2006）利用有关资料对 2002 年相关货币的国际化综合指数进行了测算，结果如表 1-2 所示。I 为货币的国际化程度（货币国际化指数）。从测算结果来看，参照美元国际化水平，欧元的国际化程度接近40，日元则为 28.2，人民币为 2，人民币国际化程度仍比较低。

表 1-2　美元、日元、欧元和人民币国际化综合指数①

	I_1	I_2	I_3	I_4	I_5	I_6	I_7	I
美元	100	66.7	60	93.5	44	19.5	64	100
欧元	86.5	0.9	20	4	19	39.9	6	39.4
日元	73	0.4	5	1	23	4	20	28.2
人民币	8.8	1.1	0	0	0	0	0	2

　　李稻葵、刘霖林（2008）② 在 CHINN AND FRANKEL 模型的基础上，对因变量作了 LOGISTIC 变换将其变化范围扩展至〔-∞，+∞〕，构建了回归模型对 2020 年主要国际货币在国际储备、贸易结算及国际债券中的比重进行了模拟，在完全可兑换假设和最乐观的预测下，人民币在国际储备和国际债券中的比例可能达到近 20%。他建议采用双轨制的步骤推进人民币国际化进程。韩文秀（2010）应用同样的方式进行了预测，2020 年人民币在国际债券中的比重，如下表所示：

表 1-3　对 2020 年国际债券中币种结构的预测③

RMB	18.93%
USD	19.39%
EURO	19.33%
JAP YEN	18.95%

---

①　人民银行课题组：《人民币国际化的时机、途径及策略》，《中国金融》2006 年第 5 期。
②　李稻葵、刘霖林：《人民币国际化：计量研究及政策分析》，《金融研究》2008 年第 11 期。
③　李稻葵、刘霖林：《人民币国际化：计量研究及政策分析》，《金融研究》2008 年第 11 期。

RMB	18.93%
SW FR.	6.90%
GBP	16.50%

6. 关于人民币国际化的路径选择的研究

周林、温小郑（2001）在分析美元、英镑、马克、欧元、日元及部分新兴工业化国家货币的国际化进程的基础上，提出了人民币国际化的阶段性目标。李建军（2003）[①] 则对美元、日元、欧元三种货币的国际化路径进行了研究，并得出美元、欧元和日元国际化的不同途径分别是：全球性汇率协作制度安排、货币主权联邦制的区域性制度安排和实体经济发展与金融深化政策。陈虹（2004）[②] 则只是对日元国际化进程进行了分析，通过分析其内外环境总结出日元国际化的经验与教训。钟伟（2002）[③] 对人民币国际化提出有价值的操作性建议，他建议在推动人民币国际化进程中，应将人民币国际化进程和人民币资本项目可兑换结合起来。周小川（2005）认为，目前在我国同国外一些国家和地区的双边贸易中，仍习惯采用美元结算，但用本币结算已逐渐成为一种新趋势，我国应予以鼓励。他还指出，利用贸易带动人民币在周边国家和地区流通是人民币国际化一个步骤。郑木清（1995）认为人民币国际化是一个渐进的发展过程，他认为人民币国际化将首先成为亚洲地区的关键货币，进而最终实现在全球范围的国际化。李晓（2005）[④] 指出，我国在人民币国际化进程中要避免日元国际化过程中的"贸易国家"困境，走"人民币亚洲化"的货币国际化道路。袁宜（2002）[⑤] 通过对货币国际化规律的研究提出，我国要实现人民币国际化需要政府的积极推进，此外还要提高我国的经济实力，积极参与经济全球化。胡智、文启湘（2002）[⑥] 认为，随着中国经济实力的增强，

[①] 李建军、田光宁：《两大货币国际化的路径比较与启示》，《上海金融》2003 年第 9 期。

[②] 陈虹：《日元国际化之路》，《世界经济与政治》2004 年第 5 期。

[③] 钟伟：《略论人民币的国际化进程》，《世界经济》2002 年第 3 期。

[④] 李晓：《"日元国际化"的困境及其战略调整》，《世界经济》2005 年第 6 期。

[⑤] 袁宜：《货币国际化进程规律的分析——对人民币国际化进程的启示》，《武汉金融》2002 年第 6 期。

[⑥] 胡智、文启湘：《人民币国际化模式探讨》，《河北经贸大学学报》2002 年第 5 期。

人民币国际化趋势已越来越明显，人民币国际地位也在不断提升。在人民币国际化的各种条件尚未成熟的前提下，讨论人民币国际化仍显得十分必要，他们认为人民币国际化不宜采用"追赶型"发展模式，而应在弱经济、强制度的组合模式下，实现货币金融制度创新，并在风险管理动态系统中快速开放这种组合模式的开放，缩短人民币国际化进程。姜波克等（2003）从国际货币职能的视角进行研究，他们认为人民币国际化要经历从初步国际化的货币到完全国际化的国际货币再到国际中心货币的过程，在推进过程中我国的资本账户将逐步放开，汇率政策也将走向浮动。巴曙松（2003）① 指出，在人民币完全兑换之前，推进人民币国际化应采取务实策略，从边贸入手推进人民币作为结算货币的进程，提高人民币的使用规模。张静春（2008）② 提出，人民币应通过亚洲货币合作机制来推行区域国际化发展。李稻葵、刘霖林（2008）③ 提出了双轨制推进人民币国际化的路径。朱孟楠、陈晞（2008）④ 用博弈论的方法对人民币国际化路径选择进行了研究，并得出人民币国际化应先整合国内货币，再推动与东亚货币的合作的结论。夏斌（2009）⑤认为在后危机时代，面对复杂的国际经济金融环境，应以亚洲区域内经济金融合作的不断推进为契机，加快人民币离岸市场建设，着力推动人民币国际化（区域性国际化）进程。余元洲（2009）⑥ 提出人民币国际化实施货币二重化的观点，在境内使用人民币，境外发行华元。

在大多数学者和业内人士对人民币国际化抱有乐观和积极态度的同时，仍有一些学者认为，中国在金融市场和金融监管等方面还存在许多不足，谈人民币国际化为时过早，应首先提高人民币的使用规模。孙立、王东东（2005）⑦ 指出，现阶段人民币国际化尚面临诸多约束性条件，人民

---

① 巴曙松：《人民币国际化从哪里切入》，《金融与经济》2003 年第 8 期。
② 张静春：《货币的性质与人民币的未来选择》，《当代亚太》2008 年第 2 期。
③ 李稻葵、刘霖林：《双轨制推进人民币国际化》，《中国金融》2008 年第 10 期。
④ 朱孟楠、陈晞：《进化博弈论视角下的国际货币体系演变与人民币国际化路径研究》，《金融发展研究》2008 年第 12 期。
⑤ 夏斌：《关于国际金融体系改革与我国金融开放的思考》，《新金融》2009 年第 12 期。
⑥ 余元洲：《货币二重化——人民币国际化的必由之路：人民币国际化的三大弊害及消除办法》，《西南金融》2009 年第 8 期。
⑦ 孙立、王东东：《人民币国际化的约束条件分析》，《当代经济研究》2005 年第 8 期。

币国际化的进程受到严重制约。李富有（2005）[①] 认为，区域的货币合作可能会演变成某种形式的平行货币，这与人民币国际化是相悖的。

（二）国外学者对人民币国际化问题的探讨

人民币国际化的问题也引起了国外学者的关注。一些国际知名学者，包括多恩布施、麦金农和蒙代尔，都曾对人民币国际化的前景进行过乐观的预测。著名经济学家多恩布什（1999）[②] 指出：20 年后世界上将剩下几种货币，其中在南北美洲美元将作为通用货币，在亚洲，人民币将有可以占据主导地位，欧元则在剩余地区作为主导货币。施密特（2001）预言 30 年后，美元、欧元、人民币有可能成为当时的三种主要货币。《远东经济评论》指出，在 21 世纪的前几十年中，人民币将会打破目前国际金融市场的平衡，成为继美元、欧元和日元之后的世界上兑换频率第四高的货币，世界各国对人民币应予以重视。

三、关于人民币区域性国际化（简称"区域化"）的研究综述

亚洲金融危机爆发后，特别是中国—东盟自由贸易区建立以后，中国与周边国家的贸易往来更加密切，此次金融危机的爆发更加加速了中国同东盟等周边国家之间的合作，人民币也逐渐在周边国家贸易中开始执行计价和结算功能，一些专家学者也开始注意到这一现象，并开始对这方面进行了研究和探讨，李翀（2002）[③]、潘理权（2000）[④]、钟伟（2002）[⑤]、李晓（2004）[⑥] 等学者提出了人民币亚洲化的观点，并对人民币亚洲化的必要性和可行性逐步进行了分析。虽然有些学者反对人民币区域化，主张直接进行国际化，但是多数学者还是主张人民币区域化是实现人民币国际化的必经之路，并对人民币区域性国际化这一问题展开了激烈的探讨，探讨的内容主要集中在人民币在境外流通状况、人民币区域性国际化可行性分

---

① 李富有：《国家准入与平行货币梯度推进：亚洲货币合作的路径》，《上海金融》2005 年第 7 期。

② Dornbusch, Rudiger, 1999, "Flexibility o r Nominal Anchors?" In Stefan Collignon, jean Posisani-Ferry.

③ 李翀：《论人民币的区域化》，《河北学刊》2002 年第 9 期。

④ 潘理权：《国际货币体系改革与人民币国际化》，《华东经济管理》2000 年第 4 期。

⑤ 钟伟：《人民币：国际货币的第四级》，《发现》2002 年第 7 期。

⑥ 李晓、李俊久、丁一兵：《论人民币的亚洲化》，《世界经济》2004 年第 2 期。

析、人民币国际化（区域性国际化）的利弊分析、人民币国际化（区域性国际化）的途径等几方面。

（一）有关人民币在境外流通状况的研究综述

近年来，随着中国经济的持续快速增长，人民币币值稳定以及中国政府在金融危机中表现出的高度责任感，人民币在世界贸易尤其是周边国家和地区的贸易中越来越受欢迎，人民币在中越、中缅、中老、中蒙、中朝和中俄等边境地区的边贸和旅游消费中开始充当交易媒介。新加坡、印尼、马来西亚、台湾等国家和地区已经开始接受人民币存款和办理人民币其他业务。人民币在周边国家尤其是东南亚地区已经成为继美元之后的第二大重要货币。学术界也对这些地区的人民币流通情况进行了调研。王雅范、管涛、温建东（2002）[①] 对人民币在周边国家和地区流通的原因、流通和使用的情况进行了较为详尽的分析。他们研究发现人民币已经被蒙古普遍用于计价和结算。在蒙古境内流通的货币中大约有 50% 是人民币，且在与中国接壤的蒙古西北五省中人民币占比高达 80%—90%。李华民（2002）[②] 经研究发现，在越南、泰国、缅甸等国家和地区，人民币作为支付和结算货币而被普遍接受。李翀（2002）把人民币在周边地区流通的途径和使用程度分成三种情况：一种是由旅游业的发展而带动的人民币跨境流通，主要是对新加坡、泰国、马来西亚、韩国等旅游比较发达的国家，通过对这些国家的人民币流通情况分析发现，人民币在这些国家的滞留量很小，人民币作为价值储藏的功能不强；第二种情况是随着边境贸易和旅游而产生的人民币跨境流通，主要发生在与我国毗邻的国家如蒙古、朝鲜、越南、缅甸、老挝、俄罗斯等国的边境地区，在这些国家的跨境流通过程中，人民币主要是充当交换媒介，其在境外停留时间也比较长，有较强的价值储藏功能。第三种情况是在我国的港澳地区，由于双方的经济往来密切，人民币的使用和兑换相当普遍。唐东宁等（2002）[③] 通过对人民币在缅甸和老挝的流通情况调查发现，人民币在两国的流通范围广，被当

---

① 王雅范、管涛、温建东：《走向人民币可兑换：中国渐进主义的实践》，经济科学出版社2002 年版。

② 李华民：《铸币税的国际延伸：逆转风险与人民币强势战略》，《经济学家》2002 年第 6期。

③ 唐东宁：《对人民币在周边国家和地区流通的建议》，《中国外汇管理》2002 年第 3 期。

作硬通货使用，甚至在老挝的东北三省完全可以替代本币在境内流通。李瑶（2004）通过实地考察并结合相关文献研究发现，在中国周边国家和地区中主要有香港和澳门、台湾、孟加拉、越南、印度尼西亚、柬埔寨、缅甸、老挝、新加坡、菲律宾、马来西亚、朝鲜、俄罗斯、蒙古、巴基斯坦、哈萨克斯坦、吉尔吉斯斯坦、韩国、泰国、尼泊尔、锡金等 22 个国家和地区持有人民币。李婧、管涛、何帆（2004）[①] 用实证方法对人民币跨境流通情况进行了分析，总结了人民币境外流通的主要原因与流通特点，并对 2002 年人民币跨境流通规模进行了估计，在考虑到地下经济、边民互市及统计误差等因素的前提下，他们的估值为 1200—1400 亿元左右；在考虑地下渠道交易情况下，人民币的海外存量估值为 50—120 亿元之间。人民币现金跨境流动调查课题组（2004）调查结果表明：2004 年人民币跨境流量达 7713 亿元，其中人民币在港澳地区以及周边接壤国家的滞留量为 216 亿元，人民币跨境流通已经初具规模。曹红辉（2006）[②] 认为当前人民币仍处于人民币国际化（区域性国际化）的初级阶段，主要是在周边地区贸易、跨境劳务收支与旅游消费过程中流通使用，并且跨境流通主要集中在港澳地区和东南亚国家和地区。刘力臻等（2005）[③] 在考察中国与越南、老挝和缅甸三国的边境小额贸易进行考察后发现，在 2002、2003 年的广西与越南贸易中，90% 以上是通过边贸人民币账户进行结算的。且中国与这三个国家的贸易中用人民币计价结算的比例呈上升趋势。马荣华、饶晓辉（2006）[④] 根据 1958—2005 年的实际数据，利用扣除本地需求的方法，估算了 1995—2005 年每年的人民币境外需求量，从估算结果发现，从 1997 年开始人民币境外流通量持续大规模的上升。董继华（2008）[⑤] 则在此基础上对 1995—2005 年每一季度的人民币境外流通规模进行了估算。徐洪才（2009）[⑥] 指出，中国—东盟自由贸易区的如期建成为人民币进入东

---

① 李婧、管涛、何帆：《人民币跨境流通的现状及其对中国经济的影响》，《管理世界》2004 年第 9 期。

② 曹红辉：《国际化战略中的人民币区域化》，《中国金融》2006 年第 5 期。

③ 刘力臻：《人民币区域化成因透析》，《管理现代化》2005 年增刊。

④ 马荣华、饶晓辉：《人民币的境外需求估计》，《经济科学》2006 年第 5 期。

⑤ 董继华：《人民币境外需求规模估计：1999—2005》，《经济科学》2008 年第 1 期。

⑥ 徐洪才：《大国金融方略：中国金融强国战略和方向》，机械工业出版社 2009 年版。

盟提供了良好时机。

（二）关于人民币国际化（区域性国际化）的可行性研究综述

程恩富、周肇光（2002）[①]认为，目前中国已经为人民币逐步走向区域化和国际化创造了日趋良好的条件，如：中国经济规模的扩大和综合国力的提高；对外贸易结构的优化，外汇体制改革成效显著，汇率保持相对稳定，金融市场体制逐渐完善，引进和利用外资效果显著等。姜波克（2002）[②]认为，中国在彻底整合"一国四币"的基础上，推进人民币的区域化和国际化是可行的。陶士贵（2002）则认为，在中国经济持续稳定健康发展、人民币币值稳中有升、外汇储备充足、金融市场状态良好及周边国际和地区主动使用人民币的情形下，推进人民币国际化（区域性国际化）的时机已到。李翀（2002）、巴曙松（2003）等认为，中国可以借周边国家和地区开始流通使用人民币之机，积极推进人民币的国际化（区域性国际化）。李晓、李俊久（2004）[③]指出，中国已经初步具备了人民币国际化（区域性国际化）的一些前提条件。袁秀林（2005）通过建立最优货币区标准内生性模型进行实证分析发现，从中国与亚洲其他国家宏观经济关系来看，中国已经具备了推进人民币国际化（区域性国际化）的前提条件。韩民春、袁秀林（2007）从贸易的视角用实证的方法对人民币区域化的收益及效应进行分析，通过分析中国经济变化对亚洲各经济体贸易的影响，判断在亚洲区域贸易发展的情况下人民币区域性国际化的可行性。王敏（2007）指出，在香港发行人民币债券及中国银联成功的海外扩张、人民币边贸结算的实施、美元的走软都为人民币国际化（区域性国际化）创造了条件。

（三）关于人民币国际化（区域性国际化）的利弊研究综述

关于人民币国际化（区域性国际化）对我国的利与弊的探讨，学者的看法同人民币国际化的成本收益是大致相同的。陶士贵（2002）[④]认为，

---

① 程恩富、周肇光：《关于人民币区域化和国际化可能性探析》，《当代经济研究》2002年第11期。

② 姜波克、张青龙：《最优货币区理论综述兼述欧元、亚元问题》，《世界经济文汇》2002年第1期。

③ 李晓、李俊久、丁一兵：《论人民币的亚洲化》，《世界经济》2004年第2期。

④ 陶士贵：《人民币区域化的初步构想》，《管理现代化》2002年第5期。

人民币国际化有利于我国充分利用周边国家和地区的资源，节省我国的外汇资源，提高人民币的国际地位，为人民币国际化奠定基础等。他指出，人民币国际化（区域性国际化）在给我国带来好处的同时，也有一定的弊端如：人民币国际化加大了我国经济金融安全隐患，受到假币的冲击，以及加剧洗钱犯罪活动。李翀（2002）[1] 认为，人民币区域性国际化可以给我国带来铸币税收益的同时，扩大中国与周边国家或地区的经济往来，促进双方经济的发展。他认为人民币国际化（区域性国际化）会对我国的国际收支和货币政策效果产生不利影响，此外会出现资金逃避资本账户的管制等问题。程恩富、周肇光（2003）认为，在不排斥本国货币存在的前提下发行"亚元"，或者实现在与日本平等的基础上建立亚洲货币基金，对中国都会利大于弊，但是在这之前还是要积极推进人民币国际化（区域性国际化）甚至是国际化。邱兆祥、粟勤（2007）[2] 指出，人民币国际化（区域性国际化）可以给我国带来的好处有：以货币换取其他国家和地区的实际资源、为我国与区域内居民的经济交往提供便利、降低我国对外交易的成本、进一步推动区域内贸易和投资活动，以及加速区域经济一体化；而人民币国际化的成本则是削弱了央行货币的控制力，但是，人民币国际化（区域性国际化）的收益远远大于成本。王敏（2007）[3] 认为，人民币国际化可有效缓解我国外汇储备压力、缓解我国目前国内流动性过剩和通胀的现状，在外汇市场可形成多种心理预期，有效缓解人民币急剧升值的现实压力；有利于改善贸易环境，使得我国与其他国家联合起来对抗西方发达国家给予我国人民币升值的压力；有助于我国稳步地推进人民币资本账号的可兑换。他认为由于人民币国际化（区域性国际化）会触及到日本和美国等国家的利益，引起这些国家在汇率政策等方面予以报复。

（四）关于人民币国际化（区域性国际化）路径选择的研究综述

在人民币国际化（区域性国际化）路径选择上，学者的讨论主要有两类：一种观点认为应以市场需求为主导，政府推动为辅，即注重在边境贸

---

① 李翀：《论人民币的区域化》，《河北学刊》2002 年第 5 期。

② 邱兆祥、粟勤：《货币竞争、货币替代与人民币区域化》，《金融理论与实践》2008 年第 2 期。

③ 王敏：《人民币区域化是化解汇率难题的现实选择》，《上海证券报》2007 年。

易、旅游中市场对人民币的自发选择过程，并由政府应该积极地予以推进。另一种观点则是主张以政府推动为主。李华民（2002）主张为提高人民币的竞争力，人民币可在现有实力的基础上以强势货币的姿态向周边国家和地区渗透。陶士贵（2002）认为，推进人民币国际化（区域性国际化）应分层次、分阶段进行。改进人民币出入境管理办法、通过在周边国家和地区开设我国银行分支机构来畅通人民币结算渠道；建议建立人民币离岸金融中心；进一步完善人民币汇率形成和稳定机制；加强对人民币跨境流通的监管。程恩富、周肇光（2003）认为，人民币国际化（区域性国际化）首先要有现代企业制度这一微观基础，此外还要完善我国的信用制度，建立合理的非对称利率市场化机制，加强金融监管。李晓、丁一兵（2004）认为，推动人民币在亚洲的国际化（区域性国际化）要结合市场的自发力量和政府的制度推进两方面，次区域货币整合与泛区域的整体协调相结合。曹红辉（2006）[①] 认为，推动人民币国际化（区域性国际化）需将跨境流动的人民币逐步纳入正规金融体系；推动地下金融机构的合法化并加强对其的监管力度；加大对境外资金的投资方向和比例的监管和限制；在保留可携带人民币出入境的限制性制度的前提下，扩大境外人民币回笼的渠道；加强对人民币流动的统计和监管。李晓、李俊久（2004）认为，人民币国际化（区域性国际化）应考虑东亚区域货币体系的构建，加强与东亚其他国家货币特别是日元的协调与合作，通过制度性的"人民币国际化（区域性国际化）"来实现其成为国际货币的目标。汤炳辉（2006）[②] 认同李晓等人的观点，认为人民币国际化（区域性国际化）会推动东亚货币合作的发展。张家寿（2006）[③] 认为，人民币在东盟国家已取得硬通货的地位，推进其国际化（区域性国际化）需要政府予以政策上详细的规定和支持。中国人民银行南宁中心支行课题组（2007）[④] 认为，可从人民币在周边国家的国际化（区域性国际化）、中华区域的"四币整

---

① 曹红辉：《国际化战略中的人民币区域化》，《中国金融》2006 年第 5 期。
② 汤炳辉：《东亚货币合作与人民币区域化问题研究》，暨南大学出版社 2006 年版。
③ 张家寿：《中国东盟区域货币合作的理论基础与路径选择》，《美中经济评论》2006 年第 6 期。
④ 中国人民银行南宁中心支行课题组：《人民币区域化、国际化的趋势及影响》，《广西金融研究》2007 年第 7 期。

合"、人民币在东南及东亚的国际化（区域性国际化）三个方面来推动人民币国际化（区域性国际化）。贺翔（2007）认为，自发演进的人民币国际化（区域性国际化），需要政府在人民币的兑换、流出和回流机制问题方面予以支持。范祚军、关伟（2008）[①] 分别从贸易和货币竞争与铸币税的视角对人民币国际化（区域性国际化）的现实基础进行了实证分析，提出要分阶段逐步推进人民币的国际化（区域性国际化），并建议为推进人民币国际化（区域性国际化）进程应建立人民币"资产池"和人民币自由兑换区，扩大政治对经济的支撑力度等。范祚军、关伟（2008）[②] 认为，人民币应首先在其认同度较高的周边国家和地区实施可自由兑换试验，为人民币国际化积累经验。周道许（2009）[③] 指出，人民币国际化已是大势所趋，但仍将经历一个漫长的过程，可以首先推动人民币的周边化，然后在此基础上进行有步骤地、渐进式的资本账户可兑换，提高金融体系效率，最终实现人民币国际化。

四、现有研究述评与本课题研究重点

（一）现有研究评述

1. 关于货币国际化方面的研究评述

通过对国内外学术界关于货币国际化研究的整理和研究，我们不难发现国内外学者对货币国际化这一问题进行了广泛而深入的研究，研究涉及到方方面面，研究视角各有不同，研究方法也丰富多样。由于美元、欧元等货币的国际化的成功，国外学者对该问题研究已比较成熟，其理论研究已经趋于完善，同时在实证研究这一块也做得比较多、比较充分。相对而言，国内学者对货币国际化问题的研究起步较晚，但是借鉴西方先进研究方法等的基础上，国内学者对该问题研究也已经有所深入。通过对学者们的研究的总结，我们得出一国货币要实现国际化需要从以下几个条件做准备：①综合国力的强大，如政局的稳定、经济繁荣、规模的国际贸易等；

---

① 范祚军、关伟：《基于贸易与货币竞争视角的 CAFTA 人民币区域化策略》，《国际金融研究》2008 年第 10 期。

② 范祚军、关伟：《当前应设立人民币可自由兑换试验区》，《经济研究参考》2008 年第 70 期。

③ 周道许：《推进人民币国际化进程的战略思考》，《中国金融》2009 年第 24 期。

②健全的金融体制，如健全的监管体制、资本账户的管理问题等；③完善、开放的金融市场环境；④浮动的汇率和开放的利率条件等。此外，国际贸易对货币成为货币行驶计价货币和交易货币职能提供了可能，在研究货币国际化的过程中，发现随着货币国际化程度的加深，其获得的收益会比成本越来越大。

2. 关于人民币国际化方面的研究评述

伴随着中国经济的发展壮大，人民币国际化的问题也备受关注。通过对国内外学者的研究总结，大多数学者认为就现阶段来说，人民币国际化程度较低，刚刚处于起步阶段，即使实现人民币国际化（区域性国际化）也存在一定困难。目前，我国资本账户开放、金融市场发展、利率和汇率市场化方面都存在制约人民币国际化的因素。但从长期来看，随着经济的持续增长、金融改革的深入、汇率的稳步上升、市场的完善，人民币将会逐步成为国际货币，当然，这是一个过程，在这个过程中既需要有市场的自发演进作用，也更需要政府的政策支持及制度助推。在推进人民币国际化进程中，大多数学者认为要有序、逐步地放开资本项目，人民币国际化不可一蹴而就，要逐步实现。

3. 关于人民币国际化（区域性国际化）方面的研究评述

近年来，随着中国影响力的扩大，以及中国与周边国家和地区经济、贸易、文化等交流的日益密切，人民币在世界贸易尤其是周边国家和地区使用的规模和范围越来越广，由此人民币国际化（区域性国际化）也提上日程。学者们开始着眼于从如何推进人民币国际化（区域性国际化）的研究视角来助推人民币国际化进程。学术界用定性、定量的方法对人民币在周边国家和地区的流通情况进行了考察，研究发现人民币在蒙古、越南、泰国、缅甸等国家的流通和使用较多，尤其是在边境地区人民币的流通比率非常高。在对人民币国际化（区域性国际化）的可行性分析方面，多数学者认为推进人民币国际化（区域性国际化）的时机已经成熟，但在推进的路径选择方面的建议却存在一定的分歧，有的学者认为应以政府推动为主导，有些学者却认为应以市场推动为主导，也有主张政府和市场同步推进的看法。总体来看，推动人民币国际化（区域性国际化）已势在必行，但任重而道远。

（二）本课题研究重点与研究思路

1. 研究重点

由上可以看出，理论界关于人民币国际化问题探讨很多，但是很多问题都停留在表面，如对人民币国际化过程中综合国力条件、金融市场条件、以及汇率制度等需要达到一个什么程度，这些条件对人民币国际化进程的影响有多大都值得深入探讨。如今，我国人民币国际化的战略路线图已经启动，人民币国际化的进程如何，达到了何种程度，推进人民币国际化过程中，需要在国力条件、金融体制和金融市场、汇率机制等方面做哪些准备来应对人民币国际化过程中的问题，都值得探讨，这项研究要解决的主要问题有：

第一，人民币国际化受多方面因素的影响，理论界对货币国际化的条件也有不同的认识，人民币国际化需要满足哪些条件，以及人民币国际化与资本账户开放的关系、人民币国际化与汇率制度选择、人民币国际化与人民币离岸市场建设等方面的关系都是课题重点研究的内容。

第二，人民币国际化是一个长期的工程，在推动人民币国际化进程中，如何培养人民币的竞争优势也是本课题要解决的核心问题之一。目前，东盟等周边国家和地区在与我国的贸易中自发选择使用人民币进行计价结算，是由于金融危机给美元产生的信任危机，以及人民币币值相对稳定和其良好的信誉。如何在推进人民币国际化进程中持续保持人民币币值相对稳定，需要在汇率机制、金融体制、监管体制等方面实施哪些配套措施来保证人民币的币值稳定，以进一步提高人民币的公信力。

第三，如何让其他国家在推进人民币国际化进程中接受人民币是本课题拟解决的另一主要问题。跨境贸易人民币结算试点的实施标志着我国人民币国际化从自发行为开始向政府推动转变，试点以来人民币跨境结算并没有实质的增加，这就需要我国加强对境外人民币回流机制的完善，具体通过什么措施来增加境外居民持有人民币的意愿，如人民币离岸市场建设等都是本课题要深入探讨和拟解决的问题。

2. 研究思路

随着中国经济实力的增强和国际地位的提高，人民币国际化这一问题越来越受关注，人民币国际化既是一个理论问题也是一个实践问题，本课题试图通过对人民币国际化的研究为人民币国际化提供一些理论支撑和政策建议。人民币作为亚洲地区除日元之外的第二大货币体，多年来一直保持币值的相对稳定，加上中国金融市场等条件的日益完善，只要中国经济保持持续强劲发展，人民币成为世界货币将是一种必然。鉴于这种发展趋势，本课题将通过对比国内外先进经验，从货币国际化的几大条件入手，找出人民币国际化进程中尚存在的不足和风险，最终为尚处于初级阶段的人民币国际化找到合适的发展道路，提前为更高阶段的人民币国际化做准备。

第三节　研究方案

前文通过对国内外研究的评述提出了本研究的研究重点和研究思路，以下将对研究的思路具体化，提出本课题的框架安排及研究的主要内容、核心观点，并为研究的具体实施进行具体安排，确定相关的研究方法及研究的技术路线。

一、框架安排及主要内容

（一）框架安排

本课题结合国际经济学、金融学、政治经济学等学科理论，对人民币国际化进行了深入探讨。本课题主要从以下五部分展开（图1-4）：

第一部分是理论部分，主要对国内外学者关于人民币国际化以及货币国际化的相关研究方法和观点进行了梳理，为本课题的研究提供理论借鉴和学术准备。并在此基础上对货币替代理论、最优货币区理论等比较成熟的相关理论进行了深入的探讨和分析，为课题研究提供理论支撑，本部分内容由第一章和第二章两个章节组成。

第二部分是经验借鉴和现状考察部分，该部分主要通过对世界主要国际货币的国际化进程的分析，找出货币国际化的共同特征，为人民币国际化提供借鉴。然后，从国际货币的成本和收益的角度探讨人民币国际化的可行性，并对人民币国际化现状进行了考察，并重点分析了现阶段人民币国际化面临的货币竞争状况，这部分主要是由文章的第三章、第四章、第

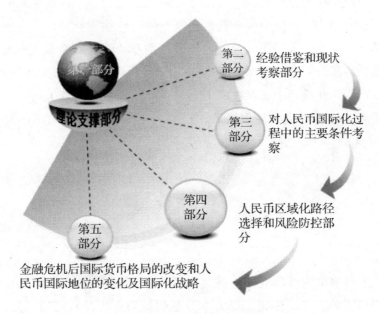

第二部分　经验借鉴和现状考察部分

第三部分　对人民币国际化过程中的主要条件考察

第四部分　人民币区域化路径选择和风险防控部分

第五部分　金融危机后国际货币格局的改变和人民币国际地位的变化及国际化战略

第一部分

理论支撑部分

图1-4　课题框架研究安排

五章、第六章组成。

第三部分重点对人民币国际化过程中的主要条件进行了分析，该部分主要由第七章、第八章、第九章、第十章四个章节构成，主要考察了在人民币国际化进程中，我国需要在国力条件、金融体制、金融市场以及汇率和利率条件这几个方面提供怎样的支撑。

第四部分对此次金融危机后人民币国际化的约束条件的变化进行了分析，从金融危机以后国际货币体系的调整、国际货币体系改革的方向和模式选择，以及金融危机后人民币国际化的机遇和挑战几方面展开，该部分由第十一章构成。

第五部分是人民币国际化（区域性国际化）路径选择和风险防控部分。由第十二章、第十三章构成，通过对人民币国际化条件的考察，寻求人民币国际化的最优路径，并对国际化不同阶段的风险进行预测和防范。

（二）主要内容

1. 人民币国际化可行性分析

通过对人民币国际化的可行性分析研究发现，人民币国际化能给我国带来国际铸币税收益、运用境外储备资产投资的额外收益，通过对人民币可测量的经济收益的定量分析，和对人民币国际化（区域性国际化）成本的定性分析发现，人民币国际化的收益要大于成本，推进人民币国际化的策略可行，推进人民币国际化可给中国带来更多的利益。

2. 人民币国际化现状考察

文章对人民币国际化的现状进行了详细考察，结果显示目前人民币国际化程度较低，刚刚处于起步阶段，即使实现人民币区域化也存在一定困难。就国际化（区域性国际化）的现状而言，人民币与日元虽都不具备充当东亚核心货币的绝对优势，但实证分析的结果表明，人民币在东亚货币的汇率稳定中起着更为重要的作用，因此人民币比日元更有潜力充当东亚地区的货币锚。

3. 人民币国际化具体条件考察

文章从国力条件、金融市场条件、金融体制条件、汇率和利率条件几方面入手对人民币国际化的现实条件进行了考察。

（1）人民币国际化国力条件考察：发展水平虽高、但发展结构仍需调整

在对人民币国际化的条件进行考察和研究过程中，课题通过对我国国力条件的调查发现我国已经初步具备人民币国际化的条件，在 GDP 总量上已经迈出了强而有力的一步。这样迅速增强的经济基础，加上我国巨大的外汇储备和对外贸易和国际收支的多年顺差，中国经济毫无疑问还将继续保持较高水平的稳定增长。课题根据现有情况对 40 年后的经济情况进行了较为保守的预测，并得出我国将于 2025 年 GDP 占世界份额上突破五分之一的大关，到 2050 年时这一比例将可能增加到 30% 的结论。这是人民币成为国际货币的最坚固可靠的经济后盾，强势经济必然推动人民币走向世界强势货币。在对我国对外贸易进行考察的过程中发现，中国的国际贸易已经形成一定规模，虽然贸易结构还不尽合理，但是已经为我国在贸易上奠定了较好的外向型基础，此外，周边东亚各经济体对我国的对外贸易依存度较高，加强中国与东亚各经济体之间的经济和贸易合作，将有利于增强人民币的区域影响力，从而有力地进一步推动人民币国际化。目前，我国的对外投资还处于初级阶段，若要推动人民币国际化需继续加大对外投资力度。本课题利用计量的方法从国力条件的视角对人民币国际化的潜力

进行了测算，从多项指标的衡量结果来看，从货币国际化的经济总量条件判断，推进人民币国际化已经越过临界点，即将进入适当加快推进的阶段。但必须认识到，我国依然是个大而不富、大而不强的经济体，在庞大的经济规模之下，还存在经济结构质量上的不少软肋，在硬实力和软实力、经济实力和非经济实力等方面也存在发展不平衡。只有同时做到规模大、结构优、质量高，才能以强大的经济实力和综合国力为后盾，推动人民币成为国际货币。

（2）人民币国际化金融体制条件考察：资本账户需逐步放开，金融监管需与时俱进

在分析金融体制条件时，我们首先从人民币国际化（区域性国际化）与资本账户开放关系出发，讨论了人民币国际化与资本账户开放之间的联系。经研究发现资本账户开放能够加快推进人民币国际化，但是人民币国际化并非需要资本账户完全开放，而是选择性和递进性的开放模式，并从资本流向、资本长短期限、资本交易兑换关系、资本交易主体、资本交易背景、金融服务自由化六个方面提出我国资本账户开放的整体顺序，并建议需要进一步开放的子项目包括：扩大对外直接投资、境外机构在境内发行债券和股票以及扩大境内金融机构对外贷款。其次，在监管体制方面，重点分析我国金融监管体制条件对于人民币国际化（区域性国际化）的利害关系。从人民币国际化（区域性国际化）对于全面适度的有效金融监管的需求出发，分析我国当前一行三会的监管模式特点，及其在金融危机下对该分业监管模式的监管重叠和监管真空主要弊端提出与时俱进的警示。认为需加强金融监管的市场作用机理和监管机构的独立性和权威性以及抓住重点的整体监管思路，并提出构建人民币国际化（区域性国际化）下金融监管模式、律法、协作机制。

（3）人民币国际化金融市场条件考察：金融市场改革开放势在必行

在考察我国人民币国际化过程中的金融市场条件时，发现相对于人民币国际化对金融市场的要求，我国的金融市场条件还存在货币市场、信贷市场分割严重，资本市场不够健康，利率市场机制尚未形成，衍生品市场发展不够等问题，推动人民币国际化应从发展货币市场尤其是债券市场和人民币离岸金融市场，以及便利人民币回流的金融市场建设入手。

（4）人民币国际化汇率和利率条件考察：推动浮动汇率制度和非对称

的利率市场化

在对人民币国际化的汇率和利率条件进行研究时，本课题主要讨论了人民币国际化之后人民币的汇率该如何安排，以怎样的汇率安排来实现我们的汇率制度和汇率水平逐步贴近人民币国际化（区域性国际化）的要求，以及在汇率安排的发展变化过程中，需要特别注意哪些问题。通过研究发现，人民币国际化及"三元悖论"的存在都需要使用浮动汇率制，并建议在推进人民币国际化（区域性国际化）过程中，中国与东盟国家共同钉住同一货币篮子，联合浮动。在考察利率条件时，则主要分析如何构建利率市场化，以便更好适应资本项目开放和汇率体制改革，服务于人民币国际化目标。在分析我国利率市场化现状，利率市场化与人民币汇率之间的相互作用机制的基础上，认为我国推进利率市场化应建立非对称的市场化利率体系，并利用经验分析和实证分析提出大力培育和完善上海同业拆借利率（SHIBOR），实现利率市场化中基准利率选择是实现利率市场化和为人民币国际化（区域性国际化）服务的重点。

4. 逐步推进人民币国际化

本课题着眼于此次金融危机对国际货币体系的影响，提出了人民币国际化的战略，即：有序推动"一国四币"的整合，推动人民币周边化；加强区域金融合作，实现人民币周边化、国际化（区域性国际化）；以人民币跨境结算、货币互换和发行人民币债券作为人民币国际化的突破口；市场导向与政策推动相结合，稳步推进人民币国际化。本研究还对推进人民币国际化过程中的各种风险进行了定性和定量的考察，其中重点分析了资本大规模进出风险、货币政策调控难度加大风险、货币替代风险，并通过模拟方案对人民币国际化对我国实体经济带来的影响进行了衡量。并从人民币国际化的国内外环境、政策措施和国际化过程中的冲击和影响的防范三个角度提出了相应的风险防范措施。

（三）核心观点

1. 推进人民币国际化利大于弊

本课题在总结国内外理论界关于货币国际化研究经验的基础上，结合我国当前经济金融发展现状，用理论和实证相结合以及博弈论等方法对人民币国际化带来的各项收益和国际化不同发展阶段下需要付出的成本以及面临的货币竞争进行了分析，并得出推进人民币国际化这一战略利大于弊的定论。

2. 人民币国际化尚处于起步阶段

通过对人民币境外流通的状况进行考察后我们发现，人民币国际化进程的必经阶段——人民币区域化已经开始，从港、澳、台到周边国家再到东南亚国家及中亚等国，人民币的流通使用在范围、频率上已经有了很大的扩展和提升。但就目前的发展状况而言，相对于世界主要国际货币的流通和使用状况，人民币国际化还处于起步阶段，流通使用主要集中于大中华区及周边国家，大多限于边境贸易。无论从广度还是从深度来看，其国际化程度都比较小。

3. 人民币国际化需进一步改善国内基础环境

通过对人民币国际化的现实条件考察发现，推进人民币国际化仍需要进一步改善对外贸易结构，继续加大对外投资力度，提高我国的经济结构质量。有选择性和递进性的开放我国的资本项目，加强金融监管的市场作用机理和监管机构的独立性和权威性，构建人民币国际化（区域性国际化）下金融监管模式、律法、协作机制。进一步丰富和完善我国的金融市场建设，加大对债券市场和人民币离岸金融市场的建设，提供便利人民币回流的金融市场。进一步改革汇率制度，推进利率市场化，建立非对称的市场化利率体系。

4. 人民币的国际化需实行货币职能和地域两个层面上的两个"三步走"

本课题经研究人民币国际化的现状和条件及金融危机的影响后得出，人民币的国际化需实行货币职能和地域两个层面上的两个"三步走"，即：计价结算货币——投资交易货币——主要储备货币之一；周边化——区域化——国际化。

二、研究方法和技术路线

（一）研究安排

在研究的前期阶段，课题组成员主要对课题的选题进行资料收集、文献梳理、调研和课题论证等前期准备工作，将资料和文献整理成文献综述，并就其中的重点、难点问题进行深入研究和讨论，最后立题论证，将研究议题定为"人民币国际化的条件约束与突破"。在立论之后，便着手开展课题的进一步研究，本课题的承担者是以广西大学为主要课题负责单

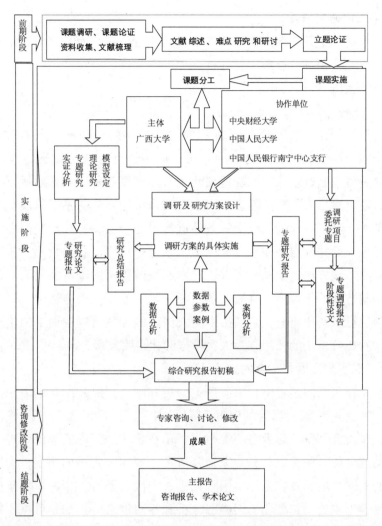

位，中央财经大学、中国人民大学和中国人民银行南宁中心支行为协作单位，双方共同设计和实施调研及研究方案，具体分工如下：广西大学负责运用专题研究、实证分析、理论研究以及模型设定等方法实施详细研究，并生成专题报告和研究论文；中央财经大学等协作单位则主要负责专题调研项目，形成阶段性论文和专题调研报告。然后根据广西大学的研究总报告和协作单位的专题研究报告，结合数据和案例分析对研究课题进行进一步的研究，并形成综合研究报告初稿。咨询修改阶段，主要是通过专家的咨询、讨论，对综合研究报告的初稿进行修改，最终形成成果结题。结题阶段的最终成果主要由研究报告的主报告、咨询报告和学术论文构成。

（二）研究方法

一个研究主题不但需要相关理论对其进行依托，而且需要特定的研究方法对研究主题进行诠释，使分析更加的有深度，本课题主要通过以下方法展开相关研究。

1. 比较分析法

比较分析法，就是通过对事物的内容的相同点和不同点的对比，客观、全面、深刻认识事物的一种方法，运用这种方法可以透过现象看本质，同时可以通过现状较准确地预测未来的发展趋势。本课题使用比较分析法，通过对当前主要国际货币国家在其货币国际化的不同阶段所达到的国力条件、经济、政治及金融等条件进行对比分析，并找出他们在货币国际化过程中的共同点；在分析人民币国际化过程中面临的货币竞争时，也多次使用了该方法对中国与美国、日本和欧盟国家的经济实力、对外贸易规模和制造业的竞争力、进入市场成熟度与开放度、币值稳定性以及政治文化等进行了对比研究，总结出中国人民币国际化进程中面临的货币竞争状况。对比分析法的使用，为人民币国际化指明发展方向。

2. 现实与发展相结合的方法

本文在研究的过程中，采取静态分析和动态预测相结合的方法。静态分析，主要是考察了当前的时间和空间内，人民币国际化（区域性国际化）的情况和特征，以及各主要世界货币在全球经济中的地位等进行了考察；动态分析，则是以时间为纵轴分析了主要国际货币的历程，人民币国际化的不同阶段，及在人民币国际化进程中国力条件、金融市场条件及汇率制度等环境的动态变化。用静态分析和相对静态分析法，可以了解在某一时间点上，人民币和其他主要国际货币的国际化的发展程度，政治、经济、金融发展状况等；通过动态分析法，可以了解货币国际化的发展变化状态，为人民币国际化动态推进提供借鉴。

3. 博弈论和计量分析作为主导分析方法

在具体研究过程中为增强课题研究的科学性，文章以人民币国际化演变作为背景，对人民币国际化面临的各种情况进行了深入分析，在具体研究过程中通过建立博弈和数学计量模型进行分析，以增强研究结果的科学性和合理性。

在分析人民币和其主要竞争货币日元在竞争过程中，通过建立博弈论中的"囚徒困境"模型分析了四种不同情况下对应的结果，并最终得出中日两国货币合作比货币竞争更显优势的结论。囚徒困境模型博弈论非零和博弈中最具代表性的例子，它体现的是个人最佳选择而非团体最佳选择，它比较切合货币竞争中实际情况，所以能更好地说明问题。"纳什均衡"是博弈论是在 N 个参与博弈的局中人中，给定其他人策略的条件下，每个局中人选择自己的最优策略，实现自身利益最大化的一个状态。它从经济个体行为规律角度发现问题根源，能更加深刻、准确地理解和解释经济问题。为了更好地分析人民币国际化过程中金融监管体制的选择问题，在对人民币国际化的金融体制条件中的监管体制进行分析时，文章利用博弈论中的纳什均衡思想，通过建立支付矩阵模型，对金融危机后我国金融监管的博弈进行了分析，并得出目前的分业监管模式的监管已经不能达到一个有效的战略均衡，金融机构总是想违规寻求高收益而监管部门处于成本的原因导致监管不到位，整个体制并不能够抵御金融行业风险的冲击，有进行改革的必要性的结论。

文章通过构建模型，利用 EVIEWS 软件对人民币跨境流通的相关因素进行了进一步的定量分析。文章选取我国国内生产总值（X_1）、通货膨胀率（X_2）、人民币名义汇率（X_3）、贸易总额（X_4）、我国居民出境人数（X_5）五个最主要因素来考察，样本数据主要采用 1997—2008 年的相关年度数据进行实证分析。首先通过 Eviews 对数据进行相关性分析发现：人民币跨境流通数量与国内生产总值、贸易总额及出境旅游人数呈正相关关系，与人民币汇率水平呈负相关关系。为验证人民币跨境流通与各因素相互之间的关系，课题在对模型进行相关性分析的基础上，对其进行简单的回归。并得出在影响人民币跨境流通的诸多因素中，人民币汇率水平是最为重要的一个，其次是国内生产总值及贸易总额的结论。

在分析人民币国际化过程中的利率市场化选择时，课题用 ADF 检验对SHIBOR 作为我国基准利率的运行效率的稳定性进行了检验，利用 Granger检验方法对银行间同业拆借利率与债券回购利率的因果关系进行了检验，同时使用单位根检验及协整检验的方法对银行间同业拆借利率与其他经济变量相关性分析进行了实证研究，研究认为：SHIBOR 已经大致符合基准利率所需的一般原则，但是以更严格的角度来讲，SHIBOR 的市场性和稳定性比 REP 稍差点，在与其他利率的相关性方面，SHIBOR 当前无法指导其他品种利率的协同变动，而相对来讲，SHIBOR 更能导致其他品种利率的协同变动。在与经济变量的相关性方面，货币供应量和消费指数都与这三种利率表现出很强的相关性，SHIBOR 与消费指数的协整关系更突出。在研究货币国际化的风险问题时，本课题通过建立宏观经济模型的方法分析了货币国际化对一国的货币政策、财政政策以及汇率政策带来的风险。关于数据平稳性分析的计量方法有很多种如 DF、ADF、PP 检验等，但是相对而言，ADF 检验更具有普遍性和实用性，故本课题采用该方法进行分析。Granger 检验被广泛用于判定一个变量的变化是否是另一个变量变化的原因，学术界用于分析房价和地价之间的关系、以及股市和房市之间的因果关系等，本文使用此方法对银行间同业拆借利率与其他各种利率的因果关系进行检验，充分体现了科学性。

在研究货币国际化的风险问题时，考虑到货币国际化风险的多样性，难以用单一指标衡量的情况，本课题通过建立宏观经济模型的方法分析了货币国际化对一国的货币政策、财政政策以及汇率政策带来的风险进行了详细的分析。

具体构建的模型有：

货币需求方程：$M_D = M_{dh} + M_{df} = f(y, r) + g(r, \dfrac{E_{ef} - e}{e}, \eta)$；

货币供给方程：$M_s = M_{sh} + M_{sf} = \alpha \times M_0 + \beta \times M_{ef}$；

国内消费和投资方程：

$C = f(r, y, M_{ef}) = \varphi_0 + \varphi_1 r + \varphi_2 y + \varphi_3 M_{ef}$

$I = f(r, y, M_{ef}) = \varphi_0 + \varphi_1 r + \varphi_2 y + \varphi_3 M_{ef}$；

国际收支平衡的方程：$BP = CA + K = f(y, y^*, \dfrac{ep^*}{p}) + \chi M_{ef}$；

国际化货币汇率方程：$e = f(BP, BF, \eta) = f(CA, M_{ef}, BF, \eta)$；

财政收入和支出方程：$BF = R - G = R - (G_d + G_f)$；

总需求方程：$AD = C + I + CA + G$。

宏观模型的分析把货币国际化进程中的风险用更直观的列图和公式的方法表现出来，形象地分析了货币国际化过程中的各种风险，使得研究更加全面、科学。

在分析人民币国际化的风险过程中，本研究在借鉴国内外相关研究基础上认为人民币国际化可以间接地通过人民币升值变化来反映。考虑到中国经济处于转型期、变化较快，以及通常的汇率波动模型在计量回归中可能会出现参数不一致等问题，针对人民币升值对宏观经济的影响，文章对可计算一般均衡（Computational General Equilibrium，CGE）模型以及动态的 CGE 模型——MCHUGE 模型进行了借鉴，用于衡量人民币国际化过程中的风险。其中，CGE 模型综合许多坚实的理论基础，借助变量、方程以及历史数据，将众多影响因素由抽象形式转变成为一个实用模型，可用于全面定量分析经济政策对宏观经济的影响，用其进行分析可以更好地反映整体经济的发展状况。MCHUGE 模型是一个基于中国经济的现实背景的单国多部门动态 CGE 模型，由大量的参数、经济数据以及包含了十几万个方程的方程组体系构成。具体包括 57 个产业部门、3 种投入要素（劳动力、资本、土地）以及 6 个经济主体（企业、居民、政府、投资、出口、库存）。它引入资本累积、金融资本累积以及劳动力市场的调整将模型动态化。模型数据主要采用中国历年投入产出表以及相关经济数据，充分保证了分析的有效性和数据的及时性。

（三）技术路线

本课题围绕课题的研究目标，利用理论推理与规范研究，资料与实际情况相结合的方法对人民币国际化进行了详细的理论、实证分析，以保证课题的科学性、可行性、实用性和指导性。具体的技术研究路线（如图 1-5 所示）。

围绕人民币国际化这一课题，首先对人民币国际化研究的理论和现实基础进行了考察：分析人民币国际化和国际化（区域性国际化）的背景，并从货币国际化理论和货币区域化理论两个视角对人民币国际化进行了理论基础分析，并从主要国际货币国际化的经验、人民币国际化的收益和成本，以及人民币国际化现状三方面对人民币国际化的现实基础进行了考察。在考察人民币国际化现实情况的基础上，对将来推进人民币国际化进程中面临的货币竞争，以及人民币国际化的条件（国力条件、金融体制条件、金融市场条件、汇率和利率条件）进行了详细的分析。并结合后危机时代国际货币体系改革诉求与人民币国际化机遇，为人民币国际化战略调整和路径选择提出相应对策。最后，对人民币国际化的风险进行了分析，并提出相应的控制对策。

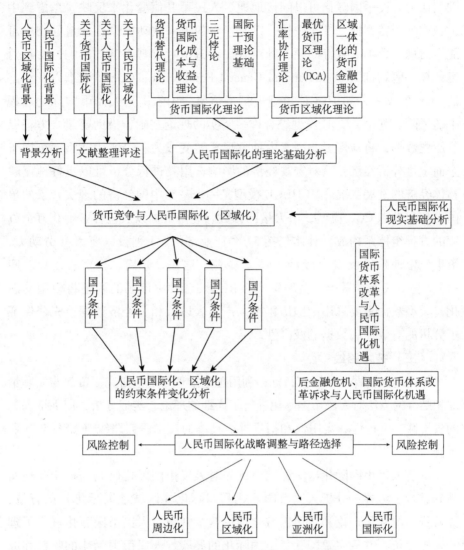

图1-5 人民币国际化战略研究技术路线

第四节　创新与不足

一、创新之处

（一）研究视角和研究内容的创新

本研究从金融危机后国际货币格局的调整及国际货币体系改革的方向和模式出发，对人民币国际化（区域性国际化）问题进行探讨，并创新地从货币国际化的成本收益、货币竞争及人民币国际化（区域性国际化）所需的国力条件、金融体制、金融市场以及汇率和利率条件分别进行了较为详细的考察，在此基础上提出人民币国际化（区域性国际化）的路径选择，并提出相应的风险防范措施。在考察货币国际化进程中，并没有照搬照抄而是结合中国实际情况对人民币国际化面临的实际问题进行了详细的原因分析。较以前人民币国际化相关研究更全面、科学。

（二）研究方法和研究形式的创新

首先，文章中大量使用图表来阐述和分析问题，观点清晰，一目了然。

其次，在考察人民币跨境流通的分析过程中，对于数量估算部分，本研究并未独立构建模型进行测算，而是以文献综述的形式，通过总结近年来各学者的估算来大致窥探人民币跨境流通的规模，使分析结果更富科学性；对于原因解释方面，本研究则基于定性和定量两个方面对其进行完整、全面的概括。

再次，在分析人民币国际化的收益和成本过程中，本研究首次以"10+3"贸易框架为背景，在理论分析的基础上，实证测量了人民币区域化的可测量收益部分，分别分析了人民币区域化的铸币税收益以及额外金融收益，并讨论了该部分对 GDP 的贡献率，以此为人民币区域化提供理论支持和实证依据。

在考察人民币国际化（区域性国际化）的金融体制条件过程中，本研究创新地运用比较分析方法，分析各国在推进和实现货币国际化中，金融监管体制方面的内容分析得出我国在推进人民币国际化中应该选择的路线，监管体制的更新。并认为应该建立一个国际化的金融机构体系。

（三）观点的创新

在对人民币国际化（区域性国际化）利率条件研究过程中，在定性分析的基础上，通过实证分析提出了在推进人民币国际化（区域性国际化）进程中，对于进一步实现利率市场化，积极培育 SHIBOR 作为基准利率的建议。

在对人民币国际化（区域性国际化）路径选择的研究过程中，本研究从三个方面出发，为人民币国际化（区域性国际化）选择提供借鉴。一是从货币职能的角度（即计价结算、投资借贷和储备货币三个职能）入手分析人民币区域性国际化的路径；二是在设计具体路径时按照周边化、区域性国际化以及全面国际化的路径进行安排和推进，并结合国际贸易和国际金融市场两个渠道进行分析；三是结合我国目前人民币国际化的现实情况进行分析并提出了进一步的建议。

二、不足之处

首先，由于时间和在一些数据的收集和整理方面文献缺乏的限制，本研究还存在许多需要进一步完善的地方，如在对人民币跨境流通现状的实证研究过程中，由于人民币境外流通的统计数据过少，无法精确的确定人民币的境外流通部分，由此可能导致实证结果存在一定的误差。此外，由于统计数据的长度和维度有限，在一定程度上限制了模型信息表达。在金融体制等问题研究过程中，由于数据的获得比较艰难，在分析过程中较少采用定量分析手段，偏重于定性分析。

其次，对某些问题的研究还有待深入。如对于利率市场化和汇率政策的传导机制没有深入展开辩证分析和实证分析。在国际货币体系改革经验总结的论述上，仅从表面的负面影响来分析，其更深层次的影响相关性有待进一步深入。另外，国际货币体系虽自建立便伴生有缺陷，但其在改革初期的适应程度和积极成效也不可否认，所以评述其优缺点还需放在一个动态的复杂的国际环境中。由于数据和材料有限，对复杂的国际环境分析还不够透彻，无论是单边货币的权利义务还是其他主权国家的决策参与程度，都不是一成不变的，对分析国际货币体系对各个经济体的确切影响还存在一定的差距。

再次，由于研究水平和观察点高度的限制，研究领域有待进一步的扩大。人民币国际化（区域性国际化）涉及军事、经济、政治等多个领域，是一个博大精深的课题，需要各领域的研究专家通力合作，本课题的研究主要侧重人民币国际化（区域性国际化）的经济因素，对政治、军事领域的问题虽有涉及，但是没有进行深入的探究。

参考文献

［1］Cohen，Benjamin J，1971，"The future of sterling as an international currency"，MacMillan：London.

［2］Frankel J，1991，"Still the Lingua Franca：The Exaggerated Death of the Dollar"，Foreign Affairs 74：4，pp. 9-16

［3］Wu，Friedrich，2009，"How China′s Yuan Can Become a Global Currency"，Business Week Online，p18-18，1p

［4］Mukund Raj PK. 2003，"Hysteresis of exchange rates"，Econwpa.

［5］Eihcnegreen，Barry，1994，" History and reform of the international monetary system" Center for international and development economics research （CIDER）working papers C94 -041，university of California at Berkeley.

［6］Bergsten，C. Fred，1975，" The dilemmas of the dollar：The economics and politics of united states international monetary policy"，New York university press.

［7］Mckinnon ，R. I. 1969，"Portfolio Balance and International Payments Adjustment ，" in Monetary Problems of the International Economy，Chicago：University Press，pp. 199—234.

［8］Carse，Stephen and Wood，Geoffrey E. 1981，"The Choice of Invoicing Currency in Merchandise Trade "，National Institute Economic Review，No. 98

［9］Page，S. A. B. 1977，"Currency of Invoicing in Merchandise Trade"，National Institute Economic Review，No. 81

［10］Williams，Eric C. 1968，"Restrictions on the Forward Exchange Market：Implications of the Gold—Exchange Standard "，The Journal of

Finance，No. 23

［11］Kenen，Peter B. 1988，"International Money and Macro economics，" in K. A. Elliott and J. Williamsoneds，World Economics Problems，Institute for International Economics，Washington

［12］Hartmann，Phillip，1998，"Currency Com petition and Foreign Exchange Markets：The Dollar，the Yen and the Euro"，Cambridge University Press.

［13］Triffin. R. 1960，"Gold and the Dollar Crisis：The Future of Convertibility"，Yale University Press.

［14］A. Giovannini and C. Mayer（eds.），1997，"European financial intermediation"，Cambridge：Cambridge University Press.

［15］Brinley，Thomas. 1978，"The Rhythm of Growth in the Atlantic Economy of the Eighteenth Century."Queen's University，Department of Economics，working paper，No. 288.

［16］Hayek. F. A. 1970，"The Denationalization of Money"，London：Institute of Economic Affairs.

［17］Cooper. Richard N，1986，"Dealing with the Trade Deficit in a Floating Rate System"，Brookings Papers on Economic Activity，No 1.

［18］Alogoskous，George and Porters，1992，"European Monetary Union and International Currencies in a Tri-polar World"，in M. Canzoneri，V Grill and P. Masson（eds.），Establishing a Central Bank：Issues in Europe and Lessons from the US. Cambridge University Press and CEPR，Cambridge.

［19］Tavlas，G. 1997，"The International Use of the US Dollar"，World Economy，No 20.

［20］Grassman，Sven，1973，"A Fundamental Symmetry in International Payment Patterns"，Journal of International Economics，No 3，pp. 105 −116.

［21］McKinnon，R. I，1979，"Money in International Exchange：The Convertible Currency System"，Oxford University Press.

［22］Giovannini，Alberto，1988，"Exchange Rates and Traded Goods Prices"，Journal of International Economics，No24.

［23］Friberg，Richard，1998，"In Which Currency Should Exporters Set

Their Prices", Journal of International Economics, 45, pp. 59-76.

[24] Devereux B. Micchael and Engal Charles, 2001, "Endogenous Currency of Price setting in a Dynamic Open Economic Model", NBER Working Paper.

[25] Bacchetta, P. , & Van Wincoop, E, 2000, "Does exchange rate stability increase trade and welfare?", The American Economic Review, No90.

[26] Fujiki , Hiroshi and Otani, Akira. 2002, "Do Currency Regimes Matter in the 21st Century ?" An Overview , Monetary and Economic Studies , Institute for Monetary and Economic Studies, Bank of Japan , Vol. 20 (S1) , pp147—79.

[27] Swoboda, Alexander, 1969, "Vehicle Currencies and the Foreign Exchange Market: The Case of the Dollar," in Robert Z. Alibereds, The International Market for Foreign Exchange, Praeger Publishers, New York.

[28] Portes, R, Helene Rey, 1998," The Emergence of the Euro as An International Currency", Economic Policy, Vol. 26. no. 2: 307-332.

[29] Brunner, Karl and Allan Meltzer, 1971, "The Uses of Money: Money in the Theory of an Exchange Economy", American Economic Review, No. 61.

[30] Krugman P, 1980, "Vehicle Currencies and the Structure of International Exchange", Journal of Money, Credit and Banking, Vol. 12, No. 3, 513-526.

[31] Krugman, P. R, 1984, "The US Response to Foreign Industrial Targeting and the US Economy", Brookings Paper on Economic Activity, NO. 1.

[32] Rey Hélène, 2001, "International Trade and Currency Exchange", Review of Economic Studies, Vol. 68, 443-464.

[33] Chrystal, Alec, K, 1984, "Demand for international media of exchange" No5.

[34] Tavlas, G. S, 1991, "On the International Use of Currencies: The Case of the Deutsche Mark", Princeton Studies in International Economics, International Economics Section, Department of Economics Princeton

University，No. 181.

　　［35］Matsuyama，Kiyotaki and Akihiko，1993，"Towards a Theory of International Currency1"，Review of Economic Studies，pp. 283—307.

　　［36］WILLIAM W. GRIMES，2000，"Internationalization as Insulation：Dilemmas of the Yen"，The Japanese Economy，vol. 28，no. 4，pp. 46 - 75.

　　［37］A. Trejos and Randall Wright，1995，"Search，Bargaining，Money and Prices"，Journal of Political Economy No. 103，118-141.

　　［38］William J. Baumol. Alan S. Blinder，1996，"Economics：Principles and Policy-7th Edition"，the Dryden Press.

　　［39］黄梅波：《货币国际化及其决定因素》，《厦门大学学报》2001年第2期。

　　［40］袁宜：《从国际贸易成因探索历程看竞争优势论》，《国际经贸探索》2002年第5期。

　　［41］唐裕德：《日本篠原三代平预测2000年亚太地区经济发展》，《科技导报》2006年第4期。

　　［42］姜凌：《人民币国际化理论与实践的若干问题》，《世界经济》1997年第4期。

　　［43］蒙代尔、向松祚：《汇率与最优货币区蒙代尔经济学文集》（第5卷），中国金融出版社2003年版。

　　［44］张文熙：《人民币国际化研究》，《市场周刊（理论研究）》2006年第9期。

　　［45］许少强：《货币一体化概论》，复旦大学出版社2004年版。

　　［46］吴富林：《论国际货币与货币的国际化》，《经济学家》1991年第2期。

　　［47］温晓郑：《均衡汇率论：人民币自由兑换及其实现》，中国社会科学院博士学位论文，1996年版。

　　［48］刘光灿、蒋国云、周汉勇：《人民币自由兑换与国际化》，中国财政经济出版社2003年版。

　　［49］汤炳辉：《东亚货币合作与人民币区域化问题研究》，暨南大学出版社2006年版。

　　［50］孙刚等：《人民币区域化、国际化的趋势及影响》，《广西金融研

究》2007 年第 7 期。

[51] 中国人民银行哈尔滨中心支行课题组：《人民币区域化与中俄边境贸易本币结算研究》，《黑龙江金融》2007 年第 5 期。

[52] 陈雨露、土芳、杨明：《作为国家竞争战略的货币国际化：美元的经验证据》，《经济研究》2005 年第 2 期。

[53] 金发奇：《人民币国际化探讨》，《四川大学学报（哲学社会科学版）》2004 年第 1 期。

[54] 曾宪久、胡定核、黄道平：《中国金融国际化探讨》，《国际金融导刊》1989 年第 3 期。

[55] 郑木清：《论人民币国际化的经济效应》，《国际金融研究》1995 年第 7 期。

[56] 姜凌：《人民币国际化理论与实践的若干问题》，《世界经济》1997 年第 4 期。

[57] 姜波克：《人民币自由兑换论》，立信会计出版社 1994 年版。

[58] 胡定核：《货币国际化与经济开放的相互关系及其力学模型》，《数量经济与技术经济研究》1995 年第 4 期。

[59] 景学成：《论人民币的基本可兑换》，《财贸经济》2000 年第 4 期。

[60] 邓聿文：《积极谨慎地推进人民币国际化》，《每日经济新闻》2008 年 12 月 29 日。

[61] 赵锡军：《全球金融危机下的人民币国际化：机遇与挑战》，《亚太经济》2009 年第 6 期。

[62] 陆前进：《美元霸权和国际货币体系改革——兼论人民币国际化问题》，《上海财经大学学报》2010 年第 1 期。

[63] 宣文俊：《国际货币体系改革与人民币国际化》，《上海经济研究》2009 年第 12 期。

[64] 巴曙松、杨现领：《从金融危机看未来国际货币体系改革》，《当代财经》2009 年第 11 期。

[65] 王元龙：《国际金融体系的改革与发展趋势》，《广东金融学院学报》2010 年第 1 期。

[66] 曹红辉、周莉萍：《国际货币体系改革方向及其相关机制》，《国

际金融研究》2009 年第 9 期。

　　[67] 何帆：《人民币国际化的现实选择》，《农村金融研究》2009 年第 10 期。

　　[68] 陈江生、陈昭铭：《国际货币体系改革与人民币国际化》，《中共中央党校学报》2010 年第 1 期。

　　[69] 姜波克：《货币替代研究》，复旦大学出版社 1999 年版。

　　[70] 赵海宽：《人民币可能发展成为世界货币之一》，《经济研究》2003 年第 3 期。

　　[71] 凌星光：《加强战略对话——我国对日经济战略的思考》，《国际贸易》2003 年第 8 期。

　　[72] 李晓、李俊久、丁一兵：《论人民币的亚洲化》，《世界经济》2004 年第 2 期。

　　[73] 陈适宜：《浅析人民币区域国际化的条件和利弊》，《重庆石油高等专科学校学报》2004 年第 6 期。

　　[74] 贾永嘉：《人民币国际化的条件和实现途径的探讨》，《河北化工》2004 年第 5 期。

　　[75] 曾智琳：《人民币国际化问题研究》，湖南大学出版社 2005 年版。

　　[76] 王丰：《人民币国际化的条件与路径选择分析》，四川大学出版社 2006 年版。

　　[77] 陈辉：《人民币区域化在东南亚地区的实证分析》，昆明理工大学出版社 2008 年版。

　　[78] 何泼、罗刚：《人民币国际化研究》，《经营管理者》2009 年第 20 期。

　　[79] 曹红辉：《国际化战略中的人民币区域化》，《中国金融》2006 年第 5 期。

　　[80] 葛兆强：《国际货币体系改革与人民币国际化研究》，《首都经济贸易大学学报》2009 年第 5 期。

　　[81] 翁东玲：《现行国际货币体系下人民币的区域化和国际化》，《亚太经济》2009 年第 10 期。

　　[82] 周晓娇：《人民币国际化现状及发展分析》，《中国商贸》2009

年第 15 期。

[83] 石纬林：《现阶段推进人民币区域化的基本原则与路径》，《经济纵横》2009 年第 7 期。

[84] 穆西安：《抓住机遇因势利导推进人民币国际化》，《南方金融》2009 年第 3 期。

[85] 蒙代尔：《蒙代尔经济学文集——国际货币：过去、现在和未来》，中国金融出版社 2003 年版。

[86] 吴念鲁、陈全庚：《人民币汇率研究》，中国金融出版社 2002 年版。

[87] 吴念鲁、陈全庚、鄂志寰：《论人民币汇率机制改革》，《财经科学》2005 年第 1 期。

[88] 周林、温小郑：《货币国际化》，上海财经大学出版社 2001 年版。

[89] 王元龙：《人民币资本项目可兑换与国际化的战略及进程》，《中国金融》2008 年第 10 期。

[90] 吴念鲁、杨海平、陈颖：《论人民币可兑换与国际化》，《国际金融研究》2009 年第 11 期。

[91] 钟伟：《人民币：国际货币的第四级》，《发现》2002 年第 7 期。

[92] 焦继军：《人民币跻身于国际货币之列的效应分析》，《经济问题》2005 年第 1 期。

[93] 韩骏：《加快推进人民币国际化的策略》，《投资研究》2007 年第 6 期。

[94] 哈继铭：《人民币国际化对资产价格的影响》，《中国金融》2009 年第 9 期。

[95] 郭世坤：《人民币应该或将加速国际化》，《中国金融》2009 年第 21 期。

[96] 姜波克：《人民币自由兑换和资本管制》，复旦大学出版社 1999 年版。

[97] 徐洪水：《人民币国际化的理论分析及战略思考：基于人民币周边流通的分析》，《国际经探索》2004 年第 5 期。

[98] 陶士贵：《人民币区域化的初步构想》，《管理现代化》2002 年

第 5 期。

[99] 张青龙：《人民币国际化》，《世界经济情况》2005 年第 12 期。

[100] 巴曙松、吴博：《人民币国际化进程中的金融监管》，《中国金融》2008 年第 10 期。

[101] 李瑶：《人民币资本项目可兑换研究》，清华大学出版社 2004年版。

[102] 邱兆祥等：《人民币区域化问题研究》，光明日报出版社 2009年版。

[103] 人民银行课题组：《人民币国际化的时机、途径及策略》，《中国金融》2006 年第 5 期。

[104] 李稻葵、刘霖林：《人民币国际化：计量研究及政策分析》，《金融研究》2008 年第 11 期。

[105] 李建军、田光宁：《两大货币国际化的路径比较与启示》，《上海金融》2003 年第 9 期。

[106] 陈虹：《日元国际化之路》，《世界经济与政治》2004 年第5 期。

[107] 钟伟：《略论人民币的国际化进程》，《世界经济》2002 年第3 期。

[108] 李晓：《"日元国际化"的困境及其战略调整》，《世界经济》2005 年第 6 期。

[109] 袁宜：《货币国际化进程规律的分析——对人民币国际化进程的启示》，《武汉金融》2002 年第 6 期。

[110] 胡智、文启湘：《人民币国际化模式探讨》，《河北经贸大学学报》2002 年第 5 期。

[111] 巴曙松：《人民币国际化从哪里切入》，《金融与经济》2003 年第 8 期。

[112] 张静春：《货币的性质与人民币的未来选择》，《当代亚太》2008 年第 2 期。

[113] 李稻葵、刘霖林：《双轨制推进人民币国际化》，《中国金融》2008 年第 10 期。

[114] 朱孟楠、陈晞：《进化博弈论视角下的国际货币体系演变与人

民币国际化路径研究》，《金融发展研究》2008 年第 12 期。

　　［115］夏斌：《关于国际金融体系改革与我国金融开放的思考》，《新金融》2009 年第 12 期。

　　［116］余元洲：《货币二重化——人民币国际化的必由之路：人民币国际化的三大弊害及消除办法》，《西南金融》2009 年第 8 期。

　　［117］孙立、王东东：《人民币国际化的约束条件分析》，《当代经济研究》2005 年第 8 期。

　　［118］李富有：《国家准入与平行货币梯度推进：亚洲货币合作的路径》，《上海金融》2005 年第 7 期。

　　［119］李翀：《论人民币的区域化》，《河北学刊》2002 年第 9 期。

　　［120］潘理权：《国际货币体系改革与人民币国际化》，《华东经济管理》2000 年第 4 期。

　　［121］李晓、李俊久、丁一兵：《论人民币的亚洲化》，《世界经济》2004 年第 2 期。

　　［122］王雅范、管涛、温建东：《走向人民币可兑换：中国渐进主义的实践》，经济科学出版社 2002 年版。

　　［123］李华民：《铸币税的国际延伸：逆转风险与人民币强势战略》，《经济学家》2002 年第 6 期。

　　［124］唐东宁：《对人民币在周边国家和地区流通的建议》，《中国外汇管理》2002 年第 3 期。

　　［125］李蜻、管涛、何帆：《人民币跨境流通的现状及其对中国经济的影响》，《管理世界》2004 年第 9 期。

　　［126］刘力臻：《人民币区域化成因透析》，《管理现代化》2005 年增刊。

　　［127］马荣华、饶晓辉：《人民币的境外需求估计》，《经济科学》2006 年第 5 期。

　　［128］董继华：《人民币境外需求规模估计：1999—2005》，《经济科学》2008 年第 1 期。

　　［129］徐洪才：《大国金融方略：中国金融强国战略和方向》，机械工业出版社 2009 年版。

　　［130］程恩富、周肇光：《关于人民币区域化和国际化可能性探析》，

《当代经济研究》2002 年第 11 期。

[131] 姜波克、张青龙：《最优货币区理论综述兼述欧元、亚元问题》，《世界经济文汇》2002 年第 1 期。

[132] 邱兆祥、粟勤：《货币竞争、货币替代与人民币区域化》，《金融理论与实践》2008 年第 2 期。

[133] 王敏：《人民币区域化是化解汇率难题的现实选择》，《上海证券报》2007 年。

[134] 张家寿：《中国—东盟区域货币合作的理论基础与路径选择》，《美中经济评论》2006 年第 6 期。

[135] 中国人民银行南宁中心支行课题组：《人民币区域化、国际化的趋势及影响》，《广西金融研究》2007 年第 7 期。

[136] 范祚军、关伟：《基于贸易与货币竞争视角的 CAFTA 人民币区域化策略》，《国际金融研究》2008 年第 10 期。

[137] 范祚军、关伟：《当前应设立人民币可自由兑换试验区》，《经济研究参考》2008 年第 70 期。

[138] 周道许：《推进人民币国际化进程的战略思考》，《中国金融》2009 年第 24 期。

第二章

人民币国际化的理论支撑

在借鉴国内外学者对人民币国际化以及货币国际化的相关研究方法和观点的基础上，本章将对货币替代理论、区域汇率协作理论、最优货币区理论、一体化货币金融理论、金融危机模型理论、货币国际化成本与收益理论以及国家干预理论等比较成熟的相关理论进行深入的探讨和分析，为本课题研究提供理论上的支撑。

第一节 货币替代理论与人民币国际化

在开放经济和货币自由兑换条件下，货币替代已成为一种特有的货币扰动。自 20 世纪 70 年代以来，货币替代现象在世界各国越演越烈，尤其以拉美国家的货币替代最为典型。它的出现对政府经济政策的有效性形成了挑战，同时，危及金融体系的稳定，影响一国经济金融的健康持续发展，从而引起了学术界的广泛重视。其中，V. K. Chetty（1969）在"On Measuring The Nearness of Near Moneys"一文中指出，"货币自由兑换条件下，当出现汇率贬值预期，为了降低机会成本，公众会增持外币"，从而开创了货币替代研究的历史先河。而人民币国际化就是指人民币在周边国家或区域内替代其他货币，并最终在国际上替代其他货币的过程。货币替代理论为人民币国际化提供了强有力的理论支撑。同时，伴随着开放经济条件下货币需求理论的发展，西方许多学者广泛开展了对货币替代问题的理论研究，在取得研究成果的同时也形成了不同的理论派别。

一、货币服务的生产函数理论的解释

货币服务的生产函数理论强调货币的服务功能。该理论认为：为实现货币服务的最大化，人们将不同程度的调节本外币的持有比例，从而产生货币替代现象和多元化持有国际化货币的需求。

（一）货币服务的生产函数理论

美国 Rutgers 大学的马可·迈尔斯（Marc A·Miles）教授于 1978 年发表的《货币替代、浮动汇率和货币独立性》一文中首次提出了"货币服务的生产函数理论"。该理论的核心前提是资产约束条件，表示为：

$$(R(a) - C, R(a) - M(a))$$

其中，$(R(0) - C, R(0))$ 表示资产选择一定的情况下，人们愿意持有的固定实际货币量；$(R(a) - S, R(a))$、$(R(0), R(0))$ 分别表示本外币的实际持有量；r_a、r_b 分别表示本外币的借款利息。如果货币都是借入的，那么为了偿还本息，人们必须在期末持有 $M_a(1 + r_a)$ 的本币余额和 $eM_b(1$

+ r_b）的外币余额，其中 e 代表名义汇率。

于是，在连续的、具有固定替代弹性的生产函数的基础上运用对数法便可求得货币服务函数的具体形式：

$$log \frac{M_a}{eM_a} = \frac{1}{1+\sigma} log(\frac{v_1}{v_2}) + \frac{1}{1+\sigma} log(\frac{1+r_b}{1+r_a}) + \mu$$

其中，$\frac{v_1}{v_2}$ 表示本外币提供货币性服务的权重，反映持币的边际效益。

当 $\frac{v_1}{v_2}$ 越接近 1，即两种货币提供的货币服务越近似时，人们对本币的持有量将下降，同时对外币的持有量将上升，也即 $log \frac{M_a}{eM_b}$ 将越趋向于最小化，此时说明出现了货币替代现象。而货币替代的程度则取决于两种货币之间的替代弹性 $\rho = \frac{1}{1+\sigma}$，替代弹性 ρ 越大，货币替代的程度也越高，反之则亦然。

总之，该理论认为：在给定资产约束的条件下，人们会根据持本外币的相对效益和机会成本来调整持有比例，以获得最大化的货币服务。在此之后，Joines（1985），Bergstrand 和 Bundt（1990），Zou（1993）都运用货币服务的生产函数理论来检验货币替代现象，取得了一定的研究成果。而部分学者在货币服务的生产函数理论的基础上进一步细化，形成了货币服务的交易成本理论。该理论着重分析了货币提供的价值储藏功能，从属于货币服务生产函数理论。其中，最具典型的代表是 Saurman，他认为并非所有的货币持有者都是货币替代者，并于 1986 年推导出了货币需求函数为：

$$M - P = \omega(A+B)y_1 + \omega C y_2 - v_1(r+\pi) + v_2(A+B)\left[\frac{(\sigma+\pi^*)}{(\sigma+\pi)}\right]$$

其中，$M(a) < R(a) - R(0)$、$M(a) > R(a) - R(0)$ 代表本国和国外产出；π、π^* 表示本国和外国的通货膨胀率；σ 为资产的回报率。

以上模型分别用 $\frac{R_1(a)-R_1(0)}{M_1(a)}$、$\frac{R_2(a)-R_2(0)}{M_2(a)}$、$C$ 代表本国非货币替代者、本国货币替代者和外国货币替代者。从而得出汇率水平的变化不仅取决于不同货币之间的替代弹性，还取决于货币持有者的不同持币行为。同时，通过进一步的实证研究指出，本币的贬值导致实际利率的上升，通过价格水平的变化引发货币替代现象。随着经济的发展以及理论界研究的需要，更多的学者将货币服务的交易成本函数具体化。De Vires（1988）的检验将汇率变化的因素进一步扩充到利率的变化，从而证实了加拿大相对较小的货币替代程度。而 Sturzenegger（1994）的研究表明流动性成本等于持币的机会成本和交易成本之和。由上得知，货币服务的生产函数理论将随着实践与理论的需要而不断的深化。

（二）货币服务的生产函数理论与人民币国际化

根据货币服务的生产函数理论，为实现货币服务的最大化，人们将不同程度的调节本外币的持有比例。近几年，随着中国经济实力的日益增强，中国同周边国家及地区间的贸易往来也日益频繁，随着贸易额的增多，为实现交易的便捷和提高双方交易的效率，也即为实现货币服务的最大化，尤其一些东盟国家越来越多的愿意用人民币作为双边贸易中的支付手段和记账单位，人民币在周边国家及其地区的持有比例逐年上升，有部分国家甚至开始用人民币作为其国家的储备资产。

随着中国同越南、老挝、蒙古等周边国家及地区贸易、金融等联系的进一步加深，为追求货币服务的最大化，各国将不断的调整本外币的持有比例，而增持人民币。可以预见，人民币将首先在这些周边国家的对外贸易中逐渐替代其本币，而成为各国的关键货币。进而随着中国对外贸易的进一步扩大，人民币将最终取代国际上其他国家的货币，成为世界性的货币，从而实现人民币国际化战略。

二、货币替代的边际效用理论的解释

货币服务的生产函数理论从货币服务性功能出发论述了经济主体为追逐货币服务的最大化将不可避免的进行货币替代。为人民币的国际化提供了理论支撑上的先导。但同时该理论中的生产函数过于笼统，货币需求函数缺乏一些重要经济变量，从而导致解释货币现象时的局限性。因此，货币替代的边际效用理论在此基础上引入了国民收入水平、国内利率水平、人民币汇率的预期贬值等重要经济变量，填补了货币服务生产函数理论的缺憾。

（一）货币替代的边际效用理论

该理论最具代表性的人物是迈克·波尔多（Michael D. Bordo）和伊萨·乔瑞（Ehsan U. Choudhri）。他们在《货币替代和货币需求——加拿大的例证》一文中提出了"货币替代的边际效用理论"，并对马可·迈尔斯的理论进行了种种修正，将更多的经济因素：国民收入、利率水平等因素考虑到本外币的相对需求中，最终根据消费者持币效用最大化的原则，提出如下货币需求函数：

$$\frac{R_1(a) - R_1(0)}{M_1(a)}$$

$$lgM_b = \chi_0 + \chi_1 lgy + \chi_2 r_a + \chi_3 r_b$$

其中，$\dfrac{R_1(a) - R_1(0)}{M_1(a)}$、$M_b$ 分别代表本外币真实余额；ε_0、ε_1、ε_2、ε_3、χ_0、χ_1、χ_2、χ_3 均代表参数；y 代表真实国民生产总值；r_a 和 r_b 分别代表本外国的利率水平。

为了更好的区别于迈尔斯的理论，将上述的货币需求函数做进一步变形，两式做商后取对数，得到扩展的货币需求函数：

$$lg \frac{M_a}{M_b} = \tau_0 + \tau_1 lgy + \tau_2 r_a + \tau_3 (r_b - r_a)$$

其中，$\tau_0 = \varepsilon_0 - \chi_0$，$\tau_1 = \varepsilon_1 - \chi_1$，$\tau_2 = \varepsilon_2 + \varepsilon_3 - \chi_2 - \chi_3$，$\tau_3 = \varepsilon_3 - \chi_3$。

从上述模型中可以看出，与货币服务的生产函数理论所不同的是，货币替代的边际效用理论将国民收入、利率等因素，特别是利率水平之差因素纳入到了影响货币需求因素中，是货币替代理论的一大进步。

（二）货币替代的边际效用理论延伸

作为边际效用理论的延伸，货币需求的现金先行理论也强调货币的交易媒介功能。但所不同的是边际效用理论直接把货币引入效用函数，而现金先行理论则把货币看作是交易者在购买时所面对的约束。目前，从查找的资料来看，对该理论研究的文献不是很多。Guidotti 和 Vegh（1993）在文献《Currency Substitution Under Finance Constrain》中指出商品的相对价格的变动可以通过改变使用不同货币的相对成本来实现，因此，通过减少金融约束降低使用外币的相对成本从而会使本币名义汇率上升而实际汇率下降。而 Woodford（1991）的货币模型得出提高货币替代程度可降低欧洲各国货币之间汇率的不稳定性。而更早的相关文献是《Currency Substitution under Finance Constraints》，文献中 Boyer 和 Kingston（1987）构建了现金先行模型证明了两个国家由于存在金融约束，货币替代现象的产生增加了汇率波动的不确定性。当不存在货币替代或者货币替代水平较低时，本币供应量的变化将影响价格的变化。因此，当出现货币替代时，改变汇率和价格水平变化的途径变成了改变两国相对货币供应量，而改变相对货币供应量将对两国的宏观经济政策的实施产生巨大的影响。

（三）货币替代的边际效用理论与人民币国际化

随着中国对外开放的进一步深化，对外贸易的频繁，中国的净出口产品逐年增多，中国贸易品在国际上的竞争力日益增强，从另一个侧面也反映出国外居民对中国贸易品偏好逐年递增。尤其随着中国与东盟自由贸易区的建立，越南等国对中国贸易品的依赖程度几乎已经超过其国内产品。根据需求的边际效用理论，在本外币都能提供便利交易的前提下，国外居民将调整本外币持有比例，从而增持人民币以达消费者效用最大化，为人民币的国际化推波助澜。

此外，人民币在经常项目上已经实现完全自由开放，随着金融一体化的加深，资本项目的对外开放也将指日可待。一旦资本项目对外开放，根据货币替代的边际效用理论中的重要经济变量——国内外间利率水平的差异，必将引起货币替代。人民币将代替其他国家的货币，从而走向国际化。当然也可能出现外币替代人民币的风险，所以在人民币国际化的进程中应更为谨慎，防范各种不利因素。

三、货币需求的资产组合理论的解释

开放经济条件下，具有不同风险和收益的证券等金融资产的不断发展，使得各经济主体更为理性的考虑如何分配资产组合的同时持有本外币余额。本次美国次贷金融危机使美元地位大大降低。由于金融资产等的紧密联系，危机给其他国家都带来了不同程度的打击，同时东欧各国也因此引起了严重的债务危机，欧元地位也没有能在此次危机中提升，而中国的人民币却依然坚挺。在风险与收益的权衡过程中，人们将更多的关注中国，关注人民币。人民币国际化面临着前所未有的机遇。

（一）货币需求的资产组合理论的演进

Marc A. Miles 开创了货币替代形成机制的探索，以及和后来 Ehsan U. Choudhri 的边际效用理论都主要强调了货币的交易媒介职能。随着实际经济生活中多种生息金融资产形式的不断出现，人们可以通过购买其他金融资产以实现保值和规避风险。因此，一种货币可以和多种非货币性金融资产交换，而不仅是进行本外币之间的兑换，从而可以降低持有单一货币余额的风险。于是，David T. King、Bluford H. Putnam 和 D. Sykes Wilford 于 1978 年首次在 Miles 的理论基础上加入了资产组合因素，把货币余额看成是个人所持资产的一种形式，这些资产同样具有风险和收益，即为初始的"货币需求的资产组合理论"。此后，1982 年，Choudhri 将 Miles 所提出的货币性服务具体化为便利效用。同年，Macedo 将货币需求的资产组合理论和边际需求理论相结合，并认为消费者效用函数最大化决定持有本外币的最佳比例，同时认为风险偏好程度和货币财富总量是消费者效用函数最大化的关键因素。在此基础之上，Lee R. Thomas 于 1985 年定量的分析了在债券等资产因素的影响下，货币需求的变动状况，同时求得了最优本币资产和外币资产的比例。标志着货币需求的资产组合理论体系的建立。

货币需求的资产组合理论有其特有的优点，但同时也存在着一些不足之处。由于资产和货币的需求受相同因素（例如收入、价格等）影响，如果货币和资产是完全替代的，就没有理由持有货币。Giovannini 和 Turtelboom（1992）的研究首次提出了资产组合理论得到的需求函数存在多重共线性。此后，许多的专家和学者都试图引入其他的滞后变量来解决需求函数多重共线性的问题，但基本上都没有取得可观的收获。直到 1997年，Moron 通过检验回报率的作用详细分析了这个问题。

（二）货币需求的资产组合理论

David T. King 等（1978）的货币需求的资产组合理论认为开放经济下一国居民对本国货币的需求函数可以表示为：

$$\frac{M_a}{p} = \varphi f(Y, R, \varpi)$$

其中，M_a 代表本币；φ 表示本币所提供的货币服务比率，且有 $0 < \varphi < 1$；f 为本国居民对货币服务的总需求函数；Y 为本国居民的永久收入；R 为持有本币资产的机会成本；ϖ 为随即扰动因素。

由以上数学模型可知，当 φ 越大，持有本币的效益就越大，从而人们会倾向于持有本币。当 φ 足够大趋向于 1 时，即预期外币会贬值而本币会升值时，人们会放弃外币而持有本币；当 φ 趋向于 0 时，理性的经济主体会用预期升值的外币来替代预期贬值的本币。由此可见，本外币余额在资产组合中的相对比例确定一国的货币替代程度。因此，一国的货币替代效用在很大程度上取决于 φ 的取值。

（三）货币需求的资产组合理论与人民币国际化

本次美国次贷金融危机使美元霸权地位受到挑战，美元汇率波动频繁，以美元作为国际货币结算和国际储备的缺陷和代价越来越大，主要体现在持有美元储备的价值缩水和以美元交易的风险剧增，尤其还会导致发展中国家的货币错配风险。根据货币需求的资产组合理论，各国理性的经济主体会寻找预期升值的其他国际货币来替代预期贬值的美元，从而寻找出路。而欧洲各国也因此引起了严重的债务危机，加之欧元疑问结构性改革滞后等原因，短期内还不具备成为国际货币的条件；日元只能说在亚洲范围内具有比较优势。

然而，随着以市场供求为基础、参考一篮子货币进行调节的有管理的浮动汇率制度新体制的实施，人民币缓步升值。依据货币需求的资产组合理论，各国理性的经济主体必然选择预期升值的货币来替代预期贬值的美元。而人民币币值稳定、汇率稳中有升，加之中国在亚洲金融危机期间坚持人民币不贬值的坚定立场和中国政府长期以来的稳健货币政策以及人民币升值空间的预期，为危机中坚挺的人民币赢得了良好的国际地位和声誉，人民币国际化迎来了难得的历史发展机遇。

四、货币的预防需求理论的解释

货币的预防性需求理论则偏重于面对流动性和不确定性成本时，调整资产组合形式，以达到名义收益与持币的流动性成本之差最大化，更倾向于对持币的谨慎需求动机考虑。同时，它加入了对流动性交易成本的考虑，是货币替代理论的一大进步。

（一）货币的预防需求理论

该理论的主要代表人物是 Stephen S. P. Poloz。他于 1986 年发表了论文《货币替代与预防性货币需求》，该论文指出由于获得货币资产所需支付的流动性交易成本和消费者不确定性的存在，人们需要持有一定数量的本币和外币余额以应付未来发生的支付。如何调整资产组合形式，使资产的名义收益和资产转换的预期流动性成本之差达到最大化。于是提出了"货币替代的预防需求理论"，用 M_a、M_b 分别表示本外币需求，如下：

$$M_a = M_a(i,\ a,\ b,\ c,\ d,\ e,\ e^*,\ f,\ g)$$
$$M_b = M_b(i,\ a,\ b,\ c,\ d,\ e,\ e^*,\ f,\ g)$$

其中，i 本币债券收益率；a 本币相对外币的贬值率；b 本币债券变现的成本；c 本币债券变现的成本；d 本外币之间的兑换成本；e、e^* 分别为本外币现金需求均值，f、g 为参数。且 $e-f \leqslant e \leqslant e+f$ 和 $e^*-f \leqslant e^* \leqslant e^*+f$。则本币债券需求函数为 $R = D - M_a - M_b$。又令 $\varphi(e,\ e^*)$ 为密度是 $\dfrac{1}{4fg}$ 的均匀密度函数，通过数学转换可进一步得到：

$$\frac{\chi M_a}{\chi i} < 0,\ \frac{\chi M_a}{\chi a} < 0,\ \frac{\chi M_b}{\chi i} < 0,\ \frac{\chi M_b}{\chi a} < 0,\ \frac{\chi R}{\chi i} < 0,\ \frac{\chi R}{\chi a} < 0。$$

由上述模型分析可知，当 R 上升时，人们对本外币的需求就会减少，而对本币债券的需求就会增加，此时本币资产成为本外币余额的替代品；而当存在本币预期贬值时，人们会放弃本币资产和本币余额，转而增加对外币的需求，此时外币成为了本币资产和本币余额的替代品。总之，在不同的经济环境下，债券和外币各自分别充当着替代品的角色，由此产生了货币替代现象。该理论从谨慎性和预防性货币需求的角度阐述了货币替代的形成机制。但是，由于其概率密度函数 $\varphi(e,\ e^*)$ 难以确定，并且运用纯数学的模型进行计量检验过于精确，在应用上很难实现实证检验，缺乏实用性。

（二）货币需求的预防需求理论与人民币国际化

货币需求的预防需求理论认为当本币债券的需求上升时，经济主体将减少对本外币的需求，而增加对本币债券的需求，如果同时当本币预期贬值时，经济主体出于对持币的谨慎需求动机的考虑，将放弃本币资产和本币余额，而增加对外币的持有比例。以此类推，当一国受到某种冲击而导致债券需求下降同时该国的货币也预期贬值时，理性的经济主体将调整资产组合形式，转而选择预期升值的其他货币，以达到名义收益与持币的流动性成本之差最大化。

2007年爆发的美国次贷金融危机不仅使美元地位大大的下降，美元的贬值空间增大，各经济主体普遍对美元失去信心，同时也使美国债券的需求持续下跌，根据货币需求的预防需求理论，各国经济主体为实现名义收益与持币的流动性成本之差最大化，必然都趋向于减持美元和美国债券，而寻找具有升值空间的其他货币。而与此同时，人民币在本次危机中依然坚挺的良好形象以及人民币升值的预期，将成为各国经济主体理想的选择对象。

第二节　区域汇率协作理论与人民币国际化

"三元悖论"指出一国在实现资本完全自由流动和货币政策独立性的同时必须实行浮动汇率制。一方面，人民币国际化必然要求资本的完全自由流动，虽然目前中国还不能实现，但是资本项目的完全开放是人民币国际化的必然选择，只是时间的问题。另一方面，中国作为经济大国，国内的经济稳定必然要求选择货币政策的独立性。因此，人民币国际化要求人民币实行浮动汇率制。然而对于现阶段的中国，实行完全的浮动汇率制是不可取的。因此，为将来实现人民币完全浮动汇率制应在中国建立汇率目标区，同时在汇率目标区的基础上必须加强现阶段人民币同各国货币间的汇率协作，从而加速推进人民币国际化（区域性国际化）进程，最终实现人民币国际化。

一、三元悖论

三元悖论是指一国无法同时实现货币政策独立性、资本自由流动、汇率稳定性三个目标，只能弃一择二。一国常常面临着对内均衡和对外均衡双重目标。而产出能力的稳定需要独立的货币政策来维持，提高经济运营的效率和增加灵活性则要加强资本的自由流动，相对价格的稳定还需要汇率的稳定来保证。而一国常常为保持货币政策的独立性和资本的自由流动放弃汇率的稳定，实行浮动汇率；或保持了货币政策的独立性和汇率稳定却牺牲了资本的自由流动性，实行资本管制；或实现了资本的完全流动和汇率稳定却丢弃了货币政策的独立性。三个目标无法同时实现，只能选择对一国最有利的两个而放弃其中的一个。

（一）"三元悖论"理论的演进

第二次世界大战后，金融危机的频繁发生，使人们对固定汇率制提出了质疑。1950年，米尔顿·弗里德曼（MihonFriedman）首次提出放弃固定汇率制，国际收支平衡的调节迫切需要实行浮动汇率制。第二年，英国著名经济学家詹姆斯·米德（James Meade）在《国际收支》一书中指出固定汇率制度和资本自由流动是相互矛盾的，在固定汇率制度下，一国无法同时实现内部均衡目标和外部均衡目标，两者无法兼得。此即"二元冲突"，或米德冲突，也常常被称为是三元悖论的前身。此后，荷兰经济学家丁伯根又提出了著名的"丁伯根法则"，论证了政策目标和政策手段之间的关系，并提出政策目标的数量应小于或等于独立有效的政策工具的数量。其中"二元冲突"只是丁伯根法则原理中的一个特例，在固定汇率制度下，要想实现内外同时均衡两个政策目标，只依靠货币政策一个政策工具是不可靠的，在货币政策有效性的前提下固定汇率制度和资本自由流动之间存在着不可磨合的矛盾。

20世纪60年代，蒙代尔和弗莱明综合了凯恩斯的收入——支出模型和米德的政策搭配思想，创立了著名的 Mundell——Fleming 模型（即M—F模型）。系统的分析了固定汇率制和浮动汇率制下，货币政策和资本流动对产出等宏观经济变量的影响。其研究指出在固定汇率制下，若资本完全自由流动，货币政策对产出等宏观经济变量没有影响，只有当资本受管制有限自由流动甚至不流动时，货币政策的效果才较明显，而在浮动汇率制下却恰恰相反，即使资本完全自由流动，货币政策的效果也是相当之明显的。实际上，M—F模型正是论述了资本自由流动、固定汇率制和货币政策三者无法兼得的这一关系，是三元悖论的理论基石。

1998年，美国经济学家保罗·克鲁格曼（Paul Krugman）在《亚洲发生了什么》一文中首次提出了三元悖论。并在其后来的著作《萧条经济学的回归》一文中进行了具体的阐述。他用一个几何三角形形象描述了三元悖论的作用机理，如图2-1。

克鲁格曼认为一国只能实现三角形的某一单边，即只能达到三个目标中的两个。1. 三角形左边：固定汇率制+货币政策的独立性+资本管制。

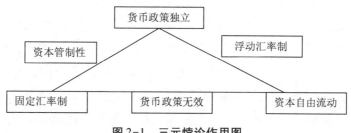

图 2-1　三元悖论作用图

即此时一国需完全封闭资本市场，来排除国外市场对国内市场的任何冲击干扰，方可实现汇率稳定的基础上有效的实施货币政策以调节宏观经济运行。2. 三角形右边：固定汇率制+资本自由流动+货币政策无效。该政策的代价是牺牲了用货币政策调节国内需求以实现宏观经济的稳定。3. 三角形的底边：货币政策的独立性+资本自由流动+浮动汇率制。该政策的最大优势是能够较好的实现国内均衡，但其不足之处是汇率的波动可能会带来较高的成本。

（二）"三元悖论"理论的优点及其局限性

"三元悖论"理论很好地解释了现实中三个宏观经济目标的搭配使用。反应了开放经济条件下经济体内部所蕴含的矛盾，同时也高度的概括了一国对宏观经济政策的选择，是一个比较完美的理论分析框架。在全球一体化浪潮的席卷之下，大多数国家都不同程度的融入到了开放经济中，同时也面临着对内实现经济增长、充分就业、低通货膨胀的目标，对外实现国际收支平衡的巨大挑战，三元悖论为其政策的决定提供了很好的理论参照，使各国在开放过程中根据自身的特点合理的选择政策，使其政策的效用达到最大化，不因盲目一刀切而造成重大的成本损失。三元悖论对历史有强大的解释力，继后的国家都根据它的理论核心制定相应的汇率政策，避免了不必要的经济波动。

一个完美的事物总也避免不了一些瑕疵，"三元悖论"也不例外，在实际运用过程中也有其自身的局限性。首先，在实际操作中，实行浮动汇率制和资本自由流动的国家其货币政策往往受到其他因素的制约而无法实现完全的独立性，如 Miles（1978）首次对浮动汇率制下的货币有效性提出了质疑。此后，Bordo 与 Choudhri（1982）的研究表明严重的货币替代会削弱货币政策的有效性。其次，实行资本管制且汇率固定的国家也未必能获得政策的独立。M—F模型就很好地证明了固定汇率制和货币政策独立两者无法兼得。原因是在固定汇率制下，若一国的经常项目国际收支失衡，当局必然动用外汇来维持汇率稳定，从而引起货币供给量的相应变动。因此，在此种情况下，货币政策的独立性和稳定性就很难获得。最后，资本自由流动也并不一定会使固定汇率制下的货币政策无效。同时也要看资本自由流动的程度以及相关的一些干扰因素。此外，"三元悖论"中为理论研究的需要，其概念的设定都是绝对化的。然而，在实际运用过程中，没有绝对的汇率固定，只有相对的较稳定，汇率浮动在必要时还是会受到央行的干预的；也没有绝对的资本流动，即使像美国这样的发达国家在实行资本流动的同时也会受到当局一定程度的管理和制约；同样，货币政策的独立性也是相对而言的，在很多情况下货币政策的有效性会大打折扣。

（三）"三元悖论"对人民币国际化的启示

基于对"三元悖论"理论的核心及优缺点分析，为更好的推进人民币国际化进程，我国经济宏观政策的实施应根据我国自身的特点审慎选择。第一，我国作为世界上最大的社会主义发展中国家，首要做的必然是保持国内经济稳步前进。一旦实现人民币国际化，货币政策的独立性就显得更加的重要。我国应以独立的货币政策来确保低通胀率和人民充分就业，从而实现国内经济稳健发展的国内均衡目标。第二，我国经常项目已实现人民币自由兑换，而人民币国际化要求资本的完全自由流动。因此，随着我国加入WTO，资本市场将更加的开放，资本的流动也将更加的活跃，为适应我国经济的健康持续发展，我国货币当局应该进一步加强监管措施，稳定资本市场开放的步伐，有条不紊的推进人民币走向国际化。第三，虽然现阶段我国经济发展还无法承受浮动汇率制，但是固定汇率制已经与我国的经济发展不相匹配，因此，为最终实现完全浮动汇率制和人民币国际化战略，现阶段中国易适合实施有管理的浮动汇率制。

二、汇率目标区理论

汇率目标区理论克服了固定汇率制僵硬的缺陷同时也避免了浮动汇率制下过度灵活的弊端，保留了固定汇率制和浮动汇率制之长处，驱除了其短处，是一种灵活而又稳定的汇率制度。

（一）汇率目标区理论的提出

汇率目标区理论的提出要追溯到 20 世纪 70 年代初，牙买加体系的建立导致布雷顿森林体系崩溃，此后许多国家都开始实行管理浮动汇率制为主的混合体制。而在混合体制期间，由于没有固定的钉住某一货币，导致各主要货币之间的汇率阶段性频繁而剧烈的动荡及扭曲，从而对全球的投资、贸易、经济金融政策的协调等带来了空前的困难。此问题引起了广大经济学者与政府官员的极大关注。探求一种更合理的汇率制度而要求进行汇制改革的呼声不断高涨，汇率目标区理论即是在此背景下孕育而生。即指在固定汇率和浮动汇率之间确定一个特定的基准汇率水平，在基准线的上下保留一定幅度的浮动汇率空间，其整个区域称为汇率目标区。与浮动汇率不同的是汇率目标区理论要求通过货币政策的调节，使汇率波动控制在目标区范围内。同时，它与严格的固定汇率也有所不同，实行汇率目标区的国家不需要对外汇市场进行干预使汇率达到期望的水平，且随着经济形势的变动，必要时目标区也可以调整。它保留了固定汇率和浮动汇率制之长处，驱除了其短处，是一种灵活而又稳定的汇率制度。

1985 年，在杜森贝里的欧洲共同体六国货币汇价变动的目标区计划的基础上，美国著名学者约翰·威廉姆森（JohnWilliamson）、和伯格斯坦（Bergsten）提出了详细的汇率目标区方案。该方案对基础均衡汇率（FEER）、目标区幅度、维护目标区的政策等问题进行了探讨。并且规定：1. 目标区的浮动汇率波幅应以宽为主，根据需要可适当调整。2. 在调整目标区汇率时推荐使用货币政策，必要时也可以施加汇率政策辅之。3. 一国应使用实际汇率为佳，借此可以抵消通货膨胀率的差异，当然应在维持国内均衡的基础上再加以讨论。4. 任何有适合加入目标区的国家都可以尝试加入，美国、德国、日本等发达国家至少都应加入其中。威廉姆森方案为后来目标区的研究打下了坚实的基础，遗憾的是，自始至终他都没有给出一个切合实际的理论模型来证明此方案。因此，该方案也就无法彻底解决汇率不稳定的问题。

（二）汇率目标区的标准理论模型

威廉姆森方案引起了经济学界的关注。直到 1991 年，克鲁格曼在《目标区和汇率动态》一文中提出了汇率目标区模型，将威廉姆森方案发展成为一种汇率目标区理论，是该理论的集大成者。克鲁格曼模型揭示了在目标区管理体制下汇率同基本经济变量的动态关系。并指出汇率和其他资产价格相同，受一些基本的经济变量以及经济主体对汇率未来值预期的影响。其中模型的关键性假设为：完全可信性和完全的边界干预。前者指完全信任汇率的波动范围，后者指央行只会等到汇率接近边界时才会进行干预，否则则任由汇率在目标区内自由波动。其模型简单表示为：

$$p = m + \rho + \chi E[dp/dt]$$

其中，p 为外汇的即期价格，m 为国内货币供给量，ρ 是一个随机变量，用公式表示为 $d\rho = \sigma du$（σ 是标准差，u 表示标准的布朗运动），以上变量都是用简化了的自然对数来代替的。

从模型分析得知，国内货币供给量 m 保持不变，当汇率 p 在目标区内部变动而未抵达边界时，ρ 服从布朗运动，此时政府不会采取货币政策加以干预，即汇率变动的预期值 $\dfrac{E[dp]}{dt} = 0$。因此 $p = m + \rho$，可用45°线表示，呈线性关系，与浮动汇率制度下的情况相同。当汇率抵达边界时，政府会通过货币政策进行干预，使汇率维持在目标区边界水平上，直到经济变量的变动使汇率重新回落到目标区内。因此，在边界处呈非线性，并趋于水平（见图2-2）。

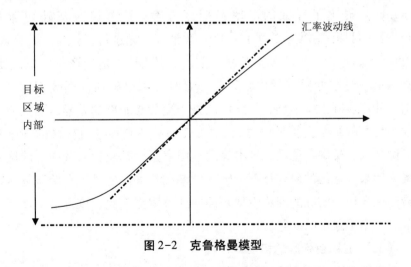

图 2-2　克鲁格曼模型

根据模型，克鲁格曼总结出两个重要的结论：第一，简称"蜜月效应"。具体指在目标区内外界对汇率的干扰影响会明显比在浮动汇率制下的影响小，相对也较稳定。特别的从数学上看，S 型曲线斜率的绝对值都小于 1，进一步表明在目标区内汇率是稳定的。第二，平滑过渡条件。具体指曲线的斜率随着边界距离的靠近而减小，当达边界时，斜率趋向于零。说明随着汇率靠近边界区，基本经济变量对其的影响也将逐渐减弱，当达边界时，汇率对基本经济变量完全不敏感。

（三）汇率目标区理论的修正与拓展

虽然克鲁格曼对汇率目标区的运行机制作了形象的描述，但不少学者如斯梵森、米勒等人通过实证检验发现诸多国家的汇率体系和克鲁格曼的模型都有明显的差距。其一，实践模拟出来的函数并不都呈 S 型，且各国实际的汇率分布多集中于目标区内，而并非像克鲁格曼模型中解释的那样多分布于上、下边界附近。其二，对于完全可信的假设也存在不切实际性。因此，许多专家和学者又对克鲁格曼模型进行了完善。最典型的要属对两个假设的修正和拓展。不完全可信的汇率目标区和汇率在目标区内部时也存在政府干预。前者指经济主体对官方公布的汇率目标区不再完全可信，导致中心汇率及整个区域的调整，即不完全可信的汇率目标区会发生汇率重组，即预期重组率。罗斯和斯梵森验证了不完全可信的汇率目标区仍然具有内在稳定性。后者强调政府干预，指出在目标区内部政府为了维持较稳定的汇率水平也将频繁地实施干预，从而解释了实践中汇率多集中于目标区内部的原因。

最为典型的要属陈岩（2001）量化的汇率目标区模型，他在《国际一体化经济学》一文中应用伊藤引理将克鲁格曼模型求解得到一个用数学形式刻画的汇率变动方程：

$$p(m, \rho, \bar{s}, \underline{s}) = m + \rho + W(e^{\alpha\rho} - e^{-\alpha\rho})$$

其中 $\alpha = (2/\chi\sigma^2)^{\frac{1}{2}}$，$W$ 为待定系数，根据克鲁格曼几何模型图得知，W 必然小于 0，同时，由于当汇率运动到边界时曲线 p 与目标区边界相切，因此，在已知固定汇率边界值和抵达边界时的冲击量的情况下可以求出常数 W 和 α。并且指出货币当局仅限于目标区边界干预时，可以得到类似克鲁格曼几何模型的一系列 p 曲线族，并定义为：

$$p(m, \rho, \bar{s}, \underline{s}) = m + \rho + W(e^{\alpha(m+\rho)} - e^{-\alpha(m+\rho)})$$

陈岩的模型使克鲁格曼模型进一步量化了，但并没有改变克鲁格曼模型原有的经济学意义，可以说是进一步验证了克鲁格曼模型的准确性。同时，他又在此基础上，探讨了投机冲击、外汇储备对汇率目标区的影响。并最终得出两个重要的结论：一是汇率目标区内汇率在少量外汇储备的前提下遭遇投机冲击，汇率将有可能冲破目标区边界。二是在大量外汇储备下遭遇投机冲击，由于政府有充足的外汇储备加以干预，汇率将在抵达边界后向下返回目标区内。但对于第二个结论，他强调指出一个国家的外汇储备再多也是有限的，因此，在重复多次的投机冲击下，外汇储备经重复多次的干预会逐渐的减少，而对投机者来说投机资本也是有成本的，因此在循环多次的过程中，外汇储备逐渐减少，投机成本累积增加，两种必然达到一个均衡点，即货币当局停止干预，投机资本也不再干预的一个稳态。

（四）汇率目标区理论对我国人民币国际化的启示

由"三元悖论"我们得出，要实现人民币国际化必须实行浮动汇率制。但是中国目前还不适合采取浮动汇率制度。我国目前实行的汇率制度是有管理的浮动汇率制，由于央行长期执行稳定汇率的干预政策，使得我国的汇率政策近乎于钉住美元型的固定汇率，波动的幅度较小。从而使得浮动汇率制所具有的市场自动调节功能无法充分发挥，同时也丧失了货币政策的独立性。因此，近年来，有一部分专家学者建议在中国建立汇率目标区，且目标区可根据经济情况的变动每年固定进行调整一次，实行弹性的汇率目标区管理制度。为最终实现人民币汇率的完全浮动，走上人民币国际化道路架起一座稳固的桥梁。

此外，随着我国经济体制转型的进程和加入WTO所面临的挑战，实行人民币汇率目标管理制度将大大增强我国汇率政策的灵活性和有效性。当汇率趋向目标区边界时央行才需要通过公开市场业务操作进行干预，使其恢复既定目标。当汇率处于正常波动范围时，央行就不必进行干预，任由自由波动。从而使得央行政策具有更大的自主性。同时将有效减轻货币政策的波动性。由于在目标区管理制度下，现实汇率的调整不仅取决于中心汇率的调整，还将受区内预期汇率的变动。因此，货币政策引起的汇率最终的变动幅度就不会像初始干预时的变动那么大，货币总量也不会发生太大的波动。有利于真正实现我国货币政策的独立性，从国内经济稳定层面上为人民币国际化创造有利的内部环境。同时，在中国建立汇率目标区可以使我国通过有效率的实施有管理的浮动汇率制，完善我国汇率制度，最终实现完全浮动汇率制，为人民币国际化创造必要条件。因此，人民币汇率目标区制的建立对推进人民币国际化将有重要的现实意义。

三、区域汇率协作的博弈论

该理论用博弈论的方法论述了加强国家间汇率协作，将有助于实现各国产出的增加和经济的最和谐发展，抵达帕累托最优状态。

（一）区域汇率协作的博弈论

该理论的主要代表人物是日本经济学家滨田宏一（Koichi Hamada），用博弈论直观地说明了两国条件下的政策协调过程。滨田宏一指出，国家之间存在重要的政策溢出的外部效应，即当某一国采取政策时，政策的效应会同时影响其他国家。因此，如果不同国家之间做出的政策不协调，甚至矛盾、互相抵触时有可能会导致严重低效的产出，不利于各国经济的稳定持续发展。并用实证证明了缺乏协调的经济政策必然是无效的。考虑到这一点，各国政府完全可以采取可接受的协调政策，加强政府间的合作，从而使所有国家产出都得到改善，实现帕累托最优。

其论证工具主要是 Hamada 图。该图主要论证了两国政府通过实施汇率政策协调，实现福利最大化的过程（如图 2-3）。

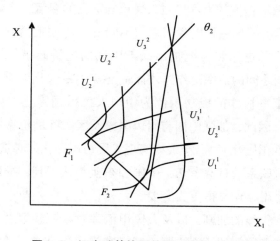

图 2-3　汇率政策协调的福利分析：HAMADA 图

其中，X_1 表示 A 国家采取的调节汇率的政策，X_2 表示 B 国家采取的调节汇率的政策，无差异曲线（$U_1^1 U_2^1 U_3^1$）代表 A 国的福利函数，（$U_1^2 U_2^2 U_3^2$）代表 B 国的福利函数。如果没有政策溢出效益，则 A、B 两国的福利水平分别由 A、B 两国的汇率政策独立决定。而如果存在政策溢出效益，则 A、B 两国的汇率政策将互相影响两国的福利水平。如图，当 B 国的政策影响到 A 国时，A 国的福利水平将会变成围绕 F_1 点的弧形簇，同理，B 国的福利水平将变为围绕 F_2 点的弧形簇。其中，F_1 和 F_2 点是两国在实施有效汇率政策后，无差异曲线的相切点。很容易证明各切点连线即连接 F_1 和 F_2 的契约线上的点都满足帕累托最优，为最佳福利点。因此，可以分别找出 A、B 两国的反应函数 θ_1、θ_2，θ_1、θ_2 两者的交点 N 为纳什点，虽然该点处两国都使本国的福利最大化，但是产出却是无效率的。因此，相比契约线上的点，纳什点为次优点，非最优点。

汇率合作的博弈论突破了蒙代尔—弗莱明模型分析的局限性。它强调政策的溢出效益需要通过国际经济政策来协调才能实现福利最大化，政府的目标可以非常不同，但是政策协调却是十分必要的。同时也形象的展现出了汇率合作的深层动因。随着信息化和各种计量技术的发展，将有可能实现从定量的角度具体地分析出各国汇率合作的成本和收益。由此，汇率合作的博弈论有可能成为分析汇率合作最为有力的理论工具。

（二）区域汇率协作的博弈论对人民币国际化的启示

区域汇率协作的博弈论指出各国之间不同的经济政策具有重要的政策溢出的外部效应，并进一步强调指出缺乏协调的经济政策是无效的。因此，只有加强各国之间的汇率协作，才能最终实现最优化效应。欧元的普及，欧盟各国间汇率协作的成功示范为中国人民币国际化（区域性国际化）树立了榜样。因此，加强中国与周边国家及区域间的汇率协作是人民币国际化（区域性国际化），乃至最终实现人民币国际化的必然选择。

随着经济金融联系的日益密切，中国和东盟都认识到，推进地区包括汇率协调在内的金融合作显得更为必要。此外，由于中国与东亚地区间的国际经济体系严重失衡的加剧，以及人民币汇率对东亚各国之间的影响日益加强，建设东亚各国间的汇率协调机制将有望成为可能。虽然东亚各国之间的差距较大，推动东亚地区汇率协调有着一定的制约因素，但随着中国—东盟自由贸易区建立，中国和东盟经济联系的日益密切，中国和东盟可能在东亚地区率先建立起汇率协调机制。这将为人民币国际化（区域性国际化），乃至最终实现国际化迈开最为关键的步伐。

第三节　最优货币区理论与人民币国际化

最优货币区（Optimum Currency Areas，简称OCA）最早是由"欧元之父"之称的蒙代尔（Mundel，1961）提出的。它是指在一个区域内实行单一或几种货币，区域内部汇率固定，而区域外部则实行浮动汇率。在无须货币政策和汇率政策的固定汇率制下，货币区内的成员国也能够实现对内失业、通货膨胀平衡，对外国际收支平衡的目标。最优货币区理论研究的核心内容是找出定义"最优"货币区的最具有决定性的经济性质。在此之后，许多经济学家把研究的重点转向了对加入OCA的成本收益分析。以及宾田（Hamada，1985）对加入OCA国家的福利研究。90年代中期，克鲁格曼和奥博斯菲尔德（Krugman&Obstfeld，1998）提出了"GG-LL"模型，定量的分析了加入货币区的最佳时机。OCA理论目前仍然在不断的发展，并且已成为国际货币研究领域的核心问题，为实行区域货币一体化奠定了理论基础。

一、传统的最优货币理论

传统的OCA理论主要产生于判定固定汇率和浮动汇率孰优孰劣的20世纪六七十年代。在这一时期，学者们主要集中研究符合什么标准的区域才是最优的货币区。并提出了一系列的单一判定标准，以及部分复合标准理论和非量化的成本收益理论初步，为OCA理论的后期发展打下了扎实的基础。

（一）单一标准的OCA理论

该理论中的单一标准范围之广，主要包括Mundell（1961）的要素流动性标准、McKinnon（1963）的经济开放度标准、Kenen（1969）的产品多样化程度标准、Ingram（1969）的金融一体化程度标准、Haberler（1970）和Fleming（1971）的通货膨胀相似度标准、Tower和Willett

（1970）的政策一体化程度标准六大主要判定标准。

1. 要素流动性标准

Mundell 认为资本和劳动力等生产要素的自由流动可以有效的替代浮动汇率，是建立货币区的最佳标准。需求转移是引起外部不均衡的主要原因，而汇率调整仅限于解决不同货币区之间的收支失衡问题，货币区内的需求波动主要依靠生产要素的自由流动来调节，使资本和劳动力从盈余国向赤字国流动，从而实现内部经济均衡。由于货币区内汇率固定，所以地区之间生产要素的自由转移，就成为了判断是否成为一个货币区的标准。即他认为要素可以自由流动的区域适合建立货币区。

2. 经济开放度标准

McKinnon 提出将经济开放度作为最佳货币区的标准。并且指出经济开放度以贸易品占社会总商品的比重为衡量尺度。比重越大，说明该国的经济开放度越高，反之亦然。在对外开放度高的国家，用汇率来调节国际收支失衡的效用并不高。因为不仅会引起进口商品价格上升，进而使所有商品价格上升而导致国内通货膨胀，而且如果限制价格又可能引起经济紧缩和失业率上升。同时，一般开放度高的国家，对进口商品的需求弹性较小，汇率调整的幅度也就越大，对经济体的负影响也越大。因此，对于经济开放度高的国家之间适合组建成一个货币区，在货币区内各国应实行固定汇率以达到价格稳定，而对于开放度较低的国家则实行浮动汇率。

3. 产品多样化程度标准

Kenen 从第三个视角——经济多元化角度提出产品多样化的国家才是货币区的理想参与者。他指出产品多样化的国家抵御外部冲击的能力越强，当一国某产品在国外需求下降时，由于产品种类的多样化，其他产品的需求就有可能增加，从而抵消了某单一产品需求下降所造成的不利影响。因此，对于产品多样化程度高的国家，实行汇率政策调节是没有必要的。此外，在产品多样化程度高的国家之间组建货币区，实行固定汇率，不仅有利于区域内形成经济贸易网，更加稳固各国经济，而且通过实行"最佳货币区"可以提高货币政策效率，更好的促进各成员国经济健康持续发展。

4. 金融一体化程度标准

Ingram 认为，Mundell、MeKinnon 和 Kenen 的研究只考虑了经常项目

的国际收支问题，忽略了资本项目的收支问题。并且强调指出国际金融一体化才是最佳货币区标准。资本自由流动相联系的金融一体化才是衡量货币区是否最优的标准。高度金融一体化可为一国的收支平衡融通资金，通过调整利率来影响跨国间的资本流动，进而改善贸易条件，从而避免了因汇率波动而产生的种种风险。因此，金融一体化程度高的国家之间适合组建货币区。

5. 通货膨胀相似度标准

Haberler（1970）和Fleming（1971）从微观视角转向宏观视角，指出各国之间的通货膨胀率相似度是组成最优货币区的前提条件。相似程度越高，越有可能组建货币区。因为通胀率的不同会导致各国政府因利益的不同而采取不同的货币政策。显然，一个要求采取扩张性货币政策的低利率国家很难和一个要求实施紧缩性货币政策的高利率国家达成一致的目标协议，因而也就不可能成为货币区成员国。Fleming进一步指出，在通胀率相似的前提下就业目标、生产增长率、加入货币区积极性相似的国家更易组建货币区。

6. 政策一体化程度标准

Tower和Willett的研究提出政策一体化是达成最佳货币区又一重要条件。对于偏好低失业率的国家和偏好低通胀率的国家很难采取相同的政策。货币政策上的不一致有可能会同时影响到汇率政策、财政政策等其他经济政策的实施，从而不利于货币区的稳定发展。为此，各成员国之间应该对其主权实行部分让渡，协调各国的货币政策等经济政策，为建立最佳货币区创造必要的条件。

单一标准中除了以上六个主要标准外，还包括Milton Friedman（1953）和Kawai（1987）的工资价格弹性标准、Tower和Willett（1976）的冲击对称性标准、Mintz（1970）的政治因素标准等。但这些标准都是从某个侧面来考虑组建最优货币区的条件，就单个条件来看过于片面性，缺乏将各个标准进行综合分析的统一框架，因此很难做到宏观和微观层面两全。因此，不少学者在此基础上又提出了部分复合标准理论。

（二）传统的最优货币理论新发展

由于单一标准理论太过笼统，单个条件过于片面性，无法满足实践过程中的客观需要。因此，人们在此基础上对传统的最优货币理论进行了新的探索。其中，主要的理论成果包括复合标准的 OCA 理论和非量化的成本收益理论。

1. 复合标准的 OCA 理论

复合标准的 OCA 理论将各单一标准理论综合在一起分析。相比单一标准的 OCA 理论，复合标准的 OCA 理论考虑面更广，更全面。如 Tavlas George（1993）提出了"国别标准"，将成员国的工资和物价水平的弹性度，以及 Kenen 的产品多样化程度标准结合在一起，作为组建最优货币区的综合指标。Visser（1991）则将 Mundell 的要素流动性标准和 Tower、Willett 的政策一体化程度标准紧密结合，并加入了工资价格弹性等标准，指出要素流动性强、政策一体化程度高、工资价格机制灵活的国家适合组建最优货币区。Rehman（1997）将单一标准理论进行了总结，并归纳出了影响参加最优货币区的五个主要因素。同年，Hansen、Nielson（1997）在此基础上加入了相似的外部冲击频率和特征标准。Bayoumi、Eichengreen（1997）也是对单一标准进行复合的基础上加入了一些新因素，并提出了五个方面的"联盟标准"。

2. 成本收益理论初步

20 世纪 70 年代后，Grubel（1970）、Gorden（1972）、Ishiyama（1975）、Tower 和 Willet（1976）等人将最优货币区理论的研究重点转到了评估加入货币区的收益和成本上。其中收益主要是货币有用性得到了提高，而成本则是成员国丧失货币政策独立性所可能带来的损失。以 Ishiyama 的研究为代表，他将加入货币区的收益和成本分别具体化了，其中收益主要包括：（1）货币功能，如价值尺度、贮藏手段在单一货币区的充分发挥；（2）投机性资本流动的避免，减少货币当局的麻烦；（3）外汇储备的节约；（4）收支平衡调整成本减少，使资源更有效地配置；（5）加速国家的财政一体化。加入货币区的主要成本为：（1）货币政策自主权的丧失，这是最大的损失；（2）财政合作的要求使各国针对国内的财政政策也变得不一定有效；（3）若一国各有自己的菲利普斯曲线，则共同货币意味着"失业与通胀关系的恶化"；（4）区域经济的扭曲，货币一体化会造成经济阵痛和一些地区发展停滞。

此外，滨田宏一（K. Hamada，1985）提出了分析最优货币区成本和收益的一般框架。科恩（B. Cohen，1997）指出，传统的 OCA 理论是可以准确计算出一国参与货币区所产生的成本与收益。Klimenko（1998）也考虑到了加入货币区的收益和成本，但是他认为这一成本和收益是不可量化的。综上，在这一时期的相关研究并没有形成一个理论体系，对成本和收益研究多半只停留在定性分析上，缺乏量化分析。但是，为后来经济学家对成本和收益的综合分析提供了很好的理论基础。

二、现代的最优货币理论

现代 OCA 理论主要蓬勃发展于 20 世纪 90 年代，是在对传统 OCA 理论的批判过程中形成的。随着计量经济学的发展以及欧洲货币一体化进程的加快，该理论最大的特点是大部分理论成果都涉及到了用计量方法对 EMU 进行了标准检验。由此对传统理论进行了不同程度的批判，同时也在此基础上进行了理论创新，提出了 GG-LL 模型等综合成本收益分析方法，也称另类分析。该分析方法是在前人定性分析成本收益的基础上，主要借助计量分析工具，多角度全方位的定量分析组建最优货币区的最佳标准。

（一）对传统标准的实证检验

基于上述传统最优货币理论及其发展，学者们开始对其提出的最优标准的符合程度进行了广泛的实证检验。从单一标准的符合程度检验到复合标准的符合程度检验，形成了一系列的理论成果。

1. 对单一标准的实证检验

由于欧洲货币一体化的发展，多数学者都以 EMU 为研究对象，对各类标准的符合程度开展了广泛的验证。其中对上述提及的单一标准检验的相关文献较多。但由于所选取的国家和计算方法不同，因此研究得出的结论也不相一致。如在对要素流动性标准检验时，Blanchard 和 Katz（1992）的检验结果得出劳动力的转移对失业率的影响比较大。而 Greenwood（1985）却认为两者根本没有影响。Barry Eichengreen（1993）则折中两者的观点，认为移民等劳动力转移现象对工资和失业有一定影响，但影响不大。在经济开放度标准的检验过程中，McKinnon 的研究证实了欧盟所具有开放度较高的优势，适合建立最优货币区，而 Krugman 和 Obstfeld（1998）却认为经济开放度的标准太过宽松，没有说服力。在产品多样化标准的检验中，Bini-Smaghi、Vori（1993），Apel、Emerson（1993）的计量结果都表明欧盟各国的产品相比美国各地产品有较高的相似度，适合组建货币区。以及 Bruno 和 Sachs（1985）、Bini-Smaghi 和 Vori（1992）都对工资物价弹性标准进行了检验。Peter Bofinger（1994）、Gros（1995）、Bayoumi 和 Prasad（1995）、Erkel-Rouse 和 Melitz 对非对称性冲击采用不同的方法进行分析和检验，同时也得出了不同的结论。Artis 和 Zhang（1997）创新性研究表明欧洲汇率机制成立后美国和德国的经济周期将趋向相同。同时，指出 ERM 的成立将会使欧洲逐渐趋同，具有最优货币区的优势。

2. 对复合标准的实证检验

在对单一标准检验的基础上，学者们开始探索研究对复合标准的实证检验，试图建立一般均衡模型来分析研究。其中，Bayoumi（1994）建立的模型验证了要素流动性、经济开放度和多样化标准；而 Melitz（1995）则用均衡实际汇率的协方差为综合判断指标进行了有效的验证；Bayoumi、Eichengreen（1996）提出了一个综合性的判断标准模型，该模型将所有涉及到的单一标准因素融合在了一起，得出一个综合判断指标，有效的验证了 21 个工业化国家之间 6 个双边 OCA 指数的参数；Ricci（1997）的验证排除了开放度标准，囊括了五个主要指标，其中包括实际冲击的相关性、贸易联系、财政转移、劳动力流动程度、通货膨胀差异性对加入货币区的影响；Beine 和 Docauier（1998）将工资缓慢调整、劳动力流动、不对称冲击综合在了一起，其验证结果表明不对称冲击和成本成正方向变动关系，而劳动力流动和成本成反方向变动关系。

（二）货币一体化标准的综合分析

随着经济金融一体化的深入，货币最优化理论也有了创新性的发展。其中，最有代表性的货币一体化标准的理论主要有：GG-LL 模型理论、"一个市场，一种货币"思想理论、OCA 标准的内生性理论等。

1. GG-LL 模型分析

进入九十年代，在成本收益定性分析的基础上，学者们更多的运用计量等先进科学方法，定量的分析了加入最优化货币区的成本和收益，为一国是否加入货币区提供了更为有效的标准。最具代表性的是 Krugman 和 Obstfled（1998）提出的 GG-LL 模型（见图 2-4）。

该模型用 GG 曲线来表示一国加入货币区的货币效益收益，用 LL 曲线来表示加入货币区成员国的成本损失，包括放弃货币政策和汇率政策等所可能带来的经济不稳定风险，由此造成的经济损失，以及为保持一体化所让渡的经济利益等。一般来讲，各成员国之间经济联系越密切，一体化程度越高，其经济收益也越大，相应的成本损失也就越少。

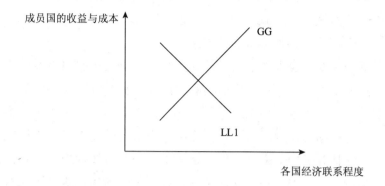

图 2-4　GG-LL 模型分析 1

其中 GG-LL 曲线的交点表示一国加入货币区后的收益和损失均衡点。在均衡点的右侧表示加入货币区的收益大于成本，适合一国加入该货币同盟；而均衡点的左侧代表加入货币区的收益小于成本，此时该国可选择不加入。因此，均衡点是一国选择是否加入货币区的临界点，如果一国的跨国贸易和要素流动广泛，使经济紧密程度达到临界点，甚至超过临界点，那么此时该国应选择加入货币区，以获得最大化的收益。否则，则不适宜选择加入货币区。同时，某一国的经济条件变化也可以在 GG-LL 曲线模型上反映出来（如图 2-5）。

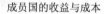
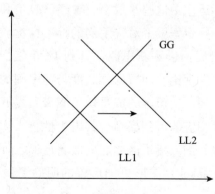

图 2-5　GG-LL 模型分析 2

当一国面临需求负冲击时，政府为稳定就业必然会选择与固定汇率区相差较大的通货膨胀率，从而导致加入固定汇率区的成本上升。在图上显示为 LL1 曲线上移至 LL2，伴随着 LL1 曲线的上移，加入货币区的最优点也将上移，从而使得该国加入货币区的意愿降低。

2. "一个市场、一种货币"的新思想

该思想的主要代表人物是 Emerson 和 Gros，他们从加入货币区的收益和成本分析入手，于 1992 年系统的阐述了"一个市场、一种货币"的思想。有别于"一个国家、一种货币"的传统理念，他们认为货币从根本上来说是服务于市场的，货币的选择最终取决于市场的需求。并强调无论市场有多大，囊括有多少个国家，只要是属于同一个市场就应该选择同一种货币。它不再像传统的"一个国家、一种货币"强调主权观，国家在货币制度方面享有高度统治权，而是宣扬一种在同一市场内的不同国家应为着市场经济的高度发展而通力合作的自觉理念，为货币一体化扫清了思想上的障碍。事实上，随着全球经济一体化进程的加快，市场融合超越国界已经成为一种趋势，国际经济交流的深化迫切需要某种形式的货币融合。当各国的国家货币无法很好的发挥价值尺度和流通手段职能时，尝试由货币交易网络来划分货币的使用区域，尤其当组建货币区的收益大于成本时，应放弃国家货币，组建最优货币区。

3. OCA 标准的内生性及检验

随着经济一体化的发展，最优货币区理论也有了新的发展，同时，其发展也不同程度的受到了某些因素的制约。如一些经济学家开始质疑利用历史数据检验几个不同标准的可靠性，因为其前提假设是模型的参数保持不变，而在实际运用中这些参数会随着经济政策和经济行为的变动而发生变动。因此，在一定程度上对先手们的标准性检验提出了批判，同时也为内生性理论的发展提供了新思路。直到 1996 年，Frankel 和 Rose（1996）首次提出了内生性理论，即贸易开放度与国家间的收入水平及经济周期相关性是内生的，加入货币区的成员国，随着贸易开放程度的提高，其收入水平和周期也会相应的得到提高。其内生性将大大的降低一国加入货币区的理论成本，使其加入货币区之后更加满足于之前的标准。

1999 年，Frankel 用图形更加形象的明确了最优货币区具有内生性的假定（见图 2-6）。

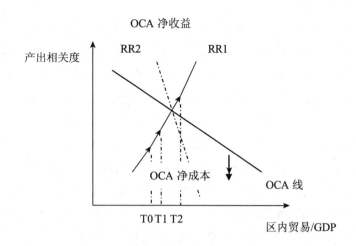

图 2-6 动态标准与最优货币区的内生性

其中，横轴代表贸易一体化程度，纵轴代表产出相关度，表示经济一体化程度。用向右下方倾斜的 OCA 线代表加入货币区的临界线，表示收益随着贸易一体化程度的提高而提高，而成本则随着产出相关度的提高而下降。用 RR1 线来表示产出相关度与区间贸易之间的正相关。当一国因加入货币区而降低交易成本，会进一步提高产出相关度，从而也就相应的降低加入货币区的成本，形成良性循环，在图中显示为 RR1 线趋向于 OCA，使得加入货币区的收益明显提高。

此外，货币主义和理性预期的观点、正外溢性或网络外部性收益理论等也为现代最优化理论的发展注入了活力。适应全球金融一体化的发展，最优化理论也必将有其更为创新的发展。

三、最优货币区理论对人民币国际化（区域性国际化）的牵引

最优货币区，即区域的货币合作将会有助于促进国际货币合作，成为推动国际货币合作的一个杠杆。人民币参与东亚区域货币合作，逐步成为东亚各国贸易结算货币，将有助于提升人民币在东亚区域金融合作中的地位，同时也将提升人民币作为东亚区域的储备货币的地位，进而必将有利于人民币走向国际，实现人民币国际化。按照最优货币区理论提出的各种标准，以及许多研究成果证明，中国已基本具备了参与东亚货币区合作的

条件，并且将发挥作为大国应有的作用。

一方面，从最优货币区理论出发，最为显著的是中国与东亚各国的经贸联系在不断加强，近几年来，各国之间频繁的内部交易和要素流动进一步推动着东亚货币区的形成。此外，中国与东盟自由贸易区的建立将为最终扩大至整个东亚自由贸易区的建立树立了榜样，也在某种程度上打牢了基础。另一方面，尽管现阶段中国的资本账户还未完全开放，人民币还不能实现完全的自由兑换，从而货币金融市场的对外开放程度受到限制，但这并不会妨碍中国在保留部分资本项目开放的前提下推动东亚货币区的建立。事实上，随着中国综合国力的加强，以及融入全球金融一体化步伐的加快，资本项目的对外开放是一个必然的趋势。同时，改革开放以来，中国国内经济的稳定高速发展，经济实力的日益强大将为实现东亚货币经济合作提供强大的经济基础。

不可否认，在构建东亚货币区的进程中，中国还需朝着最优货币区理论的标准不懈的努力。一方面，在稳步推进人民币国际化（区域性国际化）的同时，应加强和东亚各国在政策、政治上的互相协作，尤其应改善同日本的关系。中日两国关系的改善对于东亚货币区的最终建立将起着决定性的作用。另一方面，面对此次美国次贷金融危机，中国应加强和东亚各国之间的汇率合作与管理，建立共同的汇率调节机制，为最终实现东亚货币区提供必要的条件。

第四节　一体化货币金融理论与人民币国际化

一体化货币金融理论主要包括不完全货币联盟的汇率理论和完全货币联盟的金融货币理论两大部分。其中，不完全货币联盟汇率理论的核心内容是汇率目标区理论，该理论在本章2.2小节中已具体阐述，本小节不再重复。而完全货币联盟的金融货币理论是在汇率目标区理论和区域汇率协作的博弈论，即区域汇率协作理论和最优货币区理论的基础上发展而来的。该理论侧重于考察货币区建立的成本和收益分析，以及宏观经济政策对于完全货币联盟内各国的影响。

一、完全货币联盟的收益分析

完全货币联盟的金融货币理论认为建立完全货币联盟的收益主要包括三方面：第一，建立完全货币联盟可以分担风险。第二，可以有效的节约外汇储备。第三，交易成本也将有明显的降低。

（一）货币区成员国共担风险模型分析

基于克鲁格曼目标区几何模型的建立，以及后期区域汇率协作理论和最优货币区理论的发展，对于完全货币联盟的成员国可以分担货币区面临的各种风险的问题一直是广大经济学家讨论的焦点。其中最浅显易懂和具有概括性的要属陈岩在探讨完全货币联盟的经济合理性中的几何模型推导。该模型主要讨论共同货币区内甲乙两国之间的风险共担情况，并以此可以延伸至货币区内的其他各国。具体模型如见图2-7：

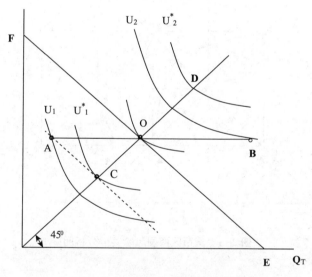

图2-7　货币区一国风险分析图

图中横轴和纵轴分别代表代表货币区内一国在 T、T-1 两个时期内的潜在消费，令潜在消费和收入成正方向变动关系；EF 线为该甲国的机会线，为方便分析可令 EF 线的斜率为-1。容易看出，在 0 点处甲国的两个时期潜在消费相等，即两个时期内的收入分配相等。假定甲国的收入因为各种因素而在 AB 之间波动，则对应的效用也在 U_1 和 U_2 之间波动。如果一旦甲国与另一国乙国采用共同货币，储备的变化使得 U_1、U_2 分别为 U_1^*、U_2^* 所代替，原有收入 AB 的变动转变为 CD 之间的变动，显然后者优于前者。货币同盟使得甲国的收益明显增加。下面讨论两国的共同收益。

如图，假定甲乙两国具有相似的偏好和资源，并且互相对称：

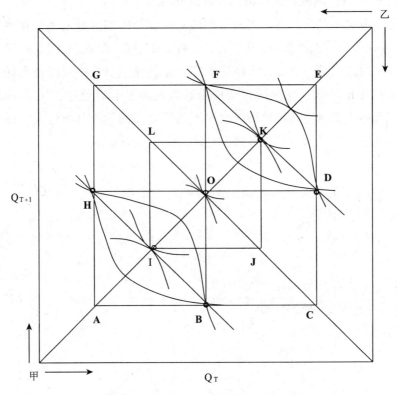

图 2-8 货币区两国风险共担分析图

由图知在 T 时期，国家甲的收入将在 BF 上波动，T-1 时期则在 HD 上波动，因此，甲国将在由 ACEG 组成的正方形区域内周期性的波动。如果甲国和乙国形成货币联盟，使用共同货币，由上图可推知，此波动区域将减小为由 IJKL 组成的较小的正方形区域。显然，两个正方形区域面积之差即为甲乙两国实行共同货币区后两国共同分担风险的收益。

（二）货币区联盟储备节约模型

该模型指出，一旦建立完全货币联盟将大大的降低货币区成员国的外汇储备。并且推导出随着货币区成员国的加入，外汇储备将逐渐递减。具体模型如下：

假设全球人口共为 N 人，其中有 M 个人组成共同货币区，外汇储备 W 是 N 和 M 的函数，简写为 $W = W(n, m)$；P 为交易数量，V 为每次交易所需的货币量，因此显然有总货币量 $M = vP$；而每个人和其他人交易的数值量设为 U，则根据组合方法，可以求得每人交易的平均值为 $u(n - 1)$，全球所有人交易的总值为 $P = (n^2 - n)u$，因此可得全球的货币储备为 $M = vun(n - 1)$，所以 M 货币区按人口占比所需的总货币量为 $M_m = vum(n - 1)$，其中外汇储备为 $W_m = vum(n - m)$，因此节约储备为 $M_m - W_m = vum(n - 1) - vum(n - m) = vum(m - 1)$。

因为是若干人组建货币区，因此 M 必然大于 1，即节约储备量必然为正数，也就意味着货币区的组建会使原有的外汇储备量减少，其减少的程度将依赖于每次交易的货币总值和货币区成员国的数量。为进一步探求成员国数量和储备节约程度之间的关系，我们将进一步求得外汇储备率为 $\frac{W_m}{M_m} = \frac{(n - m)}{(n - 1)}$，当新增加一个成员国时，新的储备水平为 $W_{m+1} = vu(n - m - 1)(m + 1)$，因此节约储备为 $W_{m+1} - W_m = n - 2m - 1$，新储备率为 $\frac{W_{m+1}}{M_{m+1}} = \frac{(n - m - 1)}{(n - 1)}$。

比较增加一个成员国后新储备率和原有储备率关系，显然前者小于后者，以此类推我们得出结论：储备率是随着货币区成员国的增多而递减的。货币区越大，节约的外汇储备也越多。因此，从上述模型的推导中得到：完全货币区联盟的构建将减少外汇储备，其减少的程度将随着货币区大小的增加而增加。

（三）货币区联盟交易成本递减分析

由于不同国家间信息的不对称性，汇率波动的不确定性，以及国家之间多个报价、会计单位的不相同必然引起一部分的交易成本，即货币互换成本。如果不同国家之间的货币转换为一种共同货币，将会大大的降低这种因不同货币互换而产生的交易成本。此外，在一些国家间存在着因不同货币计价间成本差异的价格歧视，从而导致消费者对某一被歧视国产品需求的减弱，共同货币的形成将减少交易成本，从而有效的降低这种不良现象的发生率，促进成员国之间的贸易互动。

二、完全货币联盟的成本分析

讨论构建货币联盟收益的同时必然引起更多的学者对其成本的关注。只有在权衡收益与成本孰轻孰重的基础上，才能更好的为经济决策者是否构建货币区联盟提供决策上的指引。对于构建货币联盟成本的分析研究，不同的经济学家基于不同的角度和不同的方法提出了不同的观点，而最具代表性的要属高登（1972）的菲利普斯曲线分析。

他的基础分析模型是在假定成员国间资本、劳动力不流动的基础之上的，为便于分析，他将两个国家的经济状况合为一张坐标图上，具体分析模型如下：

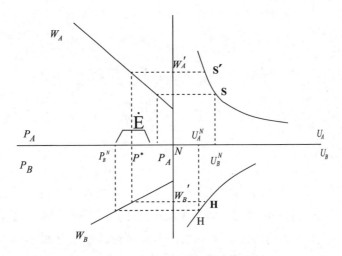

图 2-9　货币区成员国成本分析图

上图中，横坐标上下部分分别表示 A 国和 B 国的经济状况；AA′和 BB′为对应 A、B 国各自的菲利普斯曲线；假定市场是完全竞争的，则 W/A 和 W/B 分别反映出两国的货币工资率与通胀率的变化关系，其中假定生产率的增长率唯一决定 W/A 和 W/B 的形状，即生产率的增长决定直线 W/A 和 W/B 的截距。假定两国具有不同的生产增长率，且 A 国的生产增长率大于 B 国，反映在图中表示为 W/A 线的截距大于 W/B 的截距。同时假定两国在失业和通货膨胀方面的偏好选择也不同，H 国的福利最大化假设在 S 点，对应的通货膨胀率为 $P_A{}^N$，而 B 国的福利最大化设在 H 点，对应的通货膨胀率为 $P_B{}^N$。显然，B 国货币相对于 A 国货币贬值。贬值率可表示为 $E = P_B{}^N - P_A{}^N$。

在此基础上，如果两国建立货币同盟，意味着两国货币的贬值率必须为 0，其共同的通货膨胀率为 P^*，此时，A、B 两国必须放弃原有各自的福利最大化均衡水平点，而分别被迫接受 S' 和 H' 点的失业率和通胀率的组合。但是，如果其中一国在货币联盟中处于支配地位，那么此国家的通货膨胀率就有可能强加于整个货币联盟的通胀率，而使另一国趋于这种强加性而调整。此外，非贸易品的存在也将不同程度的影响货币联盟的原始最优化的组合点。因此，加入货币区的成本便是各个成员国为适应货币区联盟统一的固定汇率，而调整各自通胀率和失业率组合所付出的成本，即内部失衡的成本。

进而，高登又讨论了资本的流动对于不完全货币联盟和完全货币联盟内部失衡问题的解决情况。并得出结论：资本流动只能在短期内维持完全货币联盟内部失衡问题。

三、宏观经济政策对完全货币联盟的影响分析

陈岩（2001）在波拉德分析的基础上建立了两国在宏观经济下的完全货币联盟模型，并进一步分析了宏观经济政策对模型的影响。

（一）完全货币联盟的宏观经济模型

在波拉德分析基础上，同时遵循债券市场、货币市场和商品市场均衡的条件，陈岩在《国际一体化经济学》一书研究中假定货币区的两成员国 I 国和 J 国，并得出总供给方程和总需求方程分别为：总供给方程：

$$Y_{1,t} = \bar{y} + \frac{\bar{y}}{\alpha(\gamma_1\gamma_3 - \gamma_2\gamma_4)} \left[\gamma_3 (\pi_{1,t-1} - \pi^e_{1,\,t-1}) - \gamma_2(\pi_{2,\,t-1} - \pi^e_{2,\,t-1}) \right]$$

$$Y_{2,t} = \frac{\bar{y}}{\bar{p}_t} + \frac{\bar{y}/\bar{p}_t}{\alpha(\gamma_1\gamma_3 - \gamma_2\gamma_4)} \left[\gamma_1(\pi_{2,\,t-1} - \pi^e_{2,\,t-1}) - \gamma_4(\pi_{1,\,t-1} - \pi^e_{1,\,t-1}) \right]$$

其中：

$$\gamma_1 = \frac{\gamma p_{1,\,t-1}}{\gamma p_{1,\,t-1} + (1-\gamma)p_{2,\,t-1}} \qquad \gamma_2 = \frac{(1-\gamma)p_{2,\,t-1}}{\gamma p_{1,\,t-1} + (1-\gamma)p_{2,\,t-1}}$$

$$\gamma_3 = \frac{\gamma p_{2,\,t-1}}{\gamma p_{2,\,t-1} + (1-\gamma) p_{1,\,t-1}} \ , \quad \gamma_4 = \frac{(1-\gamma) p_{1,\,t-1}}{\gamma p_{2,\,t-1} + (1-\gamma) p_{1,\,t-1}}$$

总需求方程：$Y_{1,t} = A_1 G_{1,t} + A_2 B_{1,t} + A_3 \pi^e_{1,\,t} + A_4 G_{2,t} P_t + A_5 B_{2,t} \overline{p_t} + A_6 \pi^e_{2,\,t} \overline{p_t}$
$+ A_7 B_{M,t} + I_{t-1} Y_1 - \pi_{1,t-1} Y_1$

$$Y_{2,T} = A_1 G_{2,t} + A_2 B_{2,t} + A_3 \pi^e_{2,\,t} + A_4 G_{1,t} \left(\frac{1}{p_t}\right) + A_5 B_{1,t} \left(\frac{1}{p_t}\right) + A_6 \pi^e_{1,\,t} \left(\frac{1}{p_t}\right)$$
$+ A_7 B_{M,t} \left(\dfrac{1}{p_t}\right) + I_{t-1} Y_2 - \pi_{2,t-1} Y_2$

其中：

$$Y_1 = A_8 \left(B_{21,t-1} \overline{p_{t-1}} - B_{12,t-1}\right) + A_9 \frac{1}{2} B_{M,t-1}$$

$$Y_2 = A_8 \left(B_{12,t-1} \frac{1}{p_{t-1}} - B_{21,t-1}\right) + A_9 \frac{1}{2} B_{M,t-1} \frac{1}{p_{t-1}}$$

上述模型变量的意义：BM 表示中央银行持有的实际债券；G 表示政府的实际开，L 表示名义实际利率，其中 I = 1+L；M 表示实际平衡；NX 表示实际净出口；P 表示国内价格指数；PC 表示消费者价格指数；R 表示实际利率，其中 R = 1+R；RE 表示预期的实际利率；T 表示实际的一次税收总转移；Y 表示实际产出；YD 表示实际的可支配收入；$\overline{y}$ 表示实际产出的最佳或自然水平；π 表示消费者价格上涨率；πE 表示预期的消费者价格上涨率；D 表示政府预算赤字参数；C 表示边际消费倾向；ε 表示私人边际进口倾向；εG 表示政府边际进口倾向；λ 表示货币需求的收入弹性；θ 表示货币需求的利率弹性；φ 表示本国吸收的利率弹性；α 表示国内价格上涨对产业与其自然水平差值的弹性；γ 表示消费价格指数中国内价格所占的权重。

各系数的意义：

$A_1 = 1 - \varepsilon_G / (1 - C + 2C\varepsilon) > 0$

$$A_2 = \frac{\left[2\theta C (C-1+\varepsilon-2C\varepsilon) + \lambda\varphi (1-2C+4C\varepsilon)\right]}{\left[2 (1-C+2C\varepsilon)(C\theta-\theta-\lambda\varphi)\right]} > 0 \ (\text{或} < 0)$$

$$A_3 = \frac{\left[2\varphi\theta (C-1+\varepsilon-2C\varepsilon) + \lambda\varphi^2 (2\varepsilon-1)\right]}{\left[2 (1-C+2C\varepsilon)(C\theta-\theta-\lambda\varphi)\right]} > 0$$

$$A_4 = \frac{\varepsilon_G}{(1-C+2C\varepsilon)} > 0$$

$$A_5 = \frac{(\lambda\varphi - 2C\varepsilon\theta)}{[2(1-C+2C\varepsilon)(C\theta - \theta - \lambda\varphi)]} < 0$$

$$A_6 = \frac{[\varphi(\lambda\varphi - 2\varepsilon\lambda\varphi - 2\varepsilon\theta)]}{[2(1-C+2C\varepsilon)(C\theta - \theta)]} > 0 \text{（或} < 0\text{）}$$

$$A_7 = \frac{\varphi}{2(\theta - C\theta + \lambda\varphi)} > 0$$

$$A_8 = \frac{[C(1-2\varepsilon)]}{(1-C+2C\varepsilon)} > 0$$

进而，推导出两国的均衡通货膨胀率和产出方程为：

$$\pi_{1,T-1} = (A_1 X_{1,T} + A_4 \xi_{1,T}) G_{1,T} + (A_2 X_{1,T} + A_5 \xi_{1,T}) B_{1,T}$$
$$+ (A_3 X_{1,T} + A_6 \xi_{1,T}) \pi^e_{1,t} + (A_4 X_{1,T} + A_1 \xi_{1,T}) G_{2,T} \bar{p}_t$$
$$+ (A_5 X_{1,T} + A_2 \xi_{1,T}) B_{2,T} \bar{p}_t + (A_6 X_{1,T} + A_3 \xi_{1,T}) \pi^e_{2,t} \bar{p}_t$$
$$+ A_7 (X_{1,T} + \xi_{1,T}) B_{M,T} + (Y_2 \bar{p} X_{1,T} + Y_1 \xi_{1,T}) I_{T-1}$$
$$+ \omega_{11,T} \pi^e_{1,t-1} + \omega_{12,T} \pi^e_{2,t-1} - (X_{1,T} + \xi_{1,T}) \bar{y}$$

$$Y_{1,T} = (A_1 \eta_{1,T} - A_4 \xi_{1,T}) G_{1,T} + (A_2 \eta_{1,T} + A_5 \xi_{1,T}) B_{1,T}$$
$$+ (A_3 \eta_{1,T} - A_6 \xi_{1,T}) \pi^e_{1,t} + (A_4 \eta_{1,T} - A_1 \xi_{1,T}) G_{2,T} \bar{p}_t$$
$$+ (A_5 \eta_{1,T} - A_2 \xi_{1,T}) B_{2,T} \bar{p}_t + (A_6 \eta_{1,T} - A_3 \xi_{1,T}) \pi^e_{2,t} \bar{p}_t$$
$$+ (\eta_{1,T} \xi_{1,T}) A_7 B_{M,T} + (Y_1 \eta_{1,T} - Y_2 \bar{p}_t \xi_{1,T}) I_{T-1}$$
$$- Y_1 \eta_{1,T} \pi^e_{1,t-1} - Y_2 \bar{p}_t S_{1,T} \pi^e_{2,t-1} + Y_1 (X_{1,T} + \xi_{1,T}) \bar{y}$$

其中：$X_1, T = (\alpha_2 Y_2 \bar{p}_t (\gamma_1 \gamma_3 - \gamma_2 \gamma_4) + \alpha\gamma_1 \bar{y}) / \Omega_1$，

$$\xi_{1,T} = \alpha\gamma_2 \bar{y} / \Omega_1, \quad \omega_{11,T} = (\bar{y}\alpha\gamma_3 Y_2 \bar{p}_t + \bar{y})^2 / \Omega_1,$$

$$\omega_{11,T} = -(\alpha\bar{y}\gamma_2 Y_2 \bar{p}_t + \bar{y}) / \Omega_1,$$

$$\Omega_1 = \alpha^2 Y_1 Y_2 \bar{p}_t (\gamma_1 \gamma_3 - \gamma_2 \gamma_4) + \alpha\bar{y}(\gamma_1 Y_1 + \gamma_3 Y_2 \bar{p}_t) + \bar{y}^2$$

$$\eta_{1,T} = (\alpha\gamma_3 Y_2 \bar{p}_t \bar{y} + \bar{y}^2) / \Omega_1, \quad \xi = \alpha Y_1 \gamma_2 \bar{y} \text{[1]}$$

（二）宏观经济政策对完全货币联盟的影响

对上述量化下的模型给予分析后得到：1. 对于货币政策，两国通货膨胀率、产出与扩张性的财政政策成正方向变动关系，扩张性的财政政策增加，两国的通货膨胀率和产出都相应增加，反之则减少。更进一步指

---

① 陈岩：《国际一体化经济学》，商务印书馆 2001 年版。

出，相比债权国，债务国的正向效应更明显，即通货膨胀率和产出增加得更多。2. 对于财政政策，通货膨胀率和产出效应将随着财政手段和各系数变量的不同而不同。

对于财政政策，一方面，如果是以债券为扩张性财政政策手段，则各国通货膨胀率和产出效应将随着系数 $A_4 + A_5$ 的正负号而有所改变。具体来讲，当 $A_4 + A_5 < 0$ 时，I 国以债券手段实施扩张性的财政政策，必然使得 I 国本国的通货膨胀率和产出增加，而 J 国的变动则要看两国之间的收支状况，若 J 国是净债权国，则通货膨胀率和产出都会降低，若 J 国是净债务国，则 J 国产出减少的同时通胀率无法确定；当 $A_4 + A_5 > 0$ 时，I 国同样为增加本国的通货膨胀率和产出而实施债券手段的扩展性财政政策，若 J 国为净债权国，通胀率将增加，而产出则不确定，若 J 国为债务国，通胀率和产出都将增加。另一方面，如果 I 国扩张性的财政手段是税收，则情况又有所不同，当 I 国为净债务国，J 国为净债权国时，J 国的通胀率将增加，而产出则不确定。相反，当 I 国为净债权国，J 国为净债务国时，J 国的通胀率和产出都将随之增加。

四、一体化货币金融理论对人民币国际化的启示

第二章第二节中我们已经讨论了一体化货币金融理论中，不完全货币联盟的核心理论汇率目标区理论对人民币国际化进程有着重要的理论意义。而其另一重要部分——完全货币联盟的金融货币理论深层次的为我们揭示了组建完全货币联盟的收益和成本，以及经济政策对货币区成员国的影响。首先，通过上述模型理论的推导，我们将对建立货币区联盟的收益持以较为肯定的态度。其次，对比收益和成本分析，我们认为在生产增长率、通货膨胀率偏好等相似的国家间建立货币区联盟，其收益必然大于成本。再次，如果各个国家间无法满足以上的相似度，在相互协调的经济政策下，各自的成本也将会降至最低。最后，如果建立货币联盟，其规模经济效应等隐性因素必然会进一步促进各成员国国家的经济发展。因此，建立货币区联盟是值得我们肯定的。

随着国家间对外贸易联系的加深，尤其中国同东盟等周边国家间自由贸易的不断发展，根据金融货币理论，建立中国同周边国家间货币联盟，不仅可以分担像此次金融危机这样的风险，而且也将降低各国的外汇储

备，以及各国间因使用共同货币而大大降低交易成本会进一步促进各国间的对外贸易，促进各国经济的发展。在此进程中，人民币币值稳定以及中国综合国力的日益强大和负责任大国的形象将使得人民币成为货币区共同货币的最佳选择，从而将有利的推动人民币国际化（区域性国际化）进程。同时，伴随着国际经济一体化趋势，加上金融货币理论的支撑，国际金融货币一体化趋势也将得到进一步的增强，为人民币国际化带来了历史契机。

参考文献

［1］张建娟：《我国货币替代影响因素的实证分析——兼论人民币区域化》，华东师范大学硕士学位论文，2009 年。

［2］严佳佳：《货币替代机制及反货币替代问题研究——兼析人民币货币替代问题及对策建议》，厦门大学硕士学位论文，2009 年。

［3］黄先禄：《汇率理论发展与实践研究——兼论人民币汇率形成的"二合一"模式》，中共中央党校硕士学位论文，2007 年。

［4］岳意定：《对西方货币替代理论的研究》，《中南工业大学学报》2009 年第 9 期。

［5］李成、匡磊：《开放进程中我国货币替代的理论与实证分析》，《西安交通大学学报》2005 年第 4 期。

［6］郑友林：《重建国际货币体系的一种构想》，《对外经贸实务》1995 年第 9 期。

［7］王世文：《人民币汇率目标区理论构建》，《苏州科技学院学报》2003 年第 2 期。

［8］江秀辉、李伟：《克鲁格曼汇率目标区理论评述》，《时代经贸》2007 年第 61 期。

［9］王相宁、花长劲：《汇率目标区理论在我国的应用前景》，《运筹与管理》2005 年第 5 期。

［10］姜凌、韩璐：《汇率目标区理论与人民币汇率机制的改革思路》，《经济评论》2003 年第 2 期。

［11 秦江萍、叶欣：《汇率目标区理论应用中的几个关键问题》，《上

海金融》2005 年第 6 期。

［12］马德功：《汇率目标区理论回顾与展望》，《生产力研究》2003 年第 6 期。

［13］黄梅波、杨坤峰：《汇率目标区理论的实践对我国汇率制度改革的启示》，《云南财经大学学报》2006 年第 3 期。

［14］李心丹：《汇率目标区的理论考察》，《世界经济文汇》1998 年第 3 期。

［15］黄文青：《东亚区域汇率协作问题研究》，湖南大学硕士学位论文，2006 年。

［16］林德：《"汇率目标区"理论及其实践》，《金融管理科学》1995 年第 5 期。

［17］唐爱朋：《人民币国际化的路径研究——基于 OCA 理论的分析》，中国海洋大学硕士学位论文，2006 年。

［18］陈莉：《人民币国际化战略研究——从东亚货币合作谈起》，南京理工大学硕士学位论文，2008 年。

［19］陈伟伟：《人民币区域化问题研究》，苏州大学硕士学位论文，2009 年。

［20］陈晞：《中国货币一体化的模式与步骤研究》，厦门大学硕士学位论文，2009 年。

［21］朱莹莹：《最优货币理论与东亚货币合作》，东北师范大学硕士学位论文，2009 年。

［22］宋旺、钟正生：《我国货币政策区域效应的存在性及原因——基于最优货币区理论的分析》，《经济研究》2006 年第 3 期。

［23］石杰、于鸿君：《转型期区域经济和谐发展模式选择——从最优货币区理论角度给出的一个基本框架》，《西北大学学报》2006 年第 3 期。

［24］徐明棋：《最优货币区理论：能否解释东亚货币合作?》，《世界经济研究》2003 年第 10 期。

［25］朱芳：《最优货币区理论：欧元的启示与东亚货币区的设想》，《南方金融》2003 年第 7 期。

［26］苏萍：《最优货币区理论：欧洲的实践与亚洲的前景》，《财经理论与实践》2002 年第 115 期。

［27］韩斌斌：《最优货币区理论与亚元的构想》，《广东商学院学报》2002 年增刊。

［28］马根发：《最优货币区理论与我国区域货币政策选择》，《当代经济研究》2005 年第 9 期。

［29］贾卓鹏、贺向明：《最优货币区理论与我国区域货币政策选择》，《广西财政高等专科学校学报》2003 年第 2 期。

［30］梅春：《最优货币区理论与我国货币政策研究》，《玉林师范学院学报》2008 年第 1 期。

［31］程连顺：《最优货币区理论与我国货币政策区域效应》，《江西金融职工大学学报》2007 年第 1 期。

［32］贾卓鹏、宋文平：《最优货币区理论与我国货币政策》，《农村金融研究》2008 年第 3 期。

［33］李文明：《最优货币区理论与东亚货币区可行性分析》，《北方经济》2006 年第 1 期。

［34］吴超、李素莲：《现实分析与东亚货币合作的最优货币区理论》，《理论纵横》2007 年第 4 期。

［35］熊洁敏：《最优货币区理论与东亚货币合作的思考》，《东南亚纵横》2005 年第 2 期。

［36］张家寿：《最优货币区理论与东盟货币一体化》，《东南亚纵横》2003 年第 6 期。

［37］王鋆、田海霞：《最优货币区理论与"亚元"区构想》，《特区经济》2004 年第 12 期。

［38］程传海：《最优货币区理论研究的发展》，《开放导报》2006 年第 8 期。

［39］刘恕：《最优货币区理论及其评析》，《商场现代化》2007 年第 10 期。

［40］柯冬梅：《最优货币区理论及其对中国货币政策的借鉴》，《中央财经大学学报》2001 年第 1 期。

［41］陈卓淳、汪小勤：《最优货币区理论及其对我国的启示》，《华中科技大学学报》2003 年第 1 期。

［42］朱孟楠、陈淼鑫：《最优货币区理论及东亚单一货币区的构想》，

《亚太纵横》2001 年第 6 期。

[43] 詹艺丹：《最优货币区理论发展阶段评鉴》，《广西工学院学报》2006 年第 12 期。

[44] 边廷亮：《第一代货币危机理论模型的否定分析——基于东南亚货币危机的实证研究》，《青岛职业技术学院学报》2004 年第 3 期。

[45] 黄闽粤：《货币金融危机理论综述》，《经济研究》2008 年第 4 期。

[46] 王春峰：《金融危机——理论与模型》，《天津大学学报（社会科学版）》2000 年第 3 期。

[47] 屈芳芳、杨云飞：《金融危机理论下的早期预警系统》，《合作经济与科技》2009 年第 381 期。

[48] 李伟杰：《金融危机理论沿革及新发展》，《金融发展研究》2008 年第 1 期。

[49] 李成、马凌霄：《金融危机理论研究及其给我国金融安全的启示》，《西安财经学院学报》2006 年第 2 期。

[50] 王振宇：《金融危机理论综述》，《杭州电子科技大学学报》2009 年第 6 期。

[51] 肖德、陈同和：《西方国际金融危机理论的比较研究》，《世界经济》2000 年第 10 期。

[52] 甘斌、胡杰：《现代西方金融危机理论的演进和制度模型的兴起》，《国外理论动态》2009 年第 8 期。

[53] 张志超：《开放中国的资本账户——排序理论的发展及对中国的启示》，《国际经济评论》2003 年第 1 期。

[54] 薛誉华：《区域化：全球化的阻力》，《经济研究参考》2003 年第 31 期。

[55] 汪海涛：《人民币国际化问题研究》，南京理工大学硕士学位论文，2006 年。

[56] 倪霄楠：《制度经济学视角下的资本项目可兑换研究》，山东师范大学硕士学位论文，2009 年。

[57] 王松：《“三元悖论”的再认识》，《商业文化》2007 年第 7 期。

[58] 李成、李勇：《“三元悖论”的非角点解与中国经济体系制度安

排》,《西安财经学院学报》2009 年第 3 期。

[59] 潘冬冬:《"三元悖论"理论对我国汇率政策的启示》,《当代经济》2007 年第 8 期。

[60] 宋克玉:《"三元悖论"理论及其对我国经济的指导意义》,《宁夏党校学报》2002 年第 9 期。

[61] 陈雨露:《金融全球化·"三元悖论"·金融中介与市场》,《国际金融研究》2004 年第 1 期。

[62] 王然:《论蒙代尔的三元悖论和我国的相机抉择》,《现代商贸工业》2008 年第 3 期。

[63] 许文彬:《三元悖论下我国汇率制度改革探析》,《财经问题研究》2003 年第 7 期。

[64] 陈智君:《在新开放经济宏观经济学框架下重新解读"三元悖论"》,《西安交通大学学报》2008 年第 6 期。

[65] 李国疆:《关于马克思货币价值理论的思考》,《云南财贸学院学报》2002 年第 2 期。

[66] 尹小兵:《货币价值理论:一个综述》,《金融研究》2009 年第 9 期。

[67] 李国疆:《货币价值理论研究及其经济意义》,《云南财贸学院学报》1997 年第 1 期。

[68] 李国疆:《现代货币价值理论困境的重新审视》,《云南财贸学院学报》2007 年第 8 期。

[69] 余玲玲:《国家干预理论对我国有效需求不足的借鉴作用》,《当代经理人》2006 年第 5 期。

[70] 谢丽华:《马克思主义国家干预理论与凯恩斯国家干预理论的比较》,《福建师大福清分校学报》1999 年第 1 期。

[71] 李义平:《市场经济国家经济自由主义与国家干预理论的演化》,《中国经济时报》2009 年第 4 期。

[72] 惠康、任保平:《西方经济学国家干预理论的述评》,《西安邮电学院学报》2007 年第 4 期。

[73] 胡成璋:《西方经济学中的自由放任与国家干预理论探微》,《湖南文理学院学报》2006 年第 3 期。

［74］张海旺、梁金霞：《现代西方经济学关于市场调节和国家干预理论的变化过程》，《理论探索》1995 年第 5 期。

［75］钟伟、张明：《国际货币的逆效合作理论述评》，《经济学动态》2001 年第 4 期。

［76］戴金平、万志宏：《APEC 的货币金融合作——经济与政治分析》，南开大学出版社 2005 年版。

第三章

人民币国际化现状考察

　　如今，人民币跨境流通的规模逐渐扩大，带来了其在区域以至国际中的地位逐步提高。本章致力于分析人民币国际化（区域性国际化）的原因，以进行数量估计为基础，考察人民币跨境流通现状以各地人民币国际化的程度为事实依据，为深入研究提供实证支持。

第一节 人民币跨境流通的现金数量估计

由于人民币现阶段跨境流通的地区主要是我国周边地区和国家，因此本文根据人民币的流通渠道，运用直接法和间接法，基于可获得的数据，来进行该地区和国家的大致数量估算。

一、人民币流出入境的渠道

从目前状况来看，银行体系的人民币流通只有部分在香港和澳门地区运行，其他地区的人民币现钞流出入境主要通过出入境人员的合法携带和非法走私等非金融渠道，这是由运钞额度大且手续繁杂，人民币仍不能在境内外通汇所引起的。流通目的的多样化使得途径呈现出差异性。

（一）人民币流出境外的渠道

实质的经济交易和其他类型的经济交易多方面推动了人民币向境外流出。主要渠道有：

一是边境贸易多用人民币结算。近年来，随着我国综合经济实力的增强和贸易政策的不断更新，我国边境地区与周边国家的贸易焕发出新的生机和活力，带动了人民币的境外流通。2008 年底以来，中国人民银行分别与韩国等 6 个国家和地区签订人民币货币互换协议，总值达 6500 亿元。2009 年，跨境贸易人民币结算开始在上海等五城市顺利运行并再次扩大到 14 个省市，在东南亚国家和港澳地区人民币正式作为跨境贸易结算货币出现。人民币的优势在于币值稳定、汇率风险低，推动其在贸易中比重迅速增长。据调查显示，在与广西、云南接壤的越南、缅甸口岸，商家基本都用人民币进行边境贸易，其中某些商场的年营业额超过 10 亿元。

二是境内居民出境旅游、考察、探亲等消费。随着社会经济的发展，更多的境内居民选择出境旅游。由于境外团费多为人民币支付，人民生活水平的提高带来了消费能力的增加，加速了人民币的境外流出。在泰国、越南、马来西亚、新加坡等国家的中心城市，酒店、餐馆、商场并不排斥中国游客用人民币直接结算，甚至为方便起见，在醒目的位置标识出当日的人民币汇率。

三是境外项目承包、投资等人民币流出。货物贸易一直是我国与周边国家合作的主要贸易方式，但许多私营企业为优化资本配置和获得资源能源，逐渐向境外直接投资建厂的方向发展，其中人民币投资是重要组成部分。据了解，一些中国民营企业家多在周边矿产资源比较丰富的地区投资建厂，以提高生产效率。但为了规避收益风险和各种政府税费，他们往往会以当地合伙人的名义进行登记注册。这部分隐蔽收入数额非常大，但基于现实条件，无法准确估计。

四是周边国家和地区的非正式金融组织以经营货币兑换为主，兼具部分借贷和异地汇兑业务，以"地摊银行"最为典型。为方便进行边境贸易，加速资金回笼，将人民币作为一种特殊商品来买卖。早在2002年，越南官方已经使中越边境的"地摊银行"走向合法化。2008年，中越两国贸易总额达到194.6亿美元，边境贸易额约占15%。最为典型的是与越南一河之隔的广西省东兴市，边境贸易已发展成为全市的支柱产业，其中"地摊银行"发挥着举足轻重的作用。

五是某些非法活动导致人民币大量流出，例如走私、赌博、贩卖毒品等。境内的不法分子常以人民币为支付工具，到境外针对中国居民开放的赌场或其他场所进行非法交易。另外，许多贪官将赃款大量运往境外洗黑钱。根据公安部门和边防缉毒部门的统计数据，这些活动带来的人民币流出数额巨大。

（二）人民币从境外回流的渠道

由于国际贸易多以美元计价，人民币基本没有投资用途和生息来源，这导致大部分流出境外的人民币回流到国内。回流的主要路径如下：

一是入境旅游的消费。国家统计局数据显示，2008年，全年入境旅游人数13003万人次，其中过夜旅游者5305万人次；2009年，入境旅游人数12648万人次，其中过夜旅游者5088万人次。通常这些旅游者是携带已兑换的人民币入境消费，这加速了国外人民币的回笼。

二是中国边贸顺差以及相关手续费用的支付带动了人民币的回流。2008年我国进出口差额（出口减进口）是2955亿美元，2009年由于金融危机下降到1961亿美元，但仍是人民币回流的重要根基。

三是吸引外资的措施使得大量境外居民到境内进行直接投资，或者劳务支出等。中国也积极推出各项政策来推动外资的引入，以更好地利用国际资源，促进本国企业的发展。在珠江三角洲地区这种现象特别突出。

四是通过银行体系的资本运作回流境内。主要方式有两种：一是银行间的资金流通，外方银行将吸收的人民币转账至我国的境内银行；二是中国口岸金融机构对私业务的开展，使得境外居民可以直接存入人民币。这反映了人民币的供给和需求在利率和汇率的调节下达到平衡的过程，在规范且可量化的基础上度量人民币的回流数量。截止到 2008 年 2 月底，香港和澳门银行人民币存款总额分别为 478 亿元和 15.5 亿元。，合计为 493.5 亿元，增长速度非常快。

五是货币的走私。许多境外居民非法携带人民币入境，企图进行风险投资获得高额收益。尤其在金融危机后，中国经济秩序良好，使得存有此种侥幸心理的人数增加。根据海关的统计数据，在查获的走私案中人民币走私占有相当大的比例。

二、人民币跨境流通的现金数量估计

近些年来，中国与东亚地区尤其周边国家的贸易往来越来越密切。从现有的国家统计局公布的对外贸易数据来看，虽然我国对东亚存在一定贸易逆差，且主要集中在东盟、日本、韩国及台湾等国家或地区，但数量并不是很大，双边贸易总额呈现较快速度增长。随着我国经济的深入发展、居民收入水平的提高、消费结构的改善及层次的提升，人民币境外持有规模将进一步扩大。与此同时，金融管制的逐步放松、开放性及贸易自由化程度的不断提高也为人民币跨境流动提供了间接支持，有助于促进人民币的境外流通。人民币跨境流通从根本上来说是市场力量和政府规范互动发展的过程。从 20 世纪 90 年代开始，国内外就有相关学者开始关注并研究货币境外流通现象，特别是人民币境外流通问题。人民币跨境流通渠道很复杂，且以现金为主，统计上存在很多困难。对人民币境外需求规模的测算大致存在两种方法即直接估算法和间接估算法。直接估算法主要采用调查资料及数据，对人民币的境外持有量直接进行估计。而间接估计法是通过扣除境内货币需求的数量，间接测算出人民币境外持有规模。

（一）直接估计法

1. 相关原理部分

总的来说，直接估算法的原理相对比较简单，只要搞清楚货币流出、流入的主要途径，就可以对号入座，通过总流出及总流入的差额计算就可以得出货币境外数量了。一般来说，货币流出途径主要包括：边境贸易、出境旅游或探亲、境外投资、非法交易、地下汇兑等；回流的途径基本包括有：入境旅游探亲、贸易、投资、银行体系流动、非法走私等。

直接估算法的优点在于：计算简单、操作容易；其缺点也较为明显：首先，估算覆盖面有限。该方法在很大程度上局限于边境贸易、跨境旅游等正规渠道，而其他渠道尤其是非正规渠道资金的流出入规模很难准确进行测算。其次，估算方法略显粗糙，主观性较大。例如，对跨境旅游引致的人民币流出规模测算，按照该估算法仅是根据境内居民出境旅游时携带的人民币数与人数相乘得出，而没有考虑诸如存款等，这可能会产生一定数量规模的遗漏。最后，在估算方法和样本选择上缺乏连续性和一致性，没有形成持续的数量波动偏差分析。

2. 直接估算法下计算的跨境人民币流通量

表 3-1　相关学者对跨境人民币流通量的计算

研究机构或学者	估算年份	跨境流通数量	境外滞留数量
姜波克（1994）	1993—2003	2000 亿元	——
李华民（2002）	2002	400—600 亿元/年（香港地区）	40 亿元/年（香港地区）
巴曙松（2002）	2005	3130 亿元（香港地区）	
中国人民银行广州分行（2002）	2001	港澳地区流通的人民币为 37 亿元	港澳地区人民币现金存量为 31.6 亿元
张丽娟等（2002）	2001	人民币现钞在港流通量约为 600 亿元	——

续表

研究机构或学者	估算年份	跨境流通数量	境外滞留数量
唐寿宁等（2002）	2001	——	在越南、老挝、缅甸等在三国沉淀的人民币总量保守估计在50—200亿元。
李向阳（2002）	2000—2001		蒙古人民币存量约为3亿元
王国明（2002）	1999—2001	在巴基斯坦的人民币流通量，1999—2001年分别为220万元、230万元、190万元	——
香港瑞银华宝（2003）	2001—2002	2000 亿元	——
何帆等（2004）	2002	1200—1400 亿元	50—120 亿元
徐洪水等（2004）	2003	1510 亿元	
中国人民银行（2005）	2004	7713 亿元	216 亿元
钟伟（2008）	1996—2006	每年在香港地区的人民币流量约为188亿元；预估2010年在新加坡的人民币流量将会达到每年60亿元；中越人民币跨境流通规模为50—60亿元/年；在印尼为4亿元。	每年在香港地区的人民币存量约为250亿元；越南人民币存量规模为30亿元左右；在印尼为1亿元；

（二）间接估计法

1. 基本原理及思路

由于直接估计法在对跨境流通人民币数量估计上存在较大误差和缺陷，所以我们运用间接估计的方法来对其进行估计。

间接估计法的基本原理在于：假定货币不发生外流条件下，其国内的货币供给与需求是大致相等的。而根据弗里德曼的新货币数量说，封闭条件下一国货币需求量决定于一系列因素，诸如 GDP、物价水平、利率及经济的市场化程度等等，并且这种对应的关系在一定时期是比较稳定的。而当货币发生外流时，货币供给量就应该等于国内货币需求量与货币流出量之和。因为货币需求函数存在一定连续性和稳定性，所以我们可以通过前期的货币需求函数来推倒后期国内的货币需求函数，货币供给与国内货币需求量间的缺口就是货币跨境流出的数量。

从理论角度来说，关于货币需求相关方面的研究很多，在此我们的理论依据主要是弗里德曼的新货币数量说：$M_d = f(\frac{1}{p} \cdot \frac{dp}{dt}, \frac{y}{p}, r_e, w, u)$，其中 M_d 为货币需求，$\frac{1}{p} \cdot \frac{dp}{dt}$ 为通货膨胀率、r_e 为货币或其他金融资产收益率、$\frac{y}{p}$ 为实际永久收入、w 为财富量、u 是其他。

国外进行货币境外需求规模估计的间接测算法大致包括有：季节法、$\frac{M_0}{GDP}$ 趋势法和最大似然法。Porter、Jodson（1996）运用季节法（美国和加拿大货币流通相应的季节差异）来估算境外美元的持有数量。其估算的假设前提为：首先，境外对美元的需求没有显著的季节特征；其次，美国境内对美元与加拿大境内对加元需求的季节特征大致相似；再次，对加元的境外需求数量忽略不计；最后，加拿大境内流通美元规模较小。估算得出的结果是截止到1995年10月，境外美元存量约为70亿美元，1977—1995年间境外美元流量约为223.6亿美元。Greenwood（1990）运用趋势法估计港元的境外持有量。Peng、Shi（2002）运用最大似然法对港元境外流通量进行了估算。

就现有的研究文献来看，国内目前采用间接法来测算人民币境外持有规模的文献较少。马荣华、饶晓辉（2006）基于1958—2005年的相关数据，采用扣除本地货币需求法，对1997—2005年年度人民币的境外需求量进行了估算；徐奇渊、刘力臻（2006）采用缺口估计法对2000—2005年滞留香港的人民币存量进行了大致估算；董继华（2008）在1990—1998年相关季度数据的基础上运用扣除本地货币需求法，对1999—2005年的季度人民币境外持有规模进行估算。巴曙松、严敏（2009）基于1978年至2008年的年度数据和缺口估算法，通过构建一个货币需求函数的计量模型，对1999年至2008年的人民币境外持有规模进行了估算，估算结果表明，在 1999 年至 2008 年样本期间，境外人民币的需求占人民币现金总量的比率均值为 7.62%，且流通规模呈逐年递增之势。

2. 模型选择与数量估计

（1）邱兆祥等（2009）运用间接估计法对 1997—2005 年人民币跨境流通数量进行了估计[①]。思路大致是两步：第一步是通过模型检验得出 1978—1996 年我国货币需求函数（之所以选取 1996 年作为分界点，原因在于我国 1996 年实现了经常项目可兑换，人民币的大量跨境流通更多的是在 1997 年及以后）；第二步在上述货币需求函数的基础上，对我国 1997—2005 年国内货币需求量进行估计，通过预测值与实际值间的对比，就可以计算出 1997—2005 年境外人民币占人民币数量的比率以及境外人民币的具体数量。具体来说：首先设定模型；$M = c_1 + c_2 GDP + c_3 r + c_4 e + c_5 CPI + c_6 K + c_7 x + c_8 po + \delta$，其中 M 为名义货币需求（以流通中现金余额来表示）、GDP 为历年国民生产总值、r 为利率、e 为预期价格变动、CPI 为居民消费价格指数、K 为市场化程度（非国有工业产值占总产值比重）、x 为货币化程度（城镇人口占总人口比重）、po 为历年全国人口总额代表。其次，经过处理调整得出：$\lg(\dfrac{M}{CPI}) = c_1 + c_2 \lg(\dfrac{GDP}{CPI}) + c_3 r + c_4 e + c_5 CPI + c_6 K + c_7 x + c_8 \lg(\dfrac{po}{tt}) + \delta$；然后通过逐步回归（双变量、三变量、四变量回归）及残差检验得出 1978—1996 年我国货币需求函数：$\lg(\dfrac{M}{CPI}) = -2.39 + 1.13 \times \lg(\dfrac{GDP}{CPI}) + 0.77x - 0.03 \times CPI$；最后，通过测算出了我国 1997—2005 年跨境人民币数量。

（2）厦门大学许舒林等（2009）也采用了大致相同的方法对我国 1996 年第 1 季度至 2008 年第 4 季度（中间以 2004 年第 4 季度为界限）跨境人民币数量进行了估算[②]。其思路大致如下：首先，总的样本区间为 1996 年第 1 季度至 2008 年第 4 季度，将其划分为两个时段：第一时段为

[①] 邱兆祥等：《人民币区域化问题研究》，光明日报出版社 2009 年版。

[②] 许舒林：《人民币境外流通问题研究：基于规模估计和经济影响的经济视角》，厦门大学硕士论文，2009 年。

表 3-2 1997—2005 年我国境外人民币现金数量

单位：亿元

年份	LG（M/CPI）真实值	LG（M/CPI）估计值	境外人民币比重	境外人民币数量
1997	3.20133	3.19777	0.00111	11.3097
1998	3.24654	3.22821	0.00565	63.2616
1999	3.33219	3.26067	0.02146	288.801
2000	3.36747	3.30026	0.01996	292.447
2001	3.39412	3.33669	0.01692	265.456
2002	3.43953	3.38032	0.01721	297.458
2003	3.49236	3.42604	0.01899	374.998
2004	3.51206	3.47482	0.0106	227.64
2005	3.55329	3.50864	0.01257	302.01

1996 年第 1 季度至 2004 年第 4 季度；第二时段为 2005 年第 1 季度至 2008 年第 4 季度。与此同时假设在这两个时段内，境内的货币需求与若干主要宏观经济变量（GDP、通货膨胀率等）存在长期稳定的均衡关系。其次，在第一时段内即 1996 年第 1 季度至 2004 年第 4 季度，利用恩格尔-格兰杰协整检验方法判断所设定方程中因变量与各个自变量之间是否存在协整关系，并根据自回归分布滞后模型（ADL）建立货币需求量与各影响因素之间的误差修正方程，进一步考虑他们之间的动态关系。最后，使用已估计出来的方程对第二时段即 2005 年第 1 季度至 2008 年第 4 季度我国境内的 M_0 进行估算，从而间接求出这一时间段内对应人民币境外持有数量。

本文的样本区间为 1996 年第 1 季度至 2008 年第 4 季度。我国于 1996 年接受国际货币基金组织第八条款，进而成为 IMF 第八条款国，放开了经常账户下货币兑换的限制，而在此之前国家基本上实行的是相当严格的资本管制。那时人民币流出国内至境外可能性较小，即使流出其规模也相当有限。所以我们再考察人民币境外流通数量问题上应从 1996 年开始，即样本区间始于 1996 年第 1 季度。2005 年 7 月 21 日，中国人民银行进行了继 1994 年后的新一轮汇率制度改革，宣布实行以市场供求为基础、参考一篮子货币进行调节的、有管理的浮动汇率制度。虽然从根本上来说，该汇率制度类似于爬行钉住汇率制度，但不可否认的是，相对于之前，我们的汇率弹性更大，可以说这一轮的人民币汇率制度改革掀开了我国有管理浮动汇率制度的新纪元。随着人民币升值预期的不断增强，境外各国或地区对人民币的持有预计将出现大规模上升。故本文将 2005 年第 1 季度开始的数据划入另一个样本区间。通过考察 1996 年第 1 季度至 2004 年第 4 季度的样本数据，估测 2005 年汇率制度改革后人民币境外持有的规模。

其所设定的货币需求函数为：$ln(\frac{M_0}{p}) = a_0 + a_1 \times ln(\frac{GDP}{p}) + a_2 r + a_3 x + \varepsilon$，其中 M_0 为境内货币需求总额、p 为价格水平、GDP 为名义国内生产总值、r 为实际利率、x 为货币化程度（用 $\frac{M_2}{GDP}$ 来表示）。经过相关回归、检验得出的货币需求函数为：$ln(\frac{M_0}{P}) = 2.862648 + 0.612945 \times ln(\frac{GDP}{p}) - 0.019516r + 0.093913x + \varepsilon$。

Adjusted $R^2 = 0.98936$　　F = 1086.271　　Prob = 0.000000　　S. D. dependent var = 0.302089 其测算的结果为：

表 3-3　2005 年 1 季度—2008 年 4 季度我国境外人民币数量

年份	ln（M_0/P）真实值	ln（M_0/P）估测值	境外规模/总人民币[1]（%）	境外人民币数[2]（亿元）
2005Q$_1$[3]	9.93565267	9.930838475	0.48	99.1923
2005Q$_2$	9.927864928	9.955320877	(2.78)	(570.4650)
2005Q$_3$	9.997881643	9.998856075	(0.10)	(21.4283)
2005Q$_4$	10.0735537	10.03337465	3.94	933.6690
2006Q$_1$	10.05163621	10.04372238	0.79	182.8266
2006Q$_2$	10.04986497	10.05296113	(0.31)	(71.7954)
2006Q$_3$	10.14116798	10.06762586	7.09	1798.5306

---

[1]　境外人民币占总人民币比率 = 1 — EXP（ln（M_0/P）估测值—ln（M_0/P）真实值）。

[2]　境外人民币数量 = EXP（ln（M_0/P））真实值×境外人民币占总人民币比率。

[3]　"2005Q$_1$"表示 2005 年第 L 季度。境外人民币数量的符号为负表示人民币不在境外流通，外币（美元、港币等）在我国境内流通。

年份	ln（M₀/P）真实值	ln（M₀/P）估测值	境外规模/总人民币①（%）	境外人民币数②（亿元）
2006Q₄	10.18614879	10.10832358	7.49	1986.6374
2007Q₁	10.19089197	10.12859691	6.04	1610.0699
2007Q₂	10.1638112	10.13259776	3.07	797.3857
2007Q₃	10.21689318	10.15090432	6.39	1747.2716
2007Q₄	10.25580905	10.1825472	7.06	2009.5910
2008Q₁	10.24601549	10.19332782	5.13	1445.7934
2008Q₂	10.24018026	10.19082627	4.82	1348.6617
2008Q₃	10.31352988	10.222595	8.69	2619.6484
2008Q₄	10.40903649	10.29573527	10.71	3551.8198

表3-4 1996—2008年人民币境外持有规模

单位：亿元

	邱兆祥（2009）	许舒林（2009）	马荣华、饶晓辉（2006）	董继章（2008）
1996			-97.7943	
1997	11.3097		19.2086	
1998	63.2616		132.5052	
1999	288.801		360.3725	80.3733
2000	292.447		374.5068	356.2326
2001	265.456		394.1896	250.9473
2002	297.458		511.6674	982.8119
2003	374.998		634.9434	1060.545
2004	227.64		308.9102	930.902
2005	302.01	440.9679	310.5045	258.3676
2006		3896.199		
2007		6164.318		
2008		8965.923		

从上表可以看出，起初阶段人民币境外持有规模相对较小，但随着时间的推移数量不断增大。2005 年汇改之前，人民币境外持有规模增速和波动幅度很小，其在 2003 年的时候达到了高峰；2005 年 7 月 21 日人民币汇率制度改革后，人民币境外持有量实现了飞速增长，2005—2008 年增幅分别为 783.556%、58.214% 和 45.447%。货币升值预期和汇率制度大大刺激了人民币的境外持有。具体来说，2005 年至 2006 年人民币境外持有规模的激增很大程度上要归功于汇率制度改革和人民币升值，而 2007 年至 2008 年，人民币在境外流通的规模逐步呈现快速增长的趋势，国际金融危机的影响大致可以解释一二。相信不久的将来，在中国经济强有力的支撑和人民币日益高涨的国际声誉影响下，人民币境外持有规模还将继续大幅增加，并且会稳定在一个较快的增速上。

第二节　人民币跨境流通的分布及其原因分析

从目前状况看，人民币跨境流通地区分布于港澳台地区，同我国广西、云南接壤和隔海相望的东南亚国家，同我国西南地区、西部地区、以及东北地区接壤的国家。下面将分别介绍各地的流通情况。

一、人民币跨境流通的地区分布

（一）港澳台地区

1. 港澳地区

香港和澳门地区，与内地有着十分密切的经济联系，很多旅馆、商场都标示出人民币与港币的汇率，并直接受理用人民币进行支付。港币与美元的随时兑换方便了人民币兑换为美元。据了解，香港已有 30 多家银行和 100 多家货币兑换店开办了人民币兑换业务。根据统计结果，香港一直在扮演境外人民币现钞和现汇的离岸交易中心的角色。

自 2004 年 2 月 25 日中国人民银行进一步开放香港人民币业务以来，人民币现钞兑换港币的范围和限额都有所扩大。目前，港澳地区的人民币境外流量和存量主要有两大途径：第一，内地人到港澳旅游用人民币消费；第二，周边的东南亚国家和地区的人民币向港澳回流。从旅游方面来看，目前港澳游消费大约为750亿港币，其中购物约375亿港币。购物消费中175亿港币为现钞消费，并且90%以上以人民币为主，因此旅游消费为港澳地区带来的人民币跨境流量约为160亿元，是流量统计的重要组成部分。从回流渠道方面来看，因为东南亚国家的人民币缺乏生息来源和投资运用的渠道，大部分会先流通到新加坡或曼谷，进而回流到香港。但由于数据的可获得性，只能粗略估测通过新加坡、马来西亚、菲律宾等国每年流通至香港地区的人民币回流量约为10亿元，通过曼谷、越南、缅甸、柬埔寨等国，每年流通至香港的人民币回流量约为8亿元。综上所述，通过旅游渠道和回流渠道，使得香港每年的人民币流量上升为178亿元。

2008年，香港从内地进口1907.4亿美元，出口135.6亿美元，澳门从内地进口169.26亿澳元，出口19.68亿澳元。其中非转口贸易额有望从美元结算逐渐过渡到以人民币结算为主。补充或替换2009年数据。

2. 台湾地区

当前，"民间乐意接收、银行积极储备"的格局在台湾地区逐渐形成。随着两岸直航的实现和大陆居民赴台旅游的增加，2008年6月30日，台湾正式实行人民币兑换新台币。至此，人民币的地位在两岸交流中快速提高，并且台湾地区的结算基础趋好。主要表现为四个方面：一是由于每人每次可兑换的人民币数量增加，使得台胞携带人民币直接入境的现象越来越普遍。二是人民币兑换速度的提高，导致岛内市场强力需求人民币现钞。据台湾方面统计，2008年6月30日至8月30日，台湾各大银行的网点买入人民币现钞约1.8亿元，卖出人民币现钞约2.5亿元。三是人民币保有量在台湾民众中逐年增多。由于人民币升值的预期增强、两岸的文化交流和旅游观光的频率增加，截至2007年底，岛内大约有400亿元的人民币。四是目前岛内人民币的供需不平衡，为满足超额需求，各大银行积极储备人民币现钞，并通过境外渠道如香港汇丰银行、美国银行进行缺口补充。此外，对台贸易的长期逆差有利于台湾地区的人民币储备，方便流动性支付。其中对台的小额贸易还为进一步推行人民币计价结算提供实践经验。

（二）东南亚国家

中国古代的"南方丝绸之路"经滇西至中南半岛，再穿过印度、土耳其等地区到达欧洲。1902年，腾越海关正式成立，逐渐形成了以腾冲为圆心的缅北经济带。上个世纪八十年代中期，以与缅甸边境贸易为重心的经济圈再度发达起来。同时，人民币开始向邻国流通。从1985年开始，滇缅边境贸易占云南边境贸易的75%—85%，其中人民币充当着结算单位的角色。之后，人民币在缅甸北部的流通，进一步扩大到老挝北部的边境和越南北部，并且泰国北部的某些行业也开始使用人民币。据估计，目前境外流通的人民币总数额约300亿元，占人民币总流通量的2%，而与中国领土相邻、商业和人员往来异常密切的东南亚诸国成为人民币流通最集中的区域。另外，韩国、尼泊尔、马来西亚等少数国家将人民币作为储备货币。

1. 越南

中越两国向来是友邻之邦，边境贸易更是历史悠久。1991年，中越贸易恢复正常化，两国的经贸合作得到迅速发展。据有关数据显示，近些年来，广西凭祥、东兴、云南河口等国家一类口岸的边境贸易额十分可观，2007年，广西与越南的边贸总额达23.7亿美元，云南红河州边贸总额达12亿美元。2008年，金融危机爆发，但云南红河州的进出口贸易总额仍达到了10亿美元。目前，银行边贸结算已经在广西与越南接壤的边境地区广泛存在，具体有5个国家一类口岸，7个国家二类口岸，13个边境贸易互市点。银行边贸结算具体数据如下：

表3-5　2006—2009年广西与越南接壤地区的银行边贸结算数据

年份	银行边贸结算	人民币银行边贸结算
2006年	14.98	14.35
2007年	20.67	19.74
2008年	32.5	28.52
2009年上半年	13.09	12.21

另据统计，广西省与越南进出口总额约15.18亿美元，其中80.45%是用人民币进行计价结算。在银行边贸结算中，中方银行的93.3%都是用人民币来进行结算的。

2．缅甸

人民币在缅甸素来有"小美元"之称，一直被当作硬通货使用，流通范围很广，在缅甸北部掸邦第四特区首府小勐拉，人民币已经取代缅币成为主要流通货币，每年流出、流入的人民币多达几个亿。掸邦第四特区的缅甸发展银行，主要经营人民币业务。据中国人民银行西双版纳州中心支行副科长张永强得到的数据，到2006年末，这家银行在我国金融机构的人民币存款余额近6亿元，前几年最多时超过10亿元①。

由于结算渠道的不足与不便，相当多的中缅边贸结算是通过一些不规范的地摊银行、地下钱庄进行的，有的还采用一些风险较大的现金结算方式。比如在云南的瑞丽接洽，在缅甸曼德勒当天就可以提取到百万以上的人民币现金，业务的效率之高已经不亚于我国国内的汇兑，而且在缅北各地博彩业中，每天都有至少10亿之多的人民币在游动。

3．老挝

云南作为中国唯一与老挝接壤的省份，长期以来与老挝北部地区保持着密切的经贸往来。截至2008年底，云南与老挝签署经济技术合作合同金额四亿八千两百万美元，完成营业额三亿九千万美元②。而在老挝东北二省，人民币的流通也十分发达，完全可以替代本币在境内流通，最远能够深入到老挝的首都力象一带。

4．柬埔寨

目前，柬埔寨的人民币很流通，这很大的原因是因为柬埔寨没有外汇管制。柬埔寨首相洪森曾公开号召本国人民使用人民币，非常欢迎人民币在柬埔寨流通，并把人民币作为柬埔寨的储备货币，人民币在柬埔寨也已经成为硬通货。目前中柬双方的金融合作还停留在比较基础的层面水平，主要是一些贷款与汇兑业务，未来可以发展的空间很大。

5．泰国

目前中国是泰国的第三大贸易伙伴国，两国双向投资情况良好。截至2005年底，我国共批准泰来华投资项目3684项，合同外资金额81.53亿美元，实际使用28.23亿美元，而我国在泰国投资累计约3.38亿美元。目

---

① 数据来源于新华每日电讯7版（2009年4月19日）。
② 数据来源于中新社西双版纳6月22日电。

前泰国是中国企业在东南亚直接投资最多的国家。随着中泰贸易的不断扩大，以人民币结算的中泰贸易增长十分可观，人民币在泰国的流通也不断扩大。另外，我国每年都有大量居民赴泰旅游，据统计，2006 年我国赴泰旅游总人数超过 80 万人，为泰国带来的旅游收入大约有 260 亿泰铢，综合团费、货币汇兑、刷卡等消费因素分析，假设游客人民币与泰铢各使用一半，每年通过旅游而进入泰国的人民币大约有 13 亿元。2005 年 1 月 10 日，中国银联已正式开通"银联卡"在泰国的受理业务，持卡人在泰国的各种购物消费以及提取本国货币将十分便捷。

（三）巴基斯坦、吉尔吉斯斯坦等国

1. 巴基斯坦

人民币在巴基斯坦深受欢迎，但是不能直接流通，可以在自由市场上兑换卢比后购买货物。我国出境进入巴基斯坦的生意人一般都是在境内将人民币兑换成卢比后才出境，而境外人员进入我国境内，一般都是在到达我国境内后才将卢比兑换成人民币，所以人民币跨境流动的情况较少，在巴基斯坦流通的也不多。2003 年，巴基斯坦中央银行同意可以使用人民币对与中国的出口贸易进行结算，但是由于双方文化、经济渗透不够等原因，巴基斯坦的生意人在与我国的边境贸易中，基本还是用美元来进行结算，少数小额的贸易才会用人民币结算。比如新疆的喀什地区与巴基斯坦的贸易结算相对正规，一般会采用信用证、汇兑等结算方式，但是结算货币还是美元。

2009 年，中国人民银行同意巴基斯坦哈比卜银行北京代表处开设人民币账户，并开展中巴双边贸易和汇款结算业务。此次人民币结算业务的开通，为两国企业之间的资金来往提供了进一步的便利，有助于中国企业获得巴基斯坦的投资、工程承包和贸易机会。人民币在巴基斯坦的流通也将逐渐有所加大。

2. 吉尔吉斯斯坦和哈萨克斯坦

吉尔吉斯斯坦的主要贸易伙伴是俄罗斯、德国、哈萨克斯坦、瑞士、乌兹别克斯坦、中国等。我国与吉尔吉斯斯坦的边境贸易口岸仅有两个。而且吉尔吉斯斯坦出口的商品结构比较单一，与我国的人员往来、贸易规模较小，人民币通过贸易和非贸易方式的流动量以及在吉国的滞留量都很小。2008 年，中国曾有银行代表团访问吉尔吉斯斯塔，并与吉央行"商讨

了人民币在吉境内使用及存在情况、两国边境贸易使用人民币结算、吉对中国金融机构在吉开展金融业务的相关要求等议题"。虽然会谈中双方并未涉及人民币在吉自由兑换问题，但是对人民币在吉流通产生了极大的促进作用。

到目前为止，与新疆开展了经贸合作关系的国家和地区共有 148 个，其中以绝对优势占据着新疆第一大贸易伙伴国地位的便是哈萨克斯坦。2005 年，新疆对哈进出口贸易总额达到 50 亿美元，占新疆进出口总额的 63.0%。由于双方边境贸易的日趋火热，特别是不断往来的购物人员数量增加，为了避免货币的兑换带来麻烦，携带一定量的人民币出入境成为很多人的选择。另外，中方人员出境时，也有个别哈方客户会主动要求其携带一定量人民币现金出境兑换。但是，在中哈边境贸易结算中人民币使用量相对还是很少，主要被用于了找零、小额支付、或者被旅游观光者作为收藏品，因此并未形成人民币现金的商业交易，流通受到一定限制。2009 年，哈萨克斯坦财政部长扎米舍夫表示，如果能解决人民币在国际市场上的兑换问题的话，该国愿意将人民币视作世界或地区储备货币，但前提是人民币要努力坚挺，成为可兑换的外币①。

（四）蒙古、俄罗斯、朝鲜等国

1. 蒙古

中蒙两国山水相连，我国各省区的蒙古族与蒙古人民血脉相通，本为同族，具有十分相近的生活习惯、语言文化和宗教信仰等，两国人民的经贸往来具有得天独厚的人文地理优势。这些年来，中国与蒙古的经贸关系得到了不断的发展，现在中国已经成为蒙古的第一大贸易伙伴。对蒙古而言，中蒙的边境贸易已经达到了不可或缺的程度，而不再是一般意义上的相互补充。目前蒙古居民日常生活所需要的粮食、服装、蔬菜等必需品，都是靠进入中国境内进行采购与贩运的，其规模大到可以满足蒙古 250 万居民中一半人的生活需求。近些年来，年成交额都以这种民间贸易形式，一直保持着约 40% 的高速增长，蒙古境内人民币的流通量占总流通货币约50%，并且，在与我国接壤的蒙古西北五省地区这一比例达到了 80% 至

---

① 消息来源于《环球时报》。

90%，人民币被广泛用于商品计价和贸易结算。随着中国经济的不断发展和人民币信誉的持续增强，中蒙双边经贸合作进一步扩大，各种人员往来越来越多，人民币日益受到蒙古居民的欢迎，已经成为蒙古人民使用最普遍的外币之一。

20世纪末，随着中蒙两国双边经贸关系的不断扩大以及两国人员往来数量的持续增加，人民币在蒙古与当地货币图格里克的兑换活动不断升级，开始主要是在个人之间，随后逐渐发展到可以公开兑换。由于境内居民兑换货币没有受到蒙古政府的限制，人民币收购地点遍布于外汇交易市场，饭店、购物商场等地方。在蒙古首都乌兰巴托，公开的货币兑换点现在至少有百余家，这些货币兑换点通常都是个人开设，有的甚至就是为了兑换人民币才开设的，那里的人民币兑换量往往超过美元。进入新世纪以来，人民币在蒙古更是深受欢迎，1992年人民币与图格里克的汇率仅为1∶72，到2009年人民币与图格里克的汇率为1∶210，人民币的稳定与坚挺，得到了中蒙贸易双方的充分肯定。用人民币进行贸易结算已被普遍采用，人民币已经成为中蒙边境贸易的主要结算货币，而且通过边境贸易进入蒙古的人民币数量也在逐年增加。

2. 俄罗斯

跟蒙古一样，俄罗斯也是我国的近邻，仅与我国黑龙江省接壤的共同边境线就有三千多公里，我国与俄罗斯相互开通了25个国家一类口岸，口岸交通四通八达，铁路、航空、公路、水路运输都十分便捷，地理优势得天独厚，非常有利于进行边境贸易。其中，黑龙江省两个最重要的边境口岸城市是黑河市和绥芬河，而且黑龙江省会哈尔滨与该省内的边境口岸城市连成一片，共同构筑了通往欧洲的大陆桥，成为了东北亚地区的重要经济交通枢纽。

人民币在俄罗斯与我国接壤地区的流通始于也主要基于发达的边境贸易和密切的人员往来。俄罗斯也批准了在其对外贸易中使用人民币进行结算。2006年，中俄贸易活动从俄罗斯流回我国的人民币现金为41.1亿元左右，而流入俄罗斯的人民币现金为46亿元左右。两者相抵，全年通过贸易活动净流入俄罗斯境内大约4.9亿元人民币现金。在俄罗斯的远东地区，人民币能够与卢布进行兑换后使用或直接进行流通，在俄罗斯的其他地区却不可以直接流通。另外，人民币在俄罗斯境内流通后，其剩余部分一般情况下会被带回国内，并不会形成其在俄境内的大量沉淀。人民币在俄罗斯的流通主要还是分布在互市贸易区内，在此之外，中俄边民会采取旅游倒包的特殊边贸形式进行贸易，即首先通过旅游到对方国家进行购物，然后将购买的商品打包回国，在一定程度上，这种特殊贸易形式也推动了在中俄边境的人民币流通。但是，在俄罗斯境内，人民币的流通一般都是用于中国人之间的交易，例如中国的游客用人民币购买小额纪念品等，影响不大，范围也有限。2006年，根据统计，在从俄罗斯流回中国的人民币现金中，通过非贸易类活动进行的数额约为14.4亿元左右，而流入俄罗斯的为18亿元左右。两者相抵，通过非贸易活动净流入俄罗斯境内大约3.6亿元人民币现金。2010年初，俄罗斯一家名为"我的银行"的商业银行宣布，俄罗斯储蓄用户可以在该银行开设人民币存款账户，这是该国银行业首次推出人民币的储蓄业务。随着中俄两国金融业相互合作活动的展开，人民币在俄境内的流通将会有所加强。

3. 朝鲜

与朝鲜接壤的中国边境地区分别属于吉林、辽宁两省，两省拥有的边境贸易口岸星罗棋布，数目众多，铁路、公路、水路运输四通八达，交通十分便捷，已经成为连接中国与朝鲜半岛以及亚欧大陆的重要枢纽。在中朝近年来的双边贸易中，吉林、辽宁两省的对朝边境贸易占据主要份额。朝鲜是典型的短缺型经济社会，经济发展水平相对落后，社会物资产品极其匮乏，朝鲜市场上流通的商品有百分之八十来源于我国，对我国的商品进口具有非常强烈的需求，其中粮食和能源性等生存类商品表现尤为突出。

进入21世纪以后，朝鲜经济逐渐解冻，随着中朝两国边境贸易的良好发展以及两国人民互相探亲访友、旅游活动的不断增加，由此带动了数量可观的人民币流入朝鲜，人民币在朝鲜边境地区开始跨境流通并逐渐增长。但是在不断流入朝鲜的人民币中，许多因为缺少合法的回流渠道，大部分滞留于民间，扮演着价值储藏的角色。目前，我国经济飞速发展、人民币的汇率稳定，人民币增值保值的功能需求愈发强烈。滞留在朝鲜境内的多余人民币现在也逐步开始流通，成为重要的支付手段。人民币在朝鲜得到了政府和居民双方面的充分认可，已经取得了"硬通货"的地位。目前人民币日常交易在多种消费场合都可以进行，兑换也非常方便。

二、人民币跨境流通的基本原因

（一）经济实力的不断增强

一国货币要想成为区域性的关键货币，进而走向国际，关键在于该货币发行国的经济实力必须足够强大。改革开放三十多年来，我国坚决贯彻中共十一届三中全会制定的方针政策，不断地解放生产力，发展生产力，不断地扩大经济发展的规模，改革完善各种经济制度，使我国的经济始终保持高速稳定的发展。

表3-6　2005—2009年我国全年国内生产总值及其增长率①

时间	2005年	2006年	2007年	2008年	2009年
GDP（亿元）	182321	209407	246619	300670	335353
同比增长率（%）	9.9	10.7	11.4	9.0	8.7

表3-7　2005—2009年我国全年货物进出口总额②

时间	2005年	2006年	2007年	2008年	2009年
货物出口（亿美元）	7620	9691	12180	14285	12017
货物进口（亿美元）	6601	7916	9558	11331	10056
全年货物进出口总额（亿美元）	14221	17607	21738	25616	22072
同比增长率（%）	23.2	23.8	23.5	17.8	-13.9

近几年来，如表3-6所示，我国经济一直保持高速增长，GDP年平均增长率保持在9.8%左右，2009年国内生产总值已经达到335353亿元，全球排名第二，中国已经发展成为世界经济大国，这为人民币国际化（区域性国际化）提供了坚实的经济基础。加入WTO后，我国与世界各国的经济联系日益紧密，外汇储备额、对外贸易总量分别均跃居世界第一位，FDI（国际直接投资）保持稳定增长。从2002年到2007年，我国进出口总额连续六年保持20%以上的快速增长，如表3-7所示，截至2008年，

---

① 资料来源：国家统计局：《中华人民共和国国民经济和社会发展统计公报》。
② 资料来源：国家统计局：《中华人民共和国国民经济和社会发展统计公报》。

已经增长到25616.3亿美元，实际利用 FDI 额9233.95亿美元，虽然2009年有所下降，但我国仍然保持着锐不可当的强劲前进势头。在外汇储备方面，我国已经突破2万亿美元，充足的外汇储备使得海内外人民对人民币充满信心，这有利于国内外金融市场的和谐稳定，更有利于我国开拓国际市场，吸引外商投资。中国的逐步崛起，经济的快速发展，为我国也为世界创造了一个良好的贸易平台，尤其是对周边国家与地区产生了深远的影响，这为人民币的跨境流通铺平了道路。

（二）边境贸易和出境旅游发展迅速

在前文对人民币跨境流通的介绍中，已经对我国的边境贸易进行了介绍。近年来，我国的边境贸易一直保持着较快的发展势头。我国地域广阔，边境线蜿蜒绵长，毗邻的国家与地区众多，随着我国与周边国家的不断交往，我国的边境贸易也不断发展，其中，2009年云南省边境小额贸易进出口完成126128万美元，同比增长5.3%。如表3-8所示，分别位于我国东北、北部、西部的黑龙江、内蒙古、西藏三省的边境小额贸易也在不断发展。

表3-8　边境三省边境小额贸易进出口情况①

单位：亿美元

名称	2005 年	2006 年	2007 年	2008 年
黑龙江	22.5	30.6	54.1	55.7
内蒙古	——	23	30.04	34.99
西藏	1.2220	1.7618	2.4892	2.3949

不仅如此，中国在东亚地区的贸易和投资中也占据了重要地位，以2009年全年数据来看，中国对日本、韩国、泰国、菲律宾、马来西亚这五个国家的贸易逆差合计达1092亿美元。中国要扩大人民币跨境流通的规模、实现人民币的国际化（区域性国际化），通过贸易逆差向周边国家推动人民币国际化是一个重要的贸易条件，因为贸易逆差意味着货币流出和货物流入，是一国货币输出，从而走向货币国际化的重要形式。同时，中

---

① 资料来源：国家统计局统计公报。

国也是东盟十国的重要资金来源国，这为人民币成为区域内主导货币创造了坚实的物质基础。2010 年"中国—东盟贸易区"将启动，中国从东亚的进口规模会随之进一步扩大，中国也将逐渐替代美国，而成为现在东亚地区的"市场提供者"，这样人民币取代美元作为区域贸易结算的可能性也将大大增加。

随着我国经济的发展，人们的生活水平日益提高，对生活质量的要求与日俱增，我国的旅游业作为新兴产业市场前景广阔，不断发展，其中出境旅游的发展极为迅速。如图 3-1 所示，2008 年，中国公民出境旅游人数为 4584 万人次，增长 11.9%。其中，因私出境 4013 万人次，增长 14.9%，占出境人数的 87.5%。2009 年，中国公民出境旅游人数为 4766 万人次，增长 11.9%。其中，因私出境 4013 万人次，增长 14.9%，占出境人数的 87.5%。截至 2009 年 12 月，我国已批准 146 个国家和地区为我国公民出境旅游目的地，其中新开放的目的地有 9 个。每年我国公民对周边国家旅游热情都异常火爆，旅游线路也是不断开发，中国已经发展为世界上出境旅游数量最多、增速最快、潜力最大的客源输出国之一。我国公民的大量出游，必然会增加人民币的跨境流通需求。

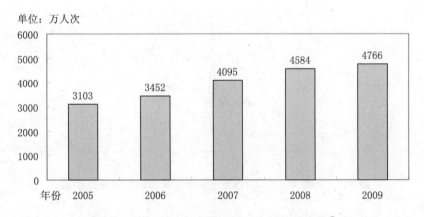

单位：万人次

图 3-1 2005—2009 年我国公民出境旅游人数①

---

① 资料来源：国家统计局：《中华人民共和国国民经济和社会发展统计公报》。

（三）两岸三地经济的融合

随着 2002 年初以中国内地为主体的"一国四席"格局在 WTO 内的确立，尤其是 2003 年《关于建立更紧密经贸关系的安排》（CEPA）的签署，大陆与港澳台地区的经济交流与合作升级到一种制度化建设的层次，同时也开创了两岸三地经贸合作、不断融合的新形式。据统计，1978 年香港与内地的贸易总额为 108 亿港元，仅占香港整体贸易的 9%，而自 2001 年以来香港与内地的贸易额占香港全部对外贸易额的比率均超过 40%；2008 年两地贸易总额达 27811 亿港元，约占香港整体贸易的 48%。至 2009 年 1 月末，在港的中资认可机构就有持牌银行 12 家、有限牌照银行 2 家，同时共有 7 家中资金融机构在澳门有分支机构[①]。而且自 2004 年香港和澳门银行业分别开办个人人民币业务以来，极大便利了大陆与港澳间经贸人员的往来。至 2008 年 10 月，在港的人民币存款总额达 66 亿元，人民币通过正常渠道流入港澳地区数量较大，已经成为当地活跃货币。

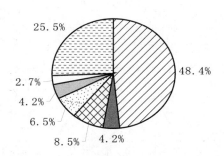

图 3-2　2009 年 1—6 月香港与主要国家和地区商品贸易情况

进入新世纪以后，两岸贸易呈现出迅速增长的态势，到 2008 年，两岸贸易额达到 1292.2 亿美元，大陆成为台湾第一大出口市场、第一大贸易伙伴和最大贸易顺差来源地。2008 年 12 月 15 日，两岸实现了空运直航、

---

①　根据香港、澳门金融管理局《金融数据月报》公布资料整理。

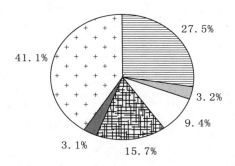

图 3-3　2009 年 1—6 月澳门与主要国家和地区商品贸易情况

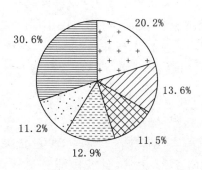

图 3-4　2009 年 1—6 月台湾与主要国家和地区商品贸易情况

海运直航、直接通邮的"大三通"，两岸关系发展到一个新时代。自大三通后，两岸各项经济合作互动频繁，人员往来不断，且不断朝着有利于两岸关系的方向发展，这为将来实现两岸经济一体化创造了良好条件。

（四） 中国金融业对外开放

近年来，伴随着我国金融业不断地对外开放，我国金融机构开始股改上市并引入战略投资者，金融机构的监管体制也不断改善，金融产品屡屡创新，人民币的跨境流通日趋频繁，金融业的国际化水平不断提高，我国在国际金融社会中的地位不断巩固提高，我国金融业在海外获得了长足的发展，外资金融机构在华业务不断扩展，为人民币的稳定发展起到了很大的作用。特别是1994年我国外汇体制改革后，人民币跨境流通的制度环境开始逐步宽松。中国人民银行将人民币出入境限额规定为每人每次6000元。后来随着对外经济的不断发展和人民消费水平的持续提高，2005年，人民币出入境限额上调至每人每次2万元。1996年12月1日，我国正式接受国际货币基金组织协定第8条，标志着我国提前实现了经常项目的自由兑换。从2001年3月起，对中国境内投资者开放B股业务，人民币业务获得进一步自由化。数据表明，中国资本项目中超过了1/2的交易项目已经可以自由兑换，中国资本市场即将迎来完全开放的一天。这些都为人民币跨境流通创造了有利的条件。

（五） 人民币币值稳定坚挺

一方面，自2002年以来，我国对外贸易始终保持顺差，利用外资的规模不断扩大，外汇储备稳步增加，这为人民币国际化（区域性国际化）提供了重要物质基础。如表3-7所示，2009年我国货物进出口总额达到22072亿美元，其中货物出口12017亿美元，货物进口10056亿美元。国际收支的顺差使得中国的外汇储备稳步上升，意味着中国具有十分充足的对外支付、国际清偿、调节国际收支平衡的能力。截至2007年末，我国外汇储备达15282亿美元，2008年末上升到19460亿美元，到2009年末高达23992亿美元，同期增长23.3%，使我国能够更好地抵御经济金融危机，维持人民币币值的稳定。

另一方面，自20世纪90年代中期以来，我国周边多个国家先后发生金融危机，各国货币均有不同程度的贬值，但是人民币却在各次金融危机中保持坚挺，使周边国家和地区对人民币的信心大大增强。特别是2008年下半年到2009年初，美国次贷危机引发的全球性金融风暴，让世界经济进入极度困难时期，但是人民币并没有贬值，而实际有效汇率反而升值14.5%。人民币汇率在国际金融危机的蔓延中保持基本稳定，对世界经济复苏起到了良好的促进作用。与周边国家相比，人民币是当之无愧的强势货币，获得了周边国家和地区的广泛认同，这为人民币国际化（区域性国际化）奠定了坚实的基础。

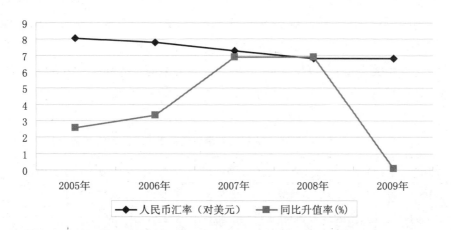

图 3-5　2005—2009 年末人民币汇率走势图（对美元）①

第三节　人民币跨境流通原因相关性的实证分析

前面三节，我们已经就人民币跨境流通的数量、分布、原因等进行了分析。为了更好的说明问题，在此有必要通过实证方法对影响人民币跨境流通的相关因素作进一步的定量分析。

一、构建模型与数据选择

人民币之所以流出国境，在境外充当价值尺度、流通手段、价值贮藏等手段，从本质上来说取决于一系列因素，诸如经济实力、人民币价值的稳定（对内及对外，即物价水平和汇率水平）、总的贸易量等等。这里，我们主要选取五个最为主要的因素来对人民币跨境流通数量进行一定数量

---

① 资料来源：国家统计局：《中华人民共和国国民经济和社会发展统计公报》。

分析，以此来解释出它们之间的相互关系。因此，设定的计量模型为：

$Y = X_1 + X_2 + X_3 + X_4 + X_5$；其中，$Y$ 为人民币境外流通数量、X_1 为我国国内生产总值、X_2 为通货膨胀率、X_3 为人民币名义汇率、X_4 为贸易总额、X_5 为我国居民出境人数。样本数据主要采用了 1997—2008 年的相关年度数据。国内生产总值、通货膨胀率、人民币名义汇率、贸易总额及居民出境人数数据主要来自于国家统计局年度统计公报，而境外人民币流通数量主要来自于相关文献，1997—2004 年的数据主要来源于邱兆祥（2009）的间接估算，2005—2008 年主要来源于许舒林（2009）的估算。

表 3-9　1997—2008 年人民币跨境流通数量与各要素的数据

OBS	Y	X_1	X_2	X_3	X_4	X_5
1997	11. 3097	74462	0. 027	8. 2898	26967. 2	817. 5
1998	63. 2616	78345	−0. 008	8. 2791	26849. 7	842. 6
1999	288. 801	82067	−0. 014	8. 2783	29896. 2	923. 27
2000	292. 447	89468	0. 003	8. 2784	39273. 2	1047. 2
2001	265. 456	97314	0. 006	8. 277	42183. 6	1213. 3
2002	297. 458	105172	−0. 008	8. 277	51378. 2	1660. 2
2003	374. 998	117390	0. 011	8. 277	70483. 5	2022. 1
2004	349. 6401	136875	0. 038	8. 2768	95539. 1	2885
2005	440. 9679	182321	0. 018	8. 0702	114766. 3	3103
2006	3896. 199	209407	0. 015	7. 8087	137487. 8	3452
2007	6164. 318	246619	0. 048	7. 3046	158787. 4	4095
2008	8965. 923	300670	0. 059	6. 8346	150712	4584

二、实证分析

通过模型设定，我们已经确定了五个影响人民币跨境流通的主要因素，即国内生产总值、通货膨胀率、人民币名义汇率、贸易总额及居民出境旅游人数。在此，主要使用 E-VIEWS3. 1 软件对上述数据进行相关性分析。通过计算人民币境外流通数量与相关因子之间的相关系数，可以判断相关变量之间的相关性强弱。

通过上述相关性分析可以得出，人民币跨境流通数量与国内生产总值、贸易总额及出境旅游人数呈正相关关系，与人民币汇率水平呈负相关关系。具体来说：

表 3-10 相关性检验结果

	Y	X_1	X_2	X_3	X_4	X_5
Y	1	0.9265047	0.7435005	−0.990322	0.8153243	0.8372912
X_1	0.9265047	1	0.7828068	−0.939144	0.9589753	0.9716716
X_2	0.7435005	0.7828068	1	−0.764303	0.7625844	0.7972513
X_3	−0.990322	−0.939144	−0.764303	1	−0.821068	−0.847685
X_4	0.8153243	0.9589753	0.7625844	−0.821068	1	0.9881473
X_5	0.8372912	0.9716716	0.7972513	−0.847685	0.9881473	1

（一）从相关系数角度出发，既有的结果显示了人民币汇率水平对人民币跨境流通影响最大。这实际上可以解释为，人民币对外价值越稳定，境外居民越愿意持有。随着经济的快速增长、汇率形成制度改革的不断深入以及国际收支顺差额的不断扩大，人民币汇率水平自 2005 年以来升值很快（约 20% 多），但从总体来看，我们遵循的汇率管理策略还是区别于 20 世纪 80 年代的日本，我们主要采取的是主动、渐进、可控的策略而非短期到位式激进策略，这在很大程度上给人民币的流出创造了巨大空间。因为，货币从本质上来说也是一种资产，货币持有者也会面临保值增值的问题，渐进式的增值要比激进式增值更具稳定性，过度升值可能引发外汇市场投资者预期的逆转，从而对汇率水平产生不利影响。现有的国际货币历史经验表明，任何一个国家货币国际化发生逆转的标志都是在于汇率水平的大幅回落。所以，保持人民币汇率水平的稳定，坚持走渐进的改革之路还是十分必要的。

（二）人民币境外流通数量与我国国内生产总值相关性居第二位。一般来说，主权国家经济国际化的程度与其货币国际化的程度总是存在一定的不匹配，后者要滞后前者 30—50 年左右。但是，不可否认的是，经济实力是一国货币走向国际化的首个必要条件，本质上来说，货币的国际化是一国经济发展、国际化的外溢。根据 FRANKEL 的研究，按照 PPP 计算，如果一个大国在世界总产值中的比重上升 1%，其货币在中央银行储备中的比重将增加 1.33%；如果按照实际汇率计算，如果一个大国在世界总产值中的比重上升 1%，其货币在中央银行储备中的比重将增加 0.55%[①]。所以，要助推人民币走出去，一个重要的前提就是，中国的经济增长率要长期保持较高水平。

（三）境外旅游人数和贸易总额也与人民币境外流通存在一定正相关关系。人民币的流出存在很多渠道，大致我们可以把其归结为金融和贸易两大渠道。货币国际化初级阶段，人民币流出更多的是需求引致的，即是由实体经济的发展催生的，主要就是通过贸易和旅游等（经常账户）手段进行。近期，国家出台了很多推进人民币国际化（区域性国际化）的政策，跨境贸易结算试点、中国—东盟自由贸易区建成、签署大量货币互换协定等，当然，就人民币充当贸易结算货币来说，未来的困难可能更多的体现在结算系统的建设、区域贸易量的增长及现有国际货币汇率波动情况等。

（四）基于理论角度来说，人民币跨境流通数量应该与通货膨胀率呈负相关关系。但是，上面的相关性分析中得出的结论却又是相反的。原因可能在于：一样本容量有限所致；二我国的价格尤其是相关资源品价格仍处于管制阶段，CPI 衡量的更多的是八大类商品篮子价格的波动情况，并没有反映资产价格等。所以，计量的结果存在一定偏差。

在对模型进行相关性分析的基础上，对其进行简单的回归，以验证相互之间的关系。

$$Y = 70305.78288 - 0.02867319648X_1 - 10093.37029X_2 - 8286.880971X_3 \cdot$$

$$0.01805319318X_4 + 0.3605644587X_5$$

首先，我们对人民币跨境流通与五要素间进行回归，结果很不理想，这可能与方程存在较为严重的多重共线性相关。其次，我们又对 Y 与 X_1、X_2、X_3、X_4、X_5 两两之间进行了回归（过程略），结果显示，人民币跨境流通与人民币汇率水平间的关系最为显著，拟合程度也最高，这在一定程

---

① Frankel, Jeffrey A, Still the lingua Franca, 1995; The exaggerated death of the dollar , Foreign affairs 74 , No. 4.

度上也验证了上面相关性分析的结果。

表3-11 回归分析的结果

Dependent Variable：Y				
Method：Least Squares				
Date：03/18/10　Time：20：01				
Sample：1997 2008				
Inclued Observations：12				
Variable	Coefficient	Std. Error	T-Statistic	Prob.
C	70305.78	17879.42	3.932219	0.0077
X_1	−0.028673	0.027276	−1.051209	0.3336
X_2	−10093.37	13170.25	−0.766376	0.4725
X_3	−8286.881	1993.660	−4.156617	0.0060
X_4	0.018053	0.021531	0.838477	0.4339
X_5	0.360564	1.098950	0.328099	0.7540
R-Squared	0.984679	Mean Dependent Var		1784.232
Adjusted R-Squared	0.971912	S. D. Dependent Var		2956.572
S. E. OF Regression	495.5059	Akaike Info Criterion		15.55589
Sum Squared Resid	1473156.	Schwarz Criterion		15.79834
Log Likelihood	−87.33533	F-Statistic		77.12530
Dubin-Waston Stat	3.337821	Prob（F-Statistic）		0.000023

　　总的来说，本节通过简单的计量分析，揭示了影响人民币跨境流通的各个因素，得出的结论是：在影响人民币跨境流通的诸多因素中，人民币汇率水平是最为重要的一个，其次是国内生产总值及贸易总额等。所以，推进人民币区域化乃至国际化，加速人民币的流出，在进行相关制度设计的同时，如何保持汇率水平的稳定，避免大起大落，促进经济在结构不断完善的前提下更好的增长也是十分重要的。

　　人民币国际化（区域性国际化）的关键在于构建一条有效、灵活的资本流出、回流机制。人民币的跨境流通从本质上来说，是人民币国际化

（区域性国际化）的必经阶段，也是资本流出、运动的标志，准确了解、把握和判断现阶段人民币区域化或国际化现状，对于人民币区域化甚至国际化的策略制定、制度设计、政策拿捏都有着极大的益处。

就现阶段来说，人民币国际化程度较低①，刚刚处于起步阶段，即使实现人民币国际化（区域性国际化）也存在一定困难。但从长期来看，随着经济的持续增长、金融改革的深入、汇率的稳步上升、市场的完善，人民币将会逐步成为国际货币②，当然，这是一个过程，在这个过程中既需要有市场的作用，也更需要政府的政策支持及制度助推。

参考文献

［1］马荣华：《人民币境外流通原因的实证分析》，《当代财经》2006年第9期。

［2］董继华：《境外人民币流通规模估计——基于季度数据的协整分析》，《当代经济科学》2008年第1期。

［3］董继华：《人民币境外需求规模估计：1999—2005》，《经济科学》2008年第1期。

［4］Wensehng Peng，Joanna Y L Shi，2003："External demand for Hong Kong dollar currency"，Hong Kong monetary quarterly bulletin1：5～14.

［5］许舒林：《人民币境外流通问题研究：基于规模估计和经济影响的经济视角》，厦门大学硕士论文，2009年。

［6］中国人民银行广州分行课题组：《以港澳地区为人民币自由兑换试点推进人民币区域化》，《南方金融》2006年第1期。

---

① 李瑶（2004）估算了2000年各主要国家货币国际度指数，美元为9.11，欧元为1.70，日元为1.05，而人民币仅为0.19，相对来说，人民币国际化程度还是比较低。人民银行课题组（2006）测算结果显示，如果以美元国际化的水平为标准100，欧元的国际化程度接近40，日元则为28.2，人民币为2。邱兆祥等（2009）运用李瑶（2004）测算货币国际度指数的方法，根据对人民币跨境流通规模数量重新估算了人民币国际化程度。其得出的结果是：2000年人民币国际化指数为0.2042，基本与李瑶的数据近似，总体来看，现阶段人民币国际化程度不高。

② 李稻葵、刘霖林（2008）基于CHINN AND FRANKEL（2005）模型的基础上构建回归模型，在完全可兑换假设和最乐观的预测下，认为到2020年人民币在国际储备和国际债券中的比例可能达到近20%。

[7] 李华民：《基于人民币性质的中国货币国际化战略安排》，《信阳师范学院学报》2003 年第 2 期。

[8] Frankel, Jeffrey A, 1995: "Still the lingua Franca : The exaggerated death of the dollar", Foreign affairs 74.

[9] 邱兆祥等：《人民币区域化问题研究》，光明日报出版社 2009 年版。

[10] 岑杰：《全球金融危机背景下人民币国际化的可行性分析》，《知识经济》2009 年第 13 期。

[11] 刘颖，马志伟，张爽：《人民币区域化的现实条件和战略机遇》，《国际经济合作》2009 年第 10 期。

[12] 王琛：《人民币区域化问题的研究》，中央财经大学博士学位论文，2008 年。

[13] 巴曙松：《周边化起步是人民币国际化之路》，http：//www. cenet. org. cn/article. asp? articleid＝41333。

[14] 张承惠：《中国金融机构改革的成就与未来趋势展望》，《中国发展观察》2008 年第 11 期。

[15] 陈伟伟：《人民币区域化问题研究》，苏州大学硕士学位论文，2009 年。

[16] 杜俊华：《中国出境旅游市场的发展与产业政策研究》，扬州大学硕士学位论文，2007 年。

[17] 陈晞：《中国货币一体化的模式与步骤研究》，厦门大学博士学位论文，2009 年。

[18] 封大结：《中国周边国家地区流通的人民币国际化问题研究》，广西大学硕士学位论文，2008 年。

[19] 新疆金融学会课题组：《人民币区域化与边贸结算拓展问题研究——对在新疆周边国家推行人民币区域化问题研究》，《金融视野》2007 年。

[20] 中国人民银行广州分行"东南亚及港澳金融问题"研究小组：《粤港澳三地货币跨境流通问题研究》，《金融研究》2002 年。

[21] 张爱军，许爱荣：《对在中哈边境地区推行边贸本币结算实现人民币区域化的思考》，《新疆金融》2007 年。

［22］李瑶:《非国际货币、货币国际化与资本项目可兑换》,《金融研究》2004 年第 8 期。

［23］李稻葵,刘霖林:《双轨制推进人民币国际化》,《中国金融》2008 年第 10 期。

［24］李稻葵,刘霖林:《人民币国际化:计量研究及政策分析》,《金融研究》2008 年第 11 期。

［25］人民银行课题组(蒋万进等):《人民币国际化的时机、途径及策略》,《中国金融》2006 年第 5 期。

［26］李瑶:《人民币资本项目可兑换研究》,社会科学文献出版社2004 年版。

［27］邱兆祥,粟勤:《货币竞争、货币替代与人民币区域化》,《金融理论与实践》2008 年第 2 期。

［28］本杰明·J. 科恩:《货币地理学》中译本,西南财经大学出版社 2004 年版。

［29］Chinn and Frankel Jeffrey,2007:"Will the euro eventually surpass the dollar as leading international reserve currency?",NBER Working Paper NO 11510.

［30］雷钧:《人民币境外流通现状及对我国经济的分析》,《中国农业银行武汉培训学员学报》2008 年第 1 期。

［31］张开宇:《东北亚边境地区人民币跨境流通研究》,吉林大学硕士学位论文,2008 年。

［32］钟伟:《人民币在周边国家流通的现状——问题及对策》,《管理世界》2008 年第 1 期。

［33］蔡良才:《海峡两岸贸易试行以人民币结算的探讨》,《福建金融》2008 年第 8 期。

［34］陈晖:《人民币区域化在东南亚地区的实证分析》,昆明理工大学工程硕士学位论文,2008 年。

第四章

货币竞争与人民币国际化条件

　　货币竞争是一国货币国际化过程中必然要面临的问题。历史上，美元取代英镑成为世界货币；日元的兴起与衰落；欧元的诞生与发展，无一不是货币竞争产生的结果。从这个角度看，人民币国际化（区域性国际化）也必然要参与国际货币竞争，挑战美、日、欧等国际货币在东亚地区的地位。目前，美元在东亚地区乃至世界仍拥有不可撼动的霸权地位，是人民币最强有力的竞争者；日元的国际地位近年有所下降，但日元是东亚地区唯一实现国际化的货币，日元"亚洲化战略"的实施也一直没有停止，是人民币国际化（区域性国际化）过程中的重要竞争者；欧元虽然还不是东亚地区的主导货币，但欧元为挑战美元地位，必然会与美元争夺东亚市场，从而对东亚国际货币格局产生重要影响。面临激烈的货币竞争形势，人民币要实现东亚地区核心货币的地位，必须提高人民币的竞争力。而在决定货币竞争力的因素中，经济实力是根本，政治因素及其历史惯性也将对货币的国际使用产生重要影响。本部分我们从全球和区域两个视角分析人民币国际化（区域性国际化）面临的货币竞争，对各主要国际货币的使用现状与人民币的地位有一个充分的了解；其次，对影响各主要国际货币与人民币竞争力的因素一一进行比较分析，从中探讨人民币实现国际化的有利条件与不利因素。

第一节　货币竞争的理论与经验

人民币国际化的过程实际上就是人民币参与国际货币竞争，不断扩大影响力，从而拓展势力范围的过程。在这个过程中，我们首先需要了解一些基本问题：货币竞争格局是如何形成的？影响一国货币竞争力的因素有哪些？国际货币竞争的历史变迁又为人民币的国际化提供了哪些重要的启示？本节将对上述问题进行解答。

一、货币竞争及其决定要素

货币竞争是伴随货币的出现而产生的，并随着货币形态的演变而表现出不同的时代特征。在金属货币时代，货币竞争关键在于币材的竞争，经历了多次选择与淘汰之后，市场最终选择了金银。金银的胜出除了其天然属性之外，更重要的是具有稳定的内在价值。在信用货币诞生初期，货币竞争主要体现为一国境内私人部门与政府部门对货币发行权的竞争，随着各国政府接管并垄断了本国货币的发行权，货币竞争问题在一国境内基本消失。但随着全球化趋势的不断加强，生产、贸易与金融活动的跨国发展，客观上需要一种或几种货币来承担国际计价结算功能。于是，少数经济运行表现突出的国家的货币，如英镑、美元、德国马克脱颖而出，开始走上国际化道路。因此，在全球化时期，货币竞争主要体现为已经实现国际化的货币在全球范围内的竞争。经过初期的竞争，国际货币体系逐渐演变成以少数几种强势货币为核心的竞争格局。

（一）货币职能拓展与货币竞争力转化

众所周知，货币的三种基本职能是交易媒介、价值尺度和价值贮藏，而国际货币的研究框架往往会将这三种职能在私人部门和政府部门这两个层面来分析（见表4-1）。各货币国际化程度不同，行使职能便有所区别。科恩[1]

---

[1]　科恩：《货币地理学》，西南财经大学出版社2004年版，第163—166页。

按照货币势力范围的大小，将各国货币分为七个等级：顶级货币、高贵货币、杰出货币、普通货币、被渗透货币、准货币和伪货币。这七个等级又可以分为两类：前三个层级的可以称作国际货币；后四个层级的只是国家货币。如：第一层级，在国际上全面执行各项职能并拥有主导地位，如历史上的英镑与美元；第二层级，在各方面都具有一定重要性，但使用范围与程度都低于第一层级，即日元和欧元；第三层级，只在一区域或某一职能上具有优势，如瑞士法郎。但这种层级结构并不是固定的，当第一层级的货币主导地位受到挑战并走向衰落时，会逐渐还原为执行部分职能，甚至失去国际货币角色，如英镑。而对于那些被迫参与竞争的弱势货币而言，甚至有可能失去货币独立性，使货币主权从国家主权中分离出来，如拉美地区的美元化。由此可见，在货币国际化过程中，货币所执行的职能范畴是可以相互转化的，这正体现了货币竞争力转化的规律。

表 4-1　国际货币职能一览表①

国际货币职能	私人部门	官方部门
交易中介	支付手段/媒介货币	干预货币
计价单位	定价/发票货币	参照货币（货币锚）
价值贮藏	投资和融资货币	储备货币

（二）货币竞争优胜者的收益

国际货币的发行者，亦即在货币竞争中的优胜者，能得到大量的可量化与不可量化的收益，而在竞争中被边缘化的货币，则会对该国产生许多不利影响。

货币国际化的收益可以分为两个部分：一部分是可量化的经济利益，主要包括国际铸币税收益和为货币发行国金融业带来的额外的佣金收入；另一部分是不可量化的经济利益和其他利益，包括为本国居民和企业的对外交往中创造便利条件；在国际金融体系中拥有较大话语权；可以推行利己主义的货币政策来影响甚至控制储备国的金融经济，提升自身抵御金融

---

① 资料来源：保罗·克鲁格曼（1991），转引自鲁世巍：《美元霸权与国际货币格局》，中国经济出版社 2006 年版，第 210 页。

危机的能力。

作为国家竞争战略的一部分，一种国际货币会给该货币的发行国带来的优势并不仅仅局限在经济方面，政治上的优势也是显而易见的。典型例子就是美元，依仗美元霸权，美国政府拥有更多的机会在其境外推行外交或军事计划，其地缘政治影响力也随之扩大。

而在竞争中处于弱势的货币，则会对该国产生许多不利影响：一是经济损失。直接经济损失就是铸币税的缴纳。间接损失是发展中国家将自己收入中的一部分以美元等国际货币形式持有，在币种转换的过程所付出的手续费、咨询费等相关费用。这部分损失金额更庞大，也更难以估算；二是汇率制度选择困境。发达国家可以根据经济发展的需要及时调整汇率政策，而发展中国家只能被动地跟随，汇率低估或高估的情况时有发生，极易成为投机者的靶子，造成本国金融动荡甚至酿成危机；三是货币政策自主权的丧失。由于发展中国家在国际货币领域的从属地位，因而其货币政策必然要处于美国等国际货币发行国的指挥棒下。而发达国家与发展中国家经济周期的不同步，使得发展中国家的货币政策脱离本国经济实际，降低了宏观调节的效率，对经济发展起到了负面作用。①

（三）货币竞争力的决定因素

在国际市场上，货币的使用很大程度取决于市场主体的选择，而非政策设计的产物。一国货币能否成为国际货币，广泛发挥计价手段、支付手段和价值储藏这三种职能，取决于该种货币背后的经济实力。除此之外，政治环境和历史惯性也会对货币的国际地位产生较大影响。

1. 经济实力

经济实力是一国货币竞争力的决定因素。本文所指的经济实力是一个综合概念，主要包括强大的经济规模、较快的经济增长速度、高度的对外开放和低度的对外依存、成熟和开放的金融市场以及稳定的币值。

首先，一国的经济规模及其在世界经济中的地位与其货币的国际地位存在相当大的相关性。正如 Jeffrey Frankel（1995）② 指出的那样，"一个国家在国际生产、贸易和金融上占有重大份额，其货币就具有天然优势"。

---

① 陈雨露：《东亚货币合作中的货币竞争问题》，《国际金融研究》2003 年第 11 期。
② 科恩：《货币地理学》，西南财经大学出版社 2004 年版。

只有规模大的经济体才可以为本国货币提供坚实的经济基础、较大的贸易容量和流动性强的资本市场，为本国居民利用本币进行贸易和投资提供充足的空间；同时只有强大的经济体才能保证本币的购买力，使他国对该国货币的信心将会逐步得以确立和加强，从而在主观上愿意接受和使用它。Eichengreen & Frankel（1996）①研究发现，如果关键货币国家的产出占世界产出（按购买力评价衡量）的比例上升1%，那么，其在全球外汇储备中的份额将会上升1.33%。即便考虑到历史惯性等其他因素，这一比例也会保持在1：0.9。

经济实力决定了一国货币的国际地位，而参与经济国际化才是一国经济实力向货币的国际影响力转化的重要途径。具体来看，一是只有参与国际贸易，扩大本国贸易规模及其在世界贸易中的比重，并不断提高本国产品在国际市场上的竞争力，该国货币才有可能成为国际贸易中的计价、结算货币；二是只有加大投资力度，实现对外投资的增长，其货币才可能更多地在投资合同、债券凭证等领域行使职能；三是只有开放国内金融市场，实现本币自由兑换，才能为非居民手中的本国货币资金提供投资增值和价值贮藏的场所，确保该货币在国际经济交往中发挥国际储备货币的职能。

2. 政治实力

蒙代尔曾指出，"强有力的政治力量创造了强有力的货币"。从一国国内看，只有本国政治稳定，经济才能得以持续发展；从全球看，推进本币的国际化也需要该国具有较强的世界政治地位。英镑与美元就是首先由经济基础决定，然后凭借雄厚的政治优势，逐步演变为国际货币的；又如日元，日本虽是世界第二大经济体，但日元在国际上的使用远远小于其经济份额，这与日本的政治地位低下有直接的联系；同时，由于日本对美国政治的附庸，日元的国际化战略也处处受到美国的压制。

3. 历史惯性

在国际货币竞争过程中，往往会出现"惯性"。这种惯性体现在：当某种国际货币的使用者越多，该种货币在国际市场上的交易成本就越低，其流动性就会越强，因而会吸引更多的使用者，由此形成良性循环。也就

---

① 鲁世巍：《美元霸权与国际货币格局》，中国经济出版社2006年版。

是说，一旦某种货币占据主要国际货币地位，就拥有了交易网络规模及公众使用习惯等先占优势，任何货币想取而代之并不容易。如美元取代英镑的过程，实际上就花费了几十年的时间；同理，任何货币想取代美元的地位，也必然要遇到历史惯性的阻碍。

二、货币竞争的经验

纵观国际货币体系的历史变迁，大致经历了金本位制→布雷顿森林体系→牙买加体系三个大的阶段。在每个阶段中，国际货币竞争均呈现出不同的特点，可以说，正是国际货币之间竞争力的此消彼长，推动了国际货币体系的变革。

（一）货币集团间的货币竞争

货币集团的出现源起于金本位制的解体。在金本位制下，黄金作为国际储备，可以自由铸造、自由兑换及自由输出入，各国政府以法律形式规定货币的含金量，各国之间不同的金铸币按各自含金量形成固定比价，从而建立起稳定的国际货币联系。伦敦是当时的世界金融中心，英镑与黄金一起充当世界货币的角色。一战爆发后，英国经济地位大幅下滑，金本位制的维持摇摇欲坠。在1929—1933年资本主义世界经济危机的冲击下，金本位制彻底崩溃。为维护本币的国际地位，英、美、法等经济强国先后以本国为核心组成货币集团，后逐渐转为货币区。各货币集团为争夺国际市场和投资场所，对内加强对殖民地和附属国的控制，对外相互竞争、各行其是，国际货币金融秩序十分混乱。

总结各货币集团的运行规则，可以描述如下[1]：集团内部有一个核心的国家和货币（如美元区的美元）；核心货币为集团内各国的储备货币、结算货币和钉住货币；集团内各国之间资金流动不受限制，但集团之间的金融交易则实行严格的外汇管制。

（二）美元与英镑的竞争

上世纪的两次世界大战，彻底改变了世界经济政治格局，使主要国家力量对比发生了根本变化。国际货币体系中最为显著的是，二战后美国借

---

① 李海燕：《经济全球化下的国际货币协调》，冶金工业出版社2008年版，第70页。

助布雷顿森林体系实现美元霸权，成功取代传统英镑的世界货币地位。

二战后，美国超强的经济实力已非任何一个国家或集团所能抗衡，英国国力由于遭到战争的削弱，无论经济实力还是政治地位都已明显走向衰落，英镑的主导地位也随之动摇。为了维护本国利益和探讨建立新的国际货币秩序，美英两国在二战后分别提出了"怀特计划"与"凯恩斯计划"。美国力求在战后建立新的国际货币制度，恢复金本位制，确立其在国际货币金融中的统治地位；英国反对恢复金本位制，谋求建立国际清算制度，从而维护其在国际金融领域的地位。这两个方案存在着重大的分歧，为此英美两方展开了激烈的争论。最终因美国拥有绝对的经济优势，在巨大的政治和经济压力下，英国被迫做出了妥协。1944 年 7 月，国际货币金融会议在美国新罕布尔州的布雷顿森林举行，会议一致通过了以"怀特计划"为基础的一系列协定，总称《布雷顿森林协定》，美元霸权初步确立。

客观地说，在一战后二战前，美国的经济实力已经超越了英国。然而，英镑的地位并不能在短期内被美元取代，一方面归功于英镑区的建立，英镑仍能在英镑区内广泛地行使各项货币职能，从而保证在较长一段时间内与美元共同扮演国际货币角色；另一方面，历史惯性因素也对英镑地位的维持起到了重要作用，当时全球国际贸易的 40% 仍用英镑结算，英镑仍是主要的国际储备货币。因此，即使美元获得了国际货币体系的主导权，在相当长一段时间内仍将英镑视为最大的竞争对手。

（三）美元与欧元的竞争

布雷顿森林体系崩溃后，德国马克、日元日益崛起，美元迎来了国际储备货币多元化趋势的挑战。1999 年欧元启动后，这一形势似乎有所转变。欧元的诞生引发了欧洲金融市场的重大变革，并迅速充当起世界第二大货币的角色，被视为美元强有力的竞争者。目前，欧元已代替了 16 种国家货币，在未加入欧元区的欧盟成员国和大量申请入盟的欧洲国家也得到了广泛使用。欧元对美元竞争的主要表现，可以从国际货币的三大基本职能来考察：一是作为钉住货币。欧元在大约 40 个国家的管理汇率体制中发挥着名义锚的作用，这些国家主要是欧盟成员国和待加入的候选国以及非洲金融体法郎区国家。俄罗斯在其钉住的货币篮子中也保持了较大权重的欧元比例；二是作为交易媒介。多数与欧元建立联系汇率的国家，为维护本国货币汇率稳定，将欧元作为主要的甚至是唯一的干预货币。在国际贸易方面，欧元在国际商品贸易中作为记账单位和交换媒介的作用在显著增强，欧元区成员国与区外国家贸易超过半数使用欧元结算。在亚洲地区欧元也有一定的影响力，如 2002 年 12 月，朝鲜开始用欧元代替美元作为对外流通和结算的主要货币；在外汇市场上，欧元兑美元是交易最集中的一个品种，欧元成为交易第二活跃的币种；三是作为价值贮藏手段。欧元在各国官方外汇储备货币中的占比逐步上升，从 1999 年的 17.9% 增至 2003 年的 25.2%，同期美元从 71% 降至 65.9%。在国际债券市场上，欧元债券也表现出极强的投资吸引力。据国际清算银行统计，欧元债券占国际债券发行总额的比重从 2001 年的 36.5% 增至 2003 年的约 39%，同期美元比重从 49.1% 降至 45%。[①]

欧元是否能在将来与美元匹敌或超过美元，国际上对此众说纷纭。欧元的支持者认为：欧元区的经济实力是支持欧元与美元竞争的决定因素。总体上看，欧元区的国内生产总值、贸易规模、对外开放度以及金融市场发达程度等诸多领域都是美国的主要竞争对手。甚至某些经济指标已经超过美国，如在全球的贸易份额。同时，得益于欧洲中央银行采取以物价稳定为首要目标的货币政策，使得欧元相对美元来说，不会存在高通货膨胀或者影响其国际地位的其他极端不稳定因素，因此在国际社会上享有较高的声誉。"欧元之父"蒙代尔（2000）认为，"毫无疑问，欧元将对美元的地位形成挑战，并会改变世界货币体系的权力配置结构"。Chinn, Menzie and Jeffrey Frankel（2005, 2008）[②] 特别看好欧元的发展前景，他们通过计量检验预测显示，如果美元维持贬值趋势，而欧元区继续扩大规模，那么欧元将在 2020 年（2005 年的预测结果）甚至更早在 2015 年（2008 年的预测结果）取代美元，成为世界占比最高的储备货币。

而更多的学者则认为，欧元的未来相对于美元，将面临更多的不确定性。这是由于欧元区存在着固有的结构性缺陷，主要包括：高交易成本、反增长偏见、货币联盟治理权力的模糊性界定。[③] 除此之外，欧元区自身

---

① 鲁世巍：《美元霸权与国际货币格局》，中国经济出版社 2006 年版。

② Chinn, Menzie and Jeffrey Frankel, 2008, "Why the Euro Will Rival the Dollar", *International Finance*, 11 (1), 49-73.

③ 巴曙松、杨现领：《国际货币体系中的美元与欧元之争：文献综述》，《西南金融》2009 年第 4 期。

经济增长乏力、政治一体化的复杂性，以及美国应对欧元挑战的主动性和国际社会使用美元的历史惯性等，也是影响欧元挑战美元地位的不利因素。由此可见，如果欧元不解决好自身问题，那么在可预测的未来，欧元将只能继续尾随美元的发展。

但无论欧元的发展前景如何，它都向世人展示了挑战美元霸权的一种新的途径，即区域货币联盟。一个区域内的几个国家可以通过在货币领域的密切合作，形成更加一体化、更具流动性的区域金融市场，从而降低交易成本，提高这些经济规模相对较小的国家在国际货币领域中的竞争力。在欧元区的示范效应下，包括中国在内的东亚国家也在积极讨论东亚货币合作的可行性，并已经迈出了坚定的步伐。

第二节　主要国际化货币竞争力分析与人民币国际化困境

在影响货币竞争力的因素中，经济实力起着决定性的作用。虽然由于惯性的影响，美元作为主导货币短期内不会改变，但各国经济实力的变化才是影响整个国际货币格局的最终力量。下文将对影响美元、欧元、日元、人民币竞争力的各个因素——进行比较，探讨人民币走向国际化（区域性国际化）的不利因素与有利条件。

一、整体经济实力比较

（一）美国世界经济强国的地位是美元霸权得以维持的根本

从整体经济实力来看，美国是当之无愧的经济强国。进入 21 世纪，虽然经历了科技网络泡沫的破灭、伊拉克战争以及美国次贷危机等一系列恶性因素的干扰，美国经济增长率的表现仍优于日本和欧元区等世界发达经济体（见图 4-2）。在世界经济论坛发布的《全球竞争力报告 2008—2009》中，美国的竞争力仍高居榜首，其中效率促进指数和创新因素指数也均列在第 1 位[①]。这说明即使金融危机重创了美国经济，但由于美国拥有庞大的经济规模、先进的生产力、成熟发达的金融市场、高端的研发技术和大量高素质人才，美国的经济实力仍是任何国家或地区不能匹敌的，这也是美元霸权得以维持的根本。

（二）欧元区经济增长率低下是制约欧元竞争力的主要因素

欧元区经济规模虽然能与美国相当（见图 4-1），但欧元区毕竟是以联盟体的形式存在，由于区内经济发展不平衡，整体经济增长乏力。十年来欧元区的年平均经济增长率徘徊在 2% 左右，这一水平不仅与中国等新兴市场经济体相差甚远，在 2003—2005 年这段期间甚至低于美、日等主要发达经济体（见图 4-2）。虽然自 2006 年开始，欧元区经济情况逐渐好转，但受美国次贷危机的影响，欧元区经济大幅下滑，这间接体现了欧元区经济协调仍不理想。根据国际货币基金组织 2010 年的预测，2009—2014 年期间，欧元区的经济增速仍将低于中、美、日等国，欧元区经济复苏的势头面临严峻挑战。较低的经济增长率和内部一体化前景的不明朗将制约欧元竞争力的进一步增强。但无可非议的是，欧元仍将是并在相当长一段时间内是美元最强有力的竞争者。

（三）日本亚洲强国的地位决定日元不会就此退出历史舞台

日本在上世纪五六十年代曾经历了一段高速增长，由此奠定了世界第二经济体的地位，即使是在上世纪七八十年代经济增速放缓，但增长速度仍然可观。20 世纪 90 年代，随着国内房地产泡沫和股市泡沫的破灭，日本经济进入了"失去的十年"，这段漫长的经济调整期延续到了新的世纪。与此同时，日元的国际货币地位伴随经济的衰退也逐步下降。但这并不代表日元从此就会退出历史舞台，日本不仅在总体规模上高居世界第二位，而且许多重要的经济指标，如人均 GDP、对外收支顺差、外汇储备规模等仍位列世界发达国家前列。在亚洲地区，日本仍是经济实力最强的国家，日元在亚洲的影响力也是其他亚洲货币暂时不能取代的。

---

① 全球竞争力总指数由基本环境指数、效率促进指数和创新因素指数三个子指数加权组成。其中基本环境指数包括体制、基础设施、宏观经济稳定、医疗和基础教育 5 个方面；效率促进指数包括高等教育和培训、产品市场效率、劳动力市场效率、金融市场发展程度、技术条件、市场规模 6 个方面；创新因素指数包括商务环境和创新两个方面。共有 134 个国家和地区参加排名。

（四）经济持续增长和对世界经济的贡献是人民币国际化的重要支撑

中国自改革开放以来，在世界经济中的地位不断提高。按汇率法计算，2007 年中国 GDP 已达到 3.38 万亿美元，经济规模已超过德国，成为世界第三大经济体，仅次于美国和日本。如果按照购买力评价计算，中国早在 2002 年就超过日本，成为世界第二大经济体。中国的经济增速也是世界瞩目的焦点，从图 4-2 中可以看出，在 2001—2009 年期间，世界主要发达国家经济增长动力略显不足时，中国的经济增速突出，成为世界经济保持平稳增长的重要动力。中国自身经济飞速发展的同时，对世界经济的贡献度也在不断攀升。据英国《经济学家情报社》（EIU）预测，按 2005 年购买力评价计算，2006—2020 年，中国对世界经济增长的贡献率年均将达到 26.7%，超过美国的 15.9%，中国仍将是世界经济最大的火车头。[①] 中国经济的迅速增长，对世界经济贡献度的提高，将是人民币成为区域货币的重要支撑。

（五）小结

论总体规模，中国尚落后于美、日、欧三大经济体；而论经济增速，中国的发展速度显著高于前三者。由于中国保持年均 10% 的经济增速，中日两国间经济规模的差距在逐渐缩小，2008 年双方 GDP 总量就已经非常接近。根据国际货币基金组织的预测，如果中国继续保持这样的经济增速，那么在 2010 年中国将有可能超越日本，成为世界第二大经济体（见图 4-1）。

同时，我们也要看到差距：一是中国庞大的人口规模制约了中国经济发展水平的提高。中国国力是在增强，但国民财富并没有明显提升。从人均 GDP 水平来看（见图 4-3），中国不仅与美、日、欧等发达经济体相差甚远，甚至离世界平均水平线还有一段不小的差距；二是核心竞争力的缺乏，导致中国实际竞争力与在世界经济中的地位不相一致。在世界经济论坛发布的《全球竞争力报告 2008—2009》中，中国的竞争力总指数列在第30 位，美国、日本以及欧元区的德国、芬兰、荷兰、卢森堡、爱尔兰、奥地利等国家都排在中国前列。排名的决定因素不在于经济规模与增速，综

① 中国国际地位报告 2009。

合考察的是国内体制与环境、金融与生产效率以及创新因素，这些均是经济可持续发展的物质基础。由此可见，中国在发展经济的同时，不能仅追求规模与速度，而应综合考量各种因素，提升经济发展的素质。

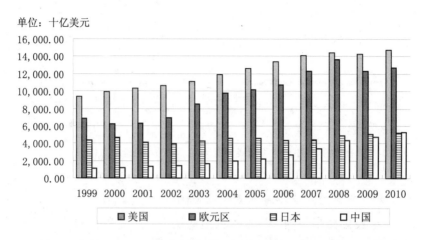

图 4-1　美、欧、日、中四国或地区 GDP 总量的比较（1999—2010）①

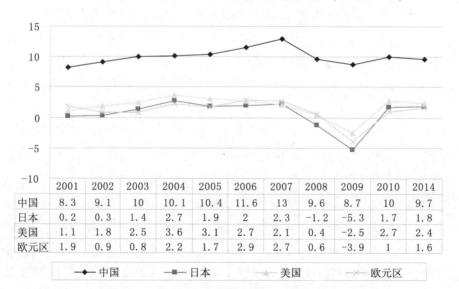

图 4-2　美、欧、日、中四国或地区经济增长率比较（2001—2014）②

① 资料来源：国际货币基金组织数据库。
② 资料来源：国际货币基金组织，《世界经济展望》2010 年 1 月 26 日。

159

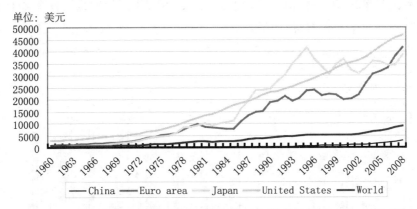

图4-3 美、欧、日、中四国或地区人均 GDP 比较分析（1960—2008）①

二、对外贸易规模与制造业竞争力的比较

（一）美国贸易强国的地位和制造业优势强化了美元的地位

美国是当今世界贸易规模最大的国家，同时也是贸易逆差最大的国家②。美国庞大的贸易规模及其贸易逆差地位，使得美元既成为国际贸易中的主导货币，同时也是美元源源不断流出美国境外，形成各国外汇储备的主要渠道。在美国对外贸易结构中，出口产品中以资本密集型产品、工业制成品和消费品为主，进口产品中原材料和原油的比例较高；服务贸易的比例也很高，这样的贸易结构使得美元作为主要的出票货币。

美国的制造业优势也是美元在贸易中占据主导地位的重要因素之一，主要体现在其技术优势。20 世纪 90 年代以来，美国政府推进了以"技术创新战略"为主要内容的制造业振兴计划，大力支持技术研发。从上世纪 90 年代以来至今，美国的研发经费支出占 GDP 的比重均保持在 2.5% 以上，2007 年这一比重为 2.68%；而中国是近几年才开始重视科技研发，在 2007 年研发经费支出占 GDP 的比重为 1.49%。美国的技术创新战略取得了实效，首先美国制造业生产率大为提高，1987—2005 年间，美国制造业

---

① 资料来源：世界银行数据库。

② 2008 年美国进出口贸易规模约占世界的 10.64%，相对 1999 年的 15.09% 已经下降了约 5 个百分点，但仍排在世界首位。其中商品贸易出口额 13010 亿美元，排在世界第 3 位；进口额 21660 亿美元，排在世界第 1 位；服务贸易出口额和进口额分别为 5220 亿美元、3640 亿美元，均排在世界第一位。

生产率增长了94%；其次制造业也实现了结构升级，重心开始转向高新技术、新兴产业。虽然目前美国的制造业正处于调整期，但其科技创新能力和技术水平仍是世界首屈一指的。

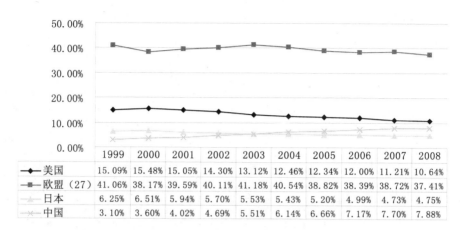

	1999	2000	2001	2002	2003	2004	2005	2006	2007	2008
美国	15.09%	15.48%	15.05%	14.30%	13.12%	12.46%	12.34%	12.00%	11.21%	10.64%
欧盟（27）	41.06%	38.17%	39.59%	40.11%	41.18%	40.54%	38.82%	38.39%	38.72%	37.41%
日本	6.25%	6.51%	5.94%	5.70%	5.53%	5.43%	5.20%	4.99%	4.73%	4.75%
中国	3.10%	3.60%	4.02%	4.69%	5.51%	6.14%	6.66%	7.17%	7.70%	7.88%

图4-4　美、欧、日、中四国或地区进出口总额占世界的比重（1999—2008）①

（二）欧元区庞大的贸易规模是欧元竞争力的有力支撑

欧盟的贸易规模约占世界总额的40%左右，2008年欧盟进出口总额为121542亿美元，占世界进出口总额的37.41%（见图4-5）。其中欧盟内部贸易占了相当大的比重，2008年这一比例达到了65%比例。欧元作为欧元区的法定货币，自然是欧盟内部贸易最主要的结算货币；即使剔除区域内部贸易，欧盟对区外贸易的贸易规模也超过了美国。以2008年为例，欧盟剔除掉区域内部贸易额，其进出口总额为42071亿美元，而同期美国仅为

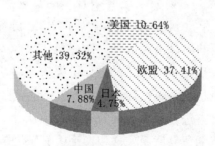

图4-5　国际贸易地域构成（2008）②

---

① 资料来源：世界贸易组织，国际贸易统计年鉴2008年和2009年。
② 资料来源：国际贸易统计年鉴2009年。

34570 亿美元①。因此，庞大的贸易规模是欧元竞争力的有力支撑。同时，欧元区的制造业也十分发达，出口产品的竞争力强对欧元的外贸计价权也有重要的推动作用。欧元区主要发达经济体如德国、法国、意大利是老牌的工业化国家，制造业的发展具有悠久的历史，技术和质量在国际上享有很高的信誉。

表 4-2　日本主要出口目的地和进口目的地金额及其比重

单位：十亿美元，%

日本出口目的地					日本进口目的地				
	2002		2007			2002		2007	
	总额	比重	总额	比重		总额	比重	总额	比重
世界	416.7	100%	712.8	100%	世界	337.2	100%	621.1	100%
美国	120.4	29%	145.6	20%	美国	58.7	17.4%	72.3	11.6%
欧盟	64.0	15.4%	105.7	14.8%	欧盟	44.8	13.3%	65.1	10.5%
亚洲	189.5	45.5%	361.5	50.7%	亚洲	163.1	48.4%	303.3	48.8%
中国	52.5	12.6%	129.9	18.2%	中国	61.8	18.3%	127.8	20.6%
东亚	105.9	25.5%	180.0	25.3%	东亚	57.1	16.9%	90.8	14.6%
其他	31.1	7.5%	51.6	7.2%	其他	44.2	13.1%	84.7	13.6%

（三）日本占世界贸易地位逐年下降，影响了日元的国际化进程

日本占世界贸易的规模在逐年下降，由 1999 年的 6.25% 下降到 2008 年的 4.75%，这对日元的国际化进程造成了不利的影响（见图 4-4）。而观察日本的贸易方向，可以发现近年来日本的贸易导向逐渐转向亚洲市场。在 2002—2007 年期间，日本对亚洲的出口份额从 45.5% 上升至 50.7%，同期对美国的出口份额从 29% 下降至 20%；对亚洲的进口份额从 48.4% 上升至 48.8%，同期对美国的进口份额从 17.4% 下降至 11.6%。其中，中日两国间的贸易联系也在逐步加深，根据最新数据显示，2009 年中国已取代美国成为日本进口和出口的第一大贸易伙伴。由此可见，日本在逐渐加强与亚洲地区的贸易联系，这和日元从国际化转向"亚洲化"的战略不谋而合。

---

① 资料来源：国际贸易统计年鉴 2009。

（四）中国国际贸易地位的提升及其与东亚区域贸易联系的日趋紧密
是人民币国际化的基础

中国的对外贸易规模自改革开放以来发展迅速，在 1978—2008 年期间，中国进出口贸易总额占世界比重由 0.79% 上升到 7.88%，世界排名从第 29 位上升到第 3 位。中国已经超越日本成为亚洲最大的贸易国家。

近年来，中国更是迅速融入了东亚生产体系中，无论从出口还是进口方面来看，包括东亚在内的亚洲区域在中国对外贸易中都占据了相当大的比重。特别是在进口方面，东亚主要经济体已经超越美国、欧盟和日本，成为中国进口的主要来源地之一。相应地，中国也成为东亚重要的贸易伙伴之一，东亚各主要经济体对中国的出口占其总出口的比重也在逐年稳步上升，中国正逐步成为东亚地区的"市场提供者"（见图 4-6）。与日本不同的是，中国在与东亚地区的贸易中处于持续的逆差关系，实则为人民币的国际化（区域性国际化）提供了先决条件。

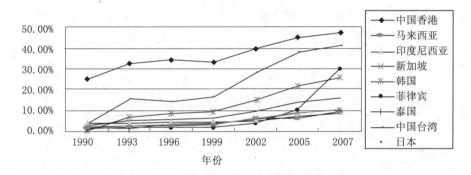

图 4-6 东亚经济体对中国出口占其总出口比重①

尤其是随着中国—东盟自由贸易区的提出与建立，中国与东盟国家的经贸往来日益密切，从 1997 年到 2008 年，中国与东盟的进出口总额扩大了将近 10 倍的规模（见表 4-4）。如果积极推进人民币成为贸易区的主要结算货币，那么世界上最大的一个自由贸易区将成为人民币走向国际化（区域性国际化）的重要推动力量。

---

① 转引自陈伟伟：《人民币区域化问题研究》，苏州大学硕士论文，2009 年。

表4-3　中国主要出口目的地和进口目的地金额及其比重

单位：十亿美元,%①

中国出口目的地					中国进口目的地				
	2002		2007			2002		2007	
	金额	比重	金额	比重		金额	比重	金额	比重
世界	325.6	100%	1217.8	100%	世界	295.2	100%	956.0	100%
美国	91.4	28.1%	289.4	23.8%	美国	27.3	9.2%	69.5	7.3%
欧盟	64.7	19.9%	299.2	24.6%	欧盟	39.8	13.5%	110.9	11.6%
亚洲	130.0	39.9%	405.3	33.3%	亚洲	187.3	63.4%	592.2	61.9%
日本	55.3	17%	124.8	10.2%	日本	53.5	18.1%	133.9	14%
东亚	52.4	16.1%	180.2	14.8%	东亚	99.3	33.6%	286.5	30%
其他	22.3	17.2%	100.3	8.2%	其他	34.5	11.7%	171.8	17.9%

表4-4　中国—东盟双边贸易（1997—2008）②

年份	出口额（亿美元）	进口额（亿美元）	进出口额（亿美元）	占中国出口比例（%）	占中国进口比例（%）
1997	127	124.6	251.6	7.0	8.8
1998	110.3	120.7	231	6.0	9.0
1999	121.7	148.7	270.4	6.2	9.0
2000	173.4	221.8	395.2	7.0	10.0
2001	183.9	232.3	416.2	6.9	9.5
2002	235.7	312	547.7	7.2	10.6
2003	309.3	473.3	782.5	7.1	11.5
2004	429	629.8	1058.8	7.2	11.2
2005	553.7	750.9	1303.7	7.3	11.4
2006	713.11	895.27	1608.38	7.4	11.3
2007	941.39	1083.69	2025.08	7.7	11.3
2008	1141.42	1169.74	2311.17	8.0	10.3

①　资料来源：国际贸易统计年鉴2008。"东亚"指六大东亚经济体。
②　资料来源：中国商务部网站。

（五）小结

中国与日俱增的贸易规模与较快的贸易增速，使得中国国际贸易地位不断提高，同时中国与东亚国家越来越紧密的贸易关系也将有利于加大人民币在东亚地区的影响力，助推人民币成为区域主要结算货币。

但与美国等发达国家相比，我国出口产品的竞争力还很低，我国虽然是"制造业大国"但不是"制造业强国"。如果以产业划分，我国高新技术类和机电类的产品在出口额中已经占据了相当大的比重；但如果以产业内部贸易划分，中国出口的高新技术类产品仍处于较低层次。樊纲（2006）从产品划分的角度出发对我国出口贸易技术水平进行了分析，结论是：中国出口品的技术高度虽然有一定程度的提高，但与美日等发达国家相比差距明显，甚至还没有达到世界平均水平（见表4-5）。这一结论直接反映了中国目前所处的国际分工地位之低。我国制造业大部分行业在国际分工中仍处于产业链低端，主要依靠劳动力比较优势和大量资源消耗来支撑"世界工厂"的地位，在2008年国际金融危机中，这种"大而不强"的制造业便遭受到了明显的冲击。要增强中国出口产品的竞争力，就必须加快中国制造业的产业升级。而只有中国企业生产的产品具有高附加值和不可替代性，才能进一步为国际贸易中人民币的计价职能提高谈判资本。

表4-5　中国与部分国家的技术高度指数[1]

	1995 年出口	1995 年进口	2003 年出口	2003 年进口
中国	0.37	0.53	0.45	0.58
日本	0.66	0.46	0.69	0.49
美国	0.60	0.56	0.64	0.55
世界	0.55		0.57	

---

[1]　转引自樊纲等：《国际贸易结构分析：贸易品的技术分布》，《经济研究》2006 年第 8 期。

三、金融市场成熟度与开放度比较

（一）美国拥有世界上最成熟、最发达的金融市场

美国拥有当今世界上最发达、最开放的金融市场，这不仅使美国拥有当今国际金融、资本市场运行规则的制定权，而且为世界投资者提供了一个最广泛和最便利的投资场所。美国国债市场就是最典型的代表。由于美国国债市场的规模和深度均超过了欧洲、日本等竞争对手，庞大的美国国债市场几乎成为全球投资者（尤其是各国政府、主权财富基金）最主要的投资选择。恰如美国哈佛大学理查德·科伯所说：外国投资美国国债越多，就越难以自拔，美元债市流动性越高，各国外汇储备投资就越是别无选择。从中日两国持有美国国债的情况来看，即使是在美国金融危机最严重的时期，也没有明显减持的迹象，相反整体趋势上，双方都在逐步增持美国国债，进入 2009 年这一趋势尤为明显。截至 2009 年 12 月，中国持有美国国债 8948 亿美元排在第一位，日本持有 7657 亿美元列在第二位，排在第三位的是石油生产国组织，持有 2074 亿美元。尽管美元贬值会让美元国债的持有方遭受价值损失的风险，但与其他投资资产相比，美国国债的安全性和流动性无可取代。正因为如此，美元在外汇储备货币中的绝对优势也是难以取代的。

（二）欧盟金融市场一体化的进程是决定欧元未来需求的关键

与美国相比，欧盟的金融市场仍处于整合之中，欧元区金融市场一体化水平的相对滞后，限制了欧元在国际金融市场上的使用范围。尽管从 20 世纪 80 年代起，欧盟就已经开始了资本流动自由化的进程，但要建立一个统一、成熟的欧盟金融市场除了涉及国家利益问题，此外还需要在法律法规、会计审计和交易规则等多方面进行协调，因此欧元证券市场的统一进程十分缓慢。此外，欧元区金融体制更倾向于银行信贷的融资机制，资产证券化程度也非常有限。目前维持欧元吸引力的是欧洲的债券市场，其规模和流动性逐渐增加，与美国的差距在缩小，但欧元区的股票市场市值仍只有美国股票市场市值的一半左右，这又弱化了欧元对美元的竞争力。因

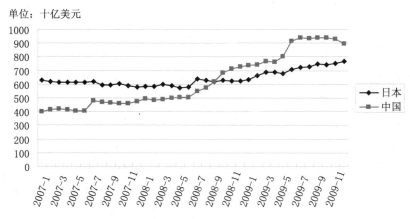

单位：十亿美元

图4-7　中日两国持有美国国债的情况①

此欧元区能否通过金融一体化提高其金融市场规模、流动性和效率是决定欧元未来需求的关键。

（三）日本金融体制的相对封闭性阻碍了日元的国际化进程

日本虽然是亚洲的金融大国，拥有较为健全的金融体系和较成熟的金融市场。但与欧美发达国家相比，日本金融市场的开放度与效率都要大打折扣。在日本金融体制中存在着一种弊端，即政府对国内金融机构采取了"护卫舰"式的保护政策，导致银行业缺乏国际市场竞争力，而实施的主银行制度又将银行与企业绑在一起，使得银行体系内积压了大量的不良债权，这种政银企紧密结合的体制显然是违背市场经济规律的。

在金融市场对外开放方面，日本虽然做出了许多改革，但在证券交易市场准入、本国金融衍生品市场交易方面，保留了许多排外性规制。这些因素使得国外资金进入日本金融市场的流动性降低，这也是东京金融市场落后于欧美的原因之一。日本金融市场的这种相对封闭性，实则降低了日元对外资的吸引力，不利于日元的国际化进程。

（四）中国金融业的发展与开放，有利于推动人民币国际化

中国金融业的快速发展，使得中国金融体系不断健全，金融规模不断增加，并在世界舞台上占据着越来越重要的地位。首先是银行业。截止到

① 资料来源：美国财政部网站，http：//www.treas.gov/tic/mfh.txt.

2008 年底，我国银行业资产总额 62.4 万亿元，是 1978 年的 323 倍，中国的银行业市场已经位列世界最大的市场之一①；其次是证券业。截止到 2009 年末，沪深两个证券交易所总市值为 35732 亿美元，占全球股票市场市值的 7.68%，比 2008 年末提高 2.22 个百分点；沪深两个证券交易所股票成交金额为 78363 亿美元，占全球股票市场成交金额的 9.74%，比 2008 年提高 6.36 个百分点；截至 2009 年 6 月末，国内债券市场余额为 2.3 万亿美元，占全球国内债券市场余额的 3.7%，居全球第 6 位。② 而根据德意志银行的估计，十年后中国的银行市场、股票市场和债券市场有望达到世界的 13%、16% 和 5% 的份额。③ 中国金融业的对外开放程度也在不断提高：

（1）银行业对外开放加大。不仅体现在华外资银行业营业机构数目的增多（表 4-6），并且外资银行经营业务范围也逐步扩大。截止到 2009 年底，获准经营人民币业务的外国银行分行 49 家、外资法人银行 32 家，获准从事金融衍生产品交易业务的外资银行机构 54 家。在华外资银行资产总额 1.35 万亿元，占全国金融机构资产总额的 1.71%；（2）证券业对外开放加大。截止到 2009 年末，共有 9 家中外合资证券公司，34 家中外合资基金管理公司，其中 16 家合资基金管理公司的外资股权达到 49%；（3）保险业对外开放加大。截止到 2009 年末，全国共有外资保险公司 53 家，总资产为 2052 亿元，占全国保险公司总资产的 5.05%；共有 14 个国家和地区的 53 家境外保险公司在华设立 990 余家营业性机构。在北京、上海、广东、深圳等外资相对集中的地域，外资保险公司的市场份额分别已达到 14.47%、16.97%、8.2% 和 8.46%④。（4）人民币可自由兑换逐步放开。我国已经接受 IMF 第 8 条款，在经常项目下人民币已经基本实现可兑换；资本项目管制也在逐步放开，43 项资本项目实施严格管制的已不到五分之一。此外，外资并购境内企业越来越活跃，外资对黄金市场、期货市场、

---

① 中国人民银行上海总部，2008 年国际金融市场报告，2009 年 3 月。
② 中国人民银行上海总部，2009 年国际金融报告。
③ Syetarn Hansakul, Steffen Dyck, Steffen Kern（2009）．"China's financial markets - a future global force"，德意志银行研究报告，2009 - 03 - 16. http：//www. dbresearch. com/prod/dbr_mobile_ de-prod/prod0000000000238901. pdf
④ 中国人民银行上海总部，2009 年国际金融市场报告，第 73—79 页。

外汇市场、货币市场和债券市场的参与程度也不断提高。

表4-6　　2004—2008 年在华外资银行业营业机构数与资产表①

项目　　　　　　　　　年份	2004	2005	2006	2007	2008
营业性机构数（家）	188	207	224	274	311
资产（亿元）	5823	7155	9279	12525	13448
占银行业金融机构总资产比（％）	1.84	1.91	2.11	2.38	2.16

（5）利率市场化、汇率市场化改革也在逐步推进。在利率市场化方面，推出了基准利率 SHIBOR，初步解决了金融衍生品定价风向标的问题。2007 年 1 月 18 日，兴业银行与花旗银行完成了国内第一笔利率互换交易，期限一年，以 3 个月期 SHIBOR 为基准利率。其中，外资机构也积极参与基准利率市场建设。2009 年外资金融机构参与的以 SHIBOR 为基准的利率互换交易规模达 1221.5 亿，占总规模的 46.84%；在汇率市场化方面，自2005 年 7 月 21 日人民币汇率改革以来，人民币汇率不再钉住单一美元，而是钉住一篮子货币有管理的浮动，形成了更富弹性的汇率机制，为人民币成为"货币锚"打下了基础。

（五）小结

我国金融市场虽然已经取得了长足的进步，但是同美、日、欧等国家和地区的金融市场相比，金融市场的落后还是十分明显的：首先，金融市场的广度有待拓展。我国的金融体制以银行业为主导，企业融资主要依靠银行贷款，资本市场不发达，导致融资渠道单一化。这样的体制导致金融风险集中在银行体系，不利于分散风险，造成银行不良贷款率高居不下。由图4-8 反映的是，在 2000—2007 年间，我国银行不良贷款率虽然大幅下降，但仍高于世界平均水平。其次，金融市场的深度不够，金融创新不活跃、流动性不强。这体现在我国金融市场上投资产品少，特别是缺少对冲风险的金融衍生产品；再次，金融市场国际化和自由化程度低，毕竟我国资本项目还没有完全放开，人民币还不能实现完全的可兑换；利率、汇率

---

① 资料来源：中国银行业监督管理委员会年报 2008。

也没有完全实现市场化和自由化，因此国内金融市场价格与国际金融市场价格还没有实现对接。基于我国金融市场的现状，并不能充分满足境外投资者对于人民币计价资产多样化、风险对冲和流动性的需求。因此，金融市场的落后是人民币走向国际化的软肋之一。

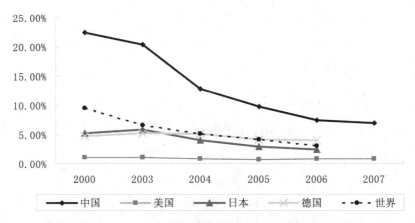

图 4-8　美、欧、日、中四国或地区银行不良贷款占全部贷款比重①

四、币值稳定性比较

货币价值稳定性是货币职能正常发挥的重要前提和保证。对一国币值稳定性的考察，分别可以从国际市场价值即汇率的波动性，和国内市场价值即通胀率两个指标来分析：

（一）国际市场价值比较分析

自 1973 年布雷顿森林体系崩溃，国际货币体系进入浮动汇率制以来，各主要国际货币的汇率都表现得十分不稳定。从美元对其主要贸易伙伴国的货币指数走势来看（见图 4-9），美元汇率曾经经历过数轮强弱周期，而自 2002 年初开始，美元便持续走软。根据美联储的数据显示，2009 年 8 月的美元汇率水平仅比历史最低水平高 7%，比 1973 年 1 月以来的平均水平则大幅降低 23%。② 美元汇率的这种贬值趋势已经引起了持有美元资产的投资者（特别是各国货币当局）的担心，因此降低美元储备比重、增持

---

①　资料来源：国际统计年鉴 2009。

②　Geofflewis：《美元储备货币地位惹争议》，《金融实务》2009 年第 11 期。

其他货币资产成为相对保险的选择。从前文描述的国际储备货币构成变动情况来看，欧元是主要的增持对象。

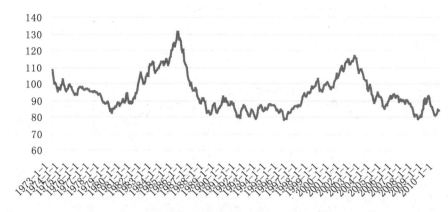

图4-9 美元对主要货币指数走势（1973—2010年3月）①

但实际情况是，欧元与日元等其他主要货币的汇率也并不稳定。本文选择国际清算银行统计的各货币的实际有效汇率指数来进行比较。② 从图4-10中可以看出，欧元与日元的实际有效汇率波动比较频繁。其中日元受国内经济衰退的影响，在各主要货币中币值最不稳定。欧元自启动以来，由于受到美元的打压，欧元汇率也经历了大起大落的行情。自2002年开始，欧元对美元不断升值，到2008年4月金融危机全面爆发前，欧元兑美元汇率创历史最高水平，即1欧元兑1.6010美元，实际有效汇率为107.58。而到了2010年2月，受欧元区内国家债务的拖累，欧元的实际有效汇率降为99.25，较2008年4月的最高点贬值了约8%。在欧元汇率波动如此剧烈的情况下，欧元资产的持有者也面临着较大的风险。

比较之下，人民币的汇率走势呈现出稳中有升的态势。根据国际清算银行的数据，如果以人民币汇率改革的2005年7月为起点，到2010年2月，人民币实际有效汇率升值了18.9%，同期美元贬值了8.5%，日元贬值了0.26%，欧元升值了0.6%，其中人民币升值幅度最高。而在2005年

---

① 资料来源：美联储网站。
② 实际有效汇率不仅考虑了所有双边名义汇率的相对变动情况，而且还剔除了通货膨胀对货币本身价值变动的影响，能够综合地反映本国货币的对外价值和相对购买力。

汇改前，人民币与美元的走势基本上一致，这主要是人民币紧盯美元的表现；2005 年汇改后，人民币对美元基本保持升值趋势，甚至在次贷危机的打击下，依然维持着强势整理（见图 4-10）。

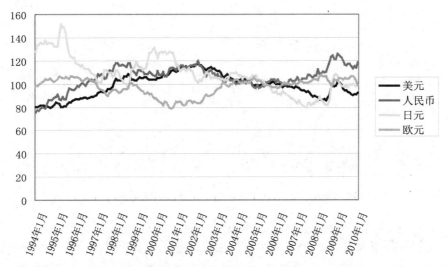

图 4-10　各主要货币的实际有效汇率比较（1994 年 1 月—2010 年 1 月）①

（二）国内市场价值比较分析

根据相对购买力平价理论，汇率稳定与物价稳定之间有很强的正相关性，一国物价是否稳定在一定程度上影响乃至决定其汇率水平。而物价的稳定很大程度上又取决于一国货币政策是否稳健、国内外经济环境是否平衡。

欧元区的货币政策统一于欧洲中央银行，财政政策权力则分散在各成员国。在这种不对称的结构安排中，加大了货币政策与财政政策相互协调的难度。为了维持区内物价稳定，《马斯特里赫特条约》对各成员国财政指标进行了严格的约束，即各国财政赤字占 GDP 的比重不得超过 3%；公共债务比例必须控制在 60%。在经济运行平稳时期，各成员国接受财政约束，欧洲中央银行以物价稳定为核心的货币政策得到了有效执行，因此在 2007 年前欧元区通胀率稳定控制在 2% 左右，欧元汇率也相应地持续走强；而当全球金融危机爆发后，由于流动性不足，各国财政赤字严重超标，主权债务危机打破了欧元区物价稳定的态势，欧元的汇率因此受到严重的影响。

---

① 　资料来源：国际清算银行网站，http：//www. bis. org/statistics/eer/index. htm.

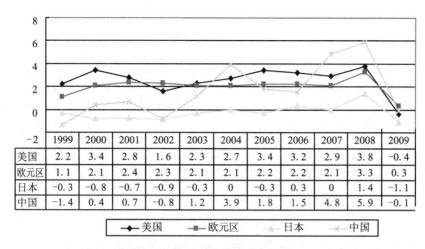

	1999	2000	2001	2002	2003	2004	2005	2006	2007	2008	2009
美国	2.2	3.4	2.8	1.6	2.3	2.7	3.4	3.2	2.9	3.8	-0.4
欧元区	1.1	2.1	2.4	2.3	2.1	2.1	2.2	2.2	2.1	3.3	0.3
日本	-0.3	-0.8	-0.7	-0.9	-0.3	0	-0.3	0.3	0	1.4	-1.1
中国	-1.4	0.4	0.7	-0.8	1.2	3.9	1.8	1.5	4.8	5.9	-0.1

图4-11 各主要货币国或地区的消费物价指数（1999—2009）①

在过去十年间，日本国内基本上处于通货紧缩的状态，经济发展低迷，日本政府为刺激经济发展而扩大财政支出。但受日元过度升值的影响，经济复苏成效不显著，却造成国内债务高企。日本虽然长期保持经常账户盈余，巨额的外汇储备能保证短期债务的清偿力，但过高的外债规模显然不利于日元竞争力的提升；

美元的贬值反映在国内就是物价上涨。虽然单个年份看，美国的通胀率并不高，但相对其经济增速，美国仍存在着一定的通胀压力。美元贬值的主要原因在于美国是个低储蓄率和高消费率的国家，政府财政预算和经常贸易账户存在着严重的赤字（见图4-12），并且这种赤字规模在逐年放大，造成了国外内经济的不平衡。在美元占国际货币体系主导地位的格局下，美国政府可以通过发行美元国债弥补赤字，但却造成了全球流动性过剩、美元进一步贬值的局面。因此只要"双高赤字"问题不解决，美元贬值的长期趋势不会改变。

相对于国内经济增速，中国的通胀率控制得较为稳定，但与美、欧、日等发达国家对比，我国一定程度上存在着通货膨胀的隐患：一方面基于人民币升值的预期，国外热钱大量流入会造成流动性的增加，给货币政策

---

① 资料来源：国际货币基金组织数据库。

单位：亿美元

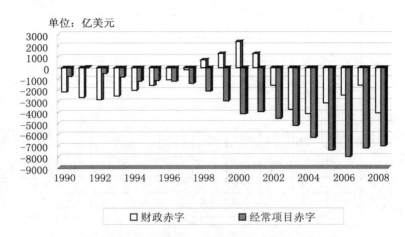

图 4-12 1990—2008 年美国经常项目赤字与财政赤字①

调控带来难度；另一方面鉴于我国国际收支双顺差不可能短期解决，外汇占款导致的基础货币供应量居高不下，这些因素均会导致我国面临更大的通胀反弹压力。

（三）小结

综合国内外市场价值来看，同美、欧、日等主要国际货币相比，人民币汇率波动相对较小，这是人民币币值坚挺的表现。

单位：十亿美元

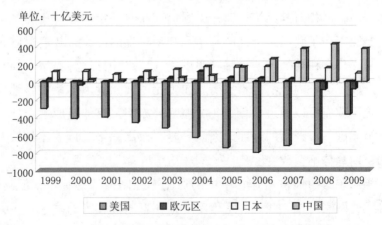

图 4-13 1999—2009 年各主要货币国家（地区）经常项目余额比较②

---

① 资料来源：美国统计摘要 2009 和 IMF 数据库。
② 资料来源：国际货币基金组织数据库。

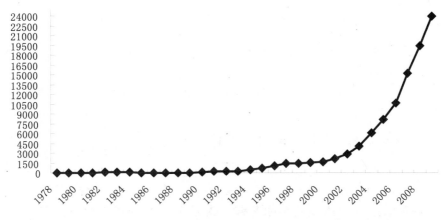

图 4-14　1978—2008 年中国外汇储备余额①

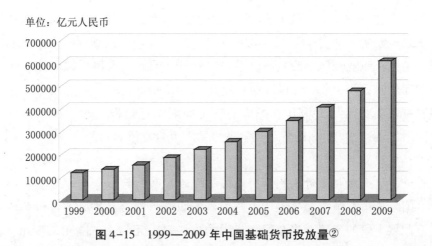

图 4-15　1999—2009 年中国基础货币投放量②

　　但由于我国长期保持的顺差格局（见图 4-13），使得我国的外汇储备近年来激增（见图 4-14），2007 年超过日本跃居世界第一。充足的外汇储备一方面使得我国对外支付能力大大提高，增强了金融对外开放进程中对冲金融风险的能力，从而有利于维护人民币币值的稳定；另一方面，外汇储备的增加也给我国货币政策的实施产生了不利影响，因为外汇储备增加

---

　　① 资料来源：中国外汇管理局。
　　② 资料来源：中国人民银行网站。

的过程实质上就是我国中央银行投放基础货币的过程（见图4-15）。市场流动性的增加将使我国面临更大的通胀压力。因此，如何有效地控制通胀，保持人民币内外价值的稳定是人民币国际化（区域性国际化）过程中必然要解决的难题。

第三节　人民币国际化的竞争条件

从货币竞争力比较的结果来看，人民币现有的实力尚不足以与美、欧、日等在同一平台上竞争，但人民币的竞争潜力不可忽视。特别是在东亚地区，中国与日本经济规模的差距在逐步缩小，这就决定了人民币与日元将会为争夺东亚地区的主导权而展开激烈的竞争。从现状来看，东亚地区仍是美元主导的货币体系；欧元自启动以来，与美元领导权之争日趋激烈，扩大在东亚地区的影响符合其战略规划。因此，人民币国际化（区域性国际化）（国际化）将直接面临美元、欧元和日元的影响和挑战。下文将联系各主要国际货币和人民币的货币职能执行情况，对人民币国际化（区域性国际化）面临的货币竞争态势做一个全方位的介绍。

一、从全球视角看人民币国际化面临的货币竞争

国际货币竞争主要是对货币三项基本职能，即交易中介、计价单位和价值贮藏手段的竞争，当今国际货币的格局以美元为主，欧元、日元、英镑等为辅，下文将从这三个方面分析各主要国际货币的使用现状，为了解人民币的地位提供一个全球视角。

（一）从国际交易中介职能看各主要国际货币的竞争状况

国际货币作为国际交易中介，在官方部门主要体现为各国央行在外汇市场的干预货币；在私人部门主要体现为国际贸易和国际金融领域中的交易媒介。

一是从干预①货币视角，一般来说，干预货币的选择与一国的货币锚及其汇率制度安排有密切联系。在大多数情况下，政府一般选择锚货币进行外汇买卖操作。由下文分析可知，由于美元是最主要的货币锚以及各国官方最主要的储备货币，同时美元在外汇交易市场也是交易最活跃的币种，因此美元是各国货币当局外汇干预操作中使用的中心货币，通过抛售和吸纳美元改变汇率往往是货币干预中不可缺少的手段。包括欧洲和日本在内的主要发达经济体，其货币价值的监测与干预也都直接或间接地以美元为参照或使用美元。②

二是作为结算货币视角，在国际贸易领域，美元是最主要的结算货币。这与美国在制造品生产领域的比较优势有相当大的关系。在针对国际贸易结算货币的实证研究中，有一个著名的"格拉斯曼法则"：在发达国家和发展中国家之间的贸易中，一般采用发达国家的货币结算；在发达国家之间的贸易中，结算货币的选取与贸易品种有很大的相关性，一般来说，石油、农产品等同质性强的初级产品贸易中，以美元结算；而差异性较大的产品，则以出口国的货币结算。后者表现在，即使在欧元区内，可替代性强的关键货物和商品也倾向于使用美元计价结算。

除此之外，导致美元在国际贸易中广泛使用的原因，一是由于历史惯性，使用美元作为交易媒介的成本低，交易双方都极其便利；二是由于美元是外汇交易市场上最活跃的币种，有助于交易各方利用外汇市场进行避险交易。

从表4-7反映的外汇市场交易状况来看，美元和欧元是最主要的交易货币，两者占据了外汇市场交易一半的规模。在1998—2007年期间，全球外汇市场日均交易量中，美元占比始终维持在80%以上，其中2001年曾高达90.3%；欧元继承了德国马克的规模，其比例大致维持在37%左右；日元的份额自2004年开始就有了明显的下滑，从2004年的20.3%下降到2007年的16.5%，这与东京外汇市场的衰落不无关系；英镑的比重虽然自2001年开始有所上升，但其份额仍排在日元之后。而人民币在外汇交易中

---

① 外汇干预，即指一国政府通过利用外汇平准基金介入外汇市场，直接进行外汇买卖来调节外汇供求，从而使汇率朝着有利于本国经济发展的方向变动。

② 陈元：《国际货币市场变化趋势及对策研究》，中国财政经济出版社2007年版，第74页。

的规模非常有限，到 2007 年仅为 0.5%，但相对 2001 年前的数据，人民币在外汇交易中的使用已经呈现出好的上升趋势。

表4-7　全球外汇市场日均交易量中主要币种占比①

币种	1992 年	1995 年	1998 年	2001 年	2004 年	2007 年
美元	82.0	83.3	87.3	90.3	88.7	86.3
日元	23.4	24.1	20.2	22.7	20.3	16.5
马克	39.6	36.1	30.1	——	——	——
欧元	——	——	——	37.6	37.2	37.0
英镑	13.6	9.4	11	13.2	16.9	15
人民币	——	——	——	0.01	0.1	0.5

（二）从国际计价手段职能看各主要国际货币的竞争状况

国际货币作为国际计价手段，在官方部门主要体现为各国汇率制度安排中的钉住货币，即"货币锚"；在私人部门主要体现为贸易和金融领域中的计价（或出票）货币。

表4-8　世界各国汇率制度安排②

	国家总数	固定汇率制	中间汇率制	完全浮动
1999	195	45	103	47
2003	188	48	105	35
2005	187	48	109	30
2008	188	23	125	40

---

①　资料来源：BIS, Triennial Central Bank Survey of Foreign Exchange and Derivatives Market Activity in April 2007。

②　资料来源：IMF 各年年报，转引自李建军：《后危机时代美元地位研判及约束美元的对策》，《新金融》2009 年第 8 期。注：固定汇率制包括"无独立法定货币"和"货币发行局"制度，中间汇率制包括"其他传统的固定钉住制"、"钉住平行汇率带"、"爬行钉住"、"爬行带内浮动"以及"不事先宣布汇率路径的管理浮动"。

在一国的汇率制度安排中，一国货币之所以成为货币锚，既有历史的原因，如布雷顿森林体系中的美元；还取决于一国与被钉住国之间经济金融的紧密联系。从世界各国汇率制度安排的情况来看，美元的货币锚地位并没有削弱，在一定程度上反而有加强的趋势。表4-8反映出，1999年至今，实行完全浮动汇率制度的国家在逐步减少；而实行完全固定汇率制和中间汇率制的国家总数呈上升趋势，在这些国家中大部分采取的是钉住美元的汇率制度。

根据IMF（2005）的统计，在国际货币基金组织184个成员国中，以美元为货币锚的国家总计86个，主要分布在拉美和东南亚地区；以欧元为货币锚的国家总计44个，主要是欧盟的邻国以及与欧盟成员国建立了汇率制度安排的国家；而以欧元和美元为篮子货币的国家有19个。全球还没有任何一个国家采取钉住日元或人民币的汇率安排。事实上包括中国在内的许多亚洲国家仍采取的是钉住美元的汇率安排。东南亚金融危机后，有些经济体曾经一度放弃了钉住美元的汇率制度，但是随后又陆续回归了事实上的钉住美元，这被麦金农称为"东亚美元本位制"。中国在2005年汇改后，宣布人民币汇率制度不再钉住美元，而是参考一篮子货币进行调节，但美元仍是最大权重的币种，人民币的命运与美元的走势紧密联系。在这次全球金融危机爆发后，人民币停止了汇改以来的升值趋势，与美元汇率保持相对稳定，充分体现了美元货币锚地位依然稳定。

另外，从计价货币视角来看，在国际贸易领域中，美元仍是最主要的计价货币。在不涉及本币的国际贸易中，美元计价仍占据统治地位。1973年美元成为石油的计价货币，此后成为其他大宗商品的计价货币，包括铁矿石、有色金属等重要的能源和原材料；小麦、大豆等农产品交易也主要采用美元计价。由于主要的商品交易所和期货交易所位于美国境内，粮食、原油等商品（包括实物和期货）定价中美元价格影响最大，这就意味着在价格发现与套期保值领域，美元的预示是最有效的。

欧元紧随美国，欧元区国家商品出口中有超过55%的比例以欧元计价，在与欧元区有紧密联系的非欧元区欧盟国家、欧元区候选国的贸易中，以欧元计价的比例已经超过了美国（见表4-9）。甚至部分石油出口国也开始考虑以欧元取代美元对石油定价，如在伊朗的石油交易中已经完全停止使用美元结算，伊朗对欧洲出口石油采用欧元结算，在亚洲则使用日元结算，这对"石油美元"的地位构成了一定的威胁。

日元在国际贸易的出票货币中只占很小比例，在日本本国对外贸易中（如日本对外出口）使用日元计价还有一定的优势，但扩展到亚洲地区，美元占比明显高于日元。而在韩国和印度尼西亚等亚洲国家的对外贸易中，欧元计价的比例也超过了日元。（见表4-10）

表4-9　欧元、美元在国际贸易计价中所占份额[①]

	出口（%）		进口（%）	
	欧元	美元	欧元	美元
欧元区与欧元区以外国家贸易	56.7	31.5	50.7	40.2
欧元区与欧盟以外国家贸易	49.7	44.0	35.2	55.7
非欧元区欧盟国家	58.8	20.9	57.4	25.2
欧元区候选国	61.1	34.3	63.3	33.3
非洲	23.3	75.5	52.9	——
亚洲	5.3	80.1	5.2	76.4
北美洲				
加拿大	——	70.0		
美国	——		2.0	90.3

表4-10　亚洲贸易商品计价货币占有率比较[②]

经济体/年	出口（%）				进口（%）			
	欧元	美元	日元	英镑	欧元	美元	日元	英镑
澳大利亚/2007	1.0	74.3	0.5	0.7	8.1	52.0	1.9	1.4
印尼/2007	1.8	93.2	1.5	0.1	4.3	83.6	4.1	0.2
日本/2007	8.9	55.0	34.0	0.1	5.6	65.7	27.6	0.1
泰国/2007	3.5	80.7	6.2	0.5	——	——	——	——
韩国/2003	7.6	84.6	5.3	0.9	6.1	78.3	14.0	0.6
印度/1999	7.1	85.0	——	——	8.1	84.0	——	——

---

① 转引自许兵、汪洋：《欧元十年影响力的发展与挑战》，《国际金融》2009年第1期。

② 资料来源：彼得森国际经济研究所：《欧元在东亚地区的使用前景展望》，国研网世经版，2010年2月4日。

在资本市场上，美元的计价地位也是处于领先位置。根据花旗的研究报告，截至2009年8月31日，环球未偿付的投资等级债券中有97%以四大主要货币计价，分别为美元（42%）、欧元（35%）、日元（16%）以及英镑（4%）。与之凑巧的是，2009年8月31日，特别提款权中，美元、欧元、日元以及英镑的比重分别是40%、38%、13%和9%。相似的数据刚好验证了这一点。①

（三）从国际价值贮藏职能看各主要国际货币的竞争状况

国际货币作为价值贮藏手段，在官方部门主要体现为各国货币当局的储备货币及计价资产；在私人部门主要体现为居民和企业持有的存款、投资货币。

表4-11　全球可识别的官方外汇储备的货币构成②

单位:%

年份	美元	欧元	英镑	日元	瑞士法郎	其他货币
1999	71.01	17.90	2.89	6.37	0.23	1.6
2000	71.13	18.29	2.75	6.06	0.27	1.5
2001	71.52	19.17	2.7	5.05	0.28	1.28
2002	67.08	23.79	2.81	4.35	0.41	1.56
2003	65.93	25.16	2.78	3.94	0.23	1.96
2004	65.95	24.8	3.37	3.83	0.17	1.88
2005	66.9	24.05	3.6	3.58	0.15	1.72
2006	65.48	25.09	4.38	3.08	0.17	1.8
2007	64.13	26.27	4.68	2.92	0.16	1.84
2008	64.10	26.41	4.00	3.13	0.14	2.20
2009Q4	62.14	27.37	4.25	3.01	0.12	3.10

① Geofflewis：《美元储备货币地位惹争议》，《金融实务》2009年第11期。注：特别提款权采用多国货币篮子定值，以反映这些货币在世界贸易及金融体系中的相对重要性。

② 资料来源：IMF, Currency Composition of Official Foreign Exchange Reserves. 注：由于包括中国在内的许多国家没有透露外汇储备的货币构成，因此表中各币种占比是按照可识别的部分计算整理而得。

从储备货币视角来看，相对于交易、计价职能来看，美元的价值贮藏职能则受到了储备货币多元化的挑战。如果以1999年欧元启动为起点，当时美元在全球官方外汇储备中所占比重为71%，欧元为17.9%，英镑为2.89%；到2009年第三季度时，美元的比例已经降至约62%，而同期欧元、英镑分别上升至27.75%和4.34%。日元及瑞士法郎资产则大体呈下降趋势。以上数据似乎体现了一个趋势，即各国在最近十年间已经开始将外汇储备的部署向美元资产以外分散，欧元、英镑等成为新的选择。究其原因，主要是出于对美元持续贬值的担心而采取的分散化投资策略。自2002年开始，美元进入新的一轮贬值周期，对应表中数据，美元在外汇储备中的占比也是自2002年开始有明显的下降。

从作为投资货币选择来看，在国际金融市场上，美元仍是最主要的投资货币，但主导地位在下降；欧元作为投资货币的吸引力则在不断攀升；日元、英镑各占据一席之地，但比重远远小于前两者。

1. 在国际存款市场上，欧元与美元之间构成了竞争态势（见图4-16），以美元计价的存款从1999年的66.3%下降到2007年的54.8%，而欧元从1999年的20.5%上升到2007年的29.3%。以日元计价的存款比重日益减少，从1999年的2.7%下降到2007年的1%；英镑的表现稍优于日元，自2004年开始，英镑计价存款上升明显，从2004年的8%上升到2007年的9.3%。

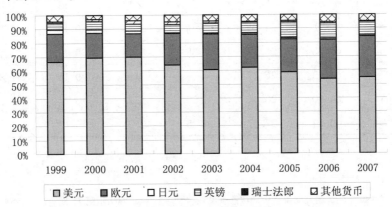

图4-16　1999—2007年国际清算银行成员国货币当局存款中的主要货币构成①

① 资料来源：国际清算银行网站，www.bis.org。国际清算银行根据成员国货币当局提供的数据统计。

2. 在国际债券市场上，欧元的表现日益突出（见图4-16）。欧元债券发行额从2003年开始就明显的超越了美元债券，并且呈不断上升的趋势。日元债券的表现则不尽如人意，从1999年的5.28亿美元到2008年的7.5亿美元，10年间日元债券发行额的增加不到1.5倍，这说明在国际债券市场上，日元作为投资货币的吸引力很低，而英镑基本上已经处于边缘化的位置。

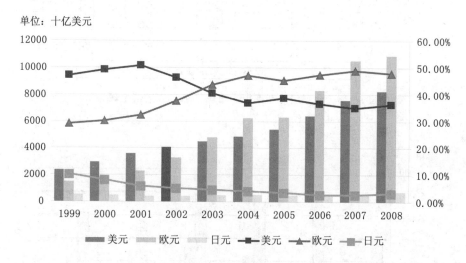

单位：十亿美元

图4-17　美元、欧元、日元国际债券发行额及其占世界比重①

3. 在全球金融衍生产品市场上，利率衍生合约和外汇衍生合约是最主要的交易品种。在场外利率衍生市场上，以名义未清偿金额来看，欧元在2002年中期就取代美元成为占比最大的货币，这个优势一直保持到现在（见图4-17）。而在外汇衍生产品上，美元仍保持了绝对的优势（见图4-18）。截止到2009年6月末，以美元计价的外汇衍生产品比重为84%，以欧元计价的为42%，日元和英镑的比重则分别为23%和13%③。由此可见，美元仍是外汇交易市场（包括基础和衍生）中的主导货币，这也是美

---

① 资料来源：根据国际清算银行 Quarterly Review 计算整理。

② 资料来源：国际清算银行，BIS Quarterly Review，December 2009。

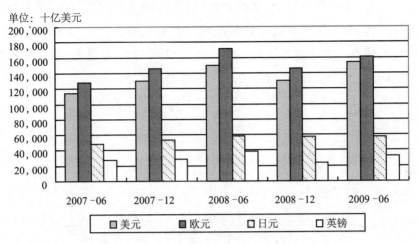

单位：十亿美元

图4-18　全球场外利率衍生市场（名义未清偿金额）①

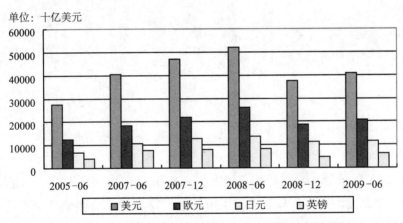

单位：十亿美元

图4-19　全球场外外汇衍生市场（名义未清偿金额）②

元成为主要干预货币的原因之一。

（四）人民币国际货币职能的执行情况

就现状而言，人民币还未实现国际化，因此在国际市场上执行货币职

①　外汇交易是双向货币交易，因此总的百分比为200％。资料来源：国际清算银行2009年12月季度报告。

②　资料来源：国际清算银行，BIS Quarterly Review，December 2009。

能微乎其微。但在周边部分国家和地区，特别是在边境贸易中，人民币已经享有了"第二美元"的地位。据统计，人民币至少已经在18个国家和地区被广泛作为计价和结算货币。虽然人民币还不是各国广为接受的储备货币，但人民币的价值贮藏手段也有了萌芽式发展。表4-12概括了人民币国际化的现状，即使人民币仍然不能自由兑换，但无论从官方部门还是私人部门来看，人民币在三项国际货币职能上均出现了境外使用的现象。

表4-12　人民币国际化现状

货币职能	私人部门	官方部门
交易媒介	边境贸易、国际贸易	中国与东亚及周边国家或地区签订的涉及人民币的双边本币互换协议
计价单位	边境贸易、国际贸易	2005年11月，印度储备银行宣布将人民币和港币纳入一篮子货币
价值贮藏	境外居民持有的人民币存款；在港人民币债券	2003年5月，柬埔寨中央银行储备货币；2006年12月，菲律宾中央银行储备货币；2007年马来西亚中央银行储备货币

　　私人部门方面，人民币目前的跨境流通与使用主要集中在港澳台地区。主要是通过中国大陆与港澳台地区之间的经贸往来、旅游以及探亲等形式，带动了两岸三地人民币的流通。据调查，港澳地区的人民币滞留存量约占全部人民币境外存量的一半左右[①]。在台湾地区，自2001年1月两岸实现"小三通"之后，人民币已经在金门、马祖等地居民的日常生活中使用。2008年6月，人民币与新台币的双向兑换扩展到整个台湾地区，在每人次不超过2万元人民币的限额下，台湾居民或游客和外籍人士都可以在岛内兑换人民币。2008年12月，两岸正式实现"大三通"，此举进一步推动了人民币在台湾地区的流通和使用。除了港澳台地区，人民币在我国边境地区与周边接壤国家的边境贸易中成为主要的结算货币。这些国家包括：越南、缅甸、老挝、柬埔寨、新加坡、马来西亚、菲律宾、印度尼西亚等东盟国家，以及俄罗斯、蒙古、哈萨克斯坦、吉尔吉斯斯坦、巴基斯

---

　　① 人民币现金跨境流动调查课题组：《2004年人民币现金跨境流动调查报告》，《中国金融》2005年第4期。

坦、朝鲜等周边接壤国家。其中，在中蒙、中越边境贸易中使用人民币结算的比例达到了90%以上。为了更好地解决边境贸易结算和人民币回流等问题，自1993年开始，中国政府先后与越南、老挝、尼泊尔、俄罗斯、吉尔吉斯斯坦以及蒙古等周边国家的中央银行签订了边贸结算协定，为逐步提高人民币在边境贸易中的结算功能提供了政策支持。在价值贮藏职能方面，人民币在境外的使用主要是在港澳银行机构的人民币存款和在香港发行的以人民币计价的债券。为了满足市场的需求，中国人民银行先后在2003年11月19日和2004年8月4日，为香港、澳门地区的银行办理人民币个人业务提供清算安排。目前，在港澳地区分别已有44家和15家银行与清算行签订清算协议①，人民币存款额度持续增长（见图4-20）。根据香港金融管理局2010年3月31日发表的统计数字显示，截止到2010年2月底，香港人民币存款已达到661亿元。除了人民币存款形式外，继2007年6月，中国国家开发银行的人民币债券首次在香港发行后，中国进出口银行、中国银行、交通银行、中国建设银行等内地金融机构和东亚银行、汇丰银行在华分支机构也陆续在香港发行了人民币债券（见表4-13）。截止到2009年8月，在港人民币债券总额已达到250亿元，这为人民币价值贮藏方式又增加了一种新的选择。

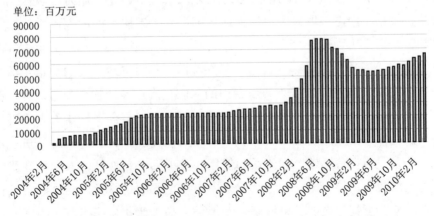

单位：百万元

图4-20 香港的人民币存款（2004年2月—2010年2月）②

---

① 孙东升：《人民币跨境流通的现状及国际化程度》，对外经济贸易大学出版社2008年版。
② 资料来源：香港金融管理局。

表4-13　在香港发行的以人民币为面值的债券①

发行者	发行日期	发行规模（亿元）	期限	利率
国家开发银行	2007年6月	50	2年	3.00%
中国进出口银行	2007年8月	20	2年和3年	3.05%和3.2%
中国银行	2007年9月	30	2年和3年	3.15%和3.35%
交通银行	2008年7月	30	2年	3.25%
中国建设银行	2008年9月	30	2年	3.24%
中国进出口银行	2008年9月	30	3年	3.40%
中国银行	2008年9月	30	2年和3年	3.25%和3.4%
东亚银行（中国）	2009年7月	10	2年	2.8%
汇丰银行（中国）	2009年7月	10	2年	高出SHIBOR 38个基点
国家开发银行	2009年8月	10	2年	2.45%
总计	——	250	——	——

官方部门方面，人民币主要使用在中国与东亚部分国家及周边国家（地区）的双边本币互换中（见表4-14）。截止到2009年4月，中国已在九项货币互换协议中使用了人民币，多项货币互换协议的签署表明中国的贸易伙伴认可了人民币的地位和稳定性，接受了人民币作为各方认可的结算货币甚至储备货币，给人民币走向国际化创造了有利条件。基于对人民币升值的预期，尽管人民币尚不能自由兑换，包括菲律宾、马来西亚、韩国、柬埔寨等国家在内的中央银行陆续在其外汇储备中增加了人民币。

表4-14　中国与东亚及周边国家签订的涉及本币的货币互换协议情况

序号	互换双方	互换币种	签约日期	签约金额
1	中国—日本	人民币/日元	2002-03-28	30亿美元等值
2	中国—韩国	人民币/韩元	2002-06-23	20亿美元等值

---

① 资料来源：中国人民银行和香港金融管理局。

序号	互换双方	互换币种	签约日期	签约金额
3	中国—菲律宾	人民币/比索	2003-08	10 亿美元等值
4	中国—韩国	人民币/韩元	2008-12-12	1800 亿元人民币 VS 38 万亿韩元
5	中国—香港	人民币/港元	2009-01-20	2000 亿元人民币 VS2270 亿港元
6	中国—马来西亚	人民币/吉林特	2009-02-08	800 亿元人民币 VS400 亿吉林特
7	中国—白俄罗斯	人民币/卢布	2009-03-11	200 亿元人民币 VS8 万亿白俄罗斯卢布
8	中国—印度尼西亚	人民币/印尼盾	2009-03-23	1000 亿元人民币 VS175 万亿印尼盾
9	中国—阿根廷	人民币/比索	2009-04-02	700 亿元人民币 VS 380 亿阿根廷比索

（五）小结

从全球视角来看，美元仍是最主要的交易中介、计价货币和储备货币；欧元诞生后对美元形成了有力的挑战，但目前其作用区域和影响力主要局限于欧元区；而日元的地位正在逐步衰退，即使在亚洲地区，其贸易计价职能也竞争不过美元；人民币国际化程度尚不能与日元相比，而要成为与欧元、美元相当的地位，还有很长的路要走。

二、从区域视角看人民币国际化面临的货币竞争

通过对人民币国际化现状的分析可知，人民币目前主要是在周边国家或地区行使贸易计价职能，因此人民币要实现国际化必须首先成为东亚地区的主导货币，即人民币的区域性国际化。因而现在，我们主要分析人民币在东亚地区面临的货币竞争格局。

（一）美元在东亚地区的影响与人民币国际地位的竞争

东亚地区基本上是由美元主导的货币体系。首先，东亚地区主要是钉住美元的汇率制度，因而主要外汇储备依旧是美元，并且是世界上储备美元最多的地区。这些外汇储备主要投向美国的资本市场，特别是美国国

债。东亚国家所持有的美国国债总和占美国发行总额的一半以上，2004 年这一比例曾超过了60%（见表4-15）①。东亚地区的两大重要经济体中国和日本分别是美国国债的第一、二位持有者。

表4-15 美国国债在东亚国家的持有情况②

单位：十亿美元，%

	DEC-04	DEC-05	DEC-06	DEC-07	DEC-08	DEC-09	JAN-10
中国	222.9	310	396.9	477.6	727.4	894.8	889
日本	689.9	670	622.9	581.2	626	765.7	765.4
香港	45.1	40.3	54	51.2	77.2	148.7	146.6
台湾	67.9	68.1	59.4	38.2	71.8	116.5	119.6
新加坡	30.4	33	31.3	39.8	40.8	39.2	41.3
韩国	55	69	66.7	39.2	31.3	40.3	39.7
泰国	12.5	16.1	16.9	27.4	32.4	33.3	33.3
菲律宾	—	—	—	—	11.7	11.7	11.3
马来西亚	—	—	—	—	—	11.7	11
东亚总计*	1,123.7	1,206.5	1,248.1	1,254.6	1,618.6	2,061.9	2,057.2
全部国家	1,849.3	2,033.9	2,103.1	2,353.2	3,075.9	3,689.1	3,706.1
东亚占比	60.80%	59.30%	59.30%	53.30%	52.50%	55.90%	55.50%

其次，东亚各国对外贸易主要以美元计价和结算，即使是纯粹的区域内贸易，其结算货币仍以美元为主。这种货币格局对称地延展到了金融领域，东亚银行间国际清算和短期资本流动的主要计价货币也是美元；在外汇市场交易中，中国香港、韩国、新加坡和日本市场的交易中美元占有绝大部分，东亚经济体在外汇市场交易中的美元占比高达90%以上（见表4-16）；甚至是《清迈协议》下的双边货币互换协议，为了保障国际支付的公信力，主要也是以美元定价。由此可见，东亚经济体已经习惯在国际经济交往中使用美元，这对人民币国际化（区域性国际化）构成了巨大

---

① 事实上可能更高，因为东亚其他国家持有的比例太小，所以美国财政部没有详细列表。

② 资料来源：美国财政部网站。注：东亚只包括表中统计国家。

障碍。

东亚对美元的依赖，源于各国经济安全上对美国的依赖。东亚经济的特色是出口导向型经济，美国又是主要的出口市场，长期以来东亚保持着对美国的贸易顺差，从而积累起大量的美元储备，这些美元储备大部分投向了美国的金融资产，这又恰好成为美国巨额财政赤字低成本融资的重要来源。东亚在向美国输出商品的同时又向美国输出资本，美国从中获益匪浅，凭借其国际储备货币的地位，无需承担任何责任。而东亚各国却不得不陷入钉住美元的困境：它们害怕本币升值，因为不利于吸引投资和扩大出口；同时又害怕本币贬值，因为会加重美元债务负担，即"浮动恐惧论"。美元汇率的波动在很大程度上影响着东亚内部物价的稳定和经济持续健康发展。

为了进一步巩固美元在东亚地区的霸权，将东亚变成"第二个拉美"必然是美元的重要战略之一。其要达到的目的是使美元替代东亚各国和地区原有的货币，以美元作为绝对的计价、交易和价值贮藏手段，进而阻止东亚出现某种统一的货币。日元的亚洲化战略遭遇了美国的强烈对抗即是例证。1997年9月，日本政府在IMF和亚洲开发银行会议上提出了建立"亚洲货币基金（AMF）"的构想，倡议组成一个以日本为中心，韩国和东盟国家参加的组织，为遭受货币危机的国家提供援助。由于这一方案没有包括美国，美国担心日本在亚洲势力的扩张会削弱自身的影响力，从一开始就强烈反对，导致计划流产。

由此可见，美元因素是人民币国际化（区域性国际化）进程中必须正视的问题。虽然随着中国经济高速发展和人民币币值的稳定，东亚国家（特别是东盟）对人民币的接受程度在日益提高。但美元始终会利用其霸权地位阻挠人民币功能的发挥。单从铸币税这个视角来看，如果人民币实现国际化（区域性国际化），范祚军，关伟（2008）① 经过测算，中国将因人民币的国际化获得的年均铸币税收入至少可稳定在25亿美元左右。人民币的国际化（区域性国际化）将会和美元共同分享铸币税的利益，显然这是美国不愿看到的结果。

---

① 范祚军，关伟：《基于贸易与货币竞争视角的 CAFTA 人民币区域性策略》，《国际金融研究》2008 年第 10 期

（二）欧元在东亚地区的影响与人民币国际地位的竞争

欧元启动后被寄予厚望能与美元一较高低，但经过前文分析可知，到目前为止欧元在欧元区以外的其他地区并不能对美元的全球货币地位形成有力挑战。而亚洲是世界经济发展最快、持有外汇储备最多的地区，欧元要提高在国际范围内的影响，就必须拓展在东亚的市场份额。

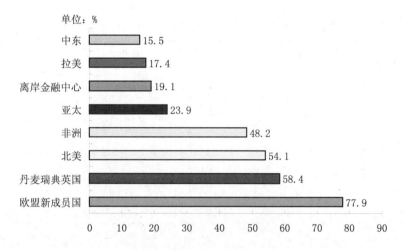

图 4-21　2007 年第四季度欧元在部分地区国际债券市场占有率[①]

欧元在东亚地区的影响力，我们仍然按照国际货币职能的执行情况一一进行考察。首先作为储备货币。由于多数东亚国家并未公开披露其外汇储备构成，各货币的占比只能大致估计一个范围。考虑到东亚是美国最主要的出口地和美国债券最主要的持有者，美元在东亚地区的占比应该会超过在全球外汇储备中的占比，同时日元在亚洲中也占据着重要的地位，因此欧元在东亚地区外汇储备占比可能较在全球外汇储备中的占比更小[②]。其次作为钉住货币。东亚经济体主要的还是钉住美元，在参考一篮子货币的国家中欧元权重通常偏低，并且据欧洲央行自己的统计，将欧元作为一篮子参考货币的国家中没有东亚经济体。再次是媒介货币、贸易计价。据

---

① 资料来源：欧洲中央银行，The International Role of the Euro ，July，2008。

② 彼得森国际经济研究所：《欧元在东亚地区的使用前景展望》，国研网世经版，2010 年 2 月 4 日。

国际清算银行（2007）统计，欧元在东亚外汇市场的占有率为18.7%，仅相当于日元比重的一半，美元比重的1/5（见表4-16）。2007年第四季度，欧元在亚太国际债券市场的占有率为23.9%，同期以美元计价的占比达60.1%（见图4-21）。而在贸易结算方面，欧元在东亚所有国家或地区的对外贸易中占比均不足10%（见表4-16）。

表4-16　东亚经济体在外汇市场交易中的货币占比[①]

经济体	日平均额（10亿美元）	货币占比（%）				
		美元	欧元	日元	英镑	其他*
中国	9.3	98.5	0.7	0.7	1.1	98.9
香港	174.6	96.1	12.8	10.4	7.4	73.2
印尼	2.8	93.0	11.2	8.3	2.6	84.9
日本	238.4	84.6	18.3	71.1	6.9	19.1
韩国	33.4	92.0	6.1	11.6	4.4	85.9
马来西亚	3.4	97.1	5.9	7.0	4.9	85.1
菲律宾	2.3	99.2	2.3	2.3	1.9	94.4
新加坡	230.6	88.3	27.2	25.1	13.2	46.3
台湾	14.6	94.6	14.5	23.7	7.5	59.6
泰国	6.2	94.4	8.8	15.2	2.2	79.3
东亚	715.6	89.5	18.7	35.6	8.8	47.4
世界	3988.1	86.8	36.8	17.0	14.4	44.9

综合以上各项指标，目前，欧元在东亚地区的影响力远不如其在全球的地位，与美元的差距也十分明显。但欧元的潜力仍不可小视，基于如下理由，其一，从长期看，塑造强势欧元，挑战美元霸权是欧盟主要国家的既定方针。欧盟近年来已非常重视加强与东亚地区（特别是中国）的贸易联系，而与美国的贸易比例在逐步降低。从东盟2008年前十大贸易伙伴来看，欧盟占东盟总贸易额的11.8%，排在除去东盟内部贸易后的第二位，

---

① 资料来源：国际清算银行，BIS，Triennial Central Bank Survey of Foreign Exchange and Derivatives Market Activity in April 2007。注：由于交易涉及买卖双方，总额是200%。

第一位是日本，而美国的占比为 10.6%，排在第四位[①]；其二，相对于美元，欧元币值更为稳定，而基于对美元持续贬值的趋势和美元危机的担心，东亚国家为了保值增值的需要，会优化储备资产结构，相应增持欧元。联系美元在全球官方外汇储备占比下降，欧元占比上升的趋势，我们更能清楚地看到这一点。在发展中国家的官方储备中确实也存在着增持欧元的迹象。

欧元与美元的激烈竞争将会促进东亚地区货币体系的重大变革。如果美元走势疲软，那么显然对东亚国家不利，持有的美元资产会缩水，对外贸易与投资也将面临汇率波动的风险。在使用美元计价与交易不稳定的情况下，东亚地区将面临着新的选择。"东亚经济体都希望降低对美元的依赖性，他们更愿意使用本地货币或新的地区性货币，而不是更多的使用欧元"。[②] 基于以上判断，欧元在东亚地区的影响力对人民币国际化（区域性国际化）的实现并不会造成多大障碍，某种程度上更是一种机遇。

（三）东亚内部货币竞争格局与人民币国际化

在东亚地区，应当由谁担当区域内的关键货币，目前并无共识。从经济实力来看，中国、日本、韩国是最重要的经济体，因而日元、韩元、人民币均有可能争夺区域主导地位。但从货币竞争力来看，日元已经是三大国际货币之一，人民币在东亚地区的影响也日益提高，韩元的竞争力远不足以与前两者相比。因此东亚的货币竞争格局主要是在日元与人民币之间展开，本文不再考虑韩元的因素。

1. 日元在东亚地区的影响与日元"亚洲化战略"

日元虽然已经是三大国际货币之一，但不管在全球还是在东亚，日元的影响力都在逐步下降。根据国际清算银行的统计，1995 年日元在全球官方外汇储备中的占比为 6.8%，1999 年下降为 6.37%，截止到 2009 年第三季度，日元只占全球外汇储备的 3.23%，这说明日元作为国际储备货币的地位在不断下降。包括在发展中国家的外汇储备中，日元的储备地位也在下降（见图 4-22）。在 1999—2007 年期间，在发展中国家的外汇储备中，

①　资料来源：国研网数据库，东南亚国家联盟（ASEAN）数据，2009 年 11 月 9 日。
②　彼得森国际经济研究所，《欧元在东亚地区的使用前景展望》，国研网世经版，2010 年 2 月 4 日。

美元、欧元的占比分别列第一、二位，但美元的比重逐步下降，欧元则呈上升趋势；日元与英镑的占比均在5%以内，而从趋势看，英镑比日元更有吸引力。

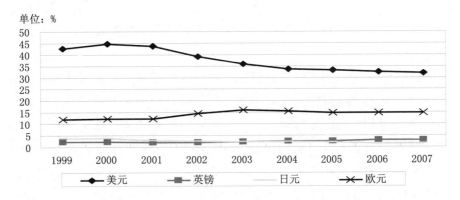

图4-22　发展中国家的外汇储备中各主要货币资产占比①

　　作为贸易计价货币，尽管日本是世界第二大经济体，亚洲贸易大国，但在日本与东亚国家间进行的贸易中，美元的使用率远比日元普遍。2003年，马来西亚进出口贸易的90%、中国进出口的83%都是以美元计价；泰国对日本出口和进口分别占本国贸易总额的19.6%和16.5%，但以日元计价的也仅占7.6%和6.8%。在韩国，进出口商品的主要计价货币也是美元，日元所占比例不高。2003年，韩国进出口商品计价货币的构成：从出口额来看，美元（84.6%）、欧元（7.6%）、日元（5.3%）、英镑（0.9%）、韩元及其他货币（1.6%）；从进口额看，美元（78.3%）、日元（14.0%）、欧元（6.1%）、英镑（0.6%）、韩元及其他（1.0%），美元的使用比例远远超过日元。②

　　在日本本国对外贸易中，日元使用的机会则相对较高一些，但是同样受到美元主导地位的压制。以2004年为例，在日本向亚洲进口的货币构成中，日元占比25.5%、美元占比73.2%，日元使用的比例仅是美元的三分

　　①　资料来源：根据IMF，Currency Composition of Official Foreign Exchange Reserves，发展中国家的官方外汇储备数据整理。

　　②　资料来源：邱兆祥：《人民币区域化问题研究》，光明日报出版社2009年版，第63—64页。

之一；日本向亚洲出口的货币构成中，日元占比为 49.4%、美元占比为 48.6%，两者使用比例非常接近。因此，日元在日本出口贸易中作为计值货币的比率虽然与美元基本相当，但在进口中差距很大，因此总体上日元并没有取得优势。

表 4-17　日元在日本对外贸易中的计价比例①

单位:%

年份	日本向全球(亚洲)进口			日本向全球(亚洲)出口		
	日元	美元	其他	日元	美元	其他
1992	17.0(23.8)	74.5(73.9)	8.5(2.3)	40.1(52.3)	46.6(41.6)	13.3(5.9)
1997	22.6(25.0)	70.8(73.0)	6.6(1.9)	35.8(47.0)	52.1(50.2)	12.1(2.7)
2001	23.5(24.8)	70.7(74.0)	5.8(1.2)	36.1(50.0)	52.8(48.2)	11.1(1.8)
2004	24.2(25.5)	69.0(73.2)	6.8(1.3)	34.9(49.4)	52.7(48.6)	12.3(2.0)

究其原因，可以归结为三个方面：第一，与日本对外贸易结构有关。日本是一个资源匮乏的国家，进口主要以原油等原材料为主，而这部分主要是以美元计价。而日本的出口对美国市场的依赖度很高，由于在美国进口贸易中 85% 使用美元，日本向美国出口中以日元计价的比重自然要低；第二，日本金融市场的封闭和落后，使得日元运用和筹措十分不便捷，也严重影响了日元计价比重的提高；最后，在日本跨国公司对外直接投资运作中，外汇风险主要是由母公司承担，而子公司很少关心用何种货币计价，因此在日本规模巨大的跨国公司内部贸易中，以日元计价比例有限②。

在日本经济多年停滞之后，日本政府自身也意识到了日元国际地位下降的趋势，而日元国际化战略失败让日本不得不转换方式，从亚洲地区寻求突破。1997 年亚洲金融危机爆发，东亚开始积极探索以金融危机防范与流动性互助为基础的区域货币合作。日本抓住这一时机，试图利用东亚区域货币合作这一平台，扩大日元在东亚地区的影响。1997 年 9 月，日本提出建立"亚洲货币基金"的构想（最终被美国干涉而失败）；1998 年 10

---

① 转引自邱兆祥：《人民币区域化问题研究》，光明日报出版社 2009 年版，第 63 页。
② 李晓：《日元国际化的困境及其战略调整》，《世界经济》2005 年第 6 期。

月提出"新宫泽构想",主要由日本出资,建立总额为 300 亿美元的亚洲基金[①];1999 年 4 月日本大藏省发表了题为《21 世纪的日元国际化》的报告,建议采取措施促使日元成为真正的国际货币;2000 年 5 月东盟 10+3 国达成《清迈协议》,日本先后同韩国、泰国、菲律宾、马来西亚、中国等国签订了双边互换协议。此后,日本又积极参与了东盟"10+3"的一系列金融合作计划。

日本之所以积极参加地区金融合作,主要是考虑如何在合作中实现自身的利益和目标:一是挟东亚金融合作巩固日元地位,主要手段是搞机制化(AMF,钉住包括日元在内的一篮子货币);二是促进东盟的稳定,以巩固日本在东亚的经济政治地位;三是通过寻求外部变化,以此摆脱日本长期经济停滞状态。[②]

在 2007 年美国金融危机爆发后,与国内经济萧条景象形成对比,日元的国际战略出现新的动向。首先是维持日元强势,日元对美元汇率在波动中逐步走强,2009 年年初甚至超过 1 美元兑 90 日元的高度。日元升值对出口企业造成很大损失,但日本政府并未因此入市干预,促其贬值,意在维持相对强势的日元地位;其次是出资国际金融组织,日本在 2008 年举行的 20 国峰会上,承诺向国际货币基金组织提供 1000 亿美元临时资金用以帮助发展中国家和新兴市场等遭受金融危机重创的国家,缓解流动性不足问题。再次积极推动清迈倡议多边机制化。在 2009 年 5 月 3 日亚洲开发银行年会上,东亚 13 国最终对 1200 亿美元的亚洲区域外汇储备库的组建和注资比例达成共识,日本与中国出资额并列第一位。上述举措清晰地显示出日本正谋划在国际货币体系重组过程中提升话语权,强化日元在新国际货币体系中的地位。不过,与试图动摇美元、欧元的地位相比,日本实际更关注与人民币的较量。

2. 人民币与日元在竞争格局中各有优势

尽管日元的国际地位有所下降,在东亚地区的影响力也不如美元。但不可否认的是,日元是东亚地区唯一实现"国际化"的货币,与其他货币

---

① 在 2000 年 2 月,该基金为韩国、马来西亚等遭受危机的国家提供了 200 多亿美元贷款和部分贷款担保。

② 郭定平:《东亚共同体建设的理论与实践》,复旦大学出版社 2008 年版,第 133 页。

而言具有历史因素的"先占优势",相比之下,人民币目前仅限于在周边地区流通,尚未实现完全的自由兑换,国际化进程刚刚起步,就现状而言还不足以与日元竞争。但令人欣慰的是,自2009年开始,人民币在政府政策推动与市场需求的双重推动下正式开始了国际化进程,人民币的交易媒介、计价手段甚至是贮藏手段职能正在逐步显现,人民币的竞争潜力不可小觑:

其一,推进边境贸易结算试点。在过去,人民币在周边流通主要出于市场自发的需要,但也已具相当规模。其中以广西边贸结算的发展最为突出,自1999年至2008年,广西与越南的边贸人民币结算累计总额达到1200多亿元。据国家外汇管理局国际收支系统数据统计,2006、2007、2008年及2009年1—9月广西边贸银行结算金额中人民币结算占比分别为95.75%、95.53%、87.76%和92.48%。

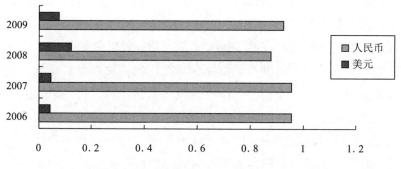

图4-23　广西边贸银行结算中人民币与美元的比例构成① (%)

顺应市场发展的需要,2008年12月24日,中国政府决定在"珠三角"和广西、云南等边贸地区采取人民币结算试点工作;而自2009年7月6日开始,又在上海、广州、深圳、珠海、东莞五城市开展更为广泛的跨境贸易人民币结算试点,将人民币结算从边贸扩大到国际贸易领域。截至2009年末,银行累计为企业办理跨境贸易人民币结算业务409笔,金额为35.8亿元②。同时,人民币资金购售、人民币清算等业务随着跨境贸易人

---

① 资料来源:南宁海关、国家外汇管理局国际收支系统。(2009年仅包括1—9月的数据。)
② 资料来源:中国人民银行,2009年国际金融市场报告。

民币结算业务逐步开展，人民币买方信贷、境外人民币贷款也开始试办。根据香港金融管理局的一项研究测算，如果中国资本项目可兑换程度放宽的话，中国年进出口 2.5 万亿美元中的 20%—30% 可用以人民币结算[①]。由此可见，跨境贸易人民币结算试点是人民币走向国际化（区域性国际化）的第一步，也是非常关键的一步。

其二，签订双边本币互换协议。2008 年底以来，中国央行分别与韩国、香港、马来西亚、印度尼西亚、白俄罗斯、阿根廷等 6 个国家或地区签订总值达 6500 亿元的人民币的双边本币互换协议。签署货币互换协议的初衷是为了解决短期流动性问题以规避金融风险，但协议中设置了新的机制，支持互换资金用于贸易结算，这为人民币成为互换双方之间贸易的结算货币甚至是储备货币预留了空间。

其三，发行人民币计价债券。2009 年 9 月 28 日，中央政府在香港发行 60 亿元人民币国债，这是首次在大陆境外发行人民币计价的主权债券，具有十分重要的意义。而早在 2007 年，中央政府已经批准中国金融机构和部分在华经营的外资银行在港发行人民币债券。截止到 2009 年底，中国政府和金融机构一共在香港发行了面额 310 亿元的人民币计价债券。发行人民币计价债券，一方面有利于促进香港成为人民币离岸市场、人民币债券二级市场，巩固香港作为国际金融中心的地位；另一方面，在我国资本账户不可能马上开放的前提下，增加了境外投资者用人民币资产作为储备的可能性与途径，为进一步推动人民币国际化创造有利条件。

总结东亚目前的货币竞争格局，日元具有国际化的"先占优势"，但日元在东亚地区的影响力十分有限；人民币具有潜在的竞争优势，但人民币现有的影响力比不上日元。而从影响一国货币成为区域核心货币的因素，即经济规模、与区域其他成员国的贸易联系、币值稳定程度及声誉、金融体系发达程度、参与区域内部的具体行动、交易网络规模等几方面来看，人民币与日元之间各有竞争优势：其一，从经济实力、交易网络规模和组织参与东亚货币合作的具体行动两方面考虑，日元优势大过人民币；其二，从中日两国与东亚区域内成员间贸易联系、币值稳定程度及声誉这

---

① Yin－Wong Cheung，GuonanMa，RobertN. McCauley，秦凤鸣：《中国国外资产人民币化》，《山东大学学报（哲社版）》2009 年第 1 期。

两方面来说,人民币的优势大过日元;其三,在国内金融体系成熟度和开放度这个角度分析,人民币或日元都不具备成为货币锚的条件①。

3. 东亚货币竞争格局对人民币国际化(区域性国际化)的影响

(1)东亚核心货币的缺失为人民币国际化(区域性国际化)提供了空间

蒙代尔曾预言在未来十年内世界会形成三大货币区,美元区、欧元区和亚元区。美元区与欧元区业已建立,而亚元区目前还只是一种愿景。如果能实现东亚货币一体化将是东亚国家打破美元霸权,增强东亚货币在国际货币体系的地位与竞争力的一种途径。在这之前欧元区就做了很好的示范。但与欧元区成立的条件相比,东亚地区要实现亚元区还面临着许多障碍。比较现实的途径,是在区域内寻找强有力的核心国和核心货币,扮演类似德国和德国马克的角色,领导东亚各国走向区域一体化。而核心国的缺失为人民币国际化(区域性国际化)提供了广阔的发展空间,谁成为领导者关键取决于未来中日两国实力的对比变化,从发展趋势来看,中国的可能性更大。

(2)东亚货币合作的推进为人民币国际化(区域性国际化)创造了条件

十年间的两次重大危机,使得东亚国家产生了强烈的对美元霸权的担忧和稳定区域市场的共识,这一共识就直接转化为推动东亚国家货币合作的迫切需求。其中包括《清迈倡议》框架下的货币互换、亚洲债券基金、债券市场倡议以及最新的清迈倡议下的多边互换机制。中国是东亚地区的经济大国,中国的积极参与强化了人民币在东亚地区的积极作用,为人民币国际化(区域性国际化)创造了条件。

其一,中国是《清迈倡议》中对双边互换协议贡献度第二大的国家。在东南亚金融危机发生后,截止到 2006 年 10 月 17 日,中国分别与日本、泰国、韩国、马来西亚、菲律宾和印度尼西亚签署了双边互换协议,合计225 亿美元。尽管人民币只在很少部分合同中使用,但说明人民币币值的稳定已取得对方国的信任。而在 2008 年全球金融危机发生后,中国又陆续

---

① 郭华:《东亚货币合作中中日货币竞争力比较》,《金融教学与研究》2006 年第 4 期。

与韩国、印度尼西亚、马来西亚等东亚国家签订双边本币互换。在两次金融危机中,中国负责任大国的形象以及人民币币值的稳定已经在东亚各国中树立了良好的信誉。

其二,亚洲债券基金为人民币国际化(区域性国际化)提供了市场支持。发展亚洲区域债券市场的初衷是为了降低对美元的过度依赖,培育区域资本市场以解决亚洲各国严重的"货币错配"问题。同时,亚洲债券基金也可以看做是鼓励本地区货币使用的一项重要举措。除此之外,还有许多发展区域债券市场的建议,比如日本提出的"亚洲债券市场倡议"、韩国提出的使用证券化和信贷担保的建议、泰国提出的创造一种抵押债券工具以及建立亚洲信贷担保组织等,虽然内容不同,但其根本目的是一致的,即为减少整个地区对美元的依赖、培育本地区货币的使用建立一个坚实的微观市场基础。[①]

(3)中日双方竞争或合作的博弈将对人民币国际化(区域性国际化)的实现起着关键性作用

推进东亚货币合作符合中日双方的共同利益,因此在东亚货币合作框架下,中日两国竞争或合作的博弈起着关键性的作用。按照博弈论中的"囚徒困境"情境,可以构造一个类似的博弈模型(见表4-18):

在①的情况下是最理想的状态,中日共同推进货币合作,双方均能获得收益。因为中日两国间贸易存在着较强的互补性,合作将有效降低汇率波动性和交易成本,促进双边贸易发展;同时还有利于提高中日货币在东亚以及国际货币体系中的地位,对推进各自货币的国际化进程有利而无害;

表4-18 中日两国推进货币合作的博弈模型

	中国推进货币合作	中国不推进货币合作(竞争)
日本推进货币合作	① 5,5	② 3,-1
日本不推进货币合作(竞争)	③ -1,3	④ 0,0

在②③两种情况下,中日两国中有任何一方不采取合作的态度,即货

---

① 高海红:《当前全球美元本位:问题及东亚区域解决方案》,《世界经济与政治》2008年第1期。

币竞争。那么对双方来说都有损失，但不合作的一方损失更大。以第③种情况，即中国谋求合作，而日本采取竞争情形为例。由于中日两国是东亚地区最重要的两大经济实体，任何一方的消极态度均将影响东亚合作的进程，对中日双方都不利。而在贸易的角度上来说对日本更为不利，中国早在2004年取代美国成为日本的第一大贸易伙伴国，中日之间的不协调直接影响到双边经贸关系，同时日本在东亚的政治地位和信誉也会进一步恶化，日本的损失将大过中国。反之，假设我国不积极推进货币合作，"中国威胁论"将进一步蔓延，人民币国际化（区域性国际化）的实现更是遥遥无期。

在④的情况下，中日双方都不热心参与，那么缺少中日参与的东亚货币合作将停滞不前，表面上看双方都无收益也无损失。但推动东亚货币合作既是大势所趋，也是保证东亚经济发展的必然选择。东南亚金融危机的一个深刻提醒就是，金融危机存在着较强的地域"传染性"，东南亚各国金融体系都非常脆弱，一旦一国受到投机资本的冲击，就很有可能通过贸易和金融等多种途径影响到区域其他国家经济金融的稳定。如果东亚货币合作继续维持原地踏步的状态，不仅对东亚经济发展和货币稳定相当不利，同时对人民币和日元国际化的进程也是一种阻碍[1]。

就博弈分析的结果来看，在目前双方均不占绝对优势的情况下，双方最优的策略应该是共同致力于东亚货币合作的开展，在合作中提高本币的影响力。这种设想最终能否实现，还要取决于中日两国的态度与诚意。在此情况下，中国最好的选择是积极推动东亚货币合作，利用各层面的金融合作机制，提升人民币的影响力，争取成为区域支点货币，实现人民币国际化（区域性国际化）的战略目标。

4. 人民币国际化（区域性国际化）过程中货币锚的选择

（1）东亚货币锚选择的困境

为了减少东亚各国对美元的过度依赖，东亚经济体必须在区域内寻找共同的货币锚，这是当前制约东亚货币合作的重要难题，也是人民币国际化（区域性国际化）必然要面临的问题：

---

① 张洪梅、刘力臻、刘学梅：《东亚货币合作进程中的中日博弈探析》，《现代日本经济》2009年第2期。

其一，目前在东亚地区尚没有一国货币能胜任货币锚的角色。根据前文的分析，无论是人民币还是日元均不能单独作为东亚地区的"货币锚"。

其二，以外币定值会增加区域货币合作成本。针对东亚经济体的实际情况，国内外学者设想出一系列构建东亚汇率协调机制的选择方案，对东亚货币锚的选择也提出了不同的看法。这些方案包括：①麦金农提出的"东亚美元本位"的构想，即以美元作为"外部锚"，建立"外部驻锚"型的东亚汇率稳定机制。②威廉姆森提出的BBC规则的方案，即建立由东亚经济体共同钉住美元、欧元和日元一篮子货币的目标区爬行钉住汇率制度；③美国霍普金斯大学的应用经济学教授汉克提出的货币局或"美元化"策略；④HARVIE提出的建立亚洲汇率机制的方案，即将东亚地区所有各国的货币经过加权组成货币篮子，构建类似于欧元的亚洲货币单位（ACU），并以ACU作为各个成员单一的货币篮子目标；⑤OHNO和SHIRONO（1997）的东亚日元化方案，以日元作为货币锚；⑥钉住区域内和区域外货币共同构成的货币篮制度。即建立一种由区域外的基轴货币与区域内的基轴货币共同构成的货币篮，各本币钉住这种"混合驻锚"。以上方案各有利弊。首先，钉住美元汇率制已不再是最优的，东亚货币危机证明了这一点；日元作为独立货币锚胜出的可能性不大；而在这些提议中，区域外的货币（美元或欧元）无论以何种方式作为"货币锚"，都会大大增加东亚货币合作的成本。所以综合来看，钉住区域内共同货币篮子，而由人民币和日元共同担当区域货币合作的支点货币，对东亚来说将是一种次优的选择。①

（2）人民币比日元更有潜力充当货币锚

从目前的状况看，人民币、日元均不能单独胜任"货币锚"的角色，那么将来人民币与日元谁更具有这种潜力呢？对此，国内学者分别从理论和实证的角度进行了分析。从理论上来看，当前东亚经济和金融的发展已经呈现出人民币充当"货币锚"的外部条件；而从实证分析来看，相较于日元，人民币在东亚国家货币汇率的稳定中起着更为明显的作用。

理论上，在针对东亚区域开展汇率合作的研究中，以往都是以最优货

---

① 张洪梅、刘力臻、刘学梅：《东亚货币合作进程中的中日博弈探析》，《现代日本经济》2009年第2期。

币区理论展开进行研究，并没能抓住东亚区域开展汇率合作的基本矛盾（即由于东亚区域内部存在着出口导向策略与出口产品高度替代性之间的矛盾，因而东亚货币合作积极性不强），针对东亚的特殊情况，国内学者提出了"竞争性均衡假说"[1]。他们认为正是由于上述矛盾的存在，东亚地区相互之间会产生激烈的竞争，因而内生性地需要通过汇率合作消除恶性贬值竞争带来的巨大损失，这就为人民币充当货币锚创造了条件。

陈志昂（2008）[2] 详细地分析了这些条件：①东亚内部贸易的加深，为区域内货币的使用创造了条件；②基于美元在东亚地区的影响，东亚的汇率制度安排陷入了"固定"或"浮动"的两难困境，对各经济体的稳定十分不利；③在东亚地区自日本进口，向美国出口的"三角贸易"模式下，日美汇率的剧烈波动对该地区经济的长期发展非常不利，因此迫切需要汇率的相对稳定；④东南亚金融危机后，按相对购买力评价，东亚货币对美元的低估程度趋向一致，已出现在汇率上保持竞争性均衡的倾向；⑤中国区域内竞争压力系数较其他东亚国家和地区低；⑥鉴于"东南亚金融危机"的经验和中国的负责任的表现，人民币已获得信任。基于上述理由，当前东亚经济和金融的发展已经呈现出人民币充当"货币锚"的外部条件。

实证分析的结果也支撑了以上的理论分析。在实证研究方面主要沿用的是魏尚进和 FRANKEL（1994）设定的一个计量模型，如下：

$$e_t^{EASF} = \alpha_0 + \alpha_1 e_t^{DSF} + \alpha_2 e_t^{YSF} + \alpha_3 e_t^{MSF} + u_t$$

在模型中，采用瑞士法郎（SF）作为测算东亚货币（除日本外）汇率变动的计价标准，这些波动可以从主要货币对瑞士法郎（SF）的汇率变动中体现出来[3]。等式左边是东亚国家货币，等式右边选取了美元、日元与德国马克（当时还没有欧元）三种主要货币作为回归变量。其原理是，使

---

① 朱建豪将其定义为：东亚国家面对相互之间的不对称竞争，为了缓解升值压力、保持自身竞争力的稳定、维护出口商品市场份额而在全球性竞争中保持相对于与强竞争力货币的汇率均衡。朱建豪：《东亚汇率竞争性均衡与人民币货币锚效应》，浙江工商大学硕士论文，2007 年。

② 陈志昂：《东亚货币竞争性均衡与人民币货币锚效应》，《经济理论与经济管理》2008 年第 4 期。

③ 举例来说，如果瑞士法郎对美元的汇率波动很大程度上解释了韩元对美元的汇率波动，那么在韩国的货币篮子中美元的权重就几乎接近 100%，可以假定韩元几乎是钉住美元的。

用回归分析的方法，检验各主要国际货币对东亚某国汇率的影响，分析东亚某国汇率波动与各主要国际货币之间的隐含权重。

魏尚进和 FRANKEL（1994）、关志雄（1995）、KAWAI（2002）等分别利用上述模型研究的结果均表明，美元在东亚汇率波动中的隐含权重最高。[①] 这是由于，在 2005 年人民币汇改前，由于人民币固定钉住美元，东亚各国钉住人民币还不如直接钉住美元，因此人民币与其他东亚货币的波动相关性较小。而在 2005 年 7 月 21 日人民币汇改后，人民币逐步走向由市场决定的浮动汇率体系，国内学者以此为起点做出的实证分析，发现东亚货币与人民币之间已经显现了较稳定的联系，在短期高频名义汇率变动中，人民币对部分东亚货币的影响大过日元，甚至超过了美元（见表 4-19）。

表 4-19　对人民币货币锚效应的实证研究列表

研究学者	数据区域	参考变量	主要结论
朱建豪（2007）	2005-07-21 ～ 2006-08-18	美元、日元、欧元、人民币作为解释变量，分别对泰铢、港币、菲律宾比索、新加坡元做回归，瑞士法郎为计价标准	①短期高频名义汇率变动中，泰铢和新加坡元对人民币的钉住权重超过了美元；②在港元和菲律宾的汇率权重中人民币的地位超过日元，但不如美元。
陈志昂（2008）	2005-07-21 ～ 2007-03-06	以港元、菲律宾比索、新加坡元、泰铢、吉林特、印尼卢比作为估计对象；美元、日元、欧元和人民币作为回归自变量，瑞士法郎作为外部计价货币	①泰铢、菲律宾比索对人民币的钉住权重均超过了美元等关键货币，甚至人民币对印尼卢比的影响也超过了美元。
邱兆祥（2009）	2005-07-22 ～ 2008-05-02	东盟 10 国和中、日、韩三国等 15 种货币对瑞士法郎的汇率进行回归分析。模型一，以美元、欧元、日元作为自变量；模型二以美元、欧元、人民币和日元作为自变量	①美元仍然是最主要的名义锚，但美元在东亚汇率稳定中的地位在下降；②人民币在东亚汇率稳定中的作用在上升；③日元在东亚货币汇率稳定中的作用不明显，而且与各国的汇率波动呈负相关关系。

---

① 邱兆祥：《人民币区域化问题研究》，光明日报出版社 2009 年版，第 82 页。

从以上的研究结果来看，人民币汇率的稳定性已经对东亚地区形成重大影响，相比之下，日元在东亚汇率稳定中的作用不明显，因此人民币比日元更有潜力成为东亚地区的货币锚。根据李晓（2009）①的分析，人民币能否成为独立锚，最根本在于中国是否能在某种程度上替代美国，成为区域内最终产品市场提供者角色。从现实情况看，中国现今主要是在区域生产网络内扮演生产聚合地和出口平台的角色，虽有潜力但在短期内并不具备充当区域内最终产品市场提供者的能力。为了实现这一目标，中国必须充分利用此次危机对产业结构、经济结构和经济增长模式进行必要的调整，而中国东盟自由贸易区的建成也是一个难得的外部契机。

（四）小结

从区域视角看，东亚地区仍是典型的美元主导体系，由于对美国经济安全的依赖，东亚各国事实上钉住美元的汇率安排在短时期内不会有根本改变；欧元试图在东亚地区扩大影响力，但从现实来看，这一目标很难实现。因为东亚经济体更倾向于选择区域内货币来替代美元；日元是东亚地区唯一的"国际化"货币，但其国际地位在逐步下降，在东亚地区的影响力也十分有限；人民币在东亚的交易网络规模正在慢慢展开，并在政策的推动下具有较快的发展潜力。从实证的结果来看，人民币汇率的稳定性已经对东亚地区产生重大影响，相对于日元而言，人民币更有潜力成为东亚地区的货币锚，而要彻底摆脱美元的影响成为独立锚，则还需要时日。

三、影响人民币国际化的非经济竞争因素分析

尽管中国经济的稳定与发展对东亚地区乃至全球的经济与金融稳定都具有重要意义，许多国家还是对此保持相当警惕甚至忧虑的态度，人民币也可能因此而遭遇某种偏见甚至敌视。尤其是当人民币越来越强势，而对东亚地区现有的权力结构形成冲击时，追求经济政治利益最大化的美、日等国绝不会坐视不理。因此人民币国际化（区域性国际化）面临的除了经济实力的竞争，政治障碍也是需要突破的难题。

（一）中国需妥善处理东亚地区复杂的大国关系

在东亚地区复杂的大国关系中，对该地区国际货币格局起决定性影响

---

① 李晓：《全球金融危机下东亚货币金融合作的路径选择》，《东北亚论坛》2009 年第 5 期。

的主要是中、美、日三国之间的战略竞争关系。

1. 中美关系

从地理上说，美国虽不是东亚地区的国家，但却十分重视东亚这个经济增长强劲、人口规模巨大的潜在市场。美国的东亚政策往往是影响东亚合作的重要因素。从美国以往的态度来看，美国对东亚的支持是以参与为前提的，任何把美国排斥在外的东亚区域经济集团都会遭到美国的反对。科恩在《向无霸主的货币体系迈进》中曾这么描述："该地区是如此利害攸关。基于军事基地、结盟及深厚的商业和金融联系这样的广泛网络，华盛顿长期以来拥有一种令人钦佩的能力在东亚部署力量……华盛顿不太可能会甘心接受任何来自日元或人民币的挑战。"① 人民币的国际化（区域性国际化）势必会影响美国在东亚地区经济利益的实现，为了遏制中国的影响，不排除美国会利用美元霸权制造对中国不利的因素：

首先是威胁中国的金融安全。美国政府在国际上一直鼓吹"人民币低估论"，干预人民币汇率政策，施压人民币升值，企图起到削弱人民币竞争力的效果。当年，美国也正是用"广场协议"逼迫日元升值，致使日本国内经济陷入严重衰退，日元的国际化道路宣布失败。如果美元贬值，而人民币迫于压力大幅升值，不仅会让我国外汇储备蒙受重大损失，并且会引来大量投机资本涌入中国，加大我国金融风险；

其次，限制人民币发展的国际空间。为了遏制中国的影响，美国可以通过实施以下三重战略来实现其目的：一是单边战略，即以超强综合国力维护美元在东亚的主导地位；双边战略，即与日本、韩国和部分东盟国家发展盟友关系减少美元霸权在东亚的阻力；多边战略，即建立东亚安全保障体系，在发展与中国传统对手关系的同时，将各个同盟纳入体系中，从而在中国与东亚其他各国之间扮演一个平衡和协调者的角色。在这种情况下，一旦美国对同盟国施加影响，定会影响到东亚各国货币合作的态度，不利于人民币国际化（区域性国际化）的实现（王勇辉，2008）②。

2. 中日关系

作为东亚地区两个最重要的经济实体，中日之间的矛盾与摩擦也是最

---

① 本杰明·J.科恩：《向无霸主的货币体系迈进》，国研网编译，2008 年 11 月 25 日。
② 王勇辉：《东亚货币合作的政治经济学分析》，世界知识出版社 2008 年版。

大的。在政治上，由于中日间没能彻底解决二战后遗留的历史问题，中日之间的政治紧张关系在很长时间内难以彻底缓和。这体现在例如台湾问题、日美安全保障问题、钓鱼岛主权归属问题、参拜靖国神社等一系列争端上。虽然中日两国均有意加快东亚货币合作的进程，但是日元和人民币都要依托东亚这个平台来实现国际化的战略，未来这两种货币间的竞争与摩擦在所难免。

（二）中国需增强与周边国家和地区之间的互信与认同

除了复杂的大国关系，东亚地区存在的政治、文化和宗教差异，以及领土争端纠纷问题始终是阻碍东亚合作深入开展的障碍之一。虽然随着中国—东盟自由贸易区的建立、中国—东盟博览会的开展，中国与东盟各国已经建立了良好的沟通和对话机制，但是双边的互信还需进一步加强，尤其是中国在经济实力增强的同时，需要树立和谐、负责任的区域大国形象，否则"中国威胁论"将成为人民币国际化（区域性国际化）进程中的重要隐患。

1. 政治体制、宗教和文化差异

从中国与东盟各国的政治体制和宗教、文化来看，东亚是一个非常多样化的国际体系（见表4-20）。由于政治体制的复杂性，导致各国政府间缺乏政治互信的基础；而宗教、文化差异也会使得各国价值观存在巨大差异。虽然货币合作原则上不要求统一政治体制和社会制度，但如果能实现政治方面的联合和统一，无疑可以减少国家间冲突，从而降低区域货币合作成本。欧洲的合作就源于政治的联合，但在东亚地区，货币合作更多是

表4-20　中国—东盟各国的政治、宗教和文化、领土领海争端情况一览表

政治体制差异	①中国、越南和老挝是社会主义国家，实行的是人民代表制；②缅甸是军政府国家；③印度尼西亚、菲律宾是总统制；④泰国、柬埔寨、马来西亚和文莱则是君主制；⑤新加坡是议会共和制
宗教、文化差异	①中国、越南和新加坡以传统的儒家文化为主；②印度尼西亚、马来西亚和文莱以伊斯兰教为主；③菲律宾居民则以天主教为主；④缅甸、泰国、老挝、柬埔寨以佛教为主
领土、领海争端	①历史原因产生的中日钓鱼岛、日韩独岛（竹岛）争端；②殖民原因引起的越柬领土争端；③法律原因造成的中日东海划界争端，中越、中菲南中国海大陆架及岛屿争端

危机推动下的结果，这种缺乏政治联合意愿的区域货币合作，其基础自然是不稳定的。

2. 领土和领海的主权争议

领土争端是当今东亚地区面临的突出问题，也是引发东亚国家间利益冲突和东亚地区不稳定的诱因之一。由于涉及因素的复杂性（见表4-20），领土争端问题在短时期内不可能得到有效地解决。虽然中国"搁置争议，共同开发"的主张得到了一些国家的采纳，但这只能暂时缓和矛盾，并不意味着问题的根本解决。如果矛盾升级恶化，不仅在国内容易引发国内民族主义情绪高涨，对双方的政治关系产生极大地危害；在国家和地区层次上，也易引发国家间权力结构不平衡，造成国家之间的不信任，加剧合作的难度。

本章小结

人民币要实现国际化（区域性国际化），就必须在现有的国际货币竞争格局中胜出，特别是在东亚地区。从全球视角看，目前的国际货币体系仍由美元主导，欧元的启动并没能撼动美元的霸权地位，日元随着国际地位的衰落已经失去了竞争力，英镑基本上已经边缘化，而人民币在国际上的使用更是微乎其微；从区域视角看，东亚地区仍是美元主导的货币体系，日元比欧元稍胜一筹，但影响力也十分有限。基于对美元贬值的担心和欧元区的示范效应，东亚地区有意通过区域货币合作，来改变东亚货币在国际货币竞争格局中处于的不利地位。而东亚核心货币的缺失和东亚货币合作的逐步推进，给人民币与日元争作区域主导货币提供了机会。日元已是三大国际货币之一的事实，以及日元"亚洲化"战略的实施，注定了日元与人民币之间会有激烈的竞争。就现状而言，人民币与日元均不具备充当东亚核心货币的绝对优势。但实证分析的结果表明，人民币在东亚货币的汇率稳定中起着更为重要的作用，因此人民币比日元更有潜力充当东亚地区的货币锚，但这需要走很长的一段路。

为实现人民币的国际化（区域性国际化），中国不但要面临来自主要货币国的经济实力竞争，并且还要接受政治环境的挑战。从经济实力竞争分析的结果来看，中国的经济发展增速、对外贸易规模与东亚地区的贸易联系、金融的发展与逐步对外开放以及人民币内外价值的相对稳定是人民币走向国际化（区域性国际化）的有力条件；但是中国经济缺乏核心竞争力、制造业优势不强、金融市场落后以及潜在的通胀压力等情况也是影响人民币国际化（区域性国际化）的不利因素。而从非经济因素的角度来看，一方面，基于美元霸权和中日之间政治障碍的影响，中国需妥善处理好中美、中日之间的大国关系；另一方面，由于东亚地区存在复杂的政治、宗教、文化差异和领土主权纠纷问题，中国还需加强与周边国家和地区的沟通与交流，增强互信与认同，为人民币国际化（区域性国际化）扫清政治障碍。

参考文献

［1］科恩：《货币地理学》，西南财经大学出版社 2004 年版。

［2］陈雨露：《东亚货币合作中的货币竞争问题》，《国际金融研究》2003 年第 11 期。

［3］巴曙松、杨现领：《国际货币体系中的美元与欧元之争：文献综述》，《西南金融》2009 年第 4 期。

［4］鲁世巍：《美元霸权与国际货币格局》，中国经济出版社 2006 年版。

［5］李海燕：《经济全球化下的国际货币协调》，冶金工业出版社 2008 年版。

［6］陈元：《国际货币市场变化趋势及对策研究》，中国财政经济出版社 2007 年版。

［7］人民币现金跨境流动调查课题组：《2004 年人民币现金跨境流动调查报告》，《中国金融》2005 年第 4 期。

［8］孙东升：《人民币跨境流通的现状及国际化程度》，对外经济贸易大学出版社 2008 年版。

［9］范祚军、关伟：《基于贸易与货币竞争视角的 CAFTA 人民币区域性策略》，《国际金融研究》2008 年第 10 期。

［10］邱兆祥：《人民币区域化问题研究》，光明日报出版社 2009 年版。

［11］李晓：《日元国际化的困境及其战略调整》，《世界经济》2005 年第 6 期。

［12］郭定平：《东亚共同体建设的理论与实践》，复旦大学出版社 2008 年版。

［13］Yin－Wong Cheung，GuonanMa，RobertN. McCauley，秦凤鸣：《中国国外资产人民币化》，《山东大学学报（哲社版）》2009 年第 1 期。

［14］郭华：《东亚货币合作中中日货币竞争力比较》，《金融教学与研究》2006 年第 4 期。

［15］高海红：《当前全球美元本位：问题及东亚区域解决方案》，《世界经济与政治》2008 年第 1 期。

［16］张洪梅、刘力臻、刘学梅：《东亚货币合作进程中的中日博弈探析》，《现代日本经济》2009 年第 2 期。

［17］朱建豪：《东亚汇率竞争性均衡与人民币货币锚效应》，浙江工商大学硕士论文，2007 年。

［18］陈志昂：《东亚货币竞争性均衡与人民币货币锚效应》，《经济理论与经济管理》2008 年第 4 期。

［19］GeoffLewis：《美元储备货币地位惹争议》，《金融实务》2009 年第 11 期。

［20］王勇辉：《东亚货币合作的政治经济学分析》，世界知识出版社 2008 年版。

［21］李晓：《全球金融危机下东亚货币金融合作的路径选择》，《东北亚论坛》2009 年第 5 期。

第五章

人民币国际化的国力条件

　　一个国家的本币参与国际货币竞争，对抗其他国家货币，从中获胜并最终实现其货币国际化需要经历漫长而复杂的过程，不可以一蹴而就。因为一国货币国际化的根本前提是该国在商品和服务贸易、制造生产、国际投资等领域既已实现国际化，是一国综合国力条件强盛发达的具体表现。反过来，一国货币的国际化，又会影响该国的经济、区域经济乃至促进全球宏观经济发展。纵观世界各主要国际货币的发展历程，总结历史经验我们可以得出一个重要结论，即一国若想要本国货币成为国际货币，必须具备最基本也是最必要的条件——该国经济发展的规模和对外开放程度。由此可见，我国经济的发展强大是人民币国际化的内在动力，同时也离不开全球经济发展的大环境。因此，在我们有步有序推进人民币国际化的进程中，尽可能准确的评估中国国力的现状及未来发展趋势并以此为依据正确的看待中国现在和未来的国际地位是当前的重要任务。

第一节　中国经济、政治地位与人民币国际化潜力

自从 1978 年对外开放后，中国的经济日益迅速壮大，已经成为全球经济发展最快的国家之一。从纵向上看，中国经济面貌焕然一新有了翻天覆地的变化，国家实力得到了大幅度提高，让全世界人民刮目相看；从横向上看，中国长期以来都是世界上经济发展速度最快的国家之一，GDP 增长率不仅远远高于同期的世界平均增长水平，也高于其他发达国家。中国经济持续的快速增长、综合国力的不断增强是大家一致肯定的事实。

一、中国的经济总量地位和人民币国际化的潜力关系研究

一国货币走向国际化，实际上就是该国货币在国际市场上参与竞争，与其他国际货币对抗的过程，一国货币的自由可兑换程度只是其必要条件，却不是充分条件。因为在一国货币成为了可自由兑换货币后，国际经贸活动双方是否使用该货币进行计价、结算，这不是由货币发行国主观可以决定的，而是要取决于其他国家对这种货币的接受意愿。这种意愿来自于对该货币购买力的信心，这种信心又来自于对支撑该货币的经济体的实力的认同。因此我们说经济实力是一国货币竞争力的基础，经济总量的强大以及经济的可持续发展能够大大加强一国抵御金融冲击和抗风险的能力，也为本国货币竞争力的提升提供了最坚实的物质保证。因此，货币竞争在最本质的意义层面上可以说是国家经济实力的较量。一国综合国力和经济基础的强弱是关系到该国货币在国际货币体系中所处的地位的决定因素。与此同时，经济实力的增强也必将导致一国在世界范围内经济影响力的扩张和国际经济地位的上升，而这种经济扩张和地位的上升的一个集中体现就是该国货币走向国际化。

（一）主要国际化货币的国力条件分析

从世界发展历史看，英国是世界上首先进行工业革命的国家，之后随之又出现了产业革命，极大地提高了英国生产力的同时也带了极其丰富的产品。产品丰富不仅满足了国内市场的需求，也使得英国商品贸易的触角

由内而外地伸向了世界各地。国际贸易是英镑走出国门的主要原因和推动力，同时也是英镑进一步在世界流通，不断提高国际化程度的一种重要媒介，从而奠定了英国在国际贸易和金融领域的霸权地位，进一步决定了英镑的国际货币地位。

美国的繁荣强盛与二次世界大战密不可分。第一次世界大战时期，美国作为主要的供给方为交战双方提供了大量的物资并对欧洲提供战后重建帮助其经济复苏，美元的国际地位逐步得到巩固，第二次世界大战再一次为美国提供了跨越式发展的机会，让美国得以在经济、政治和军事上都远远超前于欧洲的发展，建立起自己的世界霸主地位。特别是二战后由美国主导建立的国际货币秩序——"布雷顿森林体系"，以国际协议的方式确定了美元的国际地位，使其在国际货币竞争中取代英镑成为了和黄金并列的国际本位。从此，美国在世界列国中登上霸主宝座，美元成为国际货币体系中的核心。

70年代是德国经济增长和马克升值的黄金时期，当时德国以对外投资等方式大量输出马克，从而反映在国际收支平衡表上资本账户大量逆差。仅1972年至1980年间，德国对外输出的马克折算成美元就高达681亿。马克的大量输出一方面减轻了国内市场的通货膨胀，同时也通过增加国际市场上的货币供应减轻了马克升值压力，还避免了美元资产的贬值损失；另一方面，这种货币的大量对外输出逐步引导马克在国际范围内成为重要的储备货币之一。因此我们可以看到德国马克的国际化起源于货币在国际贸易结算中的使用（这已经似乎成为某一货币走向国际化的必经阶段），而区域货币联动机制的制度设计则强有力的推广了马克的使用。得益于马克稳健的走势加上德国央行的公信力，因此马克通过货币联动机制广泛地应用在区域贸易、对外投资领域，然后进一步推广到国际贸易中，从而被广泛地接受为国际储备货币之一。

日元国际化跟德国马克的时期相同，起源于20世纪70年代初期。由布雷顿森林体系崩溃以后，日元对美元的汇率开始进入了上升通道。日本是贸易起家的国际大国，日元对美元的持续升值给日本制造企业带来了巨大的出口压力，为了缓解企业困难，日本政府大力提倡并出台政策鼓励企业在贸易中使用日元结算，于是日元逐步在日本对外贸易中充当起国际货币的职能。20世纪80年代中期左右，日本政府开始有意识地进一步推动日元走向国际化。其中，政府于 1980 年重新修订了日本外汇与外贸法，以立法的形式取消了外汇管制，日元成为自由可兑换货币。日本离岸金融市场于 1986 年 5 月成立后，取消了原先对日本居民和非居民的资本流动限制措施。日本政府这一系列措施逐步取得成效，1990 年日本进出口贸易中，以日元结算的贸易比重分别占 14.5% 以及 37.5%，对比 1980 年的数据分别提高了 12.1% 以及 5.1%。同时日元在其他国家的外汇储备中所占比重也相应地提高到 8%。此时的日元可以说成为了继美元、马克之后的又一国际货币，其所占世界外汇储备也仅次于它们。

（二）人民币国际化的国力条件基本具备

我国经济自 1978 年改革开放以来，国家经济和综合实力得到了长足的发展。表 5-1 显示了 1998—2009 年中国的 GDP 以及 GDP 增长率，从中可以看到这 12 年间，中国以超过 8% 的平均增长率发展，而 2003—2007 年间增长率更是超过了 10%。

表 5-1　中国 1998—2009 年 GDP 总量及增长情况

年份	GDP（亿元）	GDP 增长率（%）
1998	84402.3	7.80%
1999	89677.1	7.60%
2000	99214.6	8.40%
2001	109655.2	8.30%
2002	120332.7	9.10%
2003	135822.8	10%
2004	159878.3	10.10%
2005	183217.4	10.40%
2006	211923.5	11.60%
2007	257305.6	13%
2008	300670	9%
2009	335353	8.7%

2009 年我国国内生产总值达人民币 335353 亿元，同比增速 8.7%，高于经济学家的普遍预期，也高于政府设定的目标。按当年的平均汇率折算

为 4.91 亿美元。我们可以将我国现阶段与英镑、美元、日元及马克在其货币国际化历程中的情况进行对比，具体如下表所示，下表为根据经济合作与发展组织经济学家麦迪森估算数据。

表 5-2 1500—1973 年部分国家 GDP 估算

单位：百万国际元

年份	1500	1600	1700	1820	1870	1913	1950	1973
奥地利	1414	2093	2483	4104	8419	23451	25702	85227
比利时	1225	1561	2288	4529	13746	32347	47190	118516
丹麦	443	569	727	1471	3782	11670	29654	70032
法国	10912	15559	21180	38434	72100	144489	220492	683965
德国	8112	12432	13410	26349	71429	237332	265354	944755
意大利	11550	14410	14630	22535	41814	95487	164957	582713
荷兰	716	2052	4009	4288	9952	24955	60642	175791
挪威	792	304	450	1071	2485	6119	17838	44544
瑞典	382	626	1231	3098	6927	17403	47269	109794
瑞士	482	880	1253	23342	5867	16483	42545	117251
英国	2815	6007	10709	36232	100179	224618	347850	675941
西班牙	4744	7416	7893	12975	22295	45686	66792	304220
苏联	8475	11447	16222	37710	83646	232351	510243	1513070
美国	800	600	527	12548	98374	517383	1455916	3536622
日本	7700	9620	15390	20739	25393	71653	160966	1242932
中国	61800	96000	82800	228600	189740	241344	239903	740048
印度	60500	74250	90750	111417	134882	204241	222222	494832
世界	247116	329417	371369	694442	1101369	2704782	5336101	16059180

表 5-3 1500—1973 年一些国家 GDP 占世界份额估计

单位：%

年份	1500	1600	1700	1820	1870	1913	1950	1973
奥地利	0.6	0.6	0.7	0.6	0.8	0.9	0.5	0.5

续表

年份	1500	1600	1700	1820	1870	1913	1950	1973
比利时	0.5	0.5	0.6	0.7	1.2	1.2	0.9	0.7
丹麦	0.2	0.2	0.2	0.2	0.3	0.4	0.6	0.4
法国	4.4	4.7	5.7	5.5	6.5	5.3	4.1	4.3
德国	3.3	3.8	3.6	3.8	6.5	8.8	5	5.9
意大利	4.7	4.4	3.9	3.2	3.8	3.5	3.1	3.6
荷兰	0.3	0.6	1.1	0.6	0.9	0.9	1.1	1.1
挪威	0.1	0.1	0.1	0.2	0.2	0.2	0.3	0.3
瑞典	0.2	0.2	0.3	0.4	0.6	0.6	0.9	0.7
瑞士	0.2	0.3	0.3	0.3	0.5	0.6	0.8	0.7
英国	1.1	1.8	2.9	5.2	9.1	8.3	6.5	4.2
西班牙	1.9	2.1	2.2	1.9	2	1.7	1.3	1.9
苏联	3.4	3.5	4.4	5.4	7.6	8.6	9.6	9.4
美国	0.3	0.2	0.1	1.8	8.9	19.1	27.3	22
日本	3.1	2.9	4.1	3	2.3	2.6	3	7.7
中国	25	29.2	22.3	32.9	17.2	8.9	4.5	4.6
印度	24.5	22.6	21.4	16	12.2	7.6	4.2	3.1
世界	100	100	100	100	100	100	100	100

　　英国在18世纪由海上贸易大国逐渐发展成为世界强国，到了1820年，排在全球经济的前十名国家分别为：中国、印度、法国、英国、意大利、日本、西班牙、美国和墨西哥。中国及印度的经济总量虽然很大，但属于自给自足的封闭性经济，没有参与欧洲列强之间的世界贸易，因此国际贸易中主要结算货币是英镑、法郎等。1820年英国经济规模达到362.32亿国际元，位于全球第四，占全球GDP的5.2%，1870年进一步达到9.1%，这既是英国经济的顶峰时期，也是英镑国际地位的顶峰时期。同时美国在1870年后，国民收入和生产率开始超过欧洲，当年GDP达到了983.74亿国际元，占全球GDP的8.9%，在1950年时美国经济占全球经济总量的比例达到27.5%，超越了历史上其他西方国家曾经达到的份额，而这一时期美元作为国际货币也达到登峰造极的地位。日本和德国的经济于20世纪

70 年代发力迎头赶上美国，1973 年两国的 GDP 分别占全球 7.7% 和 5.9%，仅次于以 22% 占比排名第一的美国，此时的国际货币格局中除了美元外，德国马克和日元也开始占有一定的位置。这深刻地说明了一个国家的经济地位与货币地位之间内在联系的重要表现。

中国整体经济已经迈上了一个新台阶，在向世界证明了其自身巨大潜力的同时也标志着国家宏观经济调控水平的提升。如此巨大的经济总量就意味着我国已经迈入了货币国际化的门槛，实现人民币国际化的最本质实力已经初具规模。在此基础上，我国经济发展不断加快同时多年来保持巨大的外汇储备以及贸易顺差，在可预见的未来长时期，中国经济毫无疑问还将继续保持较高水平的稳定增长。根据现有情况预测，今后 40 年中国经济仍将保持较快增长势头，同时人民币在国际上一直保持着良好的声誉，成为各国放心并愿意持有的货币之一。有强大的经济实力作后盾，我国已为人民币国际化奠定了坚实基础。为了对我国未来经济发展的远期前景作出合理测算同时能够方便地与其他货币进行对比，我们需要测算以美元计价的未来时期我国 GDP 总量。我国在长期的发展过程中一直保持较高的增速，积累了厚实的经济总量，因此未来我国的经济增长虽然仍将高于其他国家的增长速度，但相对自身而言，GDP 增长率肯定会略有下降，对此我们应该保持成熟理智的态度。预计在 2010 后的十年期间，我国 GDP 将保持 7% 的增长速度，2020—2050 年则将更低，具体如下表所示：

表 5-4　1979-2050 年我国 GDP 增长率①

	1979—2009 年	2001—2009 年	2010—2020 年	2020—2030 年	2030—2050 年
GDP 增长率	9.8%	10.22%	7%	6%	4%

此外还应考虑未来时期我国国内价格变化水平，与 GDP 增长率所对应，这里我们用 GDP 缩减指数来衡量价格水平，由于 1979—2009 年我国 GDP 缩减指数累计平均每年上涨 5.5%，其中 2001—2009 年平均为 4%，由此我们可以对未来时期我国 GDP 缩减指数作出如下预期：

---

① 注：2010—2050 年为作者预测值。

表5-5 1979—2050年我国GDP缩减指数①

	1979—2009	2001—2009	2010—2020	2020—2030	2030—2050
GDP缩减指数	5.5%	4.3%	4%	3.5%	3%

要将我国GDP换算成美元就应在此基础上再考虑人民币对美元汇率的走势。改革开放之初，人民币对美元的官方汇率曾经为大约2元人民币兑换1美元，1985年平均汇价为2.9366元兑换1美元，1994年实行汇率改革，当年平均汇价为8.6187元兑换1美元，此后人民币进入升值通道，但在1997年下半年亚洲金融危机爆发后，人民币连续7年处于"超稳定"状态，从2005年7月开始继续升值，到2008年平均汇价约为6.88元兑换1美元，2005—2008年人民币兑美元平均升值4.5%。我们预期2009—2030年人民币对美元平均升值3%左右，到2030年时的汇率大约为4元人民币兑换1美元。此后不再作持续升值的预期。从国际经验看，日元从20世纪70年代初开始升值，到20世纪末的大约30年时间，总体上处于升值状态，此后大约在100—120日元/美元的范围内波动，德国马克也有类似的经历。我们设想人民币持续升值的时间大约在2025年结束，从1994年开始计算，历时约35年左右，如下所示。

表5-6 1985—2030年我国人民币对美元汇率中间价走势

	1985年	1994年	2008年	2009年	2030年
人民币/美元	2.9366/1	8.6187/1	6.9/1	6.83/1	4/1

综合以上三方面考虑，我们可以得出未来时期我国GDP总量的预测值及其美元价值。此外也对未来一段时期世界GDP总量规模进行预测，根据WORLDBANK数据，1990—2008年，世界现价GDP规模从21.8万亿美元增长到60.59万亿美元，平均每年增长5.8%，1980—2008年的世界GDP平均增速也大概约为6%，因此为了便于测算，我们就以6%的平均增速推测未来时期世界GDP的总量规模。

---

① 注：2010—2050年为作者预测值。

表5—7　2009—2050年中国和世界GDP及中国所占份额变化趋势预测

单位：万亿美元

	2009	2020	2025	2030	2040	2050
中国GDP	4.33	18	33	50	100	190
世界GDP	60.59	118	156	207	364	640
中国占世界比例	7.14%	15%	21%	24%	27%	30%

由表5-7所示，我国将于2025年在GDP占世界份额上突破五分之一的大关，到2050年时这一比例将可能增加到30%，如此巨大的GDP总量，是人民币成为国际货币的最坚固可靠的物质保障，必然强而有力的推动人民币走向世界强势货币。

二、中国的国际贸易地位和人民币国际化的潜力

一国货币逐渐渗透到国际领域是以该国经济实力为基础，同时以该国经济参与经济全球化为推力，不断递进演变而最终实现货币国际化。其中一国参与经济全球化的进程基本上可分为对外贸易的扩张，对外投资的增强和金融市场开放的层次。其中，贸易扩张是参与经济全球化的首要阶段。

（一）对外贸易扩张与货币国际化的互动机理

一国对外贸易不断向全球扩张是该国参与经济全球化发展的重要体现之一。随着自由贸易主义在世界范围内被普遍接受，各国贸易壁垒不断消减，国际商品贸易增长迅速，服务贸易也在崛起，各国之间的贸易往来日益密切，贸易依存度不断攀高。据IMF统计，1970年全球商品出口额仅为3151亿美元，到1980年商品出口额上升为2万亿美元，而2008年这一数字则高达32.5万亿美元，增长速度之高可见一斑。

随着经济全球化的不断推进，包括商品和服务两种形式的国际贸易在当今经济运行中所占的地位不断提高，而一个国家的对外贸易对该国货币的国际化有着直接影响。原因在于，如果一国对外贸易的强大，就代表着该国的贸易环境能够对其他国家自由开放，同时有较大的商品贸易和服务贸易市场，尤其是进口市场广大，能够大量消化世界上其他国家提供的商品和劳务，以对外贸易为桥梁同全世界建立起广泛而密切的联系，实现贸

易多元化。一国货币能否成为国际货币，与该国的对外贸易影响力密切相关，具备了上述的对外贸易影响力，该货币才能在国际上被广泛接受。

贸易扩张往往不局限于商品贸易，还包括服务贸易，推动了各个国家之间商品和服务的交流，推动了各国经济的发展，并且加强了往来国之间的经济依存度，同时，贸易的扩张和贸易自由化形成了全球范围内的统一市场，构成了经济全球化最重要的内容并真正促进了全球经济发展，进而成为货币国际化的重要支撑力量。另一方面，贸易扩张会推动一国货币实现国际化。一国综合实力提高后必然带动了该国的劳动生产率，使得该国产品在国际商场上具有较强的竞争力，进而增加该国的贸易出口以及该国对外贸易占全球比重和贸易顺差。而贸易顺差以及对外贸易持续扩张必然会带动一国货币升值，使得外国出口商在与其贸易往来中更倾向于使用该货币计价结算，继而使得该国货币在全球范围得到接受。纵观历史，英国、美国、日本在各自货币的国际化进程之初都经历过贸易扩张的过程。

（二）主要货币主权国贸易扩张与货币国际化

从总的对外贸易额来看，19 世纪时英国是世界上最大的对外贸易、制造产品顺差国，在此后半世纪的时期里英国都是自由贸易主义的积极倡导者，采取了如国内废除了谷物法、降低商品进口关税等一系列措施，这使得英国成为当时名副其实的世界工厂，在国际贸易中竞争优势明显。19 世纪 80 年代时英国的对外贸易占全球贸易总额中的比重高达 22%—23%，远高于同期的法国、德国和美国，这些国家都保持在约 10% 的水平左右。即使到 1913 年，英国仍是世界第一，对外贸易总额达到 393.48 亿美元，而同时期的法国、意大利和美国这一数字分别为 112.92 亿美元、46.21 亿美元和 191.96 亿美元。德国在这时候已经开始显示出其经济实力，对外贸易总额已经达到 382 亿美元。出口贸易总额方面，英国在 19 世纪也同样一直领先全球。1820 年，英国商品贸易出口总额约为 11.25 亿美元（1990 年美元），远远超过同时期其他的国家，法国、意大利和美国当年的这一数据分别为 4.87 亿美元、3.39 亿美元、2.51 亿美元。随着英国出口贸易额不断增长，其占欧洲出口的比重越来越大，1870 年英国占欧洲出口的比重达到了 40%，当时英国出口贸易额约为 122.37 亿美元，同时期的法国、意大利和美国这一数字分别为 35.12 亿美元、17.88 亿美元和 24.95 亿美元，可以看出英国又进一步拉开了与这些国家之间的差距。更值得关注的是，英镑在成为国际货币的过程中，也经历了对外贸易长年保持贸易顺差的状况。英国制造品贸易顺差从 1855 年的 77.4 百万英镑逐渐增长到 1924 年的 344.4 百万英镑，增长四倍以上，其中 1870—1914 年，英国对外贸易中的顺差额平均每年为 7889 万英镑。英国对外贸易领域的强盛几乎充分显示了英国的强大国力和国际贸易中的主导地位，也为英镑的国际地位奠定了坚实基础。

从 1790 年到 19 世纪前期，美国的商品贸易一直处于贸易逆差状态，从 19 世纪中后期开始美国的出口规模持续较快增加，扭转了美国贸易逆差的局面，并且一直保持贸易顺差约百年时间。其中，1869—1878 年美国平均每年商品贸易顺差 5270 万美元，1879—1888 年为 1.324 亿美元，1889—1899 年达到 2.408 亿美元，1900 年为 6.4 亿美元，1901—1913 年为 5.702 亿美元。20 世纪前期先后发生了第一次世界大战、经济大萧条和第二次世界大战，国际环境变幻莫测，政治经济动荡不安。期间，美国有意无意地效仿 19 世纪中期的英国，大力反对贸易保护主义，在全球范围倡导自由贸易。随着美国的国际地位持续提升，世界贸易和对外投资的形势和格局发生了新的巨大变化，美国成为世界上最大的国际贸易国和资本输出国，取代了英国成为了世界头号强国。1938 年美国在全球贸易总额中所占的比重为 14.1%，1948 年这一比重升至 21.9%，同时美国的贸易顺差也在不断增长。其中，1929 年美国贸易出口 421 亿美元，进口 374 亿美元，顺差 47 亿美元；1940 年，出口 420 亿美元，进口 317 亿美元，顺差扩大到 103 亿美元。1946 年出口 690 亿美元，进口 420 亿美元，顺差 270 亿美元。1953—1970 年，美国贸易收支年均顺差额高达 36.05 亿美元。此时美国已经完成了从世界大国到世界强国的进化，进一步奠定了美国至高的国际地位，从而为美元的国际货币地位打下坚实基础。

日本是 19 世纪 70 年代后以擅长制造生产和对外贸易闻名的世界新兴力量。而日元的国际化历程也充分突显了对外贸易扩张在货币国际化进程中的重要作用。1949 年日本对外贸易比重仅占全球贸易的 1.24%，1965 年这一比重为 4.64%，1980 年则升到了 7%。1965—1980 年期间日本进出口总额增长了 9.26 倍，而外贸依存度由 1965 年的 18.61% 升到 1980 年的 25.55%，增长幅度并没有外贸总额增长幅度大。1990 年日本对外贸易占全世界比重到了 7.7%，对外贸易依存度反而降到了 20.9%。这是因为虽然日本的外贸总体规模迅速扩大了，但日本经济规模扩大的速度更快，经济膨胀速度远远超过了贸易扩张。例如，1980年日本较之1965年的GDP就增长了6.47倍。日本经济规模和对外贸易的持续扩张，为日元实现国际化铺平了道路。同样地在贸易收支方面，日本从20世纪60年代后期开始一直保持着贸易顺差，1964—1980年日本年平均贸易顺差额为57.44亿美元。1965年日本出口贸易中以日元计价结算的贸易占总出口的1%，进口贸易中以日元计价结算的贸易占总进口的0.3%，到1994年，这一比重分别提高到40.7%和21.6%。

有学者计算了相关数据，其结果显示了这段时期日元在日本出口和进口贸易结算中的比重与兑美元汇率之间的相关系数高达0.8721和0.9580。这些数据表明日元币值的稳定直接影响着日本对外贸易中以日元计价结算的贸易比重，特别是进口贸易中该比重得到了明显的增加。通过历史经验我们可以得出结论，当国家经济实力发展壮大后，国家的进出口贸易也会在世界范围内扩张，而持续的外贸顺差将加速该国货币向国际货币的演变。

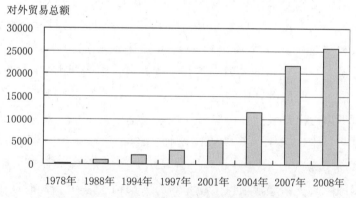

图5-1　1978—2008年我国对外贸易总额

（三）中国贸易地位提升与人民币国际化前景

一国货币在实现国际化的进程中，首要的一步就是在国际经济贸易和对外投资中充当支付手段，所以一国货币的国际化进程和程度与该国出口贸易和投资的数量和结构密切相关。随着中国经济和科技水平的发展，在出口贸易中改变了以往主要出口原材料和低附加值产品的情况，而向出口高新技术产品发展，如高附加值的工业制成品、机电产品等。出口贸易产品结构的改变，提升了中国对外贸易的竞争力水平，为人民币国际化打下了基础。

如图 5-1 所示，自从改革开放以后，我国对外贸易发展迅速。1978 年我国的进出口贸易总额仅为 206 亿美元，1988 年，我国外贸进出口总额首次突破 1000 亿美元大关，达到 1027.9 亿美元；之后经过 6 年的发展，于 1994 年再迈一个千亿美元的台阶，对外贸易总值达 2367 亿美元；1997 年，外贸总值突破 3000 亿美元，并首次跻身世界 10 大贸易国行列。2001 年我国加入 WTO 后凭借良好机遇，再加上世界经济新一轮的复苏，我国对外贸易加快了发展的步伐。2001 年我国进出口贸易规模为 5097 亿美元，2004 年对外贸易规模首次超过 1 万亿美元，达到 11545.5 亿美元，比起 2001 年增长超过两倍；2007 年对外贸易规模比起 2004 年又翻一番，顺利突破 2 万亿美元达到 21737.3 亿美元。到 2008 年这一数字达到了 25616.3 亿美元，比起 30 年前增加了 120 多倍，比去年同比增长 17.8%。其中，出口贸易额为 14285.5 亿美元，同比增长 17.2%；进口贸易额为 11330.8 亿美元，同比增长 18.5%，贸易顺差 2954.7 亿美元，比上年增长 12.5%，净增加 328.3 亿美元。2008 年世界商品出口贸易排名前四位分别为德国、中国、美国和日本，其贸易出口所占世界比重分别为 9.74%、8.94%、8.54% 和 5.23%。以目前的贸易扩张速度而言，中国的出口贸易的持续扩大使得我国出口所占世界比例越来越大，相信在不久的将来我国将取代德国成为世界第一出口大国。出口贸易规模迅速发展的另一结果就是我国在贸易收支和经常项目中的顺差不断增加，2006 年我国贸易顺差累计达到 3675 亿美元，取代日本成为世界上贸易顺差总额最多的国家。到了 2008 年，我国国际收支中经常项目下顺差约为 4261.1 亿美元，同时期美国经常项目逆差 6732.6 亿美元，日本经常项目下顺差约 1566.3 亿美元，德国这一数字为 2432.9 亿美元。其中我国商品贸易顺差更是达到 2955 亿美元，比上年增加 328 亿美元。回顾历史，我们可以发现无论是英镑、美元还是日元在货币国际化历程中，货币主权国家都曾有过大量贸易顺差的现象，因此我国现阶段的贸易扩张和大量的贸易顺差规模，是推动人民币走向国际化的一个重要有利因素。

表5-8 1948—2008 年中、美、德、日出口贸易占全球比重

	1948	1953	1963	1973	1983	1993	2003	2007	2008
世界 （十亿美元）	58.5	83.8	156.8	578.8	1837.6	3675	7375.4	13618.9	16127
世界（%）	100	100	100	100	100	100	100	100	100
美国（%）	21.65	18.83	14.9	12.31	11.19	12.65	9.83	8.54	8.06
德国（%）	1.35	5.26	9.29	11.65	9.22	10.34	10.19	9.74	9.08
中国（%）	0.89	1.22	1.29	1.01	1.21	2.5	5.94	8.94	8.85
日本（%）	0.44	1.52	3.47	6.38	8	9.86	6.4	5.23	4.85

虽然中国的对外贸易产品多为劳动密集型产品，目前还不具备技术优势，但仍靠自身特点在世界上占有一席之地，在全球贸易领域具有相当大的影响力，这一点在区域内部体现的最为明显。中国在贸易上具有较好的外向型基础，周边东亚各经济体对我国的对外贸易依存度较高，因而加强中国与东亚各经济体之间的经济和贸易合作，将有利于增强人民币的区域影响力，从而有力地进一步推动人民币国际化。

除了考察贸易所占份额之外，进出口贸易的来源地也是评价贸易影响力的另一重要指标。据亚洲开发银行公布的数据显示，亚洲国家之间贸易依存度非常高，除日本以外的各经济体的对外贸易的进出口国家都在亚洲内部。其中中国针对亚洲的进出口份额分别为46.4%和41.7%，远远高于相对于欧洲和北美的水平。东亚区域内部的高度贸易依赖，为人民币在东亚区域性国际化奠定了稳固的贸易基础，从而为人民币进一步成为国际化货币提供了良好区域条件和长足动力。

三、中国的对外投资地位提升和人民币国际化的潜力

（一）对外投资扩张与货币国际化推进机理

从国际收支平衡角度而言，一国资本项目逆差必须以一国贸易收支顺差为基础，只有国家积累了大量财富，才有可能进行对外投资活动。贸易顺差对对外投资的影响主要在以下几方面：第一奠定一国对外投资活动的物质基础，提供资金；第二创造合适环境，在世界商品市场上占据强国地位，为开放资本项目做准备；第三大量的贸易顺差将推动该国货币升值，

大大提高本国投资者对外投资力度，也增加本币在外国的购买力。在本国法律允许的条件下，国内居民较倾向于用本币进行对外投资，一方面因为用本币筹集本金较为方便，投资成本较小；另一方面也是因为使用本币可以降低汇率风险，比如签订对外合同时，合同及实际操作中使用本币更为方便和安全。因此，一国对外直接投资和间接投资活动的增加，该国货币将直接在投资合同、债权凭证等方面充当国际货币。随着对外经济及投资活动规模进一步扩大，使得该国货币逐步成为全球范围内的贸易、投资活动的计价货币和结算货币，在世界上的使用更为广泛，该国货币也将逐渐成为世界范围通用的国际货币。

（二）主要货币主权国对外投资扩张与货币国际化

在本国货币迈向国际化过程中，各主权货币国家都曾经历了对外贸易顺差大国、对外资本输出大国以及对外投资债权大国等历程。英国在19世纪整整一个世纪的时间里，是世界上最大的对外投资国。从1825年到1913年，英国的对外投资额从5亿美元增加到195亿美元，增长了39倍之高，远远超过欧洲其他国家和美国。英镑以英国对外贸易和对外投资两大领域的绝对优势为强有力支撑，一步步成为了称霸世界的国际货币。

美国成立初期因经济增长需要大量资金，因此积累了巨额的债务，成为净债务国家，但到19世纪末期开始转为资本出口。1898—1905年连续8年出现资本净流出，有的年份净流出量在3亿美元左右。这些资本根本没法与巨大的对外债务相提并论，但接着的两次世界大战却给予了美国扭转历史的机会。

一战期间，交战各国纷纷到美国市场发债借款筹资，一下子减轻了美国的对外债务负担。到1919年，美国的对外债务从1914年的50亿美元减少到20亿，而海外资本则超过70亿美元。一战结束后美国积极推动欧洲的战后重建及恢复计划，在全球范围掌握了大量的对外贷款。二战作用类似于一战，并进一步促使美国成为了世界头号强国，它不仅增强了美国作为资本输出国的地位，而且增强了美国在国际货币体系中的地位。1941年3月到1946年9月美国向同盟国资助了380亿美元，相当于一战时提供的3倍多。战后通过马歇尔计划等，美国向欧洲提供了巨额的援助。1947—1955年，美国对西欧的军事援助达115.34亿美元，其他援助235.11亿美元。同时，美国的私人对外投资也大量增加。1950年，美国海外投资的市场价值达到 726 亿美元，大大超过外国在美国投资的价值 208.51 亿美元。美国的对外投资在国际上遥遥领先，并成为世界最大的债权国。美国逐步替代英国成为最大的国际贸易国和资本输出国，在对外援助和对外投资过程中，许多贸易是直接用美元来进行的，美元作为国际货币的地位顺势而升。

日本自 1981 年以来，金融与资本项目连年逆差，其中对外直接投资逆差由 1981 年的 4.71 万亿日元增至 1998 年的 21.35 万亿日元，对外证券投资由 1981 年顺差 4.45 万亿日元发展到 1998 年逆差 39.18 万亿日元。对外投资的增加和投资的自由化不仅推动了国家间的资本流动，推动了各国经济的发展，而且进一步加深了各国经济的相互依存，成为货币国际化的重要支撑力量。

（三）中国对外投资扩张与人民币国际化潜力

作为一个发展中国家，中国仍处于国际产业链分工中的低级阶段，因此人民币目前在国际储备货币和世界贸易中的使用仍然十分薄弱。但多年来，我国一直保持着对外贸易和国际收支的顺差，使人民币长期处于硬货币的地位。连年顺差还给我国带来了大量的外汇储备，从而使得中国在东亚区域掌握了重要的金融话语权。全球金融风暴发生之后，世界经济的稳定性更依赖于中国的大量外汇储备，同时亚洲周边各经济体也通过加强与中国金融合作来稳定自身经济，中国平衡全球经济稳定的作用更加突出。

2002 年中国成为世界上最大的双顺差国家，2009 年全年国家外汇储备共增加 4531 亿美元，国家外汇储备余额为 23992 亿美元，同比增长 23.28%，遥遥领先其他国家继续排在世界第一，这意味着我国具有十分充足的国际清偿能力。充足的国际储备和国际清偿能力使国际社会更相信人民币的稳定性和成熟性。近三十年来中国经济一直呈快速稳定的增长，除去个别年份的 GDP 增长率偏低之外，其余年份 GDP 增长率均在 10% 上下。如此之快的增长速度，远远高出世界同期的平均水平。中国的国际影响力与日俱增，特别在 1997 年东南亚金融危机发生时，中国成为了挽救危机稳定东亚的重要力量，东亚各经济体纷纷加强与中国之间的经贸往来和金融合作，在不同程度上都依赖于中国的平衡作用。当前的全球金融风暴更需要中国在国际范围内发挥经济稳定器的作用，为提高人民币的国际影响力提供了机遇。

中国逐步成为世界上最具投资吸引力的国家之一，这得益于中国经济自身的活力和庞大的潜在市场。来自国外的直接投资往往能快速带来巨额国际资本和先进的生产技术，同时也有助于弥补国内人才不足的问题，促进提高发展中国家的劳动生产率和技术转移，从而使得本国经济获得发展。之后其他新兴国家不断崛起，全球掀起一股 FDI 热潮，因此进入中国的外资流入虽然仍不断增加但所占全球份额却相对地略有下降。特别是在东南亚金融危机之后，对华直接投资一直低迷不前，2000 年直接投资中国所占份额一度跌到了 2.5%。但 2005 年后中国凭借自身综合国力的增强，扭转了外资短缺的局面，重新赢回了投资者的信心。中国对外直接投资由强到弱，再由弱到强的过程，折射了中国投资环境不断改善的过程。中国从最初的原材料加工地逐渐演变成为富有活力的生产市场，国内资本充足率稳步提高，为中国核心竞争实力的形成奠定了基础。

但同时应该看到，我国国际收支的结构还不合理。在经常项目收支中，虽然在有形贸易上有盈余，但在无形贸易上却存在着赤字。随着世界经济的发展和人民生活水平提高，服务贸易将是一国对外贸易中新的增长点，而我国的服务业产值在 GDP 中比重一直较小，且一直是逆差。这种状况将不利于我国对外贸易的发展；此外一般认为，理想的国际收支结构是在经常项目上有充足盈余，在资本项目上略有逆差。这样就能既保证货币发行国的净债权国地位，获得充分的国际储备，又能在国际贸易和投资中占有较大份额。而我国的国际收支从资本项目来看，1993 年至今，我国吸收国外直接投资金额一直保持了每年数百亿美元的较高水平，而对外直接投资规模却很小，两者相差悬殊。因此，我国的金融与资本项目几乎连年呈现巨额顺差，对外直接投资和贷款规模仍很有限。与购买国外债券相比，对外直接投资和对外贷款更加具有主动性特征，具有更大的影响力，也更加有利于推动一国货币国际地位的提高。纵观历史，英国和美国当时都是通过扩大对外直接投资和扩大对外贷款，大大提高了国家和本国货币的国际地位。英国和美国在对外投资和对外贷款中多是直接使用英镑和美元。一个国家货币的对外影响，往往是通过该国对外投资和对外贷款的不断积累而逐步上升的。从我国来看，外汇储备规模之大与对外直接投资、对外贷款规模之小，形成了十分鲜明的对照。应当说，从增长速度来讲，这几年我国对外直接投资规模增加得很快，2007 年的对外投资规模也已经达到了新的历史水平。但是，我国的对外直接投资还只是刚刚起步，几年前才只有几十亿美元，到现在累计也只有不到1200亿美元。这就使得人民币的影响难以伴随对外投资的扩大而逐步上升。相反，美国的对外直接投资，在1995—2000年平均达到1259亿美元，2007年则上升到3138亿美元，是我国的12倍。当然，亚洲国家可能有相似之处，虽然贸易盈余和外汇储备较多，但对外投资规模不成比例，整个亚洲的对外投资在2007年只有1947亿美元，相当于美国的62%，其中日本为735亿美元，相当于美国的不到1/4。而这一特点也许正是日元等亚洲货币的国际地位远逊于其经济地位、国际贸易地位的原因之一。对此，我们应引以为鉴。

四、中国国际政治地位提升和人民币国际化的潜力

国际货币的形成不仅仅以一国的经济实力为基础，还得以一国的政治实力为依托。一国想要为该国货币的国际化制造良好国际氛围，那就必须在世界政治事务中发挥重要作用，在国际关系上赢得世界各国的尊重。因此，只有国家政治（军事）的强大，才能做到这一点。

（一）国际政治地位提升和货币国际化空间拓展

在一国货币国际化道路中，客观条件和主观因素的有机结合、有效配合非常重要。理论上有两种情况：一是当客观条件成熟时，如果国家意志不够强烈，即对推动本国货币成为国际化货币的态度消极，那么这种负面情绪将耽搁该国货币国际化的时间，也将延长货币国际化的历程。二是当一国客观条件还未达到国际化标准时候，主观意志却十分强烈，国家硬性推动加快该国货币国际化进程，其结果是揠苗助长，欲速则不达，该国货币在世界上也难以成为具备实质硬性的国际化货币。理论上最佳情况应为，主观因素应配合客观条件，随客观条件改变而改变，当国家实力成熟时，以强烈的国家意志采取积极有效的策略，开展精明的外交策略，使得本国货币成为国际货币的潜力不失时机、最大限度的发挥出来，在增强货币的国际地位过程中促进本国和世界经济发展。纵观历史，各国在维护和提高本国货币国际地位上的努力是不同的，所取得的成绩也各不相同。

（二）主要货币主权国国际政治地位与货币国际化

从英镑成为国际货币的历程上看，政治因素对英镑国际化的影响、推

动作用极其显著。英国曾经拥有面积最大、人口最多的海外殖民地。虽然殖民地是人类发展史上不光彩的一页，但从客观影响来看，英国对广大殖民地的长期统治，使得英国经济社会的各方面影响潜移默化，扩散到殖民地国家，其中也包括英镑的影响。从 1826 年到 1913 年，英国的殖民地面积从 900 万平方公里扩大到 3286 万平方公里，殖民地人口从 1.9 亿增加到 3.9 亿，一直是世界最大的宗主国。英镑在这些殖民地国家对外经济活动中具有重要的交易中介作用，可以看作是殖民统治的副产品或伴生产品。伴随着殖民过程的同时，英国向全世界大量输出本国移民。在 19 世纪中后期，英国迁往美国、巴西、澳大利亚等国的移民迅速增加，如 1870—1913 年这 40 多年中迁往美国的移民达到 1500 多万，迁往巴西的达到 220 万。这些移民多数分布在西方国家，他们对母国的货币和文化等自然存在一种特殊的纽带和感情。因此，移民人数越多，分布范围越广，其母国货币的影响自然也越容易扩散、容易接受。因此英国的政治政策因素对其英镑国际化的推动功不可没。

美元成为国际货币，也在一定程度上得益于美国的政治和文化影响力。首先，美国是第二次世界大战期间盟国中事实上的领袖。二战中美国财大气粗、兵强马壮，对于盟国作战给予了很大的物质援助和支撑，特别是美国参战对于二战形势具有十分重要的影响。经过第二次世界大战，美国不仅是经济大国，而且成为政治大国和军事大国，成为综合实力最为强大的国家。美元的国际地位与此相匹配，也成为顺理成章的事情。其次，美国是个最大的移民国家。据统计，1790—1920 年海外移民占美国总人口增长中约 25% 的份额。1819—1920 年间，约 3370 万移民从国外来到美国。1920 年，约 63% 的美国人的最早血统来自北欧和西欧（41% 来自英国和北爱尔兰），27% 来自中欧和东欧（祖先在德国的占 16.3%），4.5% 来自南欧。这些移民与其祖国之间总是存在千丝万缕的联系和感情上的纽带，这种特殊联系也容易把美元的影响带到千里万里之外的祖国，而在他们之间的经济交往中，也都更容易接受美元。

就日本来看，由于日本政府关于日元国际化的战略不明晰以及政策失误，导致了日元在其国际化道路上沉浮不明，未能顺利成为国际强势货币。上世纪 80 年代，日元国际化的有利条件较多，但日本政府的日元国际化战略和策略以实现日元作为国际货币的部分功能为目标，却背离了周边化、区域化的发展路径，加之日本作为美国附庸的政治经济地位，使得日元国际化没有获得亚洲国家和地区的信任与支持，造成日元没有成为地区主导货币。随着泡沫经济破灭，日元开始贬值，国际地位不断下降。当时，日本政府一方面面临美国政府要求开放市场和日元大幅升值的强大压力；另一方面其国内金融体系和金融市场处于封闭落后状态，政府担心日元国际化将对国内金融体系和金融市场造成过大的负面冲击，因而在推进日元国际化的有关政策措施时，以推动欧洲日元交易自由化为主，走单一、功能性的货币国际化道路，竭力限定日元国际化的内外分割，以隔离日元国际化对国内金融体系和金融市场的负面影响，结果造成国内政策为日元国际化和日元升值所绑架。

由此我们可以看到，政治实力与货币国际化密切相关。首先，一个国家必须先于其他主权国家实现主导地位，至少在某些重要领域，并对广泛使用其货币作好充分接受的准备，尤其是作为储备资产。第二，通常来说，一国货币要发挥国际货币功能，货币体系是必须的。没有哪一个国家不关注整个体系的功能，而把自己的国家置于国际货币的风险之下，除非这个国家相对其他国家有足够的力量来把风险降到最低限度。因此，维持整个货币体系稳定的能力对国际货币国家来说是根本的要求。事实上，在短时间里，一种货币可能纯粹因为金融上有吸引力而受到广泛追捧，从而低估了国家整体影响力因素或忽略了作为国际货币的风险。但是国际货币地位是经过长时间的发展过程形成的。在此期间，金融吸引力会在某一时期衰退，甚至国际货币的持有国和发行国都会严重质疑主要国际货币地位安排的合理性。但是从长远来看，如果政治和经济基础没有发生根本性的改变，那么国际货币地位还会保持下去。

（三）中国国际政治地位提升与人民币国际化

中国国内政局一直十分稳定，世界政治地位日益提升，在国际事务中有着重要的影响力，享有较高的国际声望，在世界政治舞台上发挥着重要的作用。中国外交战略务实且灵活，积极参与国际事务，是个负责任的大国。我国还与广大发展中国家之间存在着广泛的、多方面的合作关系。这种较强的政治地位可用以加强我国货币在国际上的地位，我们可以充分利用这个有利条件。

1978年实行改革开放的国策以后，中国进入了新的历史阶段，国家政治和外交也随之有了新的发展。改革开放30多年来，中国硬实力发展极为显著，特别表现在经济实力方面，成为促进全球经济快速发展的引擎之一。相应地，中国软实力也得到了极大的提升，特别表现在中国所倡导的外交理念、对外政策和中国的国际行为模式方面。同一时期，中国国内各界就外交方面结成共识，一致努力创建和平稳定的国际环境尤其与周边国家保持友好关系，为促进中国现代化建设奠定了基础。基于对国际政治形势的正确估计，中国政府调整了自身的外交策略，开始有意识的提倡和奉行"不结盟，不对抗，不以意识形态画线"的方针，着重强调友好和平、广交朋友、互利平等、相互依存。在外交理念上，中国倡导了许多新观念和新思想，包括和平发展、国际关系民主化、多极化、合作共赢、新安全观、和谐世界等。在外交政策上，中国坚持"走和平发展道路"，坚持独立自主的和平外交政策，坚持互利共赢的开放战略。在国际行为模式上，中国积极融入到全球化进程中，积极参与多边事务，支持和推动发展援助等。在一切重大问题上，中国始终采取建设性政策，将国家利益置于国际社会的大环境之下考虑。从"上海合作组织"到"八国首脑会议"，亚欧峰会、APEC领导人非正式会晤、再到"G20"，中国在国际舞台上已经越来越成熟和老练，越来越能够运用外交路线来保证自身经济强势发展，这也说明了中国对自己经济和政治实力越来越有信心。同时，在国内两岸四地关系上，我国继续保持了良好的局面，两岸四地之间的贸易往来不断增加，贸易依存关系持续加深。中国对外关系和国内大局的稳定发展，都为人民币国际化提供了良好的生存环境，在推进人民币国际化进程当中，我国政府应该始终处于主导地位，创造出良好的宏观经济环境，尽快使人民币成为多元国际货币中重要的一极。

（四）人民币国际化仍然受到来自政治领域的阻碍

首先，与世界各国的经济贸易摩擦。日益加剧的经济全球一体化和世界范围内的经济竞争，使得经济问题越来越成为大国政治竞争中重要的组成部分。人民币升值一直压力颇大，这与激烈的中美和中欧贸易摩擦分不开的。人民币如果成为国际货币，一方面标志着中国的崛起，必然会深刻改变现有的国际政治经济格局；另一方面可以增加中国在国际上的竞争力，更有利于中国经济蓬勃发展，同时也不可避免的导致中国与各国的经济贸易摩擦加剧。随着中国综合国力的上升，世界各国将对有关中国的问题更为敏感，尤其是美国，中美之间本来剑拔弩张的摩擦将日益激化而非缓和，因此人民币国际化问题在世界范围内都有可能引起经济摩擦，遭致打压。

第二，国际负面舆论及压力。当今世界强国美国极力奉行单边主义一国独大，其全球战略是"主导欧亚，称霸世界"，美国当然不愿意被其他国家削弱自己的世界影响力，因此也不会希望中国顺利崛起，再加上东西方文化政治的巨大差异，人民币国际化首先面临着来自美国方面的阻碍。同时，日本作为亚洲的第一强国也不会希望人民币国际化。人民币成为国际货币后，不仅会强化中国在亚洲地区的地位和影响力，相应地也就会削弱日元的竞争力。日本在其"脱亚入欧"战略受挫之后，转变方向着重于加强其在亚洲内部的影响力。人民币国际化标志着中国的崛起必然会使得日本被边缘化，更会与其利益有直接冲突，因此日本显然不希望看到人民币顺利成为国际货币。美国日本之外的其他国家，出于战略考虑也完全有可能会对人民币国际化采取消极态度，甚至阻碍人民币国际化进程。比如印度在经济上和中国一直处于竞争对手的位置，中印之间的明争暗斗日益突出。

最后，中国自身的外部安全环境也有可能对人民币国际化问题产生影响。例如台湾问题，这虽然属于中国内政，但实际上已经变成了中美日三个国家之间的角力场。一旦爆发战争，人民币国际化尚且不谈，国家重心必然转移到领土安全上。

总而言之，人民币国际化进程存在的潜在政治障碍非常复杂，并且这种障碍以及对人民币国际化的影响很难定量估计，有可能在一定时期还会造成政治阻碍大于经济阻碍的局面。因此，在欣喜期待人民币顺利国际化的同时，我们更应清醒地认清国际形势，理智面对国际政治斗争对人民币国际化的负面影响。

第二节　中国综合国力测度及其与货币
国际化条件的差距

货币国际化是国家经济和金融国际化的重要表现，货币国际化的进程取决于一国的国际政治经济地位，正所谓"虚拟经济"的发展强大必须最终立足于"实体经济"的发达强盛。特别是随着中国国力的增强，对外贸易影响力不断提高，人民币币值的持续稳定，以及中国政府在1997年亚洲金融危机和2008年全球金融危机中表现出高度责任感使得人民币的国际地位大大提高，其国际竞争力也正在逐步提升，其中表现特别突出的是中国周边国家和地区的居民已经把人民币作为交易媒介和国际清算手段而大量使用。由于人民币在周边国家和地区流通的扩大，和中国加入WTO进程的推进，人民币国际化问题引起了中国决策层和国内外理论界的高度关注。我们应该在正确测度中国综合国力的基础上考虑如何把握人民币国际化进程。

一、货币国际化程度的测度

一国货币在国际化进程中，除了存在层次上的不同，在程度上也有差异。为了制定有效的推进策略推动人民币国际化进程，我们应该依据货币国际化程度的测度指标体系度量人民币国际化程度。

（一）货币国际化程度的测度指标选择依据

我们可以通过以下指标，对货币国际化程度进行衡量：

1. 该种货币是否在世界范围内发挥价值尺度的职能，被广泛作为国际经贸往来的计价单位；

2. 该种货币在国际贸易结算中被使用的比重；

3. 该种货币是否充当国际清算货币；

4. 该种货币在国际投资和国际信贷活动中被使用的比重；

5. 该种货币是否具有国际干预货币的作用，即能否为各国政府中央银行所持有，并作为外汇平准基金来干预外汇市场；

6. 该种货币是否发挥国际储备资产的职能，以及其在国际储备资产中所占的比重；

7. 该种货币在世界上的流通数量。

（二）货币国际化程度的测度指标选择

在以上指标中，选取一国货币境外流通范围，流通数量，占国际货币储备比重三个指标，以得出新的货币国际度指数。下面是对该指数各构成部分的含义描述：

1. 货币境外流通范围指数

该指数 R_1 = 使用该种货币的国家数量/跟该国互相贸易往来的国家数量。该指数主要是通过一国货币在境外流通的国家数量去考察该国货币国际化的程度，而为了使测算程度更精确，分母并不选取世界上所有国家数目而只是跟该国互相贸易往来的国家数量。但该指数单独使用时只能大致衡量一国货币在境外的流通范围即接受该国货币的国家，不能具体精确度量货币流通的规模，因此必须进一步引入其他指数来准确度量一国货币国际化程度。

2. 货币境外流通规模指数

该指数 R_2 = 一国货币境外流通规模/该国货币的发行量。该指数是通过计算一国货币境外流通规模所占货币发行总量的比重来考察货币国际化的程度。但这一指数单独使用时不能区别该国对不同国家或地区的非国际化程度，因为与该国经贸往来频繁的国家会遮盖与该国贸易往来较少的国家情况。除此之外，一国货币在境外民间的流通或持有并不计入其他国家的官方储备。因此为了全面度量一国货币国际化，除了以上这两个指标以外还必须考虑一国货币在其他国家的官方持有储备中占的比重。

3. 货币的国际储备占比指数

该指数 R_3 = 一国货币被其他国家持有作为官方外汇储备的数量/该货币在其发行国的外汇储备量。一国货币成为国际货币后，不仅可以在境外流通，还应该被其他国家计入其官方外汇储备之中。这一指数，就是用来衡量一国货币被国际社会接受和认可的程度。

4. 货币国际度指数

从指数 R_1、R_2、R_3 的定义就可以看出，无论单独使用哪一指标都不能精确度量一国货币的国际化程度，因此在此三指数的基础上，我们构建了一个综合指数 R 来衡量一国货币的国际程度。货币国际度指数 $R = a_1 R_1 + a_2 R_2 + a_3 R_3$。其中 a_1，a_2，a_3 分别为各指数的权重。一般来说，一种货币的境外流通的范围越广，流量越多，用于直接和间接国际投资规模越大，在国际储备资产中占有的比重越大，该种货币的国际化程度越高。

（三）人民币国际化程度的测度

现在我们就可以利用前述公式来对人民币国际度进行衡量。我们计算指标的年份为 2004，2005，2006 和 2007 年。2004—2007 年，流通或者持有人民币的国家数均为 24 个；境外流通估计量为 1200 亿元，1600 亿元，2000 亿元，2400 亿元（以 2001 年的 1200 亿元为基准，并同比增长得出其他年份数据）；境外沉淀量则按照与流量相同的估计方法估算分别为 1200 亿元，1600 亿元，2000 亿元，2400 亿元，按照同期年底平均汇率折算后，约为 144.93 亿美元，173.48 亿美元，204.60 亿美元，244.23 亿美元；另因数据难以获得，本文以人民币境外沉淀量作为以人民币为官方外汇储备的数量，即假设没有出现人民币回流。由于各指数对货币国际度指标的影响难以准确界定，所以为了理论探讨的需要，取：$A_R = 1$（R = 1，2，3）。估算过程见表 5-9 所示。

表 5-9 2004—2007 年人民币国际度指标

指数\年份	货币境外流通范围指数			货币境外流量指数			货币的国际储备占比数			R
	单位：个		R_1	单位：亿元		R_2	单位：亿美元		R_3	
	1	2	3 = 1/2	4	5	6 = 4/5	7	8	9 = 7/8	
2004	24	224	0.107	1200	214668.3	0.056	144.93	6099.32	0.024	0.187
2005	24	224	0.107	1600	24031.7	0.067	173.48	8188.72	0.021	0.195
2006	24	224	0.107	2000	27072.6	0.074	204.6	10663.44	0.019	0.200
2007	24	224	0.107	2400	30334.3	0.079	244.23	15282.49	0.016	0.202

表 5-9 是经过计算的人民币国际度指标绝对数值，但还需要寻找参照指标，来对比其数值大小。本文所选择的参照系是 2000 年的美元，日元以及欧元国际度指标，原因是相关数据难以直接获得，且无相应估计标准，

故直接引用李瑶（2003）的测算数据。在李瑶的算法中，其直接将货币的境外流通量作为该货币在境外的官方储备额，也属于估计值。虽然由此计算的货币国际度与本文有一些差别，但不会影响对比结果。其相应计算过程如表5-10所示。

表5-10　2000年美元、欧元与日元的国际度指标

单位：十亿美元

指数 币种	货币境外流通范围指数			货币境外流量指数			货币的国际储备占比指数		R
	1	2	3＝1/2	4	5	6＝4/5	7	8＝4/7	9＝3+6+8
美元	237	237	1.00	1081	531	2.04	150	7.21	10.25
欧元	205	237	0.86	201	304	0.66	269	0.75	2.27
日元	173	237	0.73	84	515	0.16	301	0.28	1.17

由此可知，与其他三种货币的国际化程度相比，人民币国际度指标的绝对数值比较小，说明人民币的国际化程度尚且很低；但从时间角度来分析，数值是在不断增大的。

二、人民币国际化的差距分析

一国综合国力之强大，质量结构很关键。纵观历史上的强国，往往都是那个时代的技术创新者、标准制定者、规则主导者、制度引领者。反观我国，在各种总量指标不断扩大的同时，综合国力在质量结构等方面还有很大差距。

（一）我国人均GDP指标过低

我国虽然已是经济大国，GDP总量和进出口贸易总额名列世界前矛，但由于我国人口基数巨大，所以在各项人均指标都较低。据世界银行数据，2008年我国人均国民收入在全球排在第127位，在另外一个尤其反映一国经济发展情况的重要指标——人均GDP上，我国历年也均在世界排名的百名之后，与巨大的总量指标形成鲜明对比，时刻提醒着国人不忘我国虽然整体实力上了一个新台阶，但仍属于发展中国家。

用图形替换下面的表格。

表 5-11 1998—2009 年我国人均 GDP 情况

年份	（单位：元）	（单位：美元）
1998	6796	820.8
1999	7159	864.8
2000	7858	949.2
2001	8622	1041.7
2002	9398	1135.4
2003	10542	1273.6
2004	12336	1490.4
2005	14053	1715.5
2006	16165	2027.7
2007	19524	2567.6
2008	22698	3268.2
2009	24608	3603

按照世界银行的衡量标准，人均 GDP 超过 1 万美元是公认的从发展中状态进入发达状态的标志线。日本人均 GDP 是在 1984 年超过了 1 万美元，香港、新加坡、台湾和韩国的人均 GDP 分别是在 1987 年、1989 年、1992 年和 1995 年超过了 1 万美元。而我国目前离这个水平还相差甚远。从历史上看，英镑和美元在成为主导性国际货币的过程中，英国和美国不仅在经济总量上，而且在人均水平上，都占据世界首位或名列前茅。尽管金融市场的发展和国际货币地位的状况更多地与一个国家经济总量所处的国际地位相联系，但人均 GDP 水平也影响金融市场发展的程度，进而对一个国家货币成为国际货币产生推动或制约作用。

（二）贸易分工和产业结构低下

一直以来我国对外贸易总额位居世界前列，但我国的对外贸易结构并不尽如人意。上世纪 80 年代末开始，在世界经济全球化和新一轮国际产业分工转移的推动下，新的贸易分工格局逐渐在全球范围内成形，如下图所示：

在图 5-2 所示的全球产业链分工示意图中可以清楚看到，中国作为全球产业分工的中转站，从日本、东南亚各国进口零部件和中间产品，在国

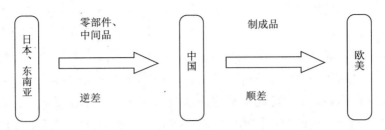

图 5-2　全球产业链分工示意图

内进行加工生产后再向欧美国家出口最终产品。这一本质的深层原因在于我国一直以自然资源禀赋作为国际贸易的基础，重点实行劳动密集型产品和资源密集型产品的出口导向战略。这直接导致了：

第一，外贸出口的快速增长主要依靠劳动密集型产业和产品来推动。我国目前较低层次的产业结构和所处较低的国际产业链位置决定了我国对外贸易产品结构的特点，外贸顺差的大幅度增加，但进出口总额中技术含量低的产品所占比重很大。1980 年，中国出口产品中的工业制成品占比达49.7%，其中最主要的是轻纺类产品，占出口工业制成品的 44.41%。近三十年来，中国出口生产能力得到了长足的发展。2007 年，中国出口产品中工业制成品中的比例高达 94.06%，其中机械及运输设备等产品占比最大，是全部出口产品的 49.9%；此外高新技术产品出口也构成了中国出口贸易顺差的重要组成部分，占出口总额比重为 25.67%。目前，中国在医药、信息和电子产业等领域具有比较优势，在 100 多种工业制成品的产量和出口上均排在世界第一，其中有部分产品已经初步形成了服务全球市场的格局。但在掌握核心技术方面来看，中国目前主要的高新技术产品出口企业往往没有占有产品的核心技术。以 DVD 产业举例，中国是世界上最大的 DVD 生产以及出口地，2007 年生产的 DVD 产品占了近全球产量的80%。但 DVD 产品的核心专利技术却没有掌握在中国企业手中，而是被1C（法国汤姆逊 Thomson）、3C 专利技术联盟（飞利浦 Philips、索尼Sony、先锋 Pioneer）以及 6C 联盟（日立 Hitachi、松下 Panasonic、东芝Toshiba、JVC，三菱电机 Mitsubishi Electric、时代华纳 Timewarner）等国际技术专利企业所掌握。

第二，进出口总额中加工贸易所占比重很大，这直接强化了我国出口商品结构低级化的刚性。由于我国自主产品的技术含量和知识含量低，依然是高科技产品的主要进口国。目前在华的外商投资企业的大部分是这样创造出口的：先从母国（或者是母公司在其他国家的生产性企业）以保税方式进口原材料、零部件等初级产品，在中国加工制造成最终产品后，再出口销往世界各地。在华跨国公司内部贸易方式主要是加工贸易，再加上其他形式的公司内部贸易，则中国出口贸易中50%以上的贸易属于跨国公司内贸易。

以中国出口产品中最大类的机电产品为例，近年来中国对美国的该类产品贸易顺差持续扩大，可同时在日本以及东南亚对同类产品的贸易逆差也大幅度上升，这说明了中国的机械电子类产品包括高新技术产品的贸易顺差是在建立在 OEM（Original Equipment Manufacturer）或者 ODM（Original Design Manufacturer）方式大量代工生产之上的。外商投资企业的资金来源是外资为主，我国进行来料加工贸易出口只能收到加工费，而不能进行产品销售，最终巨额利润也将汇回外国企业。同时，加工贸易对一般贸易出口也造成较大的冲击，影响一般贸易的出口效益。根据统计，2007 年在华外资企业出口总额为 5594 亿美元，这一数字占中国对外出口总额的 58.53%。到 2008 年，加工贸易进出口总额达到 1 万亿美元，占全部进出口总额的 41%，其中加工贸易出口 6752 亿美元，占出口总额的 47%。虽然这比前几年的比例已经有所降低，但绝对比例仍然很高。

总体来看，我国这种低端的贸易和产业结构看起来虽然使得我国贸易顺差持续增加，但长此以往却将使我国陷入了悲惨增长的困境，不利于提升人民币的国际地位，更不利于我国经济良性可持续发展。

（三）本币在贸易结算中使用比重偏低

以发达国家为例考察，美国的贸易结构中，出口贸易中工业制成品和服务贸易的比重很高，而进口产品大多数则是原材料和原油。在这样的贸易结构下，美元成为了大部分美国对外贸易中使用的出票货币（Invoice Currency），再考虑到美国是世界上最大的贸易国家，占全球贸易的比重相当之大，因此进一步强化美元成为了基础国际货币。作为一个整体区域，欧元区的贸易在全球贸易份额中占了近40%。以具体年份来说，2004 年欧元区贸易占世界贸易的比重达 38.96%，2006 年这一数字为 35.79%。欧元区的法定货币是欧元，区域内贸易的计价单位和媒介货币也理所应当是欧元，并且欧元还广泛在欧盟国家之间的贸易中使用，因此欧元当仁不让的成为了挑战美元霸权的最重要力量。

而日元则是一个反面例子，随着日本经济的持续低迷，日本贸易占全球贸易的比重也一直走低，日本贸易最鼎盛时期1985—1995年时，日本贸易占到了世界贸易的7%，到了2006年这一比重已经降至4.87%，贸易比重的下滑严重影响了日元国际化进程。更严重的是本身日元在日本对外贸易中的使用比重就不高，日本进口中很大部分是原油等原材料，这部分进口产品正如"麦金农假说"所指的那样绝大部分使用美元计价和结算。再有，日本出口贸易对美国市场的依赖度相当高，美国进口产品的85%是以美元计价，因此日元在日本对美国的出口中使用比例非常低，导致日元在走向国际化道路上始终未能迈出实质性的一步。

中国日前已经超过日本跃居成为亚洲最大的贸易国家，其贸易所占的全球份额也有了大幅度的增长，从1980年的不足1%一路攀升至2006年的7.59%。但人民币在中国进出口贸易的计价和结算中的使用比重仍然不高，只有同周边国家的边境贸易以及小额贸易才将人民币作为计价单位和媒介货币。中国对外贸易规模庞大，为人民币国际化提供了坚实基础，但人民币在世界贸易中偏低的使用比重与此严重不协调，人民币国际化的步伐必然也受到了负面影响。

（四）FDI和吸引外资的局限性

一国货币的对外输出，主要通过两种方式实现即对外贸易逆差以及对外直接投资。一国货币在国际贸易和国际投资领域输出的越多，越能体现其在国际上的影响力，从而增加其他国家对自己的经济依赖，反过来又能提升该国货币在世界贸易中的使用比重，促进该国货币成为国际支付和结算手段，从而推动货币国际化。自从实行改革开放的国策以来，中国的对外投资有了较大程度的发展，但仍处于初级阶段，目前的人民币境外输出方式和路径仍然不够直接有效。2007年中国国际投资总资产达到7532亿美元，总负债达到12660亿美元，表现出较大规模的投资顺差。将国际投资项目分解我们会发现，最大的投资顺差来自于直接投资，外国对华直接投资规模达到7424亿美元，为中国对外直接投资规模的7倍，说明中国对外投资的影响能力十分有限。另外，中国对外证券投资存在明显的逆差，体现出中国证券市场相对发展更为滞后。

表5-12 2007年中国国际投资头寸表

单位：亿美元

资产总计	7532	负债总计	12660
在国外直接投资	1076	外国来华直接投资	7424
对外证券投资	2395	对华证券投资	1426
对外其他投资	4061	对华其他投资	3810

从中国对外直接投资的发展状况来看，最近几年中国对外直接投资持续快速增长，到2007年达到1076亿美元，较2004年几乎增长了1倍，但由于基数较小，较外商对华投资仍有较大差距。中国对外投资规模较小，一方面体现了中国资本实力的有限，另一方面是因为中国资本项目未全面开放，资本对外投资受到较多的限制。

但在投资结构方面，由表5-13和表5-14均可看出无论是吸引外资以及FDI对外直接投资上，我国的主要对象都是港澳台地区，更多地进行亚洲区域内的投资活动，并未能真正的同世界发达国家或地区紧密的进行资本来往。

表5-13 2006年对华投资前十位国家/地区

	投资额（亿美元）	所占份额（%）
香港	202.33	32.11
英属维尔京群岛	112.48	17.85
日本	45.98	7.3
韩国	38.95	6.18
美国	28.65	4.55
新加坡	22.6	3.59
台湾	21.36	3.39
开曼群岛	20.95	3.32
德国	19.79	3.14
萨摩亚	15.38	2.44

资料来源：由中国投资指南网站公布数据计算而得。

表5-14　2006年中国对外投资前十位国家/地区

	投资额（亿美元）	所占份额（%）
开曼群岛	78. 3	44. 4
香港	69. 31	39. 3
英属维尔京群岛	5. 38	3. 05
俄罗斯	4. 52	2. 56
美国	1. 98	1. 12
新加坡	1. 32	0. 75
沙特阿拉伯	1. 17	0. 66
阿尔及利亚	0. 99	0. 56
澳大利亚	0. 88	0. 5
蒙古	0. 87	0. 49

资料来源：由中国投资指南网站公布数据计算而得。

由此可见，中国封闭的资本市场和微弱的国际资本市场影响力，严重地限制了人民币国际影响力的扩展，为了维持经济的平稳增长，人民币汇率不得不依托当前主要国际货币。

（五）金融体系的构建尚未成熟

一国货币国际化的重要基础是拥有高度开放和发达的金融市场以及金融中心，为国家提供渠道和载体使其货币能够顺利进行国际兑换和调节，同时也是一国货币能够转换为国际清偿力的重要机制。以货币国际化战略的实际要求来看，我国现有的金融体系仍不能支撑起人民币国际化，还存在以下缺陷：

首先，中国尚未形成全球性银行体系。银行体系的主要功能是供应、回笼货币以及调控货币风险，一个发达的全球性银行系统能够直接引导该国货币在境外自由流通和兑换，从而强有力地推动并保证一国货币走向国际化。而目前中国的银行系统离这个标准还相差甚远，无论是四大国有商业银行还是其他股份制商业银行，全球化经营策略仍刚刚起步，业务国际化程度相当低，无法满足实际需求去推动人民币国际化进程。

其次，中国金融体制的市场化改革仍不到位。当今世界上国际货币的共同重要特征是市场化的利率水平和较为自由的浮动汇率制度。1996 年中国开始实行国内利率市场化改革，取得了一定成就但仍能实现金融体系的完全放开，一直严格管制着基础存贷款利率。目前实行的汇率制度是钉住一篮子货币的、有管理的浮动汇率制度，在人民币资本项目开放商仍然存在许多限制，人民币尚未成为自由可兑换货币。

最后，国家中央银行的调控水平还有待检验。国际货币发行国家的中央银行必须具备相当之高的调控能力，才能在全球金融市场范围内制定合理恰当的货币政策。因此，人民币要成为真正的国际货币，中国的中央银行对国内市场进行调控的同时也必需具备出色的对外调控水平。鉴于中国尚未实现人民币完全自由可兑换并且正在解决汇率形成机制问题，中国央行的调控水平是否能够胜任如此重担，人们还在拭目以待。

（六）基于中国国力条件的人民币国际化潜力模拟测算

国内外专家曾经对影响国际储备货币份额的因素做过许多计量分析。Chinn 和 Frankel 运用 1973—1998 年的数据，检验了美国等国 GDP 份额、通货膨胀因素、货币贬值因素、外汇市场交易额等与国际储备货币份额的关系，发现 GDP 份额和通货膨胀因素对于解释国际货币份额变化在统计上是显著的。Hongyichen 和 Wensheng Peng 运用 1999 年第 1 季度到 2006 年第 3 季度的数据，检验了美国等国 GDP 份额和股市市值等因素与国际储备货币份额的关系，发现 GDP 份额、股市市值和前期国际储备货币份额对于解释当期国际储备货币份额具有统计上的显著性，并根据回归方程式模拟人民币的国际储备份额，结果是：按照 2006 年中国占世界 GDP 份额 5.6% 和股市市值份额 3.5% 测算，如果人民币是国际货币，则所占份额应当达到 5%（按照线性方程估计）或 5%（按照非线性方程估计）。我们借鉴这些专家的方法，按照国际储备货币"赢者通吃"的思路，尝试对国际储备货币份额与 GDP 份额、股票市场市值的关系进行回归分析。所谓"赢者通吃"，是指世界上有限的几种国际货币包揽了全部国际货币的职能。我们采用 1999—2008 年的数据，以 RES 表示美元、英镑、日元、瑞士法郎、欧元分别占国际储备货币的比重，SEC 表示美国、英国、日本、瑞士、欧元区股市市值分别占这五个国家或地区总市值的比重，GDP 表示美国、英国、日本、瑞士、欧元区的 GDP 分别占这五个国家或地区 GDP 总和的比重。由于截面回归检验效果不理想，我们改为将这些国别数据按指标放在一起作为时间序列数据处理，得到以下回归方程：

1. 以股市市值比重、GDP 比重为解释变量

$$RES = -0.085 + 1.164 \times SEC + 0.259 \times GDP \tag{1}$$

$$(-8.55) \qquad (17.00) \qquad (3.17)$$

$$R_2 = 0.974 \qquad F = 870.07 \qquad DW = 2.258$$

2. 以股市市值比重、GDP 比重的变动率为解释变量

$$LOG(RES) = -0.839 + 0.942 \times LOG(SEC) + 0.847 \times LOG(GDP)$$

$$\tag{2}$$

$$(-6.40) \qquad (6.09) \qquad (7.30)$$

$$R_2 = 0.967 \qquad F = 684.36 \qquad DW = 2.088$$

3. 以上期储备货币份额、当期股市市值比重和当期 GDP 比重为解释变量

$$RES = 0.97 \times RES(-5) + 0.033 \times GDP \tag{3}$$

$$(86.97) \qquad (2.27)$$

$$R_2 = 0.998$$

以上表明，用 GDP 份额和股市市值份额来解释国际储备货币份额在统计上是显著的，其中股市市值份额的影响更大一些，这可能意味着金融市场状况对于国际货币的地位而言具有十分重要的作用。在加入前期的国际储备货币份额项后，股市市值份额的统计检验不显著了，用于解释国际储备货币份额的因素主要是前期国际储备货币份额和 GDP 份额，其中前者影响更大，意味着既有国际货币地位有较强的"粘性"或刚性，短期不会发生突变。

根据以上方程式，我们可以对当前人民币作为国际货币的潜力进行模拟测算。2008 年，我国 GDP 达到 300670 亿元，股市总值达到 121366 亿元，按照平均汇率折合成同一货币单位并计算我国 GDP 和股市市值的份额后，代入上面公式（1）和（2），则得到如下结果：

代入式（1）结果：$RES = 0.0278$

代入式（2）结果：$RES = 0.0297$

两个结果很相仿。其含义是，如果人民币已经是国际货币，那么按照目前的经济实力，2008 年人民币在国际储备货币中的份额可能会达到 3%。

总之，用多项指标衡量都可以说，从货币国际化的经济总量条件判断，推进人民币国际化已经越过临界点，即将进入适当加快推进的阶段。

但必须认识到，我国依然是个大而不富、大而不强的经济体，在庞大的经济规模之下，还存在经济结构质量上的不少软肋，这对于人民币迈向国际货币是不容忽视的制约。同时，在硬实力和软实力、经济实力和非经济实力等方面也存在发展不平衡。只有同时做到规模大、结构优、质量高，才能以强大的经济实力和综合国力为后盾，推动人民币成为国际货币舞台上一颗不断上升的明星。展望未来，如黄达教授所言："在国际经济交往中，人民币从 20 年前的无声无息，日益成为世界所不能忽视的一种货币。……只要中国经济保持现有的发展态势，经济实力和在国际经济周转中的地位必将支持人民币成为国际重要货币俱乐部中的一个成员"。

本章小结

　　人民币国际化最主要的根源在于国家利益。在经济全球化的背景中，各个国家的货币即相互竞争又相互合作，其目的都是为了确保本国经济的竞争力，提高本国的经济实力。因此人民币的领域不仅限于中国区域范围内，也不能局限为区域货币，而必须与我国的经济扩张相适应，要积极走出国门，实行"强势人民币"战略，成为国际货币的重要一员，这就是人民币的国际化战略。但是，一国货币国际化最主要的支撑力是其整体的经济实力。我国毕竟还处在一个发展中国家的阶段，虽然我国保持了近 20 年的快速增长，但我国的经济实力仍然同发达国家相距甚远，世界大国的称号一时还不能转变为世界强国。货币国际化是一国综合国力不断提高、融入世界经济的表现，它一方面会给实现货币国际化的国家和人民带来巨大的利益，但同时也会带来一定的不利影响。所以在人民币已出现国际化趋势，并开始自然国际化进程的时候，我国政府应在各方面采取积极的应对措施，降低不利因素，最大限度的利用其优势，将我国经济发展推上一个新台阶，同时不断加强同周边国家的政治经济联系，扩大人民币区域性国际化，确保经济的强劲发展势头，转变经济增长方式，提高经济增长质量，积极实施"强势人民币战略"，让人民币主动走出国门，最终实现人民币的国际化。

参考文献

［1］张适兆：《次贷危机下的人民币国际化》，吉林大学出版社 2008 年版。

［2］王丰：《人民币国际化的条件与路径选择分析》，四川大学出版社 2006 年版。

［3］徐剑雯：《人民币国际化的问题研究》，天津财经大学出版社 2007 年版。

［4］白云真：《当代中国外交的历史经验：国家与社会关系的解读》，《国际展望》2010 年第 1 期。

［5］张霞：《东亚货币合作主导货币的选择与人民币的国际化》，吉林大学出版社 2009 年版。

［6］（英）麦迪森：《世界经济千年史》，北京大学出版社 2008 年版。

［7］邱兆祥、粟勤：《货币竞争、货币替代与人民币区域化》，《金融理论与实践》2008 年第 2 期。

［8］封大结、谢建宁：《基于货币竞争视角的人民币区域化策略分析》，《广西金融研究》2008 年第 1 期。

［9］范祚军、关伟：《基于贸易与货币竞争视角的 CAFTA 人民币区域化策略》，《国际金融研究》2008 年第 3 期。

［10］刘友法：《金融危机与中国外交》，《西安交通大学学报》2010 年 1 月。

［11］陈霖：《人民币国际化障碍研究》，厦门大学出版社 2008 年版。

［12］孙海霞、斯琴图雅：《日元国际化进程和对人民币国际化的启示》，《亚太经济》2010 年第 1 期。

［13］王莎莎、陈安、苏静、李硕：《组合预测模型在中国 GDP 预测中的应用》，《山东大学学报（理学版）》2009 年 2 月。

［14］李瑶：《非国际货币、货币国际化、与资本项目可兑换》，《金融研究》2003 年第 8 期。

［15］刘鹤：《走向大国内生性需求拉动为主的增长格局——对中国贸易顺差现象的研究》，《经济研究参考》2010 年第 1 期。

［16］李善同：《未来 50 年中国经济增长的潜力和预测》，《经济研究参考》2003 年第 2 期。

［17］董今飞、郭继鸣、牛欣：《中国对外直接投资现状的国际比较分析》，《对外经贸实务》2009 年第 1 期。

［18］李众敏：《中国对外投资：如何才能获得双赢》，《世界知识》2009 年第 20 期。

［19］高洁：《人民币国际化——基于人民币周边流通状况分析》，厦门大学出版社 2007 年版。

［20］张国庆、刘骏民：《日元国际化：历史、教训与启示》，《上海金融》2009 年第 8 期。

第六章

人民币国际化的金融体制条件

　　人民币国际化目标的实现不止要面对强大的美元、欧元和日元等国际货币，虽然美元的国际货币地位下降但是取而代之的可能性也是微乎其微的，欲将取之，必先与之，近期努力方向只能是推进人民币的区域性国际化。而人民币从国家货币迈向区域性国际货币除了需要具备强大的国力条件外，还需要必要的金融体制条件。所以，推进人民币区域性国际化必先要从我国金融体制出发，加快推进资本账户开放、利率市场化、汇率自由化和金融监管体制改革。本章即分析金融体制条件，有关金融体制安排涉及的内容较多，其中资本账户开放的制度安排，金融监管体制的安排，汇率制度和利率市场化的安排是四大关键。其中，汇率制度和利率市场化将在第九章中进行全面分析，本章不予赘述。

第一节 人民币国际化与资本账户开放问题

资本账户①开放就是指解除资本项目下的各项管制，允许该项目下的各项交易自由进行。人民币资本账户可兑换是指在资本项目下交易所引起的人民币与外币直接的兑换能够自由进行。在对人民币国际化金融体制条件中关于资本项目管制进行分析前，应清楚资本项目开放和资本项目可兑换是有些许区别的：资本项目开放是指取消对资本项目下交易的限制；资本项目可兑换是指取消对资本项目下交易所引起的货币兑换的管制。前者着重交易、后者强调交易下货币兑换，资本项目开放的范畴相对宽泛。资本项目的开放的实现必然要求资本项目可兑换，因为人民币实现资本项目下的可兑换给资本交易提供了便利，即方便实现资本项目的进一步开放。所以，在本文中，一般直接采用资本项目开放，其中包括了资本项目可兑换概念。下文将具体分析人民币国际化与资本项目开放的关系及其相关推进思路。

---

① 资本账户属于国际收支的范畴，记录了一国与他国的金融资产交易情况，分为资本账户和金融账户两类。其中，资本账户包括资本转移和非生产、非金融领域资产。金融账户指对外资产和负债所有权变更的所有权交易，主要分为：直接投资（指投资者对他国企业拥有永久利益，直接设立跨国企业或对他国企业持股 10% 以上）、证券投资（包括股票、债券、金融衍生品等）、储备资产（包括外汇资产、货币黄金、特别提款权、IMF 的储备头寸、其他债权）和其他投资。对于资本账户开放，国际货币基金组织（IMF）在一份内部文件中提出，消除对国际收支资本和金融账户下各项交易的管制，包括数量限制、课税和补贴。上世纪 80 年代以来，IMF 致力于鼓励成员国取消资本流动的管制，希望能够逐步实现资本账户开放，但并未有正式提出。所以，各成员国只要不妨碍经常账户支付和债务结算支付的如期进行，就可以自由管制资本流动。随着国际资本流动对各国经济和国际金融市场的影响力的增强，IMF 渐渐加强了对成员国资本流动管理和监督。到 1997 年 4 月，IMF 把加快资本项目对外开放作为其特定目的，启动修正国际货币基金协定，给予 IMF 适当的资本流动的司法权。经济合作和发展组织（OECD）亦是最早推动资本自由流动的国际组织之一。OECD 要求成员国放松资本项目管制，并为推进资本流动的自由化制定了一个具有法律约束力的《资本流动自由化通则条款》，明确要求成员国逐步取消对资本流动的限制，要求各成员国对非居民在其境内进行资本交易，以及成果对本国居民在境外进行资本交易的权利都做出相应承诺，对于与资本流动相关的支付不得加以管制。

一、资本账户开放与货币国际化

一国货币成为国际货币则意味着具备了国际计价单位、国际交易媒介和作为国际储备手段的职能，而这些职能的发挥与国际收支存在紧密联系。从美元、德国马克和日元国际化的过程中我们可以看到在货币国际化与资本账户开放之间并非存在严格的正相关关系，甚至美元在早期国际化的时候资本账户处于严格管制状态。随着金融自由化的发展，似乎资本账户开放更有利于加速推进货币国际化，但资本账户并非也不可能实现完全开放，亦不是货币国际化的必要条件。

（一）资本账户开放是货币国际化的制度前提

一国的国际收支在内容上可以分为经常账户和资本账户两类。一国货币要实现国际化，首先需要该货币在这两项交易上实现基本的自由兑换，即在经常账户开放条件下，资本账户的开放问题成为货币国际化的制度前提。如果一国货币未实现经常账户和资本账户的开放，则只能在国内发挥作用，不可能成为国际货币。现如今国际收支的一大重要特征为在资本账户下的交易规模远远大于经常项目下的国际交易规模，如果一国货币仅是在经常账户下交易中自由兑换，它最多只是一个"瘸腿"的国际货币，其国际化只能是昙花一现。所以，资本账户的开放是货币国际化的必要条件。另一方面，资本账户开放对于一国宏观经济具有广泛而深远的影响，20 世纪 70 年代以来许多国家发生金融危机都是和资本账户开放不当（过早或者程度过大，亦或顺序错位）联系在一起，而危机中一个普遍现象是资本在短期内大规模的流出（流动方向逆转）。因此，也不能单从资本账户开放目标的实现而推进货币国际化，货币国际化亦要考虑经济发展阶段、金融制度等各方面条件的创造。所以，资本项目开放不是一国货币国际化的充分条件。

首先，从资本账户开放的内在机制①来看，在 IMF 发布的《汇兑安排和汇兑限制年报》中可以发现（如表 6-1），基本上没有一个国家资本账户是完全开放的，处于对维护国家安全和某些特殊利益目的下，或多或少

---

① 本文中指资本账户开放是相对的整体走向开放的过程，而不是资本项目下的每个部分子项目都绝对取消管制。

表 6-1 国际货币基金组织成员国资本账户管制状况[①]

单位：个

项目	此类国家数	中国	美国	英国	日本	巴西	印度
对资本市场证券交易的管制	137	√	√		√	√	√
对货币市场工具的管制	115	√	√		√		√
对集体投资类证券的管制	113	√	√		√		√
对衍生工具和其他交易工具的管制	96	√			√	√	√
商业信贷	95	√					√
金融信贷	123	√			√	√	√
担保、保证、备用融资工具	81	√					√
对直接投资的管制	149	√	√	√	√		
对直接投资清盘的管制	50	√					√
对不动产交易的管制	141	√			√		√
对个人资本流动的管制	94	√					√
特别规定							
专用于商业银行和其他信贷机构的条款	162	√				√	√
专用于机构投资者的条款	82	√	√		√	√	√

对某些资本项目存在着管制。很多国家或者地区会根据当前自身宏观经济状况、金融体系的支撑力，对资本的跨境流动，包括跨境投资、不动产和证券市场交易子项目保持不同程度的限制。即便是被公认已经实现资本账户开放的国家也在特殊领域实施了一定限制。美国是公认的资本账户开放度最高的国家之一，但从 IMF 的界定标准中看到，在某些资本子项目下其存在着限制性条款，比如，限制外国共同基金出售和发行股票；限制非居民购买某些行业的证券；限制居民对某些国家的直接投资。而同时，很多国家伴随着监管措施的失控或者国际收支条件恶化等原因而对原先开放的资本子项目重新进行管制。其次，从资本项目开放的外部影响来看，即从

---

① 资料来源：IMF, Annual Report on Exchange Arrangements and Exchange Restrictions, 2006. "√" 表示该资本项目下子项目受到管制。

社会经济中的政策、经济金融发展政策等方面的影响来看，资本项目开放是一个动态的渐进的过程，需要根据不同国家的金融市场条件和经济发展状况，而采取的一系列具体的差别化管制措施的取舍，由于不同的取舍带来不同的风险和收益，因此资本账户开放是不可能一次性完成的政策安排。

虽然资本账户完全开放不是一国货币国际化的充要条件，但是毋庸置疑的是资本账户开放是货币国际化的制度前提。资本项目开放和资本项目可兑换与货币国际化推进存在紧密联系，资本项目的开放要求国际货币资本项目可兑换，货币的可兑换又是实现异国货币国际化的必然条件，即世界对于一种货币的普遍接受是建立在该国货币能与其他国货币自由兑换的基础上。从国际货币的职能来分析，就是一国货币价值尺度、流通手段、支付手段和储藏手段超出本国范围，而被世界大部分国家接受和认同，除了一国需要强大经济实力和信用供给外，还需要稳定的金融市场和完善的金融体系，本国金融体制律法是保证国际货币发挥各项职能的制度前提，而其中资本账户开放是货币国际化制度前提中的关键。

（二）货币国际化有利于资本账户开放的推进

一国货币的国际化会使得人们更愿意去持有该国货币去参与贸易与投资行为，或者作为本国国际储备篮子中的一部分，而这些行为的产生必然对该国资本项目自由兑换与资本项目开放提出更高的要求，在经常项目相对稳定的前提下，为维持国际收支平衡必然需要有更为畅通的渠道来实现国家对于资本项目下的调整，从而促进了资本项目下开放程度加深。也就是说，一国货币国际化后，其资产存在形式更具多样性，资本的流入和流出在规模和频率上大大增加，资本账户中所存在的子项目也将随即增加，资本账户无形中开放度增强。从另外一个角度来说，全球资本的再分配和资本对于参与利润再分配的主动性迫使国际货币被运用于更多的投资领域和创新更多的投资模式，这些都将推进该国资本账户的开放和监管，提高资本账户管理模式，提高资本账户开放的效率。所以，货币国际化能够更便于资本账户开放的推进。

二、中国资本账户开放的现状及特点

下面先从我国资本账户开放历史中把握其顺应全球经济金融发展的总

趋势——渐进式开放历程，并清晰展现我国资本账户开放现状及其特点。

（一）我国资本账户渐进式开放历程及现状

从世界各国的经验来看，一般资本账户开放需要 20 年左右的时间，其关键问题是建立对一国货币币值稳定的信心，即该货币充足的国家信用供给，过程不是一帆风顺的。首先可以先了解一下我国资本账户渐进式开放历程和当前我国资本账户开放状态。

1. 我国资本账户渐进式开放历程

早在 1996 年 12 月 1 日实现经常账户实现了可兑换，资本账户的开放也被提上了日程。从我国外汇体制改革和资本账户开放的历程来看，资本账户的开放问题与人民币汇率问题是好似"唇齿相依"的关系，资本账户开放也是我国外汇体制改革的目标之一，资本账户开放带来的资本流动与汇率的稳定及汇率制度存在着高度相关关系。我国资本账户开放的演变大致可划分为五个阶段：

（1）资本账户的封闭运行阶段（1987 年前）

新中国成立之后，随着全国上下财经统一制度的建立，社会经济秩序稳步恢复，全国上下实行统一的固定汇率，是由中国人民银行总行公布的官方汇率。人民币汇率只是作为编制计划和经济核算的标准，期间主要为维持经济稳定，并在需要时对人民币汇率做出相应调整。可以说，在这段计划经济体制时期，我国实行的是闭关锁国政策，既无内债又无外债，更没有外商投资一说，不存在资本账户开放。

（2）资本账户启动阶段（1978—1993 年）

1978 年开始我国实行对外开放、对内改革政策，加快发展国际经济、金融和技术合作，鼓励外商直接投资，点燃了经济发展的启动。早在 1978 年第一家外商投资企业落户北京，同年北京设立了第一家外资银行代表处。债券市场方面，1982 年我国企业首次在境外发行日元债券，1991 年我国第一家企业到境外发行股票。在外汇管理方面，开始放宽境内居民的外汇管理，境外对居民的汇款或者携汇入境，准许在银行开立存款账户，并可保留全部外汇。从 1991 年 11 月开始允许个人所有的外汇参与外汇调剂，资本账户开放全面启动。此外，在规范资本流动的法律和行政法规方面，我国陆续出台了《中外合资经营企业法》（1979 年）、《中国境内机构在境外发行债券的管理规定》（1987 年）等，为资本账户的管理提供了法律保障。

（3）资本账户开放逐步推进阶段（1994—1996年）

1993年，国务院颁布了关于进一步改革外汇管理体制的公告，结束人民币汇率双轨制，官方汇率由1美元兑换5.80元人民币一步并轨到1美元兑换8.70元人民币，实行以市场供求为基础的、单一的、有管理的浮动汇率制度，从1994年1月1日起实行。同时，实行银行结售汇，取消外汇留成与上缴，同时允许人民币经常项目下有条件可兑换，逐步建立统一规范的全国外汇市场。1996年取消了对经常项目中非贸易非经营交易的汇兑限制；放宽对因私用汇的汇兑限制；从3月起进行了把外商投资企业纳入银行结售汇体系的试点，同年7月全面推广，并且按照经常项目可兑换的要求修改了结汇、售汇和付汇管理办法；到1996年12月1日，宣布接受IMF的货币基金组织第八条款协定，最终实现人民币经常项目可兑换，对我国进一步对外开放和经济发展产生了重要影响，并形成了我国对资本项目下汇兑有所放松经常项目自由兑换的外汇管理格局。

（4）资本项目审慎开放阶段（1997—2001年）

1997年，东南亚金融危机的爆发使得人民币资本账户开放暂时停顿。我国能够避免受到金融危机的影响归功于对于资本项目下交易的限制，从而面对资本账户开放问题态度极为审慎，基本确立并维持人民币经常项目完全可兑换，资本项目部分可兑换的外汇管理框架，根据经济发展阶段和监管能力对国际资本流动分类管理的整体思路。在该框架下，严格控制提前偿还外债、外债转贷款和自营外汇贷款；禁止用人民币购汇还款，并对大额交易进行跟踪检查；禁止购汇用于境外股权、债权投资和股权债券的回购等，循序渐进推进人民币资本项目可兑换进程。随着渐渐走出金融危机的影响，1999年初审慎放松实物出资的境外投资，且免交汇回利润的保证金。到加入WTO后，我国进一步加速融入经济全球化浪潮中，资本项目开放度也伴随着经济渐行，外汇管理从"宽进严出"向均衡管理转变，在证券投资、直接投资、其他投资和资本转移四大领域采取了一系列措施，稳步推进资本账户开放。

（5）资本账户开放积极推进阶段（2002年至今）

根据WTO相关规定，经过五年过渡期我国将开放金融市场，也伴随着走出东南亚金融危机，内外环境把资本账户开放推向风口浪尖，一系列积极措施被提上议程。

2002 年 11 月，国务院颁布规定取消资本项下 14 项行政审批。2003 年期间，证监会、财政部等各管理部门纷纷颁布资本项下对于外商投资的规定，如，《外资参股证券投资设立规则》、《关于上市公司涉及外商投资有关问题的若干意见》、《合格境外机构投资者境内证券投资管理暂行办法》、《关于向外商转让上市公司国有股和法人股有关问题的通知》、《外资投资者并购境内企业暂行规定》等。

2005 年十六届五中全会明确提出逐步实现人民币资本项目可兑换。在其五年规划中，相关具体政策中包括，在银行间债券市场上引入国外投资者、允许国际金融机构在境外发行人民币债券、允许保险公司外汇资金境外运用等。

2006 年更是我国资本账户开放力度较大的年份。2006 年 4 月 13 日，央行宣布全面实行 QDII 机制，允许银行、证券公司、保险公司等在一定范围内以代客理财或自营方式进行境外投资。2006 年初五部委联合发布《外国投资者对上市公司战略投资管理办法》，外资机构获准进入 A 股市场。这表明，我国对 QFII 和 QDII 的管制的方松，松绑了资本流入流出渠道。目前，截止到 2010 年 3 月 31 日，QFII82 家累积批准额度达到 170.7 亿美元[①]，成为我国资本市场的重要机构投资者；QDII 主体扩大到符合条件的商业银行、证券公司、基金公司、保险公司和信托公司，截止到 2010 年 3 月 31 日合格的 QDII 达到 76 家，其中银行类金融机构有 22 家，获批总额达 79.60 亿美元；证券类金融机构有 26 家，获批额度达 397.27 亿美元；保险类金融机构 23 家，获批总额达 159.75 亿美元；信托类金融机构 3 家，获批额度为 6 亿美元，QDII 总额达到 642.26 亿美元[②]。另外，国家外汇管理局发布《关于调整部分境外投资外汇管理政策的通知》，从 2006 年 7 月 1 日开始取消境外投资购汇额度的限制。

2007 年 8 月，国家外汇管理局批准天津滨海新区作为中国国境内个人直接对外证券投资业务试点，就此拉开对于开放资本账户下个人直接对外证券投资的序幕。

---

① 资料来源：国家外汇管理局网站，http：//www. safe. gov. cn/model_ safe/index. html.
② 资料来源：国家外汇管理局网站，http：//www. safe. gov. cn/model_ safe/index. html.

2008 年 3 月，央行在金融市场运行报告中明确指出，我国将逐步推进人民币资本项目下可兑换，暂时停止对境外投资外汇资金来源和划转的审查。并考虑允许海外公司在中国上市，给外资机构在中国资本市场发行以人民币计价债券提供便利①。

2. 我国资本账户开放现状

2009 年我国国际收支继续呈现"双顺差"格局。其中，经常项目顺差 2971 亿美元，较上年下降 32%，2008 年为增长 17%；资本和金融项目顺差 1448 亿美元，较上年增长 6.6 倍，2008 年为下降 74%（如表 6-2）。从我国资本账户目前的开放程度来看，无论和发达国家还是和部分发展中国家相比，管制仍然十分严格。如表 6-3 所示，在 IMF 划分的 7 大类 43 项资本子项目中，我国对非居民在境内自由发行或买卖金融工具、非居民在境内自由发行或买卖金融衍生工具、居民对外负债和信贷融资等实行严格管制，其余主要采用审批制，存在相对不同程度的管制。随着后金融危机时代我国在国际上话语权的上升、国际影响力的提高和强大的经济实力，是推进人民币国际化的有利时机，因此，资本账户开放作为人民币国际化中的一项重要金融体制条件也需要被进一步考虑。

表 6-2　2009 年我国国际收支平衡表②

单位：亿美元

项　　目	差额	贷方	借方
一、经常项目	2，971	14，846	11，874
二、资本和金融项目	1，448	7，464	6，016
A. 资本项目	40	42	2
B. 金融项目	1，409	7，422	6，014
1. 直接投资	343	1，142	799

---

① 数据来源：国家外汇管理局网站，http：//www. safe. gov. cn/model_ safe/index. html.

② ①数据来源：国家外汇管理局网站，http：//www. safe. gov. cn/model_ safe/index. html；②本表计数采用四舍五入原则。③自本次起，国家外汇管理局按照国际惯例对储备资产记录方法进行了调整，即平衡表中只记录由于交易引起的储备资产变动，不包括汇率、价格等非交易因素引起的储备资产价值变动。

续表

项 目	差额	贷方	借方
1．1 我国在外直接投资	-439	42	481
1．2 外国在华直接投资	782	1,100	318
2．证券投资	387	981	594
3．其他投资	679	5,299	4,620
三、储备资产	-3,984	0	3,984
3．1 货币黄金	-49	0	49
3．2 特别提款权	-111	0	111
3．3 在基金组织的储备头寸	-4	0	4
3．4 外汇	-3,821	0	3,821
3．5 其他债权	0	0	0
四、净误差与遗漏	-435	0	435

表6-3 中国资本账户开放现状①

项目	开放情况
一、资本和货币市场工具	
1．资本市场证券交易	
（1）买卖股票或有参股性质的其他证券	
非居民境内购买	QFII 可投资获批额度内的境内 A 股市场 非居民可投资 B 股股票
非居民境内出售或发行	非居民可出售 A 股或 B 股股票，但不能发行
居民在境外购买	QDII 可投资获批额度内的境外股票
居民境外出售或发行	居民境外发行股票需经过证监会批准
（1）债券和其他债务性证券	
非居民境内购买	QFII 可投资交易所上市的企业债、可转债、国债

---

① 资料来源：IMF，Annual Report on Exchange Arrangements and Exchange Restrictions，2006.

项目	开放情况
非居民境内出售和发行	国际开发机构在商务部或人民银行或发改委的授权下可发行人民币债券
居民境外购买	符合条件的境内商业银行、基金公司和保险公司可投资境外债券，商业银行可集合境内居民外汇或人民币资金，直接用外汇或购汇投资于境外固定收益产品
居民境外出售和发行	经过发改委、外汇管理局和国务院的批准后可进行境外发行，募集资金需调回
2. 货币市场工具	
非居民境内购买	QFII 可投资货币市场基金
非居民境内出售或发行	禁止
居民境外购买	居民境外购买债券和其他债务性证券规则适用
居民境外出售或发行	经外汇管理局批准可发行，例如商业票据等、一年期以下债券等
3. 集体投资类证券	
非居民境内购买	QFII 可投资封闭式或开放式基金
非居民境内出售和发行	禁止
居民境外购买	居民境外购买债券和其他债务性证券规则适用
居民境外出售和发行	居民在境外出售或发行货币市场工具规则适用
二、对衍生工具和其他工具的管制	
非居民境内购买	禁止
非居民境内出售或发行	禁止
居民境外购买	我国金融机构境外购买、出售和发行金融衍生工具，需进行资格审查和外汇敞口头寸等管理
居民境外出售或发行	
三、对信贷业务的管制	
1. 商业信贷	
居民向非居民提供	基本开发，金融机构提供商业信贷部分需要外汇管理局批准

续表

项目	开放情况
非居民向居民提供	受《关于完善外债管理有关问题的通知》相关条例限制
2. 金融信贷	
居民向非居民提供	居民向非居民提供商业信贷规则适用
非居民向居民提供	非居民向居民提供商业信贷规则适用
3. 担保、保证和备用融资便利	
居民向非居民提供	均需登记，部分需要事先审批
非居民向居民提供	外商投资企业可接受国外机构的担保
四、对直接投资的管制	
1. 对外直接投资	
（1）创建或拓展完全由自己拥有的企业、子公司，或全额收购现有企业	已取消购入外汇款额的限制，目前限制较少
（2）对新建或现有企业的入股	
2. 对内直接投资	
（1）创建或拓展完全由自己拥有的企业、子公司，或全额收购现有企业	达到相关监管法规即可，基本无限制
（2）对新建或现有企业的入股	
五、对直接投资清盘的管制	无管制
六、对不动产交易的管制	
居民在境外购买	无管制
非居民在境内购买	5万美元以上需经过外汇管理局批准方可兑换成人民币，2006年9月以来，非居民购置房地产必须符合实际需求，只允许用于个人居住
非居民在境内出售	出售房款兑换成外汇或汇回需外汇管理局批准
七、对个人资本流动的管制	
1. 贷款	
居民向非居民提供	管制
非居民向居民提供	管制

项目	开放情况
2. 礼品、捐赠、遗赠和遗产	
居民向非居民提供	5万美元以内的礼品和捐赠仅需提供身份证明，5万美元以上还需提供于交易的公正材料，汇出遗产、遗赠不受限制
非居民向居民提供	仅需提供部分例如身份证明、产权证明
3. 外国移民在境外的债务结算	
4. 资产的转移	
移民向国外的转移	需向外汇管理局递交申请，必须一次性申请拟转移出境的全部财产金融，20万元人民币以上的需分步汇出
移民向国内的转移	
5. 博彩和中奖收入转移	
6. 非居民员工的储蓄	

（二） 我国资本账户开放的单边流动非均衡特征

改革开放以来，我国整体上保持审慎性原则推进资本账户开放，按照"先流入后流出、先长期后短期、先直接后间接、先机构后个人"的顺序分步骤推进资本账户开放。从吸引外商直接投资、建立合格境外机构投资者制度、有序开放境内证券市场、放宽境外投资汇兑限制、实施合格境内机构投资者制度等，一步步走来，脚步未曾停止。自2001年加入WTO后承诺经过五年过渡期，将全面开放金融市场，因此，自2002年至2007年末，中国明显加快了资本项目开放的步伐。美国次贷危机下我国经济直接受到的冲击相对较小，其得益于我国对于资本账户的严格管制，而这些管制虽然让我国经济避免遭受一些直接冲击，但是若要推进人民币国际化，这些管制必将成为拦路虎。

1. 我国资本账户开放单边流动非均衡特征

我国资本账户开放呈现出单边流动非均衡特征，即在资本流入方面开放的项目较多、程度较高，在资本流出方面开放的项目较少、程度较低。呈现如此特征是有其原因的，除了对于资本账户开放不确定性外和对于本国资本和企业的"爱护有加"，还存在着当局希望通过放开资本流出，缓和人民币的升值压力和外汇储备迅速增长造成的进退困境。但是，无论是资本流动的放松，无论是流入抑或流出都不应该成为货币政策失效的救命稻草，而只是达到治标不治本的效果。这种非对称的跛行开放值得商榷，因为经济状况不好的时候本国居民和非居民都会通过多种渠道去实现资本外逃，同样会增加金融危机的风险。而且，非对称性的资本账户开放违背了最基本的微观原理，即不利于实现资本的合理配置和分散风险。典型的是在直接投资上，我国很早就开始吸收外商直接投资，但是国内对外直接投资上的限制较多。按国际收支统计口径，2009 年外国来华直接投资流入1100 亿美元，金融部门吸收外国来华直接投资 41 亿美元，非金融部门吸收外国来华直接投资 1059 亿美元，撤资清算等流出 318 亿美元，净流入782 亿美元。与此相对，我国对外直接投资 481 亿美元，金融部门对外直接投资 47 亿美元；非金融部门对外直接投资 434 亿美元，对外直接投资撤资清算等汇回 42 亿美元，净流出 439 亿美元。流入和流出差额为 343 亿美元，整体上呈现流入远远大于流出，即单边流动非均衡特点。[①] 在资本市场上，我国很早就允许企业到境外上市融资，也有少数金融机构到境外发债，但对于国外企业在境内上市和国际金融机构在境内发债仍然限制较多。从规模上看，2009 年对外债券证券投资净流入 437 亿美元；境外对我国证券投资净投入 288 亿美元，其中，股本证券投资净流入 282 亿美元，债务证券投资净流入 6 亿美元。除了受到金融危机影响，国际金融市场风险相对较大影响外，还有的原因就是我国对于资本流出存在的限制相对较大。此外，我国利用国外贷款较多，但对外贷款较少，截至 2009 年末，我国外债余额为 4286 亿美元。这些是我国的资本账户的不对称管制的显著特征，但是人民币要实现国际化（区域性国际化）则需要有资本项目的双向开放，引进来与走出去并举，而且更多的是走出去，才能扩大国外对于人民币的持有，进一步利于实现人民币国际化（区域性国际化）。

2. 我国资本账户下交易限制放松、汇兑限制仍然相对严格

静观我国国际收支项下资本账户流动状态可以发现，一方面，从资本

---

① 资料来源：2009 年国际收支平衡表。

管制的流向来看，我国对资本流入的管制要小于对资本流出的管制，呈现出单边流动非均衡特征。但随着这两年国际金融风险的增加，我国对资本流入的监管工作也有所加强；另一方面，从管制的对象来看，我国对资本账户下交易的限制逐步放松，但对资本项目下兑换的限制还较严格。从资本账户各个细分子项目来看，我国的政策具有如下特点：

（1）对直接投资基本实现管制逐步放松甚至完全开放

我国对于外商直接投资（FDI）的管制较少。具体来看，我国只是对FDI的真实性进行审核，或者是出于环境和安全考虑而对极少数行业进行限制。按照加入WTO的承诺，我国将分阶段、分层次允许外商投资金融、证券、保险等金融业；实行外商投资企业外汇登记制度、资本金结汇需要经过相关部门批准，但无限制、外商投资企业在清盘、转股、撤资后，可将属于国外投资者的资金只需审核真实性后便可汇出。

（2）对证券投资的管制虽然逐步放松但监管管制

我国对证券投资的管制较为严格，2002年才开始实行合格的境外机构投资者制度（QFII），允许合格的境外投资者在一定规定和限制下汇入一定额度的外汇资金，在本国证券市场进行投资，其专门账户将受到严格监管。近年来，为拓宽资金流动渠道，疏通资本双向流通机制而进一步完善了合格境内机构投资者制度（QDII），一方面扩大了QDII的主体范围到信托公司，截止到2010年3月31日，总共达到82家，同时放宽了银行境外代客理财产品范围和投资品种，另一方面完善了证券经营机构境外证券投资相关管理制度并出台了新的保险资金境外投资管理办法，以期有利于实现我国国际收支基本平衡。这方面的管制主要是对于QDII和QFII的界定，和对于QDII和QFII的相关账户的监管。从其概念界定来看，各项要求严格，相关账户的监管也未曾放松，各金融机构和企业必须努力达到相关要求。

（3）坚持严格控制对外借贷

我国对外债规模一直都有严格控制。截至2009年末，我国外债余额为4286亿美元，其中，登记外债余额为2669亿美元，贸易信贷余额为1617亿美元[①]。从债务类型看，以国际商业贷款为主；从债务主体看，以中资

---

① 2009年贸易信贷抽样调查方法进行了调整，按新方法统计余额为1617亿美元。为保证数据的可比性，2008年末贸易信贷余额由按原方法统计的1141亿美元相应调整为1296亿美元。

金融机构和外资企业为主；从币种结构看，以美元债务为主，在 2009 年末的登记外债余额中，美元债务占 68%。外汇管理部门致力于实现全口径管理，包括对短期外债实行余额管理，对中长期外债实行计划指标管理。同时，也对对外借债主体进行限制，除了 FDI 可以直接借债外，其他境内机构或者企业需要通过符合条件的金融机构间接实现对外借债，并需事先审核。此外，我国把外资银行对外借款和 3 个月短期贸易融资纳入外债统计指标，严格控制金融风险。

三、人民币国际化是否需要资本账户完全开放

人民币国际化是我国经济发展的结果和要求，尤其在后金融危机时代，我国在挽救全球经济复苏中扮演了重要角色，人民币的国际声望不断提高；同时，我国的经济总体实力直逼美日两大发达国家，如此巨大的经济总量吸引了各方逐利资本的觊觎，其人民币资本本身也希望能够保值增值，追求利润最大化。因此，人民币国际化和资本项目开放是内外所向。

（一）人民币资本账户适度开放可加快人民币国际化步伐

改革开放以来我国取得举世瞩目的成绩，未来中国仍将长时间保持高速增长的普遍预测，使得中国日益成为了国际经济中不容忽视的重要组成部分，国际投机资本的逐利性必然要求参与中国利益的再分配，人民币资本项目开放是国际投机资本顺利参与中国利益再分配的前提条件。

首先，从其他各国经验来看，既没有绝对的资本账户开放，也没有绝对的资本账户管制。现有的国际货币的发行国也没有做到 100% 的资本账户开放。美国是公认的资本账户开放度最高的国家之一，但是美国对资本账户交易同样有一些限制。此外，对于影响美国经济主权和国家安全的国外投资也要严格审查甚至禁止①。从全球来看，大部分国家对于资本账户或多或少有一些管制措施，在 IMF 所列出的 13 个资本账户子项目中，每一个项目上都有许多国家采取管制措施。同时，资本账户开放状态也是可逆转的，在亚洲金融危机后，对资本账户施加限制的国家数目有增无减。所以，资本账户开放通常不是指资本账户的所有子项目完全开放，而是指资本账户基本开放或

---

① 如，2005 年中海油竞购美国优尼科石油公司，美国国内以涉及国家安全和公平竞争为名向美国国外投资委员会提交审查，最后只能主动撤回收购要约。

者大部分处于开放状态。同时，在资本账户开放与资本项目自由兑换在内涵上不完全相同，前者强调资本交易的开放，但开放资本交易并不必然等同于资本项目下的汇兑自由。可以说，人民币国际化所需要的是资本账户的适度开放或基本开放，而不是所有子项目完全开放。

从我国自身发展来看，首先，目前由于我国资本项目尚未实现可兑换，周边国家或者地区难以将人民币作为储备货币，而只是作为计价货币或结算货币。非居民持有和使用人民币受到较严格限制，必然导致人民币无法成为各种金融产品计价和交易手段、无法被其他国家居民作为投资或储蓄资产、也无法被其他国家或地区当局作为外汇储备及其稳定汇率的货币锚，人民币也就不可能发展成为国际货币。但是，中国的对外贸易、投资规模迅速增长，金融市场蓬勃发展，中国加入 WTO 加强区域经济合作等，都从客观上要求人民币早日实现资本项目下的可自由兑换，为人民币国际化铺平道路。因此积极、稳妥地推进资本项目下的可自由兑换，为实现人民币的完全可自由兑换，最终实现人民币区域性国际化逐步创造现实的基础条件。可以说人民币自由兑换进程的推进是人民币国际化进程中的必由之路。其次，资本项目开放可促进人民币国际化：一是进一步开放资本账户将大大增加人民币资产的流动性，降低人民币的风险，鼓励非居民使用和持有人民币；二是进一步开放资本账户将使中国在对外经济往来中拥有更大主动权，提高人民币的国际地位；三是人民币资本账户进一步开放，人民币资产风险减小，增强持有人民币信心，促进境外流通。因此，资本自由流动是货币国际化前提条件，实行资本项目自由化是推进人民币国际化的必由之路。同时，人民币区域性国际化程度的提高促进资本账户开放。非国际货币部分履行国际货币的职能，在货币可兑换或资本项目自由化进程将部分减少可兑换进程的风险，减轻可兑换的数量约束压力。因此，推进人民币区域性国际化可以有助于资本账户开放。再次，除了 FDI，境外投资者主要通过资本市场对人民币各项业务进行投资，而这部分资产占比巨大，部分更是通过非法地下钱庄进入中国市场，可见资本市场提供了诸多投资工具和渠道，而逐利资本更是无孔不入。不如顺其道把资本项目开放，把非法资本引入合规统计管道，更有利于防范风险，为实现人民币国际化服务。同时，人民币要实现国际化，人民币必须首先满足是可自由兑换的货币，同时，资本市场应担负起境外人民币持有者投资平台和出路，而资本项目的开放则打通了人民币自由流动的双向高速通道。

（二）人民币资本账户开放的收益大于成本

为推进人民币国际化，在资本账户开放过程中，我们主要考虑的是怎样开放资本项目的问题，先开放哪些项目后再开放哪些子项目，如果在国际化过程中遇到特殊问题又应该对哪些项目进行管制的问题。开放过程中的风险是必然存在的，根本性原则就是资本项目开放过程中的成本收益的比较。宏观经济作为一个整体是资本账户开放的受益者和成本的承担者。资本账户开放作为一项制度变革，其带来的成本可分成财富成本和非财富成本；带来的收益可分为利润收益和非利润收益。在成本方面，资本账户开放可能产生商业银行不良贷款上升、资本流动的不确定性增强对经济基本面的货币供应量产生直接影响，这些导致的成本即是财富成本；而一般在国家宏观调控不当或者存在实施相关调控措施滞后时才会发生汇率的不稳定，即便汇率变动，货币当局可以采取措施调剂货币量，从这个角度上看，其对宏观经济带来的影响更多反映在制度层面上，列入非财富成本。在收益方面，直观来看，对证券发行、直接投资、对外信贷、个人资本流动等管制的放开都会对实体经济的利润产生直接影响，所以其带来的收益归入利润收益；而对证券交易、金融衍生工具等管制的放开不会对实体经济的利润产生直接影响，所以带来的收益属于非利润收益。根据对成本和收益的分析，可以通过表格的形式进行一下对比，见表6-4。

表6-4 资本账户开放的成本收益

成本	财富成本	不良贷款回升；大规模资本流入
	非财富成本	汇率波动可能性
收益	利润收益	经济体融资新渠道；促进资本优化配置 通过资本流动提升经济整体竞争能力分享全球财富收益
	非利润收益	完善证券市场交易机制；提高金融避险能力

从资本账户开放的成本收益来看，主要分析的是成本中是否必定造成损失，就可以得出比较结果：首先，不良贷款是一种偿还风险的预示，借款人只是存在不偿还贷款本息的可能性，不存在发生不偿还本息的必然结果。其次，可能出现的大规模的资本流入。我国目前在人民币升值和金融

危机下经济复苏较快的背景下，出现大规模资本外逃是不可能的，相反，资本流入规模巨大。不论是 QFII 带来的资本还是 M2 增加带来的货币增量，大部分都是有实体经济作为支撑的，并不同于完全处于投机目的的"热钱"流入，而且资本账户开放可以引导地下钱庄和热钱回归正途。所以，资本流入对宏观经济的正面效益大于负面损失。最后，汇率波动带来的风险。我国经济整体实力直逼日本，到 2010 年 3 月外汇储备高达24470.84 亿美元，即使在当前尚未实现浮动汇率的条件下，资本流动不足以威胁到相对稳定的汇率，而且，为实现人民币国际化（区域性国际化），浮动汇率是不久的将来需要努力的方向。总之，一方面，资本账户开放制度变革，给中国的宏观经济发展带来的利润收益和非利润收益都是巨大的。另一方面，此次制度变革付出的成本，有的仅是一种可能性，并不是必然要发生的，有的是对宏观经济的影响利大于弊的。所以，如果可以在变革过程中发现并采取措施及时解决存在的问题，则可以降低甚至避免可能成本的发生。因此，资本项目实现可兑换的制度变革是不可抵挡的趋势。

（三）人民币国际化并非需要资本账户完全开放，但需要资本账户的选择性和递进性开放

基于货币国际化与资本项目开放之间的关系，资本项目完全开放不会构成人民币国际化（区域性国际化）的必要条件。目前，我国人民币尚未实现资本项目下的完全兑换，但是，在周边的国家和地区已经被部分接受和使用。资本项目的开放与人民币国际化（区域性国际化）从根本上来讲不存在顺序上的承接关系，但并不是说它们之间不存在任何相互影响的关系。就各国货币的实践来看，资本项目开放与货币国际化之间存在相互影响，但针对不同的货币，它们之间相互影响的程度是不同的。以美元经验来看，美元在尚实行严格资本项目管制的情况下成为了唯一的国际货币，而当其资本项目基本完全开放的情况下，美元的国际货币地位受到了日元、德国马克、法国法郎、日元以及欧元等的影响而削弱。另外，日元、德国马克等货币的国际化在时间上与其资本项目开放进程存在相关关系。所以，随着资本项目自由化不断深入，它们的国际化程度在加深，但不呈现严格的正相关关系。

另外，实现了资本账户开放并不意味着人民币一定能成为国际货币。

根本区别在于资本账户开放和人民币资本项下自由兑换是以供给为主导的；人民币国际化是以需求为主导的。人民币国际化主要是由非居民对人民币的需求偏好所决定，这个需求偏好可能受到我国经济整体实力、汇率稳定、金融市场风险大小等因素影响；而资本项目开放是金融体制性问题，人民币可兑换是我国政府根据外汇供给以及其他因素进行决策。其次，两方面又有内在联系。资本项目开放和人民币可兑换是国际化的必要条件，但不是充要条件；可兑换和国际化两者可相互影响和相互促进；资本项目开放给人民币与其他货币间的兑换提供了渠道，人民币的可兑换可推动人民币的国际化，反之，货币国际化又可以促进货币可兑换进程，进一步打开资本项目的开放通道。

从上文分析中可以知道资本项目开放和资本项目可兑换是人民币实现区域性国际化的基础，但同时在推进人民币区域性国际化的进程中，对于开放的资本子项目选择和顺序都有较为严格和具体的要求，不合时宜的开放必将会导致本国金融体系的破裂，更不用想实现人民币国际化了。

四、人民币国际化过程中需要可兑换的项目及开放顺序

人民币国际化下，我国资本项目开放的推进次序既要借鉴世界各国，尤其是实现了货币国际化国家的资本账户开放的经验，又要根据我国金融市场的实际情况，以及人民币在实现国际化中的可行路径，坚持风险可控、渐进式开放总路线。

（一）人民币国际化过程中资本项目渐进式开放整体思路

从长远来看，资本账户开放顺序遵从"先资本流入后资本流出、先长期资本后短期资本、先机构后个人、先债权后股权、先发行市场后交易市场、先简单金融产品后金融衍生产品"的顺序。在人民币国际化过程中，资本项目开放更需要有针对性，发挥对人民币国家化的推动作用。

1. 从资本流向来看，应加强逆向开放，平衡资本双向流动机制。在提出"走出去"战略之际，我国明显加快放松对资本流出的管制，从实行QDII以来，国家外汇管理局共批准了 82 家金融机构进行境外投资。2007年 8 月开始保险资金可以在境外投资于商业票据、大额可转让存单、回购与逆回购协议、货币市场基金等货币市场产品；银行存款、结构性存款、债券、可转债、债券型基金、证券化产品、信托型产品等固定收益产品；

股票、股票型基金、股权、股权型产品等权益类产品等。2009 年 7 月 13 日，国家外汇管理局发布《境内机构境外直接投资外汇管理规定》允许 QDII 通过设立（独资、合资、合作）、并购、参股等方式在境外设立或取得既有企业或项目所有权、控制权或经营管理权等权益的行为。2009 年 10 月 10 日国家外汇管理局通知，证券经营机构可募集境内投资者的外汇资金，也可募集境内投资者的人民币资金购汇进行境外证券投资。这种加快资本流出的开放，把人民币推向国际市场，渐渐被国际市场接受，是实现人民币国际化的正道。国际上一般"先开放资本流入、后开放资本流出"的激励政策已不适应我国当前国情，这种政策相对适用于外汇长期短缺的国家，而我国现在需要的是对于资本流出的鼓励与对某些国际游资和投机资本的限制，这种政策方向与实际国情的相悖离导致内外不均衡加剧，威胁到我国长远利益。因此，我国在推进资本账户开放过程中，应转变基本思路，实行逆向开放，疏通资本流出渠道，积极鼓励境内企业机构团体参与国际市场竞争，还可以缓解国际收支巨额顺差的压力。

2. 从不同资本期限长短来看，先放松长期资本流动，后放松短期资本流动，目前应进一步加快放松对短期资本流动特别是流出的管制。首先，长期资本相对缺乏弹性，便于管理；短期资本流动性太大，若监管失控则会产生巨大风险。在人民币国际化过程中，短期资本的流动最能活跃人民币在国际市场上的流动，所以，长期资本和短期资本都需要放松，只是对于短期资本的限制和监管相对严格，应加强短期资本投资的可行性分析，从市场状况、技术条件、风险控制、人员配备、成本收益等方面，认真评估市场风险、国家风险、汇率风险、信用风险、流动性风险、操作风险、道德风险和法律风险。其次，从放松短期资本流动来看，我们要特别加快对于境内短期资本流出的限制，这与平衡国际收支的重要目标保持一致。外汇管理与 QFII 和 QDII 是相对应的，QDII 和 QFII 是资本项目未完全开放的国家允许对外和对内投资的管理机制，是出于对资本恶性流动机制的担心，是在一国货币没有实现完全可兑换。资本项目尚未开放时出现的一种过渡性监管制度。人民币国际化在推进中，则一方面要扩大 QFII 的投资规模，并允许非居民其他法人和个人参与我国资本市场、外汇市场和货币市场各项交易。现行的 QFII 定义相对狭窄，许多以分支机构设立商业银行的模式与国际无法对接。同时，QFII 的投资数量限制太死，把国外相当部分高评级的投资者拒之门外，我国金融市场相对缺乏市场竞争机制。但在放松管制的过程中，必须监控热钱涌入的风险，切断其流入渠道。另一方面，应加快放开境内短期资本流出的限制，放开对外货币信贷、贸易融资，进一步推动 QDII 参与国际金融市场交易，并进一步推广个人海外投资试点。

3. 从资本交易兑换关系看，两者应同步开放。早前我国对资本项下货币兑换的管制严于资本交易流动的管制，每一笔资本兑换业务都要经过审批，这种强制结售汇制度使我国形成了大量的外汇储备，进而造成外汇管理和经营的风险。在意识到这种压力后，国家及时调整结售汇制度，转变为意愿结售汇制度，鼓励个人和企业持有部分外汇，从官方储备为主扩展为国家、企业、个人多元储备格局，从而可以缓解巨额外汇储备压力及其管理风险。正如前文指出，资本项目开放和资本项目可兑换两者之间存在紧密联系，人民币可兑换可以辅佐资本项目开放，资本项目开放又可以进一步推进人民币可兑换和人民币国际化的实现，所以，当前我们应该把握的主线是遵循资本交易和人民币可兑换同步开放，对资本项下哪项交易放松，则相应的人民币与外币之间可以自由兑换。

4. 从资本交易主体来看，一方面就居民和非居民交易，主要实现资本账户开放的国家，一般都先开放居民在国外资本市场的交易，然后再开放非居民在国内资本市场的准入和交易。而我国资本流入大于资本流出，对于居民在国外的交易管制相对严格，某种程度上讲缓解了我国的国际收支双顺差压力。但是，这种资本账户开放是单边非均衡的跛行模式，不利于金融市场的均衡发展，更不利于人民币国际化的推进。随着我国经济的快速增长，居民积累了充裕的资本，为参与国外资本市场投资创造了一定的物质基础；但同非居民在国内金融市场交易相比，居民在国外的交易规模限制较多，短期内对资本流动影响较小；此外，居民在国外的投资行为，资金流出除了受国内金融管制约束外，还要受到东道国法规约束。其中，与我国经济形势关联度相对较大，而非居民在本国的投机活动或者短期资金大规模的流入或者流出，都会对我国宏观经济带来较大风险。不过，我国大约2.4万亿的外汇储备对于小规模的投机资本有足够的抵御能力。加快开放居民在国外资本交易的时机已经成熟。另一方面单考虑居民的对外投资，也要区分金融机构、非金融机构、个人交易这三大交易主体开放的先后顺序问题。如果是参与金融交易，应先开放金融机构、再开放非金融机构和个人交易。因为相比之下，金融机构具有较丰富的投资经验和专业知识，能够熟练运用金融工具和衍生产品，风险管理和对冲机制相对健全，能够应付高风险的金融交易；如果是参与非金融交易，比如，参与对外直接投资、贸易信贷这类与实体经济密切相关的资本交易，因为非金融企业一般经过了现代企业制度建设，大部分企业产权相对清晰，风险意识强，经营能力较强，而且其资本规模远远小于金融机构，对外投资的规模影响力相对较小，应该先放开。对整体经济的影响力有限；此外金融企业的高风险和高投资反而会给实体经济投资带来较大风险。

5. 从资本的背景来看，应该先开放有真实交易背景的资本。比如，直接投资、债券融资、贸易融资，企业生产经营中产生的国外借款、股票发行等，这些项目应该先给予开放。而对无真实交易背景的，如股票市场、债券市场这些二级市场交易风险较大，需加强风险控制，在开放前应该培育良好的环境，并对可能产生的突发状况设定应急机制。尤其是期货、期权等具有高杠杆效应的金融衍生品存在潜在的不确定性和风险连锁机制，爆发后影响力巨大，所以，对境内机构参与国外金融衍生品市场交易最好实行试点先行的办法，渐进式健全风险管理制度，在具备风险控制能力的基础上，再逐步开放虚拟资本交易；对境外的投资基金、对冲基金等"高杠杆"资本要严格监控。这些资本投机性强、资金实力雄厚、交易手段先进，对一国经济的冲击非常之大，因此等到时机成熟后再开放。总之，在考虑资本交易背景下，应先放开居民到海外实业部门投资和非居民对国内直接投资，然后放开对居民海外有价证券投资，再放开非居民对国内资本交易。

6. 从金融服务开放来看，首先开放经常项目和资本项目交易下的金融服务，其不仅是经常项目和资本项目开放的内在要求，也因为其交易有真实交易背景，风险相对较容易控制。其次，居民提供的金融服务自由化应先于非居民提供的金融服务自由化，其有助于提高居民金融服务竞争力和改善国内金融市场环境。再次，居民在国内设立的分支机构提供的金融服务放开。因为非居民跨国提供金融服务的放开将加大国内金融产业的竞争压力，损害国内货币政策的自主性和金融监管的有效性。最后，与金融部门无关的资产管理和咨询服务的放开应先于与金融部门有关的经纪和证券承销服务。先放开潜在风险相对较小的项目是不变的准则。

（二）资本项目相应可先进一步开放的子项目

改革开放以来资本账户开放从未停歇，当前在人民币国际化时机成熟之际，可以更具针对性的推进资本项目开放，哪些子项目可以先行推进为人民币国际化创造活跃的金融市场环境，同时又能保证风险在可控范围内是研究重点，总体把握放松流动管制，加强监管控制原则，进一步开放的资本子项目，在资本市场交易主体上，放松 QDII 和 QFII 的限制条件，并引入个人投资者；在资本市场交易客体上，大力发展境内投资债券和股票，投放熊猫债券和境外人民币债券发行；在资本交易市场上，平衡发展国内外金融市场，拓展人民币离岸金融市场。

1. 控制外商直接投资领域，放松对外直接投资

在资本账户开放过程中，我国最先放松的就是外商直接投资。近年来，我国国际收支顺差不断扩大，到 2009 年外汇储备应该已经突破 2.4 万亿美元，对货币政策的独立性和有效性带来了巨大影响，各方直逼人民币升值。而不同的是，德国和日本在经常账户上获得的盈余通过对外投资流出国内，并未形成外汇储备倒逼机制，能够维持国际收支账户的基本稳定。单从资本规模和经济运行状况来看，我国已经具备放松对外直接投资管制的条件。但是还有一个现象是，由于长期建设资金短缺，政策导向上未对外商直接投资领域做出严格限制，国家重点发展行业、基础产业等领域不乏外商身影，而这些行业一定程度上的垄断性质，逐渐形成外资控制部分关系到国计民生的基础产业的格局。所以，今后一段时期，对于外商来华直接投资的管理在产业安全、资源环境等方面应更加严格，引导外商投资参与到一般产业竞争中，既可以优化产业结构升级和深化，又可以活跃整体经济，为人民币国际化创造良好经济环境。同时，对于对外直接投资主体条件适当放松，投资领域应该根据产业国际竞争状况和进入难易程度给予相应扶持，重点应放在对外直接投资的监控和管理。为便于对对外直接投资项目的管理，可以建立对外投资限额备案制度，例如，对于使用外汇未达一定额度的对外直接投资，在符合国家对外投资产业指导目录和提供相关投资项目文件的情况下，可以适当扩大或缩小对外投资自由兑换和汇出资金的限额，也可以调整对外投资产业指导目录。增加在外商直接投资和对外直接投资中在可被接受范围内人民币的使用，尤其近期重点是

推进人民币区域性国际化，亚洲各国对于人民币的接受程度较大，以此逐步推进人民币直接对外投资，并给予外商直接对华人民币投资渠道和优惠。在某些回报率高、受外商追逐的行业，可以规定一定额度的境外人民币汇入备案记录；在外商直接投资对外直接投资中，以人民币汇入汇出给予一定比例的汇率优惠，与实际汇率差额由外汇储备对冲；在对外直接投资中初期主要使用外汇，但随着对外投资规模、影响和信誉的扩大，可逐步增加使用人民币进行对外直接投资，并可以提供相对优惠政策，从而推动人民币国际化（区域性国际化）。

2. 进一步放松境外机构在境内发行债券和股票的限制

在债券发行方面，一是活跃人民币离岸市场发展，加强人民币债券在香港市场的发行，扩大允许国外投资者在港购买人民币债券，不设置限额，因为境内机构在港发行人民币债券总额是可控的。这样，在促进香港离岸人民币业务发展下，推动人民币在周边国家和地区的结算和流通，推动人民币离岸金融市场交易活跃，提升人民币国际地位，为人民币国际化打下基础。二是要继 2005 年国际金融公司和亚洲开放银行发行熊猫债券后，进一步扩大国际金融机构在境内发行人民币债券，债券的发行可以从银行间扩大到非银行金融机构。国际发行机构人民币贷款又可以投向本国企业，在降低中小企业融资难的同时，消除了向国外机构贷款的汇率风险，活跃我国证券市场。同时，吸引国际发行机构发行人民币债券，不仅可以带来国际上债券发行的先进经验和管理技术，而且还将进一步促进中国债券市场开放与人民币国际化进程。三是放松外资企业在境内发行企业债券或者公司债券。近年来我国企业债券市场迅速发展，发债条件明显改善，完全具备吸引境外优质企业发债的条件。在股票方面，可以允许境内外资企业在境内上市或者允许香港红筹股公司在境内上市，然后在逐步扩大境外企业在境内发行人民币股票。

3. 适度扩大境内金融机构对外贷款

相对于巨大的对外贸易规模，我国贸易贷款的规模很小。根据国际收支平衡表，2009 年我国对外提供的贸易信贷为 321 亿美元，而从国外获得的贸易信贷为 544 亿美元，在扩大对外信贷方面存在巨大空间。因此，要利用政策性金融机构结合对外援助和对外政策性金融业务，扩大贸易信贷和直接贷款。在对外援助中，可增加使用人民币，间接推进人民币国际化

（区域性国际化）。

总之，资本项目下的各项子项目都可以做出适当放松条件处理，关键在于对于资本项下交易的监督和管理问题。在推进资本账户开放的进程中，要注意对可能助长资产泡沫的资本流入和短期套利游资始终警惕并加以限制，如进入房地产市场和股市的外资，这些资金容易引起市场动荡，带来资产泡沫的过度膨胀和破灭，引致金融危机的产生（东南亚金融危机的发生就是在这样的背景下）。

第二节　人民币国际化与金融监管制度创新

人民币区域性国际化的实现需要发达而且开放的区域金融市场和金融监管当局的密切合作，特别是针对离岸金融市场的发展的有效监管。由于各国或地区的金融制度形成的历史、政治、法律、民族文化的差异，以及金融监管理论和方法上的差异，其监管体制也会呈现出不同的特征。人民币国际化的推进目前虽然没有一个量身定制的为实现国际化服务的金融监管制度，但是构建一个全面高效的金融监管体系能够为实现人民币国际化提供制度保障。

一、货币国际化对全面适度的有效金融监管的需求

金融监管的重要性和缺陷在历次金融危机中都得以充分显现，这次由美国次贷危机引发的国际金融危机更是如此。没有有效而适度的金融监管，就没有既快又好发展的金融产业，也谈不上货币国际化的顺利推进。

（一）金融监管是金融开放、金融创新和维护金融安全的要求

实现货币国际化对金融监管体系要求严格，在人民币国际化过程中需要建立全面适度而且有效的监管体制。

1. 适应金融开放的要求

人民币要实现国际化（区域性国际化）必须开放金融市场，形成高度发达的外向型金融，而外向型金融亦是全球性的金融市场体系，金融监管部门面对的监管客体纷繁复杂，对我国的金融监管体制提出了更为严格的

要求。具体来讲，金融对外开放包括"走出去"、"引进来"和国际合作三方面内容。改革开放尤其是加入 WTO 以来，经过 5 年的调整期到 2006 年更是全面开放金融业，国外金融机构纷纷进入我国，其多属于混业经营模式，并具有别具一格相对完善的经营理念和监管模式，这对我国进入监管提出了更高的要求，不止是为了监管国外金融机构在本国的经营行为，更是为国内金融机构在竞争中不断创新和提高自身经营能力的制度保障。同时，作为一个国际化（区域性国际化）的货币，能够走出去让区域内各国了解我国的金融机构，参与东道国资本再分配，遵守当地金融法规相对远离国内监管的情况下，对我国金融监管体制提出了更高的要求。在这次国际金融危机中，部分金融机构受到金融危机的直接影响，表明了进入机构境外投资活动并未置于监管部门的有效监管之下。金融危机除了显示金融监管体系的落后之外，明显展示了当前金融市场全球化的程度大大超过了实体经济全球化的步伐，金融监管的国际协调和区域联合监管趋势不可逆转，对我国的金融监管也提出了更高的要求，才能更有效地推进人民币国际化（区域性国际化）。

2. 适应金融创新的要求

金融创新是一把双刃剑，在推动金融业发展和提高金融利润和效率的同时，但若监管出现疏漏，就会潜伏了更多更为复杂的风险漏洞，暗涌金融危机和金融产业链的"蝴蝶效应"，另外如果监管重复则会导致责任推诿和重复监管成本提高，降低金融效率。此次金融危机的爆发的根源离不开金融创新和金融监管。我国的金融创新相比存在巨大差距。在金融开放下，我国首先是要学习国外的已有的金融创新，同时灵活求变，推出自己的金融创新，借助人民币国际化（区域性国际化）的东风打入区域市场，扩大本国影响力，这对我国的金融监管体制也提出了更高的挑战。

3. 维护金融安全的要求

没有金融对外开放和金融创新一国货币难以成为区域货币更不用说国际货币，但如果一味推进金融开放和金融创新最终导致金融危机的爆发则更是致命性的影响本国经济，更不用说实现货币国际化（区域性国际化）。在固定汇率时代，金融危机时常爆发，但是主要发生在发达国家且发生频率相对较低，随着国际资本流动自由化，各国普遍放弃固定汇率制度纷纷采取浮动汇率制度后，金融危机似乎更"偏爱"发展中国家且发生频率大幅提高。所以，我国在推进人民币国际化（区域性国际化）的进程中，对于金融监管体制的完善尤为重要，才能实现金融开放、金融创新和金融监管之间的协调互动，能够有效保障本国金融安全和对区域金融体系的冲击。

（二）金融监管制度是人民币国际化过程中防范金融风险的关键

在人民币国际化过程中，我们会致力于资本账户开放、汇率自由浮动、人民币利率市场化和金融产品与工具的创新，一个活跃的金融市场是人民币实现国际化的前提。而这一系列的开放性、创新性金融政策可能本身存在着风险，同时，逐利资本的劣根性可能会利用某些漏洞而威胁到我国整体经济，甚至危害全球经济的复苏，所以，金融监督和管理制度能够在不妨碍人民币国际化发展前提下提供防范各项金融风险的根本保障。

1. 资本大幅流动

人民币在推进国际化的进程中，首先要做的就是实现资本账户的开放问题。资本账户的开放必然会引起资本以不同的形式大进大出。国际资本流动规模巨大，且很多虚拟资本与实体经济的规模严重脱节。这些不确定性和投资性资本的流动，在给我国带来利益之外，也会使我国经济承受巨大风险。大量的资本流动会通过汇率变动直接反映，影响到对外贸易活动，并间接国内利率和通货膨胀率，最终导致我国市场和产业结构失调。如果是资本的突然逆向流动更是会给我国经济金融产生巨大冲击（1997 年东南亚金融危机就表现为此）。2007 年金融危机中，国际投行严重亏损，瑞士银行于 2008 年 12 月 31 日抛售中国银行 H 股，套现 8 亿美元，与 2005 年入股中行的约 4.9 亿美元，大约有 3 亿美元的资本流出；2009 年 1 月 7 日美国银行将所持中国建行股份 56.2 亿股出售，套现 220 亿港元；所以，对资本的明细流动情况需纳入国际收支的表内或者表外监控，需要外汇管理局、外经贸的配合三大监管部门的联合监控，这才能加强金融监控和管理，为推进人民币国际化服务。

2. 汇率波动风险

我国现行的汇率制度是钉住一篮子货币的、有管理的浮动汇率制度，但当前政府在实际操作中干预较多。作为国际货币，人民币汇率必然需要实现浮动，如美元自由浮动，其他货币而是钉住美元来相应升值或贬值。今期人民币升值预期不断加深，外资会尽可能通过各种渠道渗入我国市场，为平衡外汇供求，稳定汇率将会承担巨大升值成本，央行定会动用大量外汇储备干预汇市，投放本币购入外汇，一旦这种预期发生逆转，外资将大量抽逃，引发金融危机。同时，虽然外汇储备具有调节国际收支和稳定汇率波动的作用，但是外汇储备也存在着资产保值、流动性低，从而削弱宏观调控能力和维持经济稳定增长的能力。此外，人民币国际化必然先要实现资本项目开放、汇率自由浮动（最起码浮动范围大幅提高，且政府干预减少），根据三元悖论，这又将会影响到央行制定货币政策的独立性和有效性。所以，在推进人民币国际化进程中，主要监管部门需要担负起维持汇率相对稳定。

3. 跨国经济金融投资风险

资本账户的开放打通了国内外资本的出路，又给金融创新提供了更为广阔的舞台。而这些金融活动体现为跨国金融机构的并购、入股、直接设立分支机构或者投资国内各种金融产品。在国际金融市场和国内金融市场的融合中，金融机构的经营战略会做出调整，如，实现全球化的战略目标、由服务于设立分支机构的销售网络向运用多元化和电子化的资本转移渠道，我国现有的分业监管对这种多元经营行为存在诸多限制。这样的状况，需要监管当局顺应这一变化，改革金融监管将提高金融服务的国际竞争，有利于形成金融监管服务性超市。外国金融机构很多都是实行混业经营的投资者，它会以多个法人主体分别进入国内市场，其投资成本和运作方式将给国内金融机构提出严峻挑战，同时其集团内部融资将使得资金流动更加复杂，我国目前监管体制难以进行区分和监管。跨国并购推动了国际资本的流通，目前的国际并购主要发生在濒临倒闭，或者由于特殊原因需要解散变更的金融机构，这些都需要在相关监管部门的监督下进行。即，监管当局为维护金融体系稳定、社会客户的基本权益，必须对金融机构进行债务清偿和相关手续进行监管，以确保顺利进行。所以，现在需要相关行业监管部门加强对于跨国经济金融投资的合规性和资本运作的监管。

4. 反洗钱工作加剧

金融国际化的发展，资本项目开放除了给正规风险投资资本提供投资渠道外，许多不正当的资金也暗自涌动，丰富的金融交易品种和金融工具，还有金融投资主体，尤其是监管部门存在的监管漏洞和真空，都可能成为其利用的工具实现非法利益。人民币国际化后，洗钱活动更是可以通过人民币进行交易，又可进入到我国金融市场，严重威胁到金融安全，故金融监管体制要进行内部调整。

二、"一行三会"分业监管结构与货币国际化监管缺陷

本节内容从美国、英国、日本等货币国际化国家的金融监管架构出发，分析我国金融监管从集中监管到分业监管，再到现在混业监管势在必行的演变，认为在金融开放和金融创新下分业监管已经失去监管实际意义，其体现在此次金融危机上。监管架构的缺陷将严重阻碍人民币国际化的推进。

（一）货币国际化国家金融监管架构①

金融衍生创新能够活跃国际资本市场，有利于推进货币国际化，但同时创新衍生产品给一国金融体系带来更大的潜在风险，如何既能实现货币的国际化又能防止金融危机的产生，那就需要依靠一国完善的金融监管体制。货币的国际流动存在的汇率风险、利率风险等是金融危机爆发的导火线，而本国金融监管的缺失就会爆发金融危机，如果货币国际化是火柴，那金融监管就是火柴盒，两者存在着唇齿相依的关系。有效完善的金融监管体系能够监控货币国际流动和投资运行中存在的风险。实现货币国际化的国家其金融监管必定较为完善，但金融监管完善的国家也未必货币能够实现国际化。

1. 美元国际化进程中的金融监管制度

二战期间金本位制解体，黄金的实际地位已被大大削弱。美国在二战期间大发战争财，储备了大量黄金，美国是唯一币值保持稳定，并能与黄金建立相对稳定兑换关系的国家，其主要通过对外发债、推进布雷顿森林体系，设立国际货币基金组织和国际复兴开发银行，确立了美元的国际地位。美国就此也是金融监管建立最早的国家之一。静观美国监管体制的改

---

① 首先要说明一点，在当今货币体系中欧元是第二大货币体系，而在亚洲地区推进亚元的可能性相对较低，故欧元整个区域的金融监管机制对我国推进人民币国际化（区域性国际化）借鉴意义较低。所以在本课题中以分析美国、英国、日本和德国的金融监管为主，望能从中得到启发。

革与发展都是与金融危机存在着必然联系，大致经历了统一监管——分业监管——混业监管的历程。

早在 1863 年美国通过《国民银行法》，建立财政部货币总监局，负责国民银行的注册和监管，对于资本金要求、发钞量设定限制，并建立了存款准备金制度。

19 世纪到 20 世纪初，美国金融危机不断，1913 年为了稳定金融体系建立了美国联邦储备制度，《联邦储备银行法》将全国划分 12 个联邦储备区和 12 个联邦储备银行，并在华盛顿建立了联邦储备局。到 20 世纪 30 年代初的经济大萧条促使美国与 1933 年通过了《格拉斯—斯蒂格尔法》，在银行和证券业之间设立防火墙来防范金融风险，形成了分业监管体制。此时的美国通过布雷顿森林体系的建立，积极扩大美元的影响力来取代英镑在国际上的霸主地位。在当时分业监管模式下，能够有效的把金融风险控制在一定阀域内，避免行业间的传导。

从 20 世纪 60 年代开始，随着金融创新发展和通胀等压力，美元危机频频爆发，陷入特里芬难题境地，美元的霸主地位也受到威胁。随着 1978 年 4 月 1 日宣布布雷顿森林体系最终瓦解，形成牙买加体系，在《牙买加协定》中，设立特别提款权作为主要的国际储备资产，由于美元的先入为主的存量优势和作为从金本位制度向信用货币制度转型的历史选择的影响力，美元作为国际货币立而不倒，只是相对地位削弱。此时，金融监管体系也迫切需要改革。《放松对存款机构管理与货币管制法》（1980 年）、《加恩·杰尔曼存款机构法》（1982 年）和《Riegle-Neal Interstate Banking and Branching Efficiency Act》（1994 年）提倡市场公平竞争和业务交叉，否定了不允许银行跨州设立分支机构和对其数量的限制行为。同时，1987 年联邦储备局允许银行控股公司承销证券，标志着银行业开始涉猎证券业，并开始合并或关闭濒临破产的存款机构，由清算信托公司负责。随着金融自由化浪潮在全球掀起，金融创新和金融混业经营格局使金融体系积累了巨大的金融风险，作为国际化的美元，其所面临的不止是国内的经济失衡问题，并存在着稳定国际美元汇率和金融自由化下国际资本大幅快速流动的风险，分业监管已不适应发展，直到 1999 年通过了《金融服务现代化法》，允许银行、证券、保险以控股公司方式相互渗透，实现混业经营，正式宣告分业经营和分业监管的结束。其中，金融控股公司本身并不开展业务，其职能是向联邦储备局申领执照，并对其旗下子公司进行行政管理，美联储成为最终监管者。而金融控股公司下的银行类分支机构仍受银行监管者监管；非银行分支机构仍受证券交易委员会监管；保险机构仍受州保险监管署监管。但随着金融全球化和金融创新的不断发展，投资者欺诈案例严重影响金融市场的健康发展，于是，2002 年 6 月美国改革公众公司会计和提出保护投资者的法案，对上市公司的财务管理、内部监控提出严格要求，并强化了 SEC 的预算及其职能。

2007 年爆发的次贷危机使得美国再次思考现行监管体制的不足，美元的国际地位受到重创，各国纷纷降低储备资产中美元的比例，IMF 也希望在牙买加体系失败后形成一个稳定的货币体系。2008 年 3 月 31 日，美国财政部正式公布《现代化金融监管架构蓝皮书》，提出目标性监管架构，整合监管责任发挥自然合力。其短期目标为加强对房屋抵押贷款监管，并成立总统金融市场工作小组，并把货币监理署、联邦存款保险公司和储蓄机构监管办公室都纳入监管者行列；中期目标则是消除监管制度中的重叠，提高监管有效性，联邦储备银行担当州注册银行联邦监管机构，联储承担支付清算系统监管，在财政部下成立国民保险办公室实施对保险业的监管，合并商品期货交易委员会和证券交易委员会，实现统一监管；长期目标即实现目标导向型的监管模式，美联储负责监管市场稳定、设货币监理署（OCC）和储贷监理署（OTC）负责与政府担保安全稳定的审慎金融监管，并负责监管金融控股公司、商业行为监管当局负责商业行为的监管，对其出售金融产品和服务提供监管。

可见，历史把美元推向了国际化，保持了其一定的国际地位。美元作为国际货币多年来，试图通过改变货币体系和金融监管体系，大力发展金融创新来维持其美元的霸主地位，但是，在特里芬难题困境中，无论是布雷顿森林体系还是牙买加体系，都无法维持绝对强势美元。无论监管制度如何完善，美元的国际地位在不断的调整，而其他货币（欧元、人民币等）的国际地位和份额也不断提高。监管制度的再完善也无法阻挡各国货币对于国际地位的竞争和特里芬难题的作用。而不完善的监管制度则无力支持货币国际化的顺利推进。

2. 英镑国际化下的金融监管制度

早在 1664 年，世界上第一家股份制商业银行英格兰银行在伦敦诞生。

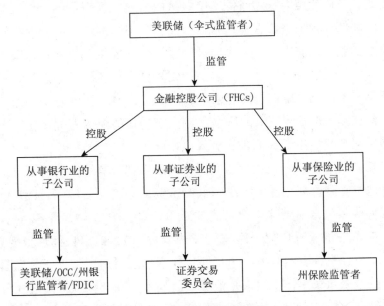

图 6-1 美国金融监管模式

伴随着英国工业革命，其金融业的法则和金融监管也是最早的。根据《皮尔条例》（1844 年），英格兰银行垄断货币发行权并集中其他商业应该的部分现金准备，行使中央银行的职能，并对银行也实行监管。1821 年，英国正式启用金本位制，每一英镑含 7.32238 克纯金。1872 年，英格兰银行开始扮演"最后贷款人"的角色，使之真正成为英国的中央银行。通过与欧洲各国间的金银币互换和贷款（如，1825 年法兰西银行向英格兰银行提供价值 40 万英镑的金币与英格兰银行兑换银币，以缓解英格兰银行挤兑危机，1861 年英格兰银行向法兰西银行提供价值 200 万英镑的金币互换白银，以解决巴黎的金币支付困难。）和殖民主义、金本位制度的建立，有利维持了英镑币值稳定，建立了英镑国际支付绝对地位。到 19 世纪 70 年代，英镑成为国际结算中的硬通货，英国成为世界金融体系之首。伴随着国际政治时局的动荡，第一次世界大战后，金本位制破裂和战后英国经济的严重衰退，英镑的霸主地位逐渐被美元取代。但是，英格兰银行对金融机构的监管没有一整套正规的监管制度，发现问题一般是通过道义劝说等方式来解决。直到 20 世纪 40 年代开始，英格兰银行才正式行使对银行业的监管，基本实现分业监管，即英格兰银行的审慎监管司、证券与投资管理局、证券与期货管理局、投资监管局、私人投资监管局、房屋协会委员会、财政部保险业董事会、友好协会注册局和互助会委员会 9 家金融监管机构①，分别对银行业、证券投资业、保险业和房屋协会等机构进行监管。

到 20 世纪 70 年代，英国政府放松对银行业竞争及金融业创新发展的限制，金融业务、金融产品交叉现象普遍，同时，银行也开始涉猎证券业、保险业，保险公司开始经营理财业务等，混业经营局面开始形成。此时，由不同机构分别监管不同业务的监管格局不能适应金融发展的要求，分业监管体系的缺陷日益暴露。直到 1984 年 10 月约翰逊·马休银行倒闭事件，促使英国在 1984 年成立雷·皮姆·巴顿委员会研究金融监管改革问题，最后，到 1997 年才对金融监管模式进行全面改革，2000 年 6 月 14 日颁布《2000 年金融服务和市场法》确立了从分业监管到统一监管的转变。金融服务监管局（FSA）是英国唯一独立对金融业全面监管的机构，逐步合并原来 9 个金融监管部门的监管权力，并拥有监管金融业的全部法律权限。同时，为确保 FSA 的职责行使，防止滥用私权，专门成立了监管制约机构——金融服务和市场特别法庭。此次从分业监管到统一监管的转变，促进了进入监管效率的提高。此时的美元和欧元成为国际货币体系中的明星，英镑默默退居二线，英国政府的重点放在建立一个完善的金融监管体系来维持本国经济的稳定增长。

直到金融危机席卷全球，英国政府反思并进一步完善现有的监管制度，2009 年《银行法》设立了特别决议机制（SRR），完善金融服务赔偿计划，强化稳定金融目标，并规定了银行出现危机后的处理办法；建立一个新的金融稳定委员会（FSC），同时计划授予央行在动荡市况中保持市场稳定的法定责任，以便在危机时及时作出反应；增强"金融服务赔偿计划（FSCS）"作为对其他成员国的存款保证计划，当需要向英国金融服务企业索赔时，可以代为支付赔偿。可见，英国经历上世纪的战争和经济衰退的影响后，中心不再是如何提升英镑的国际地位，而是安心维持现有状况下的金融稳定和安全。

3. 日元国际化下的金融监管制度

在二战以前，日本实行的是政府监管体制。二战后日本经济遭受到打

---

① 王忠生：《我国金融监管制度变迁研究》，湖南大学硕士论文，2008 年。

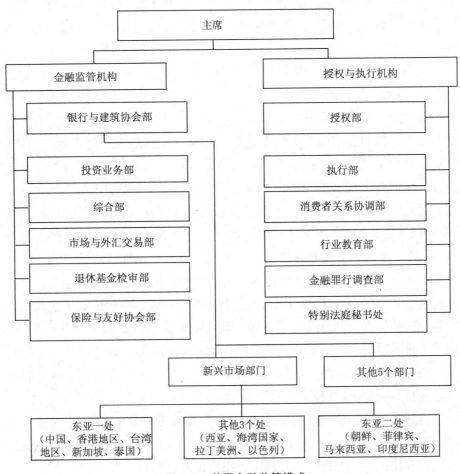

图 6-2　英国金融监管模式

击，直到 1952 年恢复对本国政治、经济的各项主权，但是其贸易和外汇交易都是以美元计价，美元处于绝对霸主地位。1964 年日本成为国际货币基金组织第二条款国之一，渐渐在国际商贸中使用日元结算。随着日本经济实力的加强和国际地位的提升，同时美元陷入特里芬难题境地，使得日元国际地位上升。从 1973 年日本以浮动汇率制度代替了单一的汇率制度，资本交易开始推进自由化，到 1980 年颁布实施的《外汇与外贸管理法》，才实现了真正意义上的自由，只是对农林水产业、矿业、石油及皮革产业保留限制，并进一步的放宽对于外国资产的投资。1984 年对外日元贷款、非居民投资国内房地产，资本项目下日元的可兑换基本实现。但是其中存在很多排外性的规定，市场准入门槛较高，对外资交易仍实行事前报告认可制度，在这种相对保护主义的体制培育了缺乏在国际市场中处理资本流动和金融机构不良资产的监管的能力。同时，大藏省和日本政府积极推进日元的国际化，建立东京离岸金融市场，活跃了日元在国际市场中的交易和投资。但是，日元的国际化真正是贸易推动型，即日元汇率的不断升值推进了世界贸易中的日元结算量，其本身金融体制存在着较多的不完善之处。所以，进入90年代后期，虽然日本积极推动日元国际化进程，但是由于自身监管体制的缺陷，和东南亚金融危机的影响，使得日本经济一蹶不振，而欧元等强势货币的竞争，使得日元国际地位的提高也受到影响。

日本通过日元的国际化来带动国内金融监管体制的发展。面对推进日元国际化的目标和金融创新自由化的影响，到1998年，这段时期内日本形成由大藏省和日本银行共同监管的体制[1]，辅助相对金融结构简单的日本经济获得极大发展。但同时，随着金融自由化浪潮和金融创新，日本仿效英国金融监管模式，通过了《新日本银行法》（1998），开始对金融监管体制进行大幅改革，推行统一监管模式。同年，日本将大藏省的金融检查部门独立组建了金融监管厅，负责金融机构监管工作，受总理府直接管辖。同时又成立与大藏省同级的金融重建委员会，对濒临破产的金融机构进行管理。金融监督厅监管的对象包括银行、证券、保险、信托和信用社各类金融机构。但金融监管还是会受到政令和省令等影响，对立性相对较弱。到2001年7月，金融重建委员会解散，大藏省的金融规划部门与金融监督厅合并，组建金融厅（FSA），原金融重建委员会的职能由FSA承担，集金融监管权和金融政策制定权于一身。至此，日本形成高度集中的金融监管体制。

4. 德国马克国际化下的金融监管体制

在二战后，德国于1948年进行改革，先后颁布了《德意志联邦银行

---

[1]　大藏省作为金融行政机构，其对金融机构的监管内容有：注册登记的管理、业务范围的限制、资产流动性的限制、单一大额贷款的限制等。日本银行的监管侧重业务方面，主要从安全性、竞争公平性和政策的一致性三方面进行监管。大藏省有三项重要职能：编制财政预算、征税和金融监督。日本银行是大藏省的下属机构。

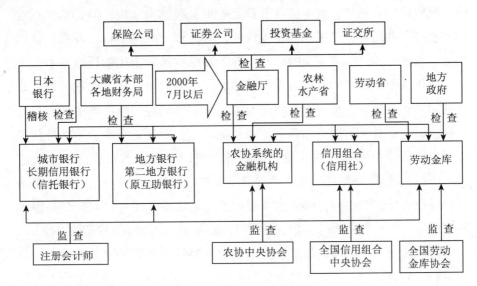

图6-3 日本金融监管模式

法》、《德意志银行法》等，制定了比较健全稳定的货币政策和金融监管体制，给德国经济复苏创造了良好的经济金融环境。到1961年《银行法》的颁布，次年1月1日成立了联邦银行业监管局行使对银行业的监管职责，德国形成了"混业经营、分业监管"的金融监管框架。在该监管体制下，银行业监管局、证券监管局和保险监管局分别对银行、证券、保险业实施监管，银行同业协会发挥辅助监管职责，经济审计师协会则承担大部分的现场监管职责。其中，联邦银行业监管局内部分设四大主要监管司①，分别对相关业务进行监管。联邦证券监管局和联邦保险监管局同样除了分别对证券和保险业进行监管外，对于交叉业务的监管要保持与平级监管部门的协调工作。金融创新的不断深化下的分业监管和联邦银行一直把保持货币价值稳定作为主要的政策目标（保持货币币值的稳定和较低的通货膨胀率是一国货币成为国际货币的关键），带来较大协调成本，监管重复和监管真空现象普遍，严重影响监管效率。德国为了维持其货币的币值稳定一度阻碍货币的国际化，但各国普遍因为德国马克币值的稳定和德国坚强的

---

① 这四大监管司是：储汇银行监管司、合作银行监管司、私人银行监管司、投资证券和外资银行监管司。

经济实力而接受再国际贸易投资中使用德国马克。

20 世纪 90 年代以后，德国金融业面临内外竞争压力，随着金融全球化以及银行业与保险业融合的深化，大规模的并购不断涌现，出现了跨部门的金融集团，虽然增强了抗风险的能力，但是也放大了风险的跨部门传递。于是，2002 年 5 月颁布《金融监管一体化法案》成立了联邦金融监管局，合并联邦银行监管局、联邦证券监管局和联邦保险监管局，依照原有的《德国银行法》、《德国证券交易法》和《保险监管法》履行对德国金融业统一监管的职能，成功完成了从分业监管到统一监管体制的转变。而德国马克的币值稳定使其在欧洲主要国家中树立了信誉，根据《马斯特里赫特条约》，1999 年 1 月 1 日实现统一的货币欧元，统一的欧洲央行和货币政策。欧洲央行总部就设在德国法兰克福，其股东是各国央行，德国央行是最大股东，而德国马克在实现欧盟一体化进程中发挥着支撑货币的作用。德意志联邦银行可以进行信托、证券、存贷、外汇等金融业务。为适应欧洲货币联盟一体化进程，2002 年 3 月 23 日《德意志联邦银行法》进行了修改，但其主要职能未变，只是在欧洲央行体系下重新构建了其体系，同时，统一的监管机构改变了过去存在的机构臃肿、重复监管或监管真空现象，提高了监管效率。根据德国《信贷法》规定，商业银行业务涉及存贷款、证券承销与经纪、投资、担保等业务。由其综合考虑自身优势、主客观条件及发展目标自行决定。德国全能金融混业经营的优点在于保证银行的利润和经济对资金的需求的同时，能有效控制商业银行的货币创造能力，主要原因在于德国银行基本垄断或者主导者借贷市场和资本市场，央行不必过多担心来自非银行机构的偏离，货币政策能有效控制资金循环。同时，为了提高金融监管的有效性，设立了联邦审计院，对联邦银行的预算执行和非预算资金的管理，并对金融机构经营状况的合法性、经济性和效益性进行审计，是最高政府审计机关。金融危机后，德国进一步颁布修改了《金融市场稳定基金法》、《加速法》和《拯救接管法》等。但是单凭一国力量是没办法实现有效的监管的，而需要各国的通力合作。

5. 主要国际货币国家的监管制度演进的总结

（1）从各国金融监管制度发展可以看出，各国金融监管制度经历了从统一监管——分业监管——混业监管的演进，期间的监管制度的改革与金融发展、金融创新和金融自由化浪潮紧密联系，当监管体制不适应金融发

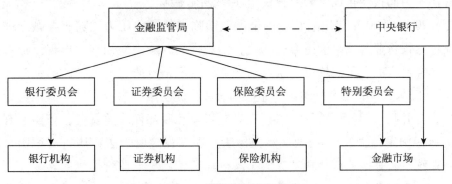

图6-4 德国金融监管模式

展环境时，爆发的金融危机和金融市场的不稳定迫使监管当局进行调整。2007年由美国引发的全球金融危机，又暴露了混业监管中的某些监管真空现象，监管部门间的协调力差，于是未来发展更偏向于能够发挥统一监管下各部门协调合作的监管格局。而非绝对意义上的分业监管或者混业监管。

　　从主要国家的金融监管体制的演变过程中可以发现，金融监管模式与货币国际化不存在必然联系，在混业经营和分业经营状态下都可以实现货币的国际化，重点在于货币国际化下，对于金融监管的要求更高，随着金融全球化的发展和金融衍生产品的不断创新，分业监管会导致监管真空和重复监管，降低了监管的效率，从而影响货币国际化的顺利推进和维持货币的国际地位。或者，随着金融深化发展，当前实现货币国际化的金融环境和体制监管要求适应性存在着与时俱进的内在联系。正如，美国金融危机的爆发进一步打击了美元的国际地位，而我国在推进人民币国际化（区域性国际化）过程中，完善的金融监管体制是制度性的保障。

　　（2）各国注重构建稳定与效率并重的监管原则。为维护金融稳定，金融监管部门一般实行较为严格的管制，但是在货币实现国际化的国家，其受到国际经贸、金融投资、各国货币汇率变动等影响，金融不稳定性增强，从而严格管制的成本非常高，金融资源严重浪费，影响国民经济运行效率。金融自由化和金融创新是全球金融发展趋势，合理的金融监管体制能够为金融业竞争、维持货币国际地位，提供高效的外部环境。金融危机的爆发一般是过度夸大金融效率后的结果，金融监管体制和制度跟不上创新步伐，以至于危及金融稳定和安全。故，美国率先实行对金融监管架构的优化。各国都在维护金融稳定和提高金融效率两者间权衡，在完善其金融监管体系基础上不断追求金融创新。同时，在推进货币国际化过程中的监管制度，是对于开放过程中货币流动和资产转化的监测，而非限制。在本国政策目标设立方面，维持一国货币币值的稳定是成功推进货币国际化的关键。各国应该时时监测监管指标、适时采取各种监管政策，保证本国货币币值稳定和较低的通货膨胀水平。

（3）伴随着金融监管体制改革，我们可以发现除了机构设立和变更方面的改革外，还有一个关键的地方就是金融行业监管法律的颁布和修订。一种监管体制架构的形成都需要颁布相关文件，并制定该行业的法律文件，把监管模式和内容法制化，明确监管主体、监管客体的权利、义务和责任，营造有法可依、有法必依的环境，为金融发展和创新提供法律保障，规范市场运作。如，英国金融服务监管局为适应金融混业经营发展，颁布了一整套适用于各被监管机构的"监管11条"。

（4）每次金融危机都与金融监管存在着紧密因果联系，此次金融危机让人认识到律法的监管范围应把私募基金、对冲基金、信用平级机构等也纳入监管目标体系中，加强对金融关联企业的并表监管，对于我国在推进人民币国际化（区域性国际化）过程中提供重要的前车之鉴。

（5）随着金融全球化的发展和金融衍生产品的不断创新，当前的国际金融环境与上世纪中期的金融环境不可同日而语，当初，美元可以通过自身国际地位和相对完善的金融体系顺利实现美国国际化。但是，人民币国际化（区域性国际化）推进和实现，其所面临的竞争货币（美元、欧元、日元等）的实力都已达到一定的水平，固有的观念很难让投资者和贸易双方接受新生的国际货币，人民币竞争力尚弱，货币在国际间的流动，和汇率浮动的复杂性增大，人民币国际化需要更为细致的监管，需建立一套完善的风险预警机制，才能保证顺利实现货币国际化。

此外，我们还必须从金融全球化发展中明白到加强国际金融监管合作的必要性。推进人民币国际化的资本项目开放、金融市场建设、汇率自由浮动和利率市场化的具体措施实施过程中，金融机构间的国际合作和跨国运作将频繁发生，在各国监管体制法律存在着差异性的情况下，需要加强国际合作。目前，在银行国际监管合作方面，巴塞尔委员会颁布了一系列银行监管准则，《新巴塞尔资本协议》为各国在对银行业进行风险监管中提供了巨大的指导意义，其中最为主要的包括核心资本充足率、金融当局的监管约束和市场约束。同时，国际性的金融组织，包括IMF、国际证券委员会、离岸银行金融监管组织等，都是为各国间的合作协调服务的；区域性的合作组织（如欧洲货币联盟与经济组织）在地区协调中也做出了重大贡献。还有各国间金融监管机构的交流合作加强，为应付突发事件及时能够磋商应对措施，此次金融危机爆发后各国联合商讨采取对策。在积极参与国际金融监管合作协调中，我国的国际影响力和国际地位可以得到不断提升，更有利于实现人民币国际化。

（二）我国金融监管体制及人民币国际化的监管缺陷

目前，我国实行的金融监管体制是一种分业监管的金融监管体制，即由多个金融监管机构具体分工负责专项金融业务的一种金融监管体制。根据《中国人民银行法》、《商业银行法》、《证券法》和《银行业监督管理法》等的有关规定，我国现阶段实行的是"一行三会"（中国人民银行、中国银监会、中国证监会、中国保监会）的分立金融监管格局。我国现行金融监管组织机构除财政部、审计署等政府监管部门以外，主要由国务院派驻各金融机构监事会、中国银监会、中国证监会和中国保监会负责专门监管，直属国务院领导。其中，银监会负责监管商业银行、政策性银行、信托投资公司、资产管理公司、农村信用社等存款类金融机构，证监会负责监管证券公司，保监会负责监管政策性保险公司和商业性保险公司。中国人民银行作为中国的中央银行主要负责制定并保证货币政策的执行，加强宏观调控。从此形成了银监会、证监会和保监会三家分业监管的格局，三足鼎立成为了今天我国金融监管的特点。目前我国的金融监管结构如图6-5所示。

我国确立金融分业经营和分业监管的模式旨在对混乱的金融秩序进行肃清，并以稳定市场经济体制的培育，其在建立我国处于雏形的金融体系来讲发挥了巨大作用。但随着金融全球化、金融创新的发展，尤其是在人民币国际化下，国内金融要实现全面开放是必由之路，包涵货币国际化的金融开放和金融创新将会给这种固化的监管模式带来严峻挑战。分业监管体制显现出设计缺乏战略性、监管缺乏独立性、协调性问题。"一行三会"的监管体制在监管职能方面，也出现了机构之间的不协调、监管的重复、以及监管的真空。而且由于金融资本流动规模放大、流动速度加快，混业造成资本多行业交叉流动，金融的市场风险联动性增强，特别是在金融危机下我国的金融监管问题凸显出来。另外，为兑现 WTO 关于金融业开放的条款，必须面对国外金融机构混业优势的挑战，从这一点分析，要迎接这一挑战，混业就不仅会成为事实，也会成为趋势。

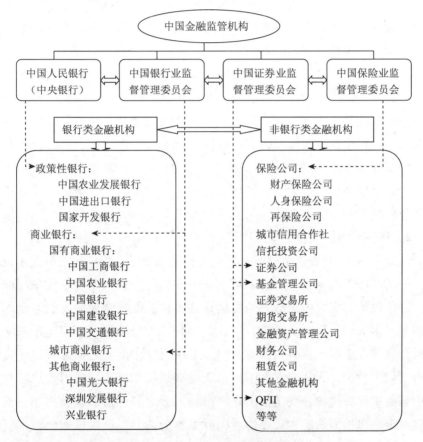

图 6-5　中国金融监管模式

1. 监管机构纵向设置结构不合理、监管手段较单一

从目前监管部门分支机构设置来看，银行会和证监会在全国 31 个省（或自治区、直辖市）设立分支机构，并在深圳、厦门、宁波、青岛和大连 5 个城市设置了银监局或证监局；证监会在上海、深圳设立证券监管专员办事处；保监会在全国有 35 个监管局作为子站。我们细看可以发现，银监会对于分支机构设置比较重视，分支机构设立密度相对较大，各派出机构依据银监会授权，对所管辖区域内的银行类金融机构履行监管职责，且会根据工作需要在县一级发展办事机构。相比而言，证监会只设立了5个市级单位，保监会只在省一级设立分支机构，市级以下的监管职责则是由人民银行代为执行。三大监管部门的这种纵向机构布局结构不是非常合理，证券市场是相对于货币市场而言金融活动更为活跃的二级市场，尤其是存在混业经营情况下，平级部门间的交流合作尤为重要，所以这种机构设置结构影响了监管职能的发挥。

一般在市场经济相对完善的国家，其监管体系一般包括监管当局、行业协会、行业自律、媒体、行政监管和司法诉讼等。而这些机构的独立性又是保证监管效率的重要方面。我国的监管当局经常受到当局政府政策目标的限制，机构自身内部监管和审计独立性和公正性欠缺，内部监管和外部监管都存在着不完善的地方。而且，我国的监管体系时时监控并不到位，经常是以现场监管为主，等到出现了问题才采取监管措施，缺乏主动性和预防性。

2. 信用评级发展落后

从1988年上海成立全国第一家地方性资信评估机构——上海远东资信评估公司。1992年建行信达信托等一些非银行金融机构联合组建中国诚信证券评估机构，成为中国最大的资信评估机构。随着金融的发展，全国陆续建立了多家评估机构（其中，中诚信国际、大公国际、上海远东和深圳鹏远为具备在全国范围内开展业务能力的四大机构），尽管近年来评级机构有了较大发展，无法与三大国际信用评级机构相抗衡。美国大规模收购了中国信用评级机构，我国信用评级市场三分之二的份额被其占领。信用评级对金融机构所做的客观评估对国际基本的流动、金融机构全球市场布局、金融创新各方面都间接存在着影响，也会影响到人民币国际化的顺利推进，故，我国落后的信用评级需要大力发展，与国际接轨，同时，进一步完善和发挥征信系统为评估机构提供数据支持。

3. 阻碍了金融创新和金融深化

人民币国际化的实现需要金融创新和金融深化的支撑。目前我国国内金融深化程度较低，如在股票市场上A股流通股本仅占总股本大约24%，金融创新和金融深化势在必行。但是在某些金融创新下，由于监管部门很多时候事前研究不到位，或者不同监管部门间协调不够，怕这种金融创新在形成较大规模后对于风险难以控制，不得不先叫停，或有些监管部门采取默许和观望的态度，这也会对于这种金融创新产生不利的市场预期，最终也将寸步难行。所以，目前金融监管体制在应付金融创新和金融深化中略显呆滞，不是管活而是管死。同时，金融创新和金融深化消除了机构间的区别、模糊了有些业务的界限，其风险难以识别和度量，且创新业务表外化，更有甚者是金融衍生品出现监管盲区，监管部门的风险监管难度大大增强。另外，随着存贷款占整个金融资产比重不断降低，以不良贷款率和资本金比率为主要指标的银行业监控体系需要调整。

4. 金融监管理念不适应性

由于我国特殊的国情，金融监管的行政色彩浓厚，在金融活动中经常会采取行政命令式的管理方式，把自己放在管理者的角度，而不是定位于服务性金融的理念。当前，各监管机构的监管重点仍然放在金融机构的市场准入和业务经营合规性上，过度强调合规性管理，而没有树立全面的风险管理理念，没有把合规性管理和风险管理理念适当协调，最高的管理方式是最大限度允许可发展的金融活动和行为，且能够把金融风险监控在可控范围内。其中一个重要的原因是金融监管法律体系的不健全，存在着监管漏洞，对于创新型金融产品不知从何监管，大部分监管操作存在着主观臆断性，迫于不确定风险，而过度注重金融机构业务经营安全性，一定程度上牺牲了金融发展和金融效率。当前的金融监管制度已经显现出严重的不适应性。

5. 监管标准低、协调能力差，尚未实现与国际接轨

人民币国际化下，我国与各国经济金融联系将日益紧密，金融监管的国际合作越发重要。但是，由于我国计划体制遗留问题仍然存在，使得很多时候监管机构会放松一些监管标准，如国有商业银行的不良贷款问题，虽然银监会发现其不良贷款存在账面的不真实现象，并未采取强硬的监管措施，而是对其庇佑，这严重干扰了金融市场的健康发展。国际评级机构对我国银行监管环境的平分都非常低，难以被国际接受的情况下，与国际接轨的难度加大，给人民币国际化带来阻碍。早在 2004 年为协调监管部门之间的合作，建立了"联系会议机制"和"经常联系机制"，但是在其实际操作中并未落到实处，监管部门之间沟通机制仍旧没有打开，阻滞了金

融创新的推进和金融监管的发展和升级。

6. 金融监管信息化建设落后

信息技术对经济金融体系的渗透加快了金融自由化的步伐，在人民币国家化的过程中，金融监管信息技术的发挥作用不可小觑。但是，我国目前的金融监管机构信息系统尚处于分割、低效，甚至失真的状态，三大金融监管部门没有实现信息共享机制，现有的信息又过于陈旧，并未实现动态的实时获取的技术，而很多时候仍然是定期报送；在信息的采集方面，又以人工报送为主，这种被动获取方式存在着人为调整数据的情况，给金融监管遗漏漏洞，削弱了监管当局的监管能力。

（三）人民币国际化后我国金融监管的博弈理论分析

后金融危机时代，各国经济发展尚未走出危机后留下的阴霾，各国都在寻求一个更为合理的世界货币体系和金融监管体系。博弈思想认为，在给定其他人战略的条件下，博弈主体都会找到最优策略组合。这次由美国次贷问题引发的金融危机对我们已经形成影响和冲击，但同时也是人民币推进国际化的最佳机遇，在这种经济环境下金融机构和金融监管部门在目前监管体制下出于各自的利益出发，会选择不同的经营和监管策略，最突出的一点是，在人民币国际化下的博弈中，加入了国外金融机构的三方博弈。下面通过简化的分析，先分析两方博弈，再简单拆分到三方不同主体间的博弈。博弈分析金融危机下金融监管机构和金融机构间的，辨析在当前监管模式是否符合战略均衡，实现社会资源的有效配置。

现假设在未实现人民币国际化下，主要的博弈主体是我国的金融机构和监管机构两者之间，假设：

监管机构选择以概率 α 对金融机构实施监管，监管成本为 C；

金融机构以概率 β 选择违规程度 ω，违规金融机构获得的收益为 R（ω），当 ω =0 时，表示"不违规"；

金融机构违规经营可能破产所导致的社会损失值为 L；

监管机构对违规将处于 M（ω）罚款；

可见，R（ω）、M（ω）都是 ω 的递增函数。

而且，在金融危机的背景下，我们有两个假定：

1. C<L，因为在金融危机背景下，金融机构破产的概率增大，监管成本 C 必定小于金融机构破产所导致的社会损失值 L；

2. 当 M（ω）<R（ω）-R（0）；危机下金融体系风险高，其对应的是高收益，超出其常规经营下的收益，所以，金融机构如果违规能收获的利益将大于罚款成本。

金融机构和监管机构双方博弈矩阵（如表6-5）：

表6-5　金融机构与监管部门博弈的支付矩阵

监管社会机构收益		金融机构	
		以 A 的程度选择违规（β）	不违规
监管机构	监管（α）	$(R(a) - C, R(a) - M(a))$	$(R(0) - C, R(0))$
	不监管（1-α）	$(R(a) - S, R(a))$	$(R(0), R(0))$

监管机构监管的社会福利为：

$E(\alpha) = (R(\omega) - C)\beta + (R(0) - C)(1 - \beta)$；

监管机构不监管的社会福利为：

$E(1 - \alpha) = (R(\omega) - L)\beta + R(0)(1 - \beta)$；

监管机构监管的期望社会福利为：

$E(\pi_1) = \alpha[(R(\omega) - C)\beta + (R(0) - C)(1 - \beta)] + (1 - \alpha)[(R(\omega) - L)\beta + R(0)(1 - \beta)]$

金融机构"违规"经营的收益为：

$E(\beta) = (R(\omega) - M(\omega))\alpha + R(\omega)(1 - \alpha)$；

金融机构"不违规"经营的收益为：

$E(1 - \beta) = R(0)\alpha + R(0)(1 - \alpha)$；

金融机构违规经营的平均收益为：

$E(\pi_2) = \beta[(R(\omega) - M(a))\alpha + R(\omega)(1 - \alpha)] + (1 - \beta)[R(0)\alpha + R(0)(1 - \alpha)]$；

两个参与者对 α、β 的复制动态方程分别为：

$$\begin{cases} \dfrac{d\beta}{dt} = \beta[E(\beta) - E(\pi_2)] = \beta(1 - \beta)[E(\beta) - E(1 - \beta)] \\ \dfrac{d\alpha}{dt} = \alpha[E(\alpha) - E(\pi_1)] = \alpha(1 - \alpha)[E(\alpha) - E(1 - \alpha)] \end{cases};$$

即：$\dfrac{d\beta}{dt} = \beta(1 - \beta)[-M(\omega)\alpha + R(\omega) - R(0)]$。

$$0 < \frac{C}{L}, \quad \frac{R(\omega) - R(0)}{M(\omega)} < 1; \quad E_L(\frac{C}{L}, \frac{R(\omega) - R(0)}{M(\omega)}); \quad M(\omega) < R(\omega) - R(0);$$

现在进一步在人民币国际化下，引入了第三方国外金融机构，假设国内外金融机构违规独立，我们分别得到两个均衡点 $E_L(\frac{C_1}{L}, \frac{R_1(\omega) - R_1(0)}{M_1(\omega)})$；$E_L(\frac{C_2}{L}, \frac{R_2(\omega) - R_2(0)}{M_2(\omega)})$，因此，当两者达均衡时，监管机构的收付均衡点为 $\frac{C_1 + C_2}{L}$，而国内金融机构的收付均衡点为 $\frac{R_1(\omega) - R_1(0)}{M_1(\omega)}$，国外金融机构收付均衡点为 $\frac{R_2(\omega) - R_2(0)}{M_2(\omega)}$。因此，对于国内监管机构和金融机构的均衡总收付为 $\frac{C_1 + C_2}{L} + \frac{R_1(\omega) - R_1(0)}{M_1(\omega)}$。而若没有国外金融机构的追加，则国内监管机构的均衡总收付为 $\frac{C_1}{L} + \frac{R_1(\omega) - R_1(0)}{M_1(\omega)}$，显然前者大于后者，即对国外金融机构的渗入将会使得我国监管机构监管成本的追加。而国外金融机构在我国境内获得的收益对我国国内的贡献值占比根据各不同国外金融机构的性质而有所不同。

结论：首先，在受金融危机的影响下，金融监管已经难以实现有效的战略均衡，金融机构总是想违规寻求高收益，而监管部门出于成本考虑导致监管不到位，因此，我国监管机构在监管的同时更应权衡好国外金融机构带来的预期收益增加值、风险追加和监管成本追加。其次，在人民币国际化后，国外金融机构的不断涌入为我们创造收益的同时不可避免的带来一些追加的风险，监管的复杂和难度增强，且由于法律、经营机制方面的差异，监管的成本必定成倍放大，这对于我国国内监管机构来说是一个严峻的挑战。而当前的分业监管模式，不止存在着重复监管和监管空白问题，此时的成本比统一监管时的成本更大，因为其中还存在着不同监管部门间的博弈，多方博弈更为复杂，也意味着博弈成本的进一步放大。所以，整个监管体制并不能够抵御金融风险的冲击，改革势在必行，但因为这样的定性分析过于简单化，只是纯理论的简单参考。

三、人民币国际化对金融监管与时俱进的警示

人民币国际化将会放大我国现有金融监管体制的不足。我国金融监管体制除了自身存在着发展不健全的问题外，也面临着人民币国际化（区域性国际化）推进过程中对现有的监管体制的不适应性，需要与时俱进的提高监管部门的效率，维护人民币国际化下金融体系的稳定。

（一）人民币国际化后人民币国外流动监管的力不从心

货币政策是央行维持本国商品市场、资本市场和外汇市场稳定的基本手段，监控并调节利率、汇率和各大经济指标的变动态势，来维持国内外均衡。根据三元悖论，对于国际货币发行国来讲，高度开放的金融市场和货币价值的稳定是保证货币国际地位的首要前提。在人民币国际化（区域性国际化）后，正如蒙代尔—弗莱明模型所描述，我国必须放弃一点的货币政策自主性，汇率稳定和资本自由流动之间的程度的权衡是难点。此时，由于受到他国的制定适合于本国的宏观经济政策的牵制，我国面临着货币政策有效性大大下降的问题，宏观经济调控难度加大。而且，对于人民币被其他国家持有，境外人民币的流通和人民币回流渠道和形式的监控成为监管当局的难题。离岸金融市场的快速发展得力于该市场的监管制度较少，人民币在国际金融市场中的资产形态的不断转变，快速大规模的流入流出，进一步增大了监管难度。单凭目前我国金融监管体系的发展程度，无法游刃有余地面对人民币国外流动带来的投机风险、汇率风险和金融市场的动荡。

（二）人民币国际化后金融系统性风险防御能力弱

在当前我国一行三会的监管模式随着经济的发展做出了不断的调整尝试，但其存在着根本性限额非协调性和信息的不对称性，使得我国在面对金融突发事件时能力不足。例如在此次金融危机中，我国通货膨胀率居高不下、资本市场特别是股票市场从 6100 点下跌到 1600 点，社会上金融性资产基本上都被套住。我国算是受金融危机影响较小的国家，因为一直以来我国实行的是有管理的汇率开放政策恶化非市场化的利率政策，这种管制性的政策也限制了金融系统的风险，但是整个金融系统的风险从某种意义上讲由国家来承担。人民币国家化下，整个金融系统的风险本身将会巨量放大，而不适应的监管模式将会无力面对国际资本的冲击而溃堤。因为

人民币国际化（区域性国际化）下，资本项目开放、汇率又相对自由浮动，当外汇大量涌入，为维持汇率稳定和金融安全，政府必然动用外汇储备或其他对冲方式来化解风险，如此大的系统风险集中到国家身上。若遭受金融危机，国际大批金融机构破产清算，巨量的金融资本在恐慌下会产生无序盲目的流动，其对经济的冲击是可怕的。监管部门应该理性处理系统性风险，把风险分散到市场，共同消化这种巨量风险带来的压力。这当然也需要金融监管部门的参与，国家是没办法独自承担系统性风险的。早在亚洲金融危机时，尽管我国金融市场基本不开放，国际游资不能直接攻击我国金融体系，但或多或少受到波及，金融机构不良资产率上升、经营结构失衡、大量企业无法还贷，国家通过国有资产改革、不良资产债转股等方式成功抵御了系统性风险。但是，放到人民币国际化框架下，在我国金融系统本身的脆弱性外，国际性的金融系统性风险巨量放大，更是凸显了现行监管体制对抵御系统性风险的无力。

（三）人民币国际化后各国金融监管部门之间信息共享机制不健全

目前我国金融监管存在着各个监管部门间信息资源不可共享，致使重复监管、监管真空、监管滞后等问题突出，世界很多分业监管的国家也都存在着类似问题，巴林银行的倒闭根源也就在于此。信息共享机制的建立是具有针对性的，不同的金融监管模式即不同的监管组织结构其带来的信息共享成本和信息来源不同。我国目前在分业监管模式下，虽然只是监管各自范围内的金融机构部门，但是它们所需要的信息一样都是非常广泛的、全面的，这样才能保证监管的真实有效，而跨部门的监管信息获得的成本相对较高，因为在信息的采集上可能存在着沟通不顺畅，或者数据的重复收集。在金融危机下，金融机构的各项业务和投资存在着较大风险，进行常规性时时监控是必须的，但是也因为信息收集的片面性，监控的效果大打折扣，严重影响了监管效率。而其也曾尝试监管信息的共享，各监管部门试图在公共信息建设方面节约成本而产生"搭便车"现象。而人民币国际化（区域性国际化）后，这种信息不对称将会扩大到各国间，想要实现各国的完全信息共享机制是不可能的事情，所以在一国内的各种信息不对称现象在国际范围内更是扩大。我国与其他各国间的资本投资，如国内金融机构入驻海外市场或者国外投资者进入我国金融市场，将会面临更大的信息不对称，在与各国的协调合作下，各主要监管部门发挥着重要作用，我们最起码需要保证的是国内各监管部门间的信息共享机制，才能更大程度上利用国际资本市场的信息，这样才能维持人民币的国际地位，才能更好的维护金融市场的稳定和金融创新的健康发展。例如，中国平安在对富通的股权投资案例中，其主要受到的是保监会的监管，但是如此巨额的海外投资央行应该参与监管，并发挥最大的信息共享机制，但是保险会并未获得相关的信息，直接导致平安海外投资的失败，大量外汇损失严重损害了股东权益。同时，中国平安股价大大受挫，一路下滑，直接打击到我国的股票市场。这样的案例很多，可以看出，人民币国际化（区域性国际化）后，各国监管部门间的信息共享机制更是难以实现，现在最起码是要实现国内各监管部门间的信息共享，才是明智之举。

（四）人民币国际化后各国监管部门之间协调能力不强

当前金融体系的主要矛盾是超前的金融创新、金融发展与滞后的金融监管制度之间的矛盾，不论是如今美国的次贷危机还是 1997 年的东南亚金融危机，监管的滞后是危机爆发的直接诱因。世界上并不存在完美的监管体系，但是随着金融环境的不断变化，监管制度必须与其相适应才会行之有效。金融危机后，美国和欧洲市场受到严重打击，世界资本将从以美国为中心而向世界各大经济体系扩散，如此巨大的资本将会严重影响到我国的金融市场，如资本流动的逆向流动、银行股份被抛售、大型商业投资项目失败（如，东方航空石油期货保值遭受巨大损失）等问题，最后会扩大到实体经济部门。这种监管部门间的协调能力不强主要又表现为信息共享机制的不健全，有效的监管决策依赖于可靠全面的信息，不同的监管制度需要不同的组织结构，不同组织体系下的机构协调能力不强也是必然。人民币国际化（区域性国际化）后，单在我国国内市场上，经营业务覆盖交叉现在很普遍，国内金融机构从事多元化的经营业务，并投向海外市场、大量的国际机构也对国内进行投资或直接设立分支机构、在香港离岸金融市场和国外都会从事人民币交易和以人民币计价的资本买卖活动，这些都直接面临着由谁来监管的问题，即便某些金融机构受监控于原监管部门，可是其创新业务该监管部门无法监管，更有甚者是某些机构可能主营业务收入已经不是它所从事的传统行业，监管部门失去实质性的监管能力。而国际监管部门间本来存在着芥蒂，监管体制和模式都是根据各国的金融发展状态而设立，其监管发展程度和规定都有所不同，所以，各国间监管部门间的协调存在不可避免的潜在风险。

四、人民币国际化进程中的金融监管体制改革

没有协调有效的金融监管就没有办法顺利推进资本项目开放，更没有办法维持人民币国际化（区域性国际化）进程的顺利推进。因此，在人民币国际化（区域性国际化）如火如荼的推进中，针对上文对于后人民币国际化（区域性国际化）时代如何有效发挥监管机构监管职能，维护我国与国际金融市场的稳定发展，我国金融监管体制改革是箭在弦上不得不发。

（一）建立市场导向型的有效金融监管制度整体思路

长期以来我国采取带有行政色彩的分业监管模式，既限制了金融市场的发展空间，又不能有效防范金融风险。在人民币国际化（区域性国际化）的目标下，我们得把握住金融监管制度改革的总思路，"相对放松合规性条件，加强动态监管力度"，就是在足够开放的状态下给以监管，会冒险又懂得如何控制风险，最后做到"较少限制细监测"。

1. 加强市场约束作用力

在实现货币国际化的国家基本上是市场经济发展相对成熟，金融自由化程度较高。同时，金融监管的独立性和权威性是有效监管的必要前提。人民币的国际化面对的首要问题就是市场的开放，加强市场约束力的作用，闭关锁国、政府行政操控下将寸步难行。由于制度基础不同，现在我国还难以建立起类似于欧美国家的高度市场化的监管制度，同样是亚洲国家且很多习惯相似的日本存在更多借鉴意义。为了保证金融厅的监管独立性和权威性，日本政府赋予其相当大的权限，并从法律上确立了金融厅监管职能。我国在另行设立独立的金融监管委员会不太现实情况下，则保持分业监管的框架，由中央银行设立银行证券保险三业联合监管审查部门，完善联合监管委员会的职能和责任制，不仅可以协调各监管机构之间的工作，还可以整合监管资源，抗衡来自其他行政部门的干预，以谋求金融监管的独立性与权威性。所以，我国也可以从立法角度强化最大金融监管当局的独立监管和权威监管能力，政府色彩和行政命令淡出监管舞台，这样才会更有效的保证市场约束作用力。

2. 构建集权与分权将结合的功能型监管模式

各国的监管模式的发展演进可以看出，在金融业混业经营的推动下，

金融监管体系纷纷从分业监管转变为混业监管、统一监管或转换思路的功能型监管模式。考虑到我国现有的监管模式，分业监管下的功能型监管符合我国短期目标。因为我国的金融市场综合化还处于起步阶段，金融企业的主业特征比较明显，统一监管的必要性还不是很充分。从本质上说，无论哪一种监管组织体制，其监管目标也基本一致，即维护金融业的安全与稳定，保护公众利益，以及运营秩序等。从短期来看，可利用人民银行资源设立中国金融联合监管委员会，对我国金融业行使集中统一全面的监管，专门负责管理、协调三大监管主体的监管工作，建立有分有合，目标一致，运行高效的金融行政监管体系，三个部门相对独立。在交叉业务上协同监管、信息共享，对从事混业经营的内外资金融机构实行联合监管。作为一个仲裁者和协调者，中国金融联合监管委员会将会依据金融产品所实现的金融功能来确定对应的监管机构，由此可以解决跨行业金融产品监管权限模糊不清的难题。此外，在联合监管委员会的统一协调下，各监管机构可以建立更为有效的沟通机制。如果监管机构之间发生意见分歧，则可由联合监管委员会予以仲裁。同时，应该处理好集权和分权的关系，调整三大主要监管部门的结构，扩大证券监管和保险监管机构的地方布局。对于有些监管权力可以发挥地方政府的协同监管配合作用，提供相关动态信息，在权力和职能上相互独立。因为地方政府拥有对于这些地方性小型金融机构的信息优势，而国际性大型金融机构和全国性金融机构则由主要监管机构采取集权监管。在这个过程中，对于地方政府和监管分支机构的权限要严格区分。

3. 突出监管重点

金融危机展现给我们的一大问题就是金融创新和金融监管的矛盾，诚如哲学理论中抓主要矛盾，在我国当前力推人民币国际化（区域性国际化）需要金融自由化和保证我国安全金融稳定的主要矛盾上，又要重点把握金融创新和金融监管这两者矛盾的主要方面。人民币的国际化使得我国金融体系需要承受的风险逐步增加，风险的扩散面越广，监管的难度和不确定性也在增强。目前，我们所要做的就是"相对放松合规性条件，加强动态监管力度"，适当放松某些资本市场准入限制，同时通过立法和实施动态监控、加大非现场稽核和国内外监管机构的合作来增强监管效果。其中，应该吸取金融危机教训，推动扩大监管范围，把创新性金融衍生品

（如次级债）、混业经营性和边缘性金融机构（如私募基金、对冲基金、信用评级机构等）纳入规范的监管视野，并加强对金融关联企业的并表监管；加强对有重要影响力的跨国金融机构监管；加强对大规模国际热钱流动的监管。这些都是在人民币国际化过程中必定出现的一些需要重点监管的方面。

（二）构建人民币国际化下金融监管律法、协作机制、动态监测体系

除了要有实现人民币国际化下分业监管下的功能性金融监管模式的整体思路外，具体律法、协作机制动态监测方面也需要提供支撑。

1. 建立政府、行业协会与金融机构三位一体、内外协同监管体制

我国借鉴世界各国先进经验，立足本国国情，建立政府监管、行业自律和交易所自我管理内外协同监管模式。首先，在现阶段监管体制需要做出调整，某些调整会存在着落实上的困难，或者在调整中会出现市场混乱现象，这就需要政府发挥权威性作用，才能推动建立分业监管下的功能型监管格局。其次，加强行业协会自律监管。行业协会的自律监管可以发挥市场作用，市场主体的监督更为有效，可以维护交易者的正当权益。由于我国自律监管缺少法律规定，行业协会的这种自律意识相对较弱，所以应该明确自律性组织监管的权利义务。最后，发挥交易所自我管理功能，完善金融机构的风险内控机制，可以保证微观主体的安全与效率。这种三级监管结构可以实现对交易事前、事中和事后的全程监管。我国通过制定法律法规，建立市场监管的法律依据。同时，制定市场准入制度、市场禁入制度和风险预警机制等，实现对交易全过程跟踪监管。有关监管部门对不法行为进行调查和处罚，保证监管的权威性。

2. 活跃人民币国际流动，建立动态监测体系

在人民币国际化（区域性国际化）下，将会放开人民币的国际流动，而大规模快速的资本流动将会带来汇率风险、货币政策财政政策效果减弱、商业银行存贷款"脱煤"现象，和对于洗黑钱和游资投机的风险，对于这些风险的监督和控制是一国监管当局的重要任务，以维持货币当局的稳定币值，降低通胀和维持国际收支平衡的目标。同时，监管当局的除了对于潜在风险的监控外，也是为推进各项政策目标提供法律和监管的支持，我国应推出合理的管理制度和监管方式来维持人民币国际化（区域性国际化）进程的畅通，比如，积极建立人民币的回流机制，设立人民币资

产池，除了提供较为活跃的资本市场支持外，也要提供丰富的项目投资途径，建立并宣传接洽"项目库"直投，完善并活跃人民币离岸市场交易，这些政策的施行都需要获得相关监管单位的支持和保障，在政策的推行中，起到事前合规性检查，事中时时动态监测调控和事后及时处理机制。

3. 制定和完善金融监管法律法规

从货币国际化的经验教训中（尤其是日元对我国的借鉴意义）可以看到，人民币要成为真正的国际货币，必须先完善自身金融体系和相关法律监管体系的建设，才能更好的服务于人民币国际化（区域性国际化）。我国金融监管法律体系与国际监管标准存在着一些差距，且某些地方无法可依，在人民币国家化的情况下，金融产品和业务都将会实现自由流动，制定和完善金融监管法律是控制风险的制度性保障。严格考察金融机构和金融产品的合规性，建立金融风险预警系统和风险化解补偿机制。同时，参照货币国际化国家或者全球性金融监管机构出台一些能与国际接轨的金融法律。其中，对于监管问题，要从监管的主体、对象、范围和方式做出具体说明；设立市场准入准则；对于不同的金融企业个体的实现相对不同的资本充足率要求；规范信息披露机制，包括对于内容（如，金融机构的经营范围、主营业务收入、资本充足率、投资方向等；金融衍生品的性质、利率风险、信用风险、公允价值等）、方式、时间；市场推出机制和仲裁、赔偿制度等。如，现在我国需要参照巴塞尔委员会出台的《金融衍生工具交易法》设定我国的《金融衍生产品交易法》就要从这些方面做出严格规定。同时，由于金融创新产品操作复杂，必须要建立内部风险管理机制。包括风险管理结构、风险控制结构和风险管理信息结构三个方面。这些都可以参照国内外现有的内部风险监管机制，尤其是国外金融机构对于金融创新产品有一定的经验，国际化的标准可以迫使我国监管机制的学习和改进，更好地为人民币国际化服务。

4. 积极参与国际金融合作

我国金融监管机制存在着与国际金融监管部门信息不对称，相互间协调能力差的问题，而这些问题成为人民币国际化的拦路虎。多参与国际金融合作，除了能够提高自身监管水平外，以平衡金融业务或机构国际化与金融监管属地化之间的矛盾，也可以间接提高我国国际地位，为推进人民币国际化（区域性国际化）创造良好的环境。所以，在对内改革金融监管体制外，对外也要积极参与国际金融监管部门间的合作。主要从三方面入手：首先，应积极参与金融机构组织多边活动，如国际货币基金组织、国际清算银行、世界银行集团、国际证券监管委员会组织、国际保险监督官联合会、亚洲开发银行和非洲开发银行这些国际性组织的活动。其次，各国监管的协调合作，因为现行我国的监管标准都落后于国际标准，其抗御风险的能力可想而知是很薄弱的，更经不起在资本项目开放后，资本的大进大出和汇率的大幅波动，所以需要积极参与国际金融体制改革与规则的制定，促进双边、多边和区域间监管当局的合作与往来。第三，应建立全球性或者区域性紧急援救和风险预警机制，推动建立全新的全球性的金融风险防范体系，维护国际金融安全与稳定。

5. 建立信息共享机制

从上文分析已经知道信息不对称问题是引发金融风险的重要因素之一。随着混业经营和金融创新，各部门和各业务间的融合程度加深，金融信息呈现出复杂性，直接监管部门必须及时、准确、完整的获得相关信息，这样才能实施有效监管。加快监管方式和监管手段的信息电子化，设立监管机构公用金融信息平台，同时应该防止"搭便车"现象的发生，最大限度降低监管风险。

6. 不断提高监管人员素质

一个国家金融监管人员的水平将会影响到该国的监管水平。直接面对国际金融市场时，我国监管部门人员的素质相比较而言受到的相关方面的教育和实践较少，所以需要不断提高我国监管人员的素质，不断扩大自身知识和自我道德约束能力，同时需要对其他监管人员的行为进行监督，防止玩忽职守、循私舞弊现象。主要监管人员可以外派学习培训素质的提高直接会影响到监管的水平和效率。

7. 转变观念，重视会计审计监管力度

在认真学习新会计准则的基础上，监管部门应重点学习如何提高汇集监管力度。改变原有的那种会计部门只要账平表对就行的想法，树立会计部门身兼两职的观念，确保会计核算质量，又要履行会计内控职能和审计部门的外控职能。认真对待会计监管工作，充分全面地发挥会计、审计的监管职能。使会计、审计监管融入金融监控范围，成为金融内、外部控不可缺少的重要环节。这就要求我们完善金融会计法规体系，统一会计监管标准；正确处理会计监管与其他部门的关系，处理审计署和机构间的关系。以及实行监管形式多样化，特别要注重运用科技手段，提高监管质量和效率。

第三节　金融机构国际化与人民币国际化

此次金融危机，国外发达国家金融体系严重受损，我国可借其金融机构竞争力下降之际，大力推进国际化战略，而切入点在于人民币离岸金融市场、人民币周边跨境结算和货币互换，从人民币国际化（区域性国际化）逐步推进人民币国际化。针对大力推进人民币国际化目标，我们要建立在"相对放松合规性条件，加强动态监管力度"的总体思路下，现阶段的重点工作之一是金融机构的国际化建设，不管是国外金融机构来中国，还是中国的金融机构去国外，都是人民币国际化的重要基础。从金融机构国际化的现状来看，现阶段的重点工作应该是抓住机会推进我国金融机构的国际化，更广泛的扩大人民币的使用范围，在国际化采取的方式上，主要有业务的国际化和机构的国际化，两者可以共同推进。

一、国际化的现代商业银行体系

根据格鲁拜尔提出的跨国银行功能的三分类理论，对于我国的金融机构跨国经营实际上起源于跨国服务银行功能，银行的国际化首先是为了满足国际贸易的需要，为国际贸易提供贸易结算、贸易融资等便利。而在人民币国际化下的现代国际化商业银行体系的构建，包括政策性银行、国有商业银行①、股份制商业银行②、城市商业银行、农村商业银行、农村合作银行、城市信用社、农村信用社、邮政储蓄银行、外资银行。

---

① 国有商业银行包括中国工商银行、中国农业银行、中国银行、中国建设银行和交通银行。
② 股份制商业银行包括中信银行、光大银行、华夏银行、广东发展银行、深圳发展银行、招商银行、上海浦东发展银行、兴业银行、民生银行、恒丰银行、浙商银行、渤海银行。

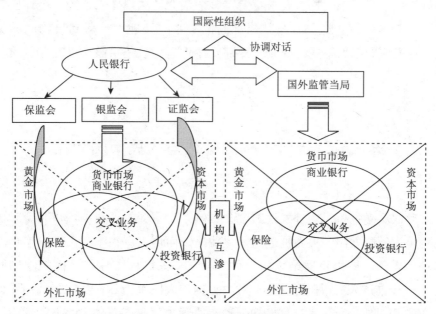

图 6-6　我国金融监管体系架构

（一）我国商业银行国际化现状

在外资银行进入中国金融市场方面，早在 2006 年，中国银监会批准渣打银行、东亚银行、汇丰银行、恒生银行、日本瑞穗实业银行、日本三菱东京日联银行、新加坡星展银行、花旗银行、荷兰银行 9 家外资银行将境内分行改制筹建为法人银行。截至 2009 年底，共有 13 个国家和地区的银行在华设立了 33 家外商独资银行、2 家合资银行、2 家外商独资财务公司，有 24 个国家和地区的银行在华设立了 71 家分行，有 46 个国家和地区的 194 家银行在华设立了 229 家代表处。2009 年，银监会新批准 5 家外资法人银行从事人民币零售业务，允许符合条件的外资法人银行办理国债承销业务，允许外资法人银行发行银行卡。截至 2009 年底，获准经营人民币业务的外国银行分行 49 家、外资法人银行 32 家，获准从事金融衍生产品交易业务的外资银行机构数量 54 家。而且这些在华外资法人银行平均资本充足率为 21.22%，核心资本充足率为 20.76%。

表 6-6　2009 年我国主要银行国际化概况①

机构	时间	事件	方式	目标市场
中国工商银行	2009.6	收购加拿大东亚银行	股权收购	北美
	2009.9	收购泰国 ACL 银行	股权收购	东南亚
	2009.11	中国工商银行马来西亚、阿布扎比有限公司获批	设立境外子行	东南亚、中东
中国建设银行	2009.2	建行纽约分行获批	设立境外分行	北美
	2009.8	收购美国国际集团下属的美国国际信贷（香港）有限公司（AIGF）	股权收购	中国香港
	2009.12	建行胡志明市分行获批	设立境外分行	东南亚
中国农业银行	2009.11	法兰克福、首尔代表处开业	设立代表处	欧洲、东北亚
交通银行	2009.7	悉尼代表处获批	设立代表处	南太平洋地区
招商银行	2009.7	设立伦敦代表处	设立代表处	欧洲
中信银行	2009.10	收购中信国际金融控股有限公司	股权收购	香港

在我国商业银行进入国际金融市场方面，2009 年中国工商银行在越南河内、阿布扎比设立分行，在马来西亚设立子行；交通银行在英国伦敦设立子行。截止到 2009 年末，共 5 家大型银行、84 家一级境外营业性机构，分布在亚洲、欧洲、美洲、非洲、大洋洲，业务范围涵盖商业银行、投资银行、保险等多种金融服务领域。5 家大型银行也开展了境外收购兼并活动，大型商业银行共收购（或参股）了 7 家境外机构，涉及收购金额约合 86.7 亿美元。其中，中信银行收购了中信国际金融控股有限公司（香港），中国工商银行先后收购南非标准银行和澳门诚兴银行。

（二）商业银行国际化与人民币国际化推进

商业银行是金融机构中直接经营货币的重要机构，也是货币流通的重要中介。对于我国偏向于银行主导型的国家，商业银行能够直接带动人民币的国际化（区域性国际化）。跨国性的商业银行建设是实现人民币国际

---

① 中国人民银行，http://www.pbc.gov.cn，《2009 年国际金融市场报告》。

化（区域性国际化）的最直接的方式。首先，商业银行的国际化，起初是因为国际贸易结算、支付便利化的需要和信用保障。随着人民币国际化的推进，跨国设立商业银行分支机构能够直接在海外经营人民币的存贷款业务、出售人民币其他资产，为境外人民币流通提供一个很好的流转机制，对于国外人民币持有者和投资者来说，国际化的商业银行为其提供了一定的信用保障。同时，也是本国监管当局实施对人民币流动性和规模监控的重要途径，便于其采取适当的措施应对人民币突发性大规模流进流出。其次，国际贸易和投资是各国间资金往来的基础，为推进人民币国际化（区域性国际化）一大主要方式就是跨国企业的设立和并购，而跨国企业大量的投资、生产和销售的资金主要也是通过向国内金融机构申请银团贷款。所以，商业银行的国际化给跨国企业人民币贷款提供了便利，避免其会计报表中汇率风险，而对于投资者来说，用人民币购买跨国企业的产品也避免了不必要的汇率风险，这样就构成了人民币国际市场的巨大需求，推动人民币国际化（区域性国际化），也增加了商业银行利润来源。再次，商业银行国际化给人民币回流和国内大型项目资产池投资提供了一个直接便利的渠道。解决了境外投资者的手持人民币无处投资的后顾之忧。最后，商业银行的跨国经营，让其面临国际商业银行的竞争中，逼迫其不断完善自身的经营管理水平，必须以国际化的高标准严格要求自己，从而提升我国整体金融体系抗风险能力。

（三）进一步构建国际化的商业银行体系

首先，鉴于我国对外巨大的贸易规模，以银行机构服务国际贸易便利为出发点来主要设立我国商业银行分支机构或者代表处。在这个方面对于商业银行的规模要求比较低，尤其在跨境贸易人民币结算背景下，边境地区和东盟自由贸易区给互设金融机构提供了便利，一般性的城市商业银行都可以实现。就在国外设立机构来看，设立代表处、分行和子行的适应性不太相同。对于金融市场竞争激烈、利润机会有限且不允许设立更高形式机构的国家可以选择设立代表处；对于经济发达、贸易往来密切的国家则可以设立分行；对于贸易规模大、文化相似度高、法规健全、金融机构跨国合作限制少的国家则可设立子行。其次，在新建投资和跨国并购的选择上，应该针对东道国的具体情况分别对待，当东道国金融市场竞争激烈、文化差异较大时，可能适合跨国并购；当东道国金融市场竞争相对较弱，我国银行具有规模、管理、技术等各方面优势的时候，则可以选择设立新的独立的机构。最后，由于金融危机下，很多国际化的银行在资产泡沫破裂后，资本金严重缺乏，正需要变卖一些资产来获取流动性，我国可以在经过风险评估后填补市场缺位，开拓海外市场。同时，东道国政府为化解风险，会降低并购的准入门槛，相比之下，由于我国主要商业银行资产规模大（如今中国工商银行、建设银行、中国银行位居全球银行市值榜前三名），这样可以除了实现经营传统一般业务外，某些资本市场的投资业务，金融衍生品业务也可以实现投资，从而实现在业务投资上的国际化。

二、国际化的现代投资银行体系

我国的投资银行经过十多年的发展初步形成全国性的投资银行（如银河证券、申银万国证券）、地方性的投资银行（如华泰证券）、兼营投资银行业务的其他金融机构（如国有几大商业性银行和股份制银行等）三个层次。而本文中所指的主要是证券机构、信托公司、基金公司、资产管理公司等。

（一）我国投资银行国际化现状

在国外投资银行进入我国资本市场方面，截止到 2009 年，先后设立了中金公司等 10 家合资证券公司，其中长江巴黎（原长江证券和法国巴黎银行合资）已成为内资证券公司。在资本市场投资方面，目前尚未实现外资战略入股上市证券公司，但是，外资可以依法通过 QFII 购买上市证券公司股权。有 34 家合资基金管理公司获准设立（其中 16 家合资基金公司的外资股权已达 49%），8 家境外证券交易所驻华代表处、160 家境外证券类经营机构驻华代表处获准成立。上海、深圳证券交易所各有 3 家特别会员，并各有 38 家和 22 家境外证券经营机构直接从事 B 股交易。截至 2009 年，银行间本币市场共有外资银行成员 80 家，27 家外资银行通过人民币利率互换业务制度备案，16 家外资银行通过人民币远期利率协议制度备案；在期货交易方面，中国证监会先后批准了苏皇金融期货亚洲有限公司参股银河期货经纪有限公司，新际经纪香港有限公司参股中信新际期货有限公司，摩根大通经纪（香港）有限公司参股摩根大通期货有限公司，其参股比例分别为 16.68%、42% 及 49%；外资金融机构在银行间人民币外汇市场交易比较活跃，但市场份额继续下降；在黄金市场上，汇丰银行（中国）有限公司、渣打银行（中国）有限公司、加拿大丰业银行有限公司广州分行和澳新银行集团有限公司上海分行四家交易所会员单位都进入上海黄金交易所市场进行了交易。投资银行体系和资本市场已被国际投资机构渗透。

我国投资银行进入国际资本市场方面，截至 2009 年共有中金公司等 14 家证券公司经批准在香港设立证券子公司，实际注册资本总计 44.95 亿港元。目前，除国信和东方 2 家香港子公司尚在筹建外，已开展运营的内地证券机构香港子公司共 12 家。此外，2009 年 11 月，海通证券香港子公司收购了香港大福证券 52.86% 股权，目前整合工作进展顺利。截至 2009 年底，中国证监会先后批准易方达等 7 家境内基金管理公司在香港设立的全资或合资子公司，其中 5 家已获得香港证监会颁发的资产管理牌照；另外，有 6 家期货公司在香港设立子公司，其业务量和盈利能力快速提高，而且运作较为稳健，均达到了香港证监会的监管要求。

（二）投资银行国际化与人民币国际化推进

金融衍生创新把货币市场和资本市场紧密联系在一起，投资银行所经营的各种创新产品投资规模和股票市场的市值规模占一国国内生产总值的比例不断增大，其所隐藏的风险也不断增大，挤兑了银行体系的资产量，这也是未来金融深化主要突破口，如此大的资产规模，不可避免会对人民币国际化产生巨大的推动作用。首先，人民币债券的国际发行需要具有专业经验的投资银行进行人民币债券发行的审核和承销。通过专业投资银行的承销给人民币债券的国际投资者提供了信心保证，投资银行跨国经营又使得投资者能够方便的在证券市场上进行人民币的债券的买卖和我国股票市场的买卖。如此便捷的投资渠道将会吸引积极的国外投资者参与到人民币证券市场中，我国主要就是通过投资机构对投资者的严密审核和资产监控来维持债券市场的稳定即可，这样会大大推进人民币的国际化（区域性国际化）的进程。其次，投资银行的国际化也同样便利其自身在国际金融市场上的投资运营，能够直接考察国外投资项目的质量和投资企业的实际经营状况，降低信息不对称风险。同时，投资银行可以提供给跨国企业更大规模的直接融资渠道，提供国外投资者投资、并购咨询外，还可以扩大其自身的投资管理水平，国际化的管理体制使得微观主体自身监控体系的完善并未给人民币国际化提供制度性保障。最后，投资银行的国际化给人民币回流提供了一个间接渠道，也方便于国外投资者对国内优质企业的投资，而非仅限制于机构投资者。但是，证券市场尤其是国际证券市场的复杂性增强了潜在的风险，相关配套监管部门和监管机制的设立是维持顺利推进人民币国际化（区域性国际化）的关键。

（三）进一步构建国际化的现代投资银行体系

金融危机给予我们的教训之一，就是投资银行的高财务杠杆下的投机行为将会导致投资银行资金链的断裂。我国投资银行（主要指证券公司）在资本的规模上远不如国际投行，在业务的经营和创新上相对有限，主营业务收入主要来源于经纪业务和承销业务，在资金的内部监管上存在着很大漏洞，挪用客户保证金问题严重，这一系列的不健全问题严重影响到投资银行的国际化进程。所以，首先是扩大自身规模、促进业务的多元化。在不断完善股票市场的同时大力发展债券市场，对于满足相关规定和具有发展前景的大型证券公司，应该提供上市融资便利，扩大其发展规模，甚至可以引入战略投资者。在投资银行的业务方面，应该大力发展其自营业务投资，加大金融衍生产品创新。其次，健全投资银行业务的风险管理，提高监管标准，与国际接轨，针对每项业务和产品的风险规定数量限额，加强风险事前、事中和事后监管的动态配合。再次，在完善了自身的前提下，可以实现投资银行业务和机构设置两方面的国际化。在国际业务中，可以向国外筹资者开展承销业务，将其分销给国内投资者，或者向国内筹资方提供承销业务，分销给国外投资者。也可以作为经纪商、交易商等角色涉猎国外证券市场，或者，可以为国外客户提供资产组合、兼并收购等服务。在机构国际化中，其可能通过收购和入股方式比较合理。这方面我国已经成功在香港金融市场上试航。在国际化的方式上，从周边国家打开国际门户比较合理。最后，为更好适应国际化应适时加入国际性证券组织，如国际证券管理委员会（IOSCO）、国际有价证券管理者协会（ISSA）、国际证券交易所联盟（FIBV）、亚洲证券分析员协会（ASAC）等。

三、国际化的现代保险服务体系

保险服务国际化是保险市场的相互融合、保险业务的相互渗透。保险业与货币市场和金融市场也已难以分开。面对当前的经济金融全球化、国际投资、金融创新各方面的发展，除了很多巨额的保险标的需要共同保险来实现对巨额风险的分散化，巨额保险资金投资渠道少，需要在资本市场上寻找出路外，而其巨大的资本规模也为其国际化提供了强大的基础。

（一）我国保险服务国际化现状

国外保险服务进入我国金融市场方面，目前我国共有保险集团公司 8 家，保险公司 122 家，保险资产管理公司 10 家。其中，外资保险公司 53 家，包括外资财产险公司 20 家，外资寿险公司 27 家，外资再保险公司 6 家。截至 2009 年，外资保险公司总资产为 2052 亿元，占全部保险公司总资产的 5.05%。截至 2009 年末，共有 15 个国家和地区的 53 家境外保险公司在华设立 990 余家营业性机构[1]，8 家境外保险中介机构也在我国开展业务。在华各外资保险公司运转正常，尤其是英杰华、保诚等欧洲保险公司在华业务稳步增长，市场影响力逐步形成。

国内保险服务进入国外金融市场方面，到 2009 末，共有 16 个中资机构在境外设立了 44 家营业性机构，其中 31 家设在港澳地区、3 家设在亚洲、9 家设在欧美、1 家设在大洋洲。2009 年 11 月，中国太平保险集团通过股权收购，在更大程度上实现了内部资源的整合与综合实力的更大提升。中国太平保险控股有限公司顺利完成对民安控股有限公司的并购，实现优势互补。

（二）国际化的现代保险服务体系与人民币国际化推进

很多发达国家的居民保险意识强烈，所以他们的保险服务体系较为完善和发达。我国国内的保险业相对落后，我国保险业应该发挥师夷长技以制夷的精神，积极学习国外完善的保险制度和发达的保险精算体系。这样可以使得保险也能够与银行、证券业齐头并进，为人民币国际化的推进作出贡献。首先，国际化的现代保险服务体系是人民币国际化推进的最后防火墙。能够为国外人民币债券投资者和企业投资者提供相应的银行保险业务，一方面促进了保险机构在国外业务的开展，同时，也为国外投资者投资人民币增强了信心。而消除了市场不确定性风险的预期，国外投资者自然会积极投资于人民币资产，从而推动人民币国际化（区域性国际化）发

---

① 2008 年的统计口径为在华外资保险公司的总公司和省级分公司；2009 年的统计口径除了在华外资保险公司的总公司和省级分公司之外，还包括中心支公司、支公司和营销服务部。

展。其次，现代保险服务体系的跨国设立，可以更好利用保险机构大量人民币资产投资于国外或者跨国的各类资产业务中进行资本运作，从而获得高额的投资回报，也丰富了人民币国际化推进中的参与主体。大量人民币推向了国际市场。再次，保险与证券投资的结合是金融衍生创新的一大亮点，给国外投资者提供了更多的投资组合产品，进一步活跃了人民币在国际市场的流通。最后，正如其他金融机构，我国保险机构接受国际保险市场的竞争的洗礼，能够加快保险业的成长，完善我国保险业的缺失和不足之处，提高保险服务体系的最后保险人制度，从而能与银行和证券三大市场同时为人民币国际化（区域性国际化）服务。

（三）进一步构建国际化的现代保险服务体系

保险服务体系和其他金融机构存在着一定的差别。不管是大城市还是小城镇与西方发达国家在体系管理上都存在着巨大差距，潜在发展空间巨大。为进一步构建国际化的现代保险服务体系，根据《中华人民共和国外资保险公司管理条例》（以下简称《条例》）第八条规定，外方保险公司要进入我国保险市场必须要具备一定的条件，包括经营保险业务的年限、资产总额、在我国设立代表处的年限等多个方面。首先，应继续开拓国内保险市场，提高保险的覆盖率和渗透力，引导国外保险机构共同开发落后地区的市场份额，在发挥我国保险公司的本土优势下，利用外资保险公司在责任保险、健康保险、养老保险和农业保险的经验和技术优势，在竞争和合作中共同成长，优化我国保险产业结构。其次，应该加强与周边国家和地区在区域性保险服务中的交流与合作，能够提高对国际金融形势的监测和分析水平。再次，应支持我国保险公司在外设立保险分支机构，设立分公司或者子公司，其选择的市场首先应该是经济发达、市场规范、消费者成熟的市场，这与其他金融机构在国际化中选择市场的重点有所不同。或者并购国外保险公司，虽然并购可以减少对陌生市场的磨合时间，但必须在事前进行严格的可行性分析，保证有足够的发展空间和经济效益。

本章小结

　　金融体制建设是保证人民币成功实现国际化的基本准绳，把握整体制度才能做到不偏不倚，不会在金融大浪潮的冲击下迷失方向。在人民币国际化的进程中，我们需要进一步开放资本账户、实现金融体制创新、汇率自由浮动和利率市场化这主要四大问题。在本章内容中：第一节，我们先从人民币国际化与资本账户开放关系出发，分析认为资本账户开放有利于加速推进货币国际化，但是不是货币国际化的必要条件，在金融全球化条件下，货币国际化进程中资本账户开放能够提供制度前提，相应货币国际化能够加速资本账户开放。然后分析我国资本账户开放现状与特点，进一步说明人民币区域性国际化是否需要资本账户开放，结论是，资本账户开放能够加快推进人民币区域性国际化，但是并非需要资本账户完全开放，而是选择性和递进性的开放模式，最后从资本流向、资本长短期限、资本交易兑换关系、资本交易主体、资本交易背景、金融服务自由化六个方面提出我国资本账户开放的整体顺序，并建议需要进一步开放的子项目包括：扩大对外直接投资、境外机构在境内发行债券和股票以及扩大境内金融机构对外贷款。第二节，重点分析我国金融监管体制条件对于人民币国际化（区域性国际化）的利害关系，并提出创新型金融监管。从人民币国际化（区域性国际化）对于全面适度的有效金融监管的需求出发，借鉴美国、英国、日本和德国四大货币国际化国家的监管体制发展，分析我国当前一行三会的监管模式特点，及其在金融危机下该分业监管模式的监管重叠和监管真空主要弊端提出与时俱进的警示。认为需加强金融监管的市场作用机理和监管机构的独立性和权威性，以及抓住重点分业监管下的功能性监管的整体思路，并提出构建人民币国际化（区域性国际化）下金融监管模式、律法、协作机制，独立提出构建国际化的金融机构体系，包括健康的中央银行和商业银行为主体的货币创造体系、国际化的现代商业银行体系、现代投资银行体系和现代保险服务体系。

参考文献

［1］温东玲：《中国资本账户开放探析》，《福建论坛（社科教育版）》2007 年第 1 期。

［2］施建淮：《中国资本账户开放：意义、进展及评论》，《国际经济评论》2007 年第 6 期。

［3］李剑锋：《亚洲货币危机视角下的资本账户开放》，《亚太经济》2007 年第 4 期。

［4］李巍：《金融发展、资本账户开放与金融不稳定——来自中国的实证》，《财经研究》2007 年第 11 期。

［5］何慧刚：《资本账户开放、汇率制度与人民币国际化》，《社会科学辑刊》2007 年第 3 期。

［6］庄晓玖：《推进资本账户开放的基本条件和途径》，《上海金融》2007 年第 7 期。

［7］郭威：《资本账户开放顺序的国际实践及对中国的启示》，《财经科学》2007 年第 8 期。

［8］叶伟春：《资本账户开放与货币替代》，《生产力研究》2007 年第 4 期。

［9］丁志杰：《资本项目：有序开放与风险管理同行》，《中国外汇》2008 年第 23 期。

［10］李思瑾：《人民币资本项目开放下的对策研究》，《商场现代化》2008 年第 19 期。

［11］钱英才：《金融控股公司监管机制亟待完善》，《中国财政》2009 年第 16 期。

［12］张曼：《管制放松、新巴塞尔资本协议和金融监管重构》，《商业研究》2010 年第 3 期。

［13］桂又华：《近期美国金融监管发展新趋势及其影响》，《金融与经济》2010 年第 1 期。

［14］劳海燕：《从微观角度看国际金融危机与银行监管》，《中国金融》2010 年第 5 期。

［15］白云：《从金融危机审视信用评级业监管制度》，《商业研究》

2010 年第 3 期。

　　[16] 程相虎:《中国资本输出子项目开放的可得性分析》,《经济研究导刊》2010 年第 1 期。

　　[17] 陆寒寅:《危机后的金融监管反思:理论与经验》,《世界经济情况》2010 年第 2 期。

　　[18] 陈立泰:《自由化背景下全球金融监管发展趋势及对我国金融监管变革的启示》,《科学经济社会》2010 年第 1 期。

　　[19] 李连友:《中外金融监管协同机制比较研究》,《求索》2010 年第 3 期。

第七章

人民币国际化的金融市场条件

　　一个健全而有效的国内货币金融市场体系是货币国际化的基础性条件。近年来中国的金融市场发展较快，但不论是市场的广度还是深度，与发达国家相比都还存在着很大的差距。并且，中国金融市场还存在较为严重的结构性失衡问题。大力发展国内金融市场，建立国际金融离岸市场，朝着金融市场国际化的方向努力；加快中国金融市场发展的步伐，把中国建设成一个金融市场高度发达的国家，是实现人民币国际化的重大基础条件之一。

第一节　人民币国际化对国内金融市场的要求

货币国际化后，其货币流通和支付范围的扩展要求具体具备一个有效金融市场、支付结算体系，货币作为国际储备货币也要求本土存在规模足够庞大、流动性足够充分、成长性足够良好的资本市场体系，以满足各国中央银行和全球资产组合投资者对所持资产保值、增值和变现的内在要求。但是中国的金融市场还很不发达。追求的货币国际化的利益与一个低效率的货币金融体系所导致的资源浪费相比是微不足道的，盲目推进人民币国际化而忽略金融改革的深化是得不偿失的。在缺乏健全的国内货币金融体系的背景下，冒进地推进人民币国际化（区域性国际化）是不可能成功的，只会加剧金融危机的风险。甚至人民币可兑换、人民币汇率制度改革的进展对人民币的国际化（区域性国际化）进程有重要影响，但是以上改革的进展取决于中国金融市场的发展和金融体系改革的推进。人民币走向国际化（区域性国际化）对国内金融体系和金融市场的发展提出了更高的要求。反过来，国内金融体系改革决定了人民币的国际化（区域性国际化）能走多远。

一、健康完善的国际化货币市场

人民币国际化的必要条件之一是发达、完善的金融市场，它可以推动一国成为国际货币。一个健康的金融市场体系意味着需要有健康和完善的信贷市场、货币市场和汇兑市场。

（一）健康完善的人民币信贷市场

信贷市场直接联系着货币供需与实体经济。货币对实体经济的冲击也往往始于甚至最终表现在信贷市场上，因此，信贷市场的健康完善与否直接决定了国内金融体系对国际冲击的承受能力。信贷市场的完善与否主要体现在四个方面：一是信贷机构（主要是商业银行）的健康与完善程度，主要表现为信贷机构是否能在利润目标下有效地控制信贷风险。一些非利润目标显然会干扰信贷机构的信贷行为，此时需要针对特殊目标设立一些政策性银行。二是信贷机构的信贷行为能否得到有效的监管。三是贷款需求单位的预算软约束问题、道德风险问题和逆向选择问题能否得到抑制。四是信贷市场是否存在制度上的市场分割，使得在某些领域或某类性质的企业存在信贷供应过剩，而在另外的地方却存在需求无法满足的情况。健康完善的信贷市场对人民币国际化的意义主要有以下两方面：

1. 保证人民币、人民币资产在境外的稳定持有

中国的银行机构遍布世界各国后，可以保证人民币在境外的持有、流通。随着人民币国际化的推进，会有更多的人民币被用于投资和贸易结算，大量人民币将流向境外市场。中国的境外银行可以吸收人民币存款、办理人民币贷款和结算，并通过吸收人民币存款、发放人民币贷款、出售人民币金融资产，使境外人民币的流转渠道畅通，增加人民币资产的吸引力。人民币的输出入都在中国的银行体系内完成，有利于中央银行监测人民币的国际流动，采取适当措施应对人民币大规模、突发性的流进流出，以降低对国内金融的冲击。

2. 获得国际铸币税收益

通过在海外经营人民币及其资产业务，中国的银行可获得大量的中介及投资收益。若中国的银行国际化程度不高，境外人民币业务会由外国的银行经营，该项收益由外国银行获得。尤其是在离岸金融市场，外国银行吸收人民币原始存款后，可在外国银行系统形成更多的人民币派生存款，这些人民币存款均成为外国银行的直接负债，外国银行还可获得离岸人民币的铸币税收益。若中国的银行在境外经营人民币业务，会比外国银行更有获取这部分国际铸币税收益的优势。

（二）设施完善的银行间货币市场

货币市场尤其是银行间货币市场是货币供需的集中反映，是银行短期头寸的调控市场，也是中央银行公开市场操作的主要场所。货币市场既从微观上为银行、企业提供灵活的管理手段，使他们在对资金的安全性、流动性、盈利性相统一的管理上更方便灵活，又为中央银行实施货币政策以调控宏观经济提供手段，为保证金融市场的发展发挥巨大作用。同时，货币市场也是人民币国际化的重要支持。发达的货币市场能提高人民币国际化收益、降低其成本。具体表现在以下几个方面：

1. 灵活调节人民币的供求，降低货币政策的成本

人民币成为国际货币后，随时会面临大规模、突发性的跨境流出入，冲击国内的金融市场，因此需要有人民币供求的政策工具。中央银行可以通过买卖国债来调节货币供应量、利率水平结构，避免使货币政策受到较大的外部冲击而失效。因此一个发达货币市场，尤其是国债市场可以降低人民币国际化的成本。

2. 吸引外国资金，保持国际收支平衡

人民币成为国际货币后，人民币资产将成为国际投资者的投资工具，当中国出现暂时的经常项目逆差时，可通过发行人民币债券来吸引境外资金，通过资本流入维持国际收支平衡，可以避免人民币国际信誉因暂时的国际收支逆差而受到影响。

3. 增强各种人民币金融资产的吸引力

人民币国际化需要一个流动性的资产池，以提供多样的金融资产，增强外国投资者持有人民币资产的愿望。完善的货币市场具有众多的交易主体和交易品种，交易主体众多，可以使货币市场完整及时地反映全社会的货币供求状况，交易品种多样，可以使货币市场形成完整的收益率曲线。因此，必须大力发展中国的货币市场，增强人民币资产的国际吸引力。

（三）方便快捷的国际汇兑市场

货币的兑换主要是在金融市场和通过金融机构进行的。银行等金融机构是金融市场的主体，是货币兑换的主要参与者。如果一国金融体系不健全，金融机构结构单一、数量有限、业务狭窄，那么各种外汇交易就不能顺利进行，进出口贸易和国内外投资引起的货币兑换也不能够很好地得到满足，货币的国际化也就无从谈起。实现货币国际化最为主要的是要建立功能完善的国际汇兑市场，这不仅能满足不同层次、不同性质交易的需要，又使当局利用直接和间接手段调控外汇供求、稳定汇率及币值提供了可能。

随着人民币国际化（区域性国际化）的加深，在境外的人民币需求将不断扩大。人民币境外需求的前期主要是由实体经济，如货物流、服务流，引发的人民币跨境流动。人民币境外需求的后期将会产生由虚拟经济，如人民币借贷、资本市场投资，引起的人民币跨境流动。随着人民币国际化（区域性国际化）的不断加深，需要完善的支付清算系统来实现债

权、债务的转移。

首先，通过以银行为主的国际汇兑市场，有助于中央银行把握人民币跨境流通的规模，防范人民币大规模、突发性、不正常的流动给国内经济造成冲击。人民币跨境流动，尤其是游离于银行体系的人民币跨境流动，使掌握货币供应量数据的难度加大，而通过银行体系而实现的跨境流动，为中央银行掌控人民币的跨境流动数据提供了方便。

其次，通过以银行为主的正规支付结算渠道，可以安全、快速地实现人民币跨境流动。人民币的跨境流通最初是在边境商品和服务贸易中使用人民币现金来完成支付和结算。随着人民币跨境流通规模的扩大，需要有银行卡、支票和汇票等支付工具，这些支付工具的使用需要正规的银行体系来实现。

二、稳步发展的国际化资本市场

在当今全球经济一体化、金融自由化的潮流中，资本市场发展迅速。现今无论是发达国家还是发展中国家，都在努力放松本国资本市场管制，从而加快资本市场的发展进程。对于中国来说，通过积极推动国内资本市场发展，加速金融基础设施建设，完善中国的金融体系，创造良好的金融环境，可以促进人民币在周边地区的流通，进而推动人民币国际化进程。资本市场促进经济增长的作用机制主要有：流动性支持，信息获取，企业控制。具体表现在以下几个方面：

一是流动性支持。资本市场作为资源配置的重要场所，与传统的融资渠道相比，具有明显的优越性和特殊的吸引力。它能低成本地将大量社会闲散资金集中起来，并迅速投入社会经济的各个领域。

二是信息获取。在资本市场中，由于强制性信息披露制度，大大减少了资金需求者与供给者之间的信息不对称。同时，也使银行更愿意向企业发放贷款，从而促进经济增长。

三是企业控制。资本市场降低了投资者获取经营者信息的成本，特别是在股票市场上，投资者可以通过股票价格以及其他的公司信息来判断经营者的业绩，对企业进行有效的监督，促使经营者调整企业战略和改善公司治理结构。

人民币国际化对中国资本市场的发展提出了更高的要求：一是加快资

本市场的发展。应当重视建设坚实的金融基础设施，发展各类机构投资者，建立适当的监管机制，制定符合国际惯例的会计制度，设立合理的税收框架；应当致力于改善公司治理结构；应当逐步完善统一互联的市场登记体系和清算体系，大力发展评级机构，加强信息披露等等。二是积极稳妥地推进中国资本市场国际化进程。继续开放境外金融机构等合格的机构投资者（QFII）在境内投资人民币债券、外币债券、股票与基金等；逐步推动境内合格的发行人（QDII）在境外发行外币定值的债券、股票与基金；逐步开放境外合格的发行人（QFII），包括合格的国际金融组织和跨国公司等在境内发行人民币、美元或港币定值债券，减轻人民币升值压力，控制债券市场开放中的风险；逐步开放境内合格的机构投资者（QDII），扩大境内投资者的投资选择品种。三是加强与周边国家的合作。积极开展与东盟各国及亚洲国家的对话与合作，建立双边或多边的金融信息交流网络，加强交流与了解，协调市场规则与会计、信用评级、税收和法律标准，加强人员培训，促进私人部门参与发展。

三、逐步完善的国际化衍生品市场

衍生品市场作为基础金融市场的重要补充，已经成为企业特别是金融机构金融管理的重要工具。衍生品的国际化水平是一国金融产业的国际范围内竞争力的重要体现，体现了该国金融在国际范围内的广度和深度，也是人民币国际化的重要方面。中国交易衍生品市场虽然起步较晚，但也逐步发展起来，特别是场内交易衍生品市场会越来越重要。衍生品市场对人民币国际化的意义体现在以下几方面：

一是有效地服务于基础产品市场。衍生品是从基金资产衍生出来的，在金融市场上，基础产品与衍生品两者缺一不可。由于衍生品市场的成本低、品种多、高杠杆、流动性强，风险管理者更多地选用衍生品作为管理风险的工具，使衍生品成为资产定价和风险管理不可替代的工具。没有衍生品的金融市场是不健全的市场，但衍生品也是一把双刃剑，基础产品的定价出问题将会影响到金融衍生品市场出现问题，而且还会将问题传递和扩大化。所以衍生品市场的发展也有赖于基础产品市场的完善。中国当前应该做的是在完善基础产品市场的同时积极发展衍生品市场，而衍生品市场应该服务于基础产品市场。

二是为国外人民币提供更多的投融资和风险管理渠道。金融衍生品使投资渠道和风险管理方式多样化、成本更低。现在中国市场上融资手段和投资产品有限，造成企业和个人要作金融规划或风险管理的成本很高，甚至很多情况下没有相关的投融资和风险管理的渠道。在中国金融制度变迁需要更多的渠道，金融机构需要通过衍生品来达到不违背现有大的制度又达到交易费用减少的目的。人民币国际化需要为国外人民币提供更多的投融资和风险管理的渠道，这样才能吸引更多资产转化成人民币资产、更多交易选用人民币支付。

衍生品市场国际化有两个条件：一是比较成熟的交易体系和市场参与者；二是中国资本市场国际化达到相当的程度，使国内外投资者愿意并较方便地投资国内外金融产品。只有满足这两个条件才能为衍生品市场的国际化发展提供强有力的保障。要使人民币实现国际化就需要有比较完善的衍生品市场对定价和避险的支持，从而满足国内外的不同需求。在推进中国衍生品市场国际化的进程中要积极防范国际投机资本对我国开放的衍生品市场的冲击，这是中国衍生品开放的先决条件。随着人民币国际化（区域性国际化）的加深，衍生品市场需要在市场参与主体的培育和管理方面进一步加强：

首先，要加强对衍生品市场参与者的教育，完善投资机构的内部控制。中资企业在海外从事衍生品交易有近一半未经政府批准，部分是因缺乏对冲风险的工具。近年来中国爆出一系列国企在金融衍生品中的巨额亏损事件，都显示出对于加强投资者风险教育和完善投资机构内部控制的必要。

其次，防范金融机构管理层的短期化行为。金融衍生品为企业管理层提供了在短期内赚取大量收入而不顾高风险的可能，所以要加强对于进入衍生品市场的企业，特别是金融机构的监管，防止其短期化行为造成的巨额损失。企业可以通过建立完善的内部控制机制，防止做风险过高或自身不能理解的过于复杂的金融产品。

再次，大力发展中介机构，并对其进行有效监管。中国的有关中介机构，特别是评级机构还很不完善，随着衍生品市场的进一步发展，评级机构等中介机构的作用也越来越重要。在大力发展中介机构的同时，要对其进行严密监管，增加其透明度和外在约束。

四、人民币国际化与金融市场的国际化需求

（一）金融市场国际化与人民币国际化的互动机制

人民币国际化需要一个发达的、与世界有密切联系的、以资本市场为核心的金融市场。金融市场的大发展将极大推进人民币国际化的发展，具体关系见图7-1。金融市场国际化与人民币国际化的相互影响主要体现在以下几个方面：

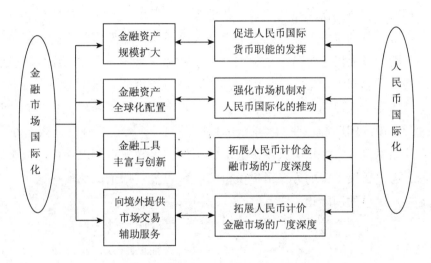

图7-1 金融市场国际化与人民币国际化的互动机制

首先，发达的金融市场可以为人民币在世界范围内流通奠定基础。发达的金融市场可以为人民币在境外的自由兑换和流通提供渠道，实现人民币的国际清偿职能，促使人民币处于国际人民币的地位。金融资产规模的扩大可以为人民币职能的发挥提供更为广阔的空间。金融资产数量的扩张，意味着金融市场深度和广度的增强，也意味着人民币在金融领域的职能发挥得更加深入，人民币运动的金融舞台更加广阔。金融资产结构的变化，证券在金融资产中比重的提高，对人民币在证券交易中发挥功能和作用产生积极影响。而且发达的金融市场和完善的金融体系有利于提高人民币国际化过程中的抗风险能力。

其次，居民金融资产的全球化配置强化了市场机制对人民币国际化的

推动效应。居民金融资产的全球配置，使得私人部门对以不同货币记账的金融资产的需求不断增加，这对人民币国际化带来新的影响。主要体现为，居民更多地持有他国金融资产，对外币计价金融资产需求的不断扩大，强化了源自私人部门的国际人民币需求机制的作用，也使得来自金融领域推动人民币国际化的市场机制的作用得以增强。因此，人民币要想在境外大量流通，最终要通过金融交易来实现，而这必须凭借一个发达的以资本市场为核心的金融市场作支撑。

再次，实体经济总量的增长、金融市场的发展与人民币国际化相互促进。金融工具的丰富与创新拓展了支撑人民币国际化发展的金融市场的深度和广度。以人民币计价的金融工具的发展和交易的增加，国内外借款者能以低成本筹措大量资金，从而使得以人民币计价的金融市场的广度和深度不断拓展。人民币对投资者和证券发行者吸引力的不断增强，会有效地促进人民币的国际化。另外，随着对外贸易的增长、金融发展进程的加快，外国居民和官方持有人民币数量的增加，客观上也要求中国开放金融市场，为非居民手中的人民币提供价值贮藏、投资增值的场所，这也有助于促进人民币的国际化。

最后，中国金融市场实现了国际化后，可以向境外提供市场交易及辅助服务，向境外提供人民币标价产品的交易及辅助服务，直接推动境外市场参与者持有人民币标价产品。这样有利于人民币走出境外，回笼境外人民币，为境外人民币资产持有者提供投资渠道，提高人民币的吸引力。人民币在国际上被接受，中国金融市场上的人民币标价产品因其容易转变成为人民币现金类资产，因而也易于被国际上接受，因此货币国际化有助于金融市场国际化。时机成熟后，除中国机构到国外发行人民币债券外，还可以允许境外机构在境内发行人民币标价债务产品，允许境外机构参与人民币标价的黄金交易、特定商品期货交易及金融衍生品交易。境外机构在境内发行人民币债券，可以增加债券的有效供给，提升资本市场储蓄转化为投资的功能，实现人民币国际化。

（二）本币国际化与金融市场国际化的诉求

本币国际化的一个基本条件之一是具有一定的广度和厚度的国内金融市场。金融市场的广度是指市场参与者的类型复杂程度。一个有广度的金融市场的主要特征就是同时有多个不同类型的参与者入市，如机构投资者、长期投资者、投机者等。他们入市的目的各不相同，有的是为了保值，有的则是为了投机；有的准备长期持有某种金融工具，有的则是随时准备转手以获取差价收益。在金融市场中，参与者的类型和数量越多，则市场被某部分人所操纵的可能性就越小，从而市场价格就越能充分地反映目前的供求情况和对未来的预期。金融市场的深度主要是指市场中是否存在足够大的经常交易量，从而可以保证某一时期，一定范围内的成交量变动不会导致市价的异常波动。从另一个角度来讲，一个有深度的市场必须拥有相当规模的市值。同金融市场的广度与深度相关的另一个概念是金融市场的弹性。它是指应付突发事件的能力及大额成交后价格迅速调整的能力。在有弹性的市场上，市场价格既不会一蹶不振，也不会只涨不跌。对于供求双方的突然变动，市场价格总能迅速灵活地调整到保持供求均衡的水平上。金融市场的弹性强调了市场价格机制的机动灵活性。

人民币国际化（区域性国际化）需要一个一定广度和深度的国内金融市场来支持，这一市场能够满足偏好差异的参与者的需求，能够有足够大的规模，具有较大的平稳性和弹性。这样国内金融市场才能够有较大能力缓冲和吸收国际市场的冲击。人民币国际化（区域性国际化）以后，国内货币与金融市场必然受到国际市场的冲击，因此，最大限度地缓冲和吸收国际市场的冲击是首先要考虑的问题。事实上，如果频繁受到国际市场的干扰，那么人民币国际化（区域性国际化）显然是得不偿失的。如果相对于国际市场而言，国内的货币与金融市场有足够大的规模时，就不会出现国际市场对国内市场的巨大干扰，国际市场对国内货币与金融市场的影响是有限的，而国内货币与金融市场对国际市场将产生较大的外溢效应。

第二节　基于人民币国际化视角的
中国金融市场国际化策略

世界上主要发达国家的金融市场都实现了不同程度的国际化。金融市场国际化以后，本地金融市场成为国际金融市场，本地金融市场具有国际影响，大量国际交易在本地发生，本地的金融交易价格对全球具有重要影响，本地市场参与者对全球也有重要影响，本地货币当局通过对本地市场的调控也能影响全球市场。本国（地区）政府也可以通过本国（地区）金融市场的国际影响影响别国（地区）的金融活动和经济活动。本地金融市场的国际化还有利于本地政府和企业动员国际储蓄，利用国际资金。

一、金融市场国际化的框架

（一）金融市场国际化的标准

金融市场国际化指一国（地区）金融市场由为境内市场参与者提供服务到提供跨境服务，为境外参与者同时提供服务的过程。[①] 即进一步对外开放市场，让国内外投资者、融资者和其他的金融市场参与者都能到本国的金融市场上来进行交易。金融业的成熟表现为以下几个方面[②]：（1）拥有开放、自由、监管体制健全的金融市场；（2）拥有高效的现代金融结构；（3）拥有规模庞大的货币交易网络。

中国推动金融市场国际化，可以借此输出金融服务，改善金融服务进出不平衡状况，增强中国金融市场的国际影响力，有利于中国企业参与国际金融市场活动，有利于人民币成为国际货币。在技术革新，金融工具不断创新以及许多国家为发展经济而放松金融管制的条件下，各国国内金融市场与国际金融市场联系更加紧密，金融市场国际化主要表现为以下几个特点：

1. 金融机构和业务的国际化。国与国之间的市场壁垒被打破；允许金融机构互设分支机构；金融业务突破国界限制，向全球展开；服务对象逐步国际化。

2. 金融市场规模迅速扩大。全球性金融市场的形成与发展，是国际资本流动的基础与载体。进入20世纪90年代以来，金融市场无论在地域上，还是在交易规模上都成倍地放大。由于不少国家放松金融管制，实现自由化政策，使得国内的金融市场更加开放，外国金融机构在开放中享受优待，同时设立了大量的不受或少受管制约束的境外金融市场（离岸金融市场）。在岸金融市场与离岸金融市场的发展，极大地推进了金融市场的国际化进程。

---

① 刘明志等：《金融国际化——理论、经验和政策》，中国金融出版社2008年版。
② 刘力臻、徐奇渊等：《人民币国际化探索》，人民出版社2006年版。

3. 金融商品日趋丰富。金融商品，特别是金融衍生品对世界经济的影响越来越大。随着金融市场的开放，跨国界投资日趋兴旺，相伴而生的金融商品越来越丰富。但是，金融衍生工具极大地丰富了金融商品的同时，也加大了金融风险。

4. 全方位的金融创新将使金融业的竞争更为激烈，发展更为迅速。随着金融国际化进程的加快，不断增长的国际市场不仅已成为连接各国经济发展的纽带，而且将带动世界经济全球化向更深层次的发展。金融服务国际化将进一步丰富全球化世界经济的内容。

（二）金融市场国际化的职能拓展

1. 金融市场国际化促使金融整合性发展。金融整合性，即将周边散点金融融进中心城市的金融网络，同时将各种分类金融有机地组合形成金融网络体系。金融的整合必须在金融市场国际化的条件下才能实现。这样在金融国际化下，整个金融市场突破地理范畴，资金融通便利，才能是金融市场得以整合，是周边和各类层次的货币资金动员起来，把周边的散点金融融进金融网络。

2. 金融市场国际化促使金融规模性发展。规模金融可以从三个方面来降低聚散融通资金的成本和提高融通资金的效率：（1）通过规模效益减少每一单位融资成本；（2）通过增强抗风险能力来提高金融的稳定；（3）通过增加整体对资金的吞吐量来提高资金转化效率。而金融的规模性主要体现在金融机构数量的迅速扩张、金融网点的密度不断提高、金融资产占国内生产总值的比重，即经济货币化金融化程度的提高和金融从业人员数量及比重不断扩大等方面。因此，金融国际化恰恰是促使金融规模性发展的前提。

二、中国金融市场国际化差距分析

近年来，中国经济一直持续高速发展，但同时伴随着银行和金融系统发展的不平衡。从中长期来看，这种发展不平衡造成了中国金融系统的脆弱性。以银行和资本市场为主体的金融体系运行效率低，金融资源浪费严重，直接融资内部机制失调，多层次市场发展滞后等多种问题，尤其是直接融资与间接融资比例长期严重失调，导致企业资本结构不合理，银行不良资产比例过高，加剧了金融体系风险的聚集。就中国金融发展而言，无论是金融资产还是金融市场化程度与市场效率，都远远落后于发达国家。

这种金融发展滞后的状况使人民币的国外持有者对长期持有人民币作为储备货币心存顾虑，从而降低了人民币实际交易价值的区域比较，削弱了其国家储备功能，制约了人民币国际化（区域性国际化）的深层次拓展。

（一）货币市场发展不完善

1. 货币市场存在分割现象

货币市场的分割主要表现为银行间债券市场与交易所的债券市场没有统一。银行间债券市场的交易主体主要是商业银行和部分非银行金融机构，交易的品种主要是国债、中央银行融资券和政策性金融债三类，交易方式主要有现券交易、债券回购交易和债券代理结算业务三种形式，通过中央国债登记公司进行交易。证券交易所债券市场的交易主体主要是证券公司、非金融企业和居民，交易的品种主要是国债，交易方式采取国债现货交易、国债期货交易和国债回购交易三种方式，通过上海证券交易所和深圳证券交易所进行交易。这种分割的货币市场就会出现分割的债券供需，出现分割的债券到期收益率，从而使货币市场不能形成统一的具体指导意义的基准利率（见图7-2）。

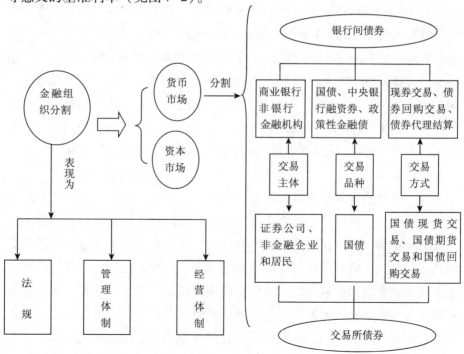

图7-2 货币市场分割原因

导致这种现象的原因是由于金融市场组织上的分割。分割现象首先表现为将金融市场分割为货币市场与资本市场，中国的货币市场与资本市场长期以来一直处于一种相互分割、相互分离的状态，其分割主要表现在以下几方面：

（1）法规上的分割

由于中国的金融制度是分业经营、分业管理，政府制定了一系列相关的法律法规，将货币市场与资本市场之间分割开来。《商业银行法》规定"商业银行在境内不得从事信托投资和股票业务"，将货币市场与资本市场分隔开来；《贷款通则》中第20条的规定，使这种分割更加具体；《证券法》中规定禁止银行资金违规流入股市，将货币市场与资本市场从法律上分割开来。

（2）管理体制上的分割

实行分业管理体制的中国金融市场，将货币市场与资本市场从管理体制上分割开来。人民银行负责调节货币供求，监管货币市场及商业银行等从事货币经营业务的金融机构。中国证监会负责监管资本市场，对资本市场进行监督、调控，并对如证券公司、基金公司等资本经营机构进行监督与管理。

（3）经营机制上的分割

中国金融业实行分业经营，各金融机构所经营的业务有十分严格的分工。商业银行经营的业务与货币市场有关，证券公司经营的业务与资本市场有关，保险公司经营的业务与保险市场有关。证券公司不得经营商业银行的业务，商业银行则不得从事资本市场业务。

2. 货币市场发展速度缓慢

中国的货币市场主要包括短期国债市场、同业拆借市场、商业票据市场和短期外汇市场。一般货币市场的发达程度由同业拆借市场交易量与GDP的比值来衡量。20世纪80年代中国的同业拆借市场才开始建立，1996年才真正开始发展。截至2009年，同业拆借市场交易量已达19.4万亿元，为1996年的33倍，但与GDP比值仅为57.91%。由此可见，中国同业拆借市场的规模仍然较小。

表 7-1　1996—2009 年同业拆借市场交易量与 GDP 比较

单位：万亿元

	同业拆借	GDP	同业拆借/GDP
1996	0.6	7.1	8.3%
1997	0.4	7.9	5.2%
1998	0.1	8.4	1.2%
1999	0.3	9.0	3.7%
2000	0.7	9.9	6.8%
2001	0.8	11.0	7.4%
2002	1.2	12.0	10.1%
2003	2.4	13.6	17.8%
2004	1.4	16.0	8.7%
2005	1.3	18.3	7.0%
2006	2.2	21.2	10.2%
2007	10.7	25.0	42.7%
2008	15.1	31.4	47.9%
2009	19.4	33.5	57.9%

资料来源：历年中国统计年鉴。

3. 货币市场各子市场发展不均衡

从发育程度来看，中国货币市场中的回购市场和同业拆借市场相对成熟且发展较快。1996 年 6 月 1 日中国人民银行放开银行间同业拆借利率，1997 年 6 月中国人民银行放开银行间债券回购利率；1998 年 8 月国家开发银行在银行间债券市场首次进行了市场化发债；1999 年 10 月国债发行开始采用市场招标形式。实现了银行间市场利率、政策性金融债和国债市场化的发行利率。

票据市场发展相对迟缓。中国《票据法》规定：票据市场只能办理交易性票据业务，不能办理融资性票据业务。中国的票据市场主要是贴现、承兑、再贴现和转贴现商业汇票的市场。银行承兑汇票占商业汇票的87%，商业承兑汇票仅占商业汇票的13%。

单位：万亿元

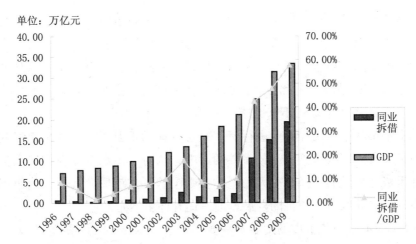

图 7-3 1996—2009 年同业拆借市场交易量与 GDP 比较

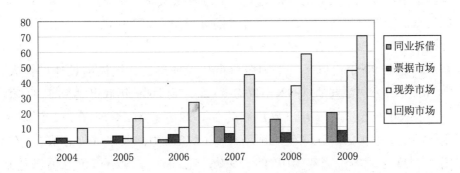

图 7-4 2004—2009 年货币市场各子市场交易情况

表 7-2 2004—2009 年货币市场各子市场交易情况

单位：万亿元

	同业拆借	占比	票据市场	占比	现券市场	占比	回购市场	占比
2004	1.4	8.9%	3.4	21.8%	1.2	7.4%	9.7	61.9%
2005	1.3	5.1%	4.5	17.9%	3.1	12.3%	16.1	64.6%
2006	2.2	4.8%	5.4	12.2%	10.3	23.1%	26.6	59.9%
2007	10.7	13.9%	5.9	7.6%	15.6	20.3%	44.8	58.2%
2008	15.1	12.9%	6.4	5.4%	37.1	31.8%	58.1	49.8%
2009	19.4	13.5%	7.6	5.2%	47.3	32.8%	70.0	48.5%

资料来源：2004—2009 年中国金融市场运行分析报告。

从交易量来看，回购市场的交易量最高，份额达到50%左右。交易份额最少的是票据市场仅占货币市场总交易量的6%左右（见表7-2）。世界各发达国家的货币子市场之间发育一般比较均衡，极少有某个子市场的份额超过50%的情况。由此可见，中国货币市场各子市场之间发展不均衡。

（二）资本市场还不够健康

资本市场是居民和企业进行资产组合选择的重要场所，资本市场的健康与否对资本回报率具有十分重要的影响，也对居民和企业在人民币资产和外币资产之间的选择有重大的影响。中国的资本市场尤其是股票市场虽然在近十年来取得了长足的发展，但是还有许多不完善之处。

1. 资本市场各子市场发展不平衡

融资结构失衡是中国资本市场发展不均衡的主要表现，同时也是制约中国金融市场健康发展的因素之一。从筹资额来看，中国股票市场的筹资额明显低于债券市场。2007年债券市场筹资额为25220亿元，是股票市场筹资额的近3倍（见表7-3，图7-5）。

20世纪90年代以来，中国股票市场发展迅速，规模增长速度惊人。中国的上市公司数量在1992年仅有53家，到2009年底已达到1887家。中国股票市场投资者（开户数）数量在1992年仅有216.2万户，到2009年底已达到1.4亿户，17年之间增加62.7倍。中国股票市价总值在1992年为1048亿元，占当年GDP的3.9%，到2009年股票市价总值已达到23.57万亿元，占GDP的比值增至70%。

表7-3 2004—2009年股票市场与债券市场筹资额比较

年份	股票市场（亿元）	占比	债券市场（亿元）	占比
2004	1510	18.56%	6626	81.44%
2005	1882	19.74%	7654	80.26%
2006	5594	36.12%	9894	63.88%
2007	8680	25.60%	25220	74.40%
2008	3657	12.59%	25626	87.51%
2009	5967	11.06%	48000	88.94%

从交易量来看，1996年至2009年的14年间，股票市场活跃程度明显

单位：亿元

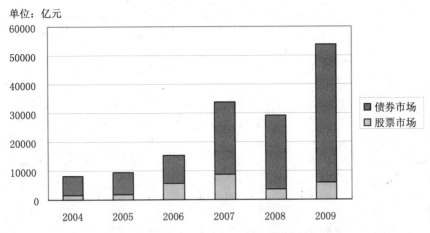

图7-5　2004—2009 年股票市场与债券市场筹资额比较

高于同业拆借市场（见表 7-4、7-5）。截至 2009 年，股票市场交易量为 53.6 万亿元，与 GDP 的比值达到 160%，比同业拆借市场与 GDP 的比值高出 102 个百分点。

表7-4　2003—2009 年股票市场规模变化

年份	上市公司（家）	开户数（百万户）	股票市价总值（万亿）	市价总值与 GDP 比值（％）
2003	1287	70.2	4.2	36.3
2004	1377	72.6	3.7	27.1
2005	1381	73.9	3.2	11.8
2006	1434	79.2	8.9	42.7
2007	1550	139.7	32.7	132.6
2008	1625	120.6	9.7	31.0
2009	1718	137.8	23.6	70.0

资料来源：上交所、深交所官方网站，2003—2009 年统计资料。

表 7-5　1996—2009 年股票市场交易量与 GDP 比较

年份	股票交易量（万亿元）	GDP（万亿元）	股票交易量/GDP
1996	2.1	7.1	29.9%
1997	3.1	7.9	38.9%
1998	2.4	8.4	27.8%
1999	3.1	9.0	34.9%
2000	6.1	9.9	61.3%
2001	3.8	11.0	34.9%
2002	2.8	12.0	23.3%
2003	3.2	13.6	23.6%
2004	4.2	16.0	26.5%
2005	3.2	18.3	17.3%
2006	9.1	21.2	42.7%
2007	46.1	25.0	184.6%
2008	34.3	31.4	109.1%
2009	53.6	33.5	160.0%

资料来源：历年中国统计年鉴。

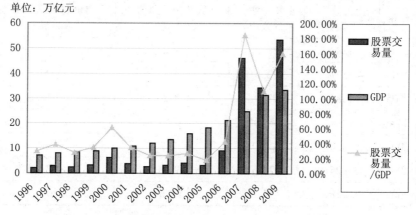

图 7-6　1996—2009 年股票市场交易量与 GDP 比较

2. 股票市场市盈率过高，融资能力较差

市盈率的变化要么体现在未来收益增长率的变化上，要么体现在贴现

率的变化上，或者两者兼而有之。因此市盈率过高反映了过低的贴现率和过高的利润增长前景。贴现率过低就说明中国资本市场的长期收益率极低，也说明了中国的资本市场事实上不能完全反映投资收益的风险贴水，资产的风险价格就不能得到正确的反映。这样，人民币资产的收益率就会出现扭曲。贴现率过低的一个重大原因是过多的资本追逐过少的股票，或者说是投资渠道的缺乏。

　　从 20 世纪 90 年代以来，中国的资本市场取得了较快发展，尤其是股票市场的规模不断扩大，2000 年达到发展高峰，股票总市值达 4.8 万亿元，占当年 GDP 的 53.8%。但由于中国股票市场成立之初的制度设计不完善，存在两种性质的股票：流通股和法人股，总股本份额中仅 30% 左右为流通股，同股不同权使中国股票市场的市场化发展受到严重制约。2000 年后股票市场开始持续萎缩，2005 年的股票总市值缩水了三分之一，仅为 3.2 万亿，流通市值仅占 GDP 的 5.8%。（见图 7-7）

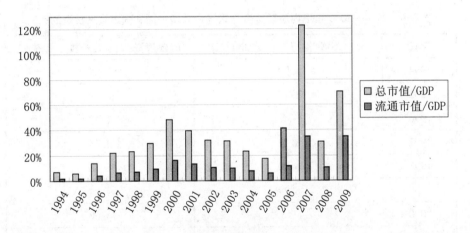

图 7-7　1994—2009 年股票市值与 GDP 的比率[1]

　　由中国境内股票筹资与银行贷款增加额的比较可以看出，中国股票市场发展不够完善，仍无法替代商业银行成为重要的筹资渠道。中国企业发展的主要资金来源为银行贷款，在 20 世纪 90 年代初期，股票筹资额占银

[1]　资料来源：历年中国金融年鉴。

行贷款的比例不到2%，2000年则达到11.55%，但2000年后中国股市的筹资能力迅速减弱，跌至90年代初的水平。

由股票筹资额与固定资产投资额的对比可以看出，中国股票筹资额与固定资产投资规模有很大的差距，在90年代初期还不到1%，虽然2000年达到最高但仍不足5%。由此可见，中国的股票市场对经济发展的贡献较小，中国经济的高速发展仍是依靠固定资产投资。

随着中国股票市场改革的推进，逐步实现法人股在账面上的自由流通，但仍有一系列配套措施需要不断的完善，才能有效发挥股票市场的融资能力，以实现对人民币国际化（区域性国际化）的巨大推动作用。

3. 债券市场发育程度较低

在中国目前的融资体系中，仍然是以直接融资为主。在直接融资中，债券融资，特别是以公司作为发债主体的公司债券融资规模过小，滞后于其他金融市场的发展。中国融资结构仍然以间接融资为主，直接融资中公

表7-6　1994—2006年境内股票筹资与银行贷款增加额和固定资产投资的比率

年代	股票筹资/银行贷款增加（%）	股票筹资/固定资产投资（%）
1994	1.91	0.81
1995	1.27	0.59
1996	3.2	1.49
1997	8.72	3.74
1998	6.99	2.83
1999	8.27	3.04
2000	11.55	4.68
2001	9.5	4.25
2002	4.11	2.37
2003	2.97	1.49
2004	4.49	1.22
2005	2.05	0.38
2006	8.05	2.24

资料来源：2007中国金融年鉴。

司债券占比重较低。直接融资不发达的局面，一方面造成银行风险的逐步积累，影响了金融体系的稳定；另一方面也影响了金融市场在广度和深度上的拓展与延伸，限制了市场功能的发挥和市场效率的进一步提高。这在客观上就要求中国大力发展债券市场，特别是大力发展公司债券。

中国的有价证券仍是国债和政策性银行债占据主导地位，且政策性银行债的发行量迅猛增长，2006年政策性银行债的发行规模已超过国债，达8980亿元。而其他形式的有价证券发展较慢，至2004年才开始发行其他金融债券，存在时间较长的企业债市场也由于规模始终较小，发育程度较低。

表7-7　国内有价证券分类分析

单位：亿元

		2000	2001	2002	2003	2004	2005	2006
国债	发行额	4657	1884	5934	6280	6924	7042	8883
	余额	13020	15618	19336	22604	25778	28774	31449
政策性银行债券	发行额	1645	2590	3075	4561	4148	5852	8980
	余额	7383	8534	10054	11650	14019	17818	23008
其他金融债券	发行额	——	——	——	——	945	1265	540
	余额					945	1912	2722
企业债	发行额	83	147	325	358	327	2047	3938
	余额	862	1009	1334	1692	2019	4028	6294
股票（A股）	发行量（亿股）	146	93	134	84	55	14	351
	筹资额	1527	1182	779	820	836	338	2464

资料来源：2007中国金融年鉴。

由2008年债券市场的托管状况可以看出，中国债券市场发育程度较低。政府债券、央行票据和政策性银行债这三大债券垄断了中国债券市场，这三者分别占市场份额的32.27%、31.85%和24.3%，而商业银行债券、企业债券和短期融资券等真正市场化的债券却发展缓慢。由于直接融资的不发达，造成银行风险积累，影响金融体系稳定、金融市场的发展，限制市场功能的发挥以及市场效率的进一步提高。这就要求中国债券市场尤其是公司债券的大力发展。

表 7-8　2004—2009 年国债与企业债发行量比较

	2004	2005	2006	2007	2008	2009
国债发行量（亿元）	6300	7022	8900	23500	7246	14214
占比（%）	95.1%	91.5%	90.0%	93.2%	75.4%	77.0%
企业债发行量（亿元）	326	654	994	1720	2367	4252
占比（%）	4.9%	8.5%	10.1%	6.8%	24.6%	23.0%

资料来源：中国债券信息网。

债券市场表现为国债市场发行活跃，企业债市场相对较小。2009 年国债发行量为 14214 亿元，为企业债发行量的 3.34 倍（见表 7-8、图 7-9）。2006 年底新《企业债券管理条例》基本修订完成，虽然增加了加强制度和环境建设、建立允许债权人申请发债人破产还债机制的条款，但企业债市场的发展仍然受到较大限制，发行速度难以快速提升。

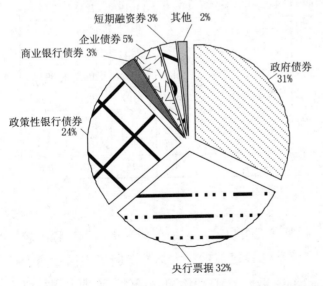

图 7-8　2008 年各种债券托管量占比[①]

---

① 资料来源：中国债券信息网。

单位：亿元

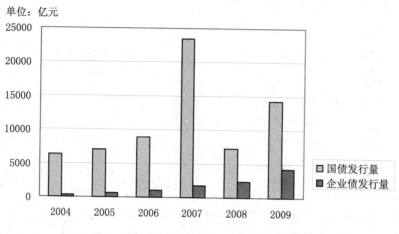

图 7-9 2004—2009 年国债与企业债发行量比较

（三）衍生品市场还有待发展

目前，中国衍生品市场处于起步阶段。主要表现在品种很少。只有外汇远期、掉期、利率互换、无期限利率协议及少量资产证券化产品，这显然与中国作为全球第三大经济体的地位不符。

1. 人民币外汇衍生品发展现状

中国人民币外汇衍生品市场发展还处于起步阶段。现有的人民币外汇衍生品主要包括：人民币远期外汇交易、人民币远期结售汇交易、人民币与外币的掉期交易等，均是非常简单、初级的产品，而人民币期货期权产品尚未推出。

1997 年 4 月中国银行自率先推出人民币远期结售汇业务，2003 年开始在工行、农行、建行推行。2004 年以来，招商银行、民生银行和中信银行也先后获得牌照。历经几年的发展，在 2003 年中国境内人民币远期的成交金额仍不足 90 亿美元，仅为贸易总额的 1.06%，2004、2005 年不足贸易总额 1.15 万亿和 1.42 万亿美元的 1.3%，而国际上相应的比例则高达 150%。

2005 年外汇交易中心推出人民币远期交易后，也没有太大的发展。2006 年一、二季度的成交金额分别为 4.3 和 9 亿美元，均低于境外离岸市场的日均成交额。

2. 利率类衍生品发展现状

中国的利率类衍生品主要包括债券远期和人民币利率互换交易。目前债券远期交易只面向银行间债券市场投资者。由于银行间债券市场占中国债券市场90%以上的现货份额，市场交易技术稳定可靠、交易平台运行平稳，自2005年中国人民银行推出债券远期交易以来，中国银行间金融衍生产品发展迅速。

尽管人民币利率互换交易从2006年2月才正式推出，但发展迅速。从成立至2007年3月31日止，总成交名义本金约为733.33亿元人民币，互换市场备案机构达到55家，成员类型包括15家中资商业银行、2家政策性商业银行、33家外资银行、1家外资保险资产管理有限公司、3家中资保险资产管理有限公司，以及1家国际开发机构。但中国市场上尚未形成被公众认可和接受的利率基准曲线，尤其是缺少获得中长期收益率稳定价格的来源，影响准确编制无风险收益率曲线，造成利率衍生品定价的困难。

总的来看，中国衍生品交易量少，且市场流动性较低。《中国货币政策执行报告（2008年4季度）》公布的数据显示，当年中国利率互换和远期利率协议的交易名义本金分别为4121.5亿元（603.4亿美元）和133.6亿元（19.56亿美元）。在外汇即期市场交易中，美元币种仍然是交易的主要货币，美元币种成交占比99%。而且市场参与者较少，广度不够。由于市场准入要求较严，加之对金融衍生品知之不多甚至存在误解，目前实际参与衍生品交易的机构较少，且主要为商业银行。

三、人民币国际化与金融市场改革

比较上述人民币国际化所需要的国内金融条件和中国目前金融体系中存在的问题，要实现人民币国际化（区域性国际化）还需要完成以下金融市场改革。

（一）发展货币市场尤其是债券市场

中国资本市场尤其是债券市场应加强市场建设和制度完善，为持有人民币的投资者创造投资平台。

首先，要注重发展健全的国债市场。国债市场的发展不仅有助于国外投资者持有人民币资产的扩大，而且有助于中国人民银行相对于国际投资者的永久性最小动态负债的形成和扩大。发展货币市场的关键是统一银行间债券市场和交易所债券市场，增加国债品种，增加旨在进行货币政策操作的债券发行量，增加货币市场的交易主体。

发达的国债市场不仅可以为财政赤字融资，而且是金融市场的避风港和核心金融市场，并且是国家货币国际化的有力支持。国债市场的金融功能主要表现为，首先，国债市场为金融市场所提供的基准利率是金融市场利率体系的重要参照指标；其次，国债市场是财政政策的货币政策结合的纽带，是中央银行实施货币政策的重要渠道；再次，国债是商业银行和工商企业资产组合的必备品种之一，是进行流动性管理的重要工具；同时，发达的国债市场也是国家货币国际化的重要支持。

正是由于国债市场所具有的上述功能，美国发达的国债市场有力地支持了美元的国际化，而日本相对落后的国债市场是日元国际化进展缓慢的一个重要原因。人民币国际化（区域性国际化）是人民币国际化过程中的一个阶段，国债市场是人民币国际化的重要支持。发达的国债市场能提高人民币国际化收益、降低人民币国际化成本。

其次，发行以人民币计值的债券。这有利于人民币走出国门，为境外持有人民币的投资者提供了更多可选择的投资对象，对于促进人民币国际化（区域性国际化）具有深远意义。中国于 2005 年批准亚洲开放银行和世界银行在中国境内发行约 40 亿元的人民币债券。国家开发银行、中国进出口银行和中国银行于 2007 年 6 月份起，先后在香港发行了总额为 100 亿元的人民币债券。区域性人民币债券市场的培育不能忽视香港的重要作用，内地金融机构已被允许从 2007 年起在香港发行人民币债券。通过香港人民币业务清算银行将募集到的资金汇入内地的金融机构，这些机构必须是具有人民币业务经营资格的，发行人通过将人民币汇入香港来偿还本金和支付债券利息。发展到一定阶段后，人民币计值债券的发行主体可以从内地金融机构逐步扩展到企业。

此外，还可允许外国发行主体在中国境内发行人民币债券。中国人民银行、财政部、发改委和证监会于 2005 年 2 月 18 日联合发布了《国际开放机构人民币债券发行管理暂行办法》。国际金融公司、亚洲开放银行于 2005 年 10 月获准在中国银行间债券市场分别发行人民币债券 11.3 亿元和 10 亿元。全球性金融危机使美国经济遭受重创。中国持有的外汇储备近

2.4 万亿，中国政府可以考虑允许美国在中国发行人民币债券进行筹资，然后再将筹得的人民币兑换成美元。

（二）发展人民币离岸金融市场

离岸金融市场是一个制度性概念而非地域性概念。离岸金融市场的产生改变了金融市场的结构，使传统的金融市场在横向上得到了扩展。离岸金融市场在全球范围内吸收和贷放非居民资金，其资金来源和运用范围远远大于传统的国际金融市场（见图7-10）。这使对离岸金融市场监管的难度远大于传统的国内金融市场。

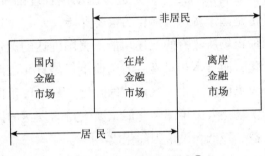

图 7-10　金融市场划分①

目前国内还没有实现利率市场化，人民币还不是完全可自由兑换货币，人民币的汇率形成机制也有待于进一步完善，基于这样的现实环境，可以考虑促进香港人民币离岸金融中心的建立，为境外人民币提供投资和交易场所。香港作为国际性离岸金融中心，与内地的上海、北京等地相比较，在国际金融领域具有明显的竞争优势。从地理位置、基础设施、经济自由度、金融体系等角度看，香港具备建立人民币离岸金融中心的基本条件。在推进香港离岸人民币金融中心建设的过程中，需要注意以下几个方面：

1. 建立香港与内地间畅通的人民币回流机制

目前在香港市场上已经存在大量的人民币，因此保住人民币资金有合理的回流机制就显得尤为重要。畅通的人民币回流机制有助于消除境外人民币做投机性囤积，可以保证人民币汇率的稳定，有利于中国资本项目的

① 资料来源：钱荣堃、陈平：《国际金融》，南开大学出版社 2002 年版。

逐渐放开。目前人民币可以通过指定在香港的中资银行作为人民币结算银行、允许特定香港银行把人民币直接调度入内地、在香港发行人民币债券等渠道进行回流。

2. 加速香港与内地金融市场的融合

香港市场与内地市场具有大量事实上同质的金融产品，但是其价格可能存在较大差异，如同一个上市公司的 A 股和 H 股，以及未来在自由的香港市场上形成的人民币汇率和利率等。这种同一产品在两地之间大幅的价格差异，可能会引发大规模的套利活动，导致两地金融市场价格的巨大波动，从而对两地金融机构产生冲击。并且大规模的套利活动还会对资本账户形成冲击。

解决这一问题的根本方法是开放市场，将分割的市场尽快融合到一起，实现供求的均衡。可以考虑通过适当的方式，解决 A 股和 H 股同股不同价的问题。而对于人民币汇率和利率的问题，则需要在推动人民币自由化的同时，加强对资本项目流动的监督，控制短期套利资金的流动。这也是香港金管局和中国人民币银行需要密切合作的一个领域。对于供给方向融合适应经济发展的内在要求这样的风险，则只能更多地从事前预防的角度着手，建立完善的需求分析体系，准确地捕捉和反馈需求信息，合理地判断需求方向，并且动态地进行调整。从实施角度，需要香港金管局与中国人民银行通力配合，及时准确地采集信息，反馈意见，以及时调整供给方向。另外，也应当鼓励市场创新，通过市场机制解决供求之间可能出现的矛盾。

（三）便利人民币回流的金融市场建设

随着人民币国际化（区域性国际化）的加深，在境外的人民币需求将不断扩大。人民币境外需求的前期主要是由实体经济，如货物流、服务流，引发的人民币跨境流动。人民币境外需求的后期将会产生由虚拟经济，如人民币借贷、资本市场投资，引起的人民币跨境流动。随着人民币国际化（区域性国际化）的不断加深，需要完善的支付清算系统来实现债权、债务的转移。

考虑到国际经验、成本经验和风险可控等因素，中国人民币跨境及境外支付清算系统宜采用"国内化+国际化"模式，即以国内化为核心、银行化为补充的模式。总体思路是在境内建设人民币跨境支付清算系统，同时发挥商业银行境外机构与代理行网络的作用（见图 7-11）。

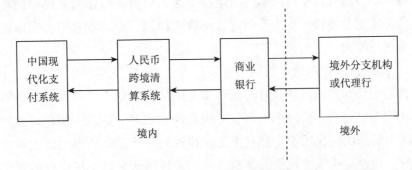

图7-11 "国内化+国际化"人民币跨境及境外支付清算系统的模式

为了建立更加安全、高效的支付结算体系，目前中国在支付结算方面还有许多配套工作要做。

1. 推动对外贸易采用人民币计价结算，开发多样化的跨境和境外人民币支付结算工具。国家在提供对外援助时优先考虑提供人民币资金援助，鼓励受援方在境外或境内中资银行开设人民币账户并使用账户内的人民币资金到中国国内采购和进行工程招标。

2. 鼓励中资金融机构开办境外人民币业务，扩大人民币境外使用范围。推动境外金融机构为当地客户开立人民币账户，进行人民币相关业务，而中资金融机构可利用自身经营人民币业务的优势，在人民币跨境流动中提供服务，中央银行则提供人民币最终清算便利。境外主体只有人民币回流渠道畅通的情况下，才愿意更多的持有人民币。

3. 推动境外机构在境内金融市场筹集人民币资金，在境内或跨境使用。人民币除了可以通过国际贸易渠道流出外，还可通过金融市场的投资渠道流出。应推动境外参与者境内金融市场，在境内市场筹集人民币资金。国际开发机构在境内发行人民币债券已经走出了境外机构境内融资的第一步。未来，应允许境外机构在境内股票市场融资上市，允许所筹资金在境内或跨境使用。

本章小结

一个健全而有效的国内货币金融市场体系是货币国际化的基础性条件。近年来中国的金融市场发展较快，但不论是市场的广度还是深度，与发达国家相比都还存在着很大的差距。并且，中国金融市场还存在较为严重的结构性失衡问题。大力发展国内金融市场，建立国际金融离岸市场，朝着金融市场国际化的方向努力；加快中国金融市场发展的步伐，把中国建设成一个金融市场高度发达的国家，是实现人民币国际化（区域性国际化）的重大基础条件之一。

从本章的分析可以看出，人民币国际化需要一个健康的金融市场体系，以及完善的人民币交易体系和合理的人民币价格。这就意味着人民币国际化（区域性国际化）需要健康和完善的信贷市场、货币市场和汇兑市场，以及一个相对来说足够大的国际金融市场，以便缓冲和吸收国际市场的冲击。中国金融市场国际化必须改善市场参与者结构，关键有两点，一是要有境外参与者进来，以活跃交易和提高市场的国际影响；二是要有一批大型立足于本土的金融机构充当做市商等主流参与者，发挥市场稳定者的作用。

人民币的国际化（区域性国际化）进程是一个循序渐进的过程，国内金融市场国际化改革的进程在某种程度上将决定人民币国际化（区域性国际化）的前景、步骤和总体战略。

参考文献

［1］李婧：《中国资本账户自由化与汇率制度选择》，中国经济出版社2006 年版。

［2］王雅范、管涛、温建东：《走向人民币可兑换：中国渐进主义的实践》，经济科学出版社 2002 年版。

［3］巴曙松：《人民币国际化的边境贸易之路》，《宏观中国》2003 年

第 22 期。

[4] 刘力臻、徐奇渊：《人民币国际化探索》，人民出版社 2006 年版。

[5] 韩骏：《加快推进人民币国际化的策略》，《投资研究》2007 年第 6 期。

[6] 张宇燕、张静春：《货币的性质与人民币的未来选择》，《当代亚太》2008 年第 2 期。

[7] 李稻葵、刘霖林：《双轨制推进人民币国际化》，《国际金融》2008 年第 10 期。

[8] 程鹏：《资本项目管制与人民币可自由化兑换研究》，华中科技大学博士论文，2005 年。

[9] 李伏安、林杉：《国际货币体系的历史、现状——兼论人民币国际化的选择》，《金融研究》2009 年第 5 期。

[10] 张礼卿：《应该如何看待人民币的国际化进程》，《中央财经大学学报》2009 年第 10 期。

[11] 黄梅波、熊爱宗：《论人民币国际化的空间和机遇》，《上海财经大学学报》2009 年第 4 期。

第八章

人民币国际化的汇率和利率条件

　　随着我国经济的发展，人民币国际化已是大势所趋，文章已经对人民币国际化的国力、金融体制和金融市场条件进行了研究和分析。本章将重点对金融体系和金融市场中最活跃的因素汇率和利率条件进行研究，探讨人民币国际化与人民币汇率制度和利率条件之间的利害关系，思考人民币国际化需要什么样的汇率制度，人民币汇率制度改革如何顺应人民币国际化的潮流。基于汇率与利率的关联机制，要实现和适应汇率体制改革，需要重点从哪些方面构建利率市场化，以更好地为人民币国际化服务。

第一节 人民币国际化的汇率条件

考察国际货币体系和国际金融的发展历程不难发现，每当国际货币格局发生重大变革，比如布雷顿森林体系的建立和瓦解、日元的国际化等等，都必然伴随着汇率安排的重大变化；许多影响深远的危机，比如1997年亚洲金融危机也是由汇率问题引起的，并最终导致汇率安排的根本性变革。正是基于这样的考虑，我们今天讨论人民币的国际化就很有必要讨论人民币的汇率问题，包括汇率制度的选择和均衡汇率的确定等问题。

一、汇率形成机制相对透明是人民币国际化的汇率基础

以怎样的汇率安排来实现我们的汇率制度和汇率水平逐步贴近人民币国际化的要求？人民币国际化（区域性国际化）、甚至将来实现人民币国际化之后，人民币的汇率安排是怎样的？在汇率安排的发展变化过程中，需要特别注意哪些问题？是研究人民币国际化的汇率条件必须搞清楚的。

（一）主要国际货币汇率制度考察

随着布雷顿森林体系的崩溃，人类社会进入信用货币时代，汇率与之前金汇兑或金本位制度下的含义已经有了根本的不同，货币与黄金已经脱钩。从这个意义上说，在金汇兑制度下虽然也有国际货币，比如布雷顿森林体系下的美元，但那时的汇率制度跟现在的汇率制度在货币本位条件上有着本质的不同，所以，我们对主要国际货币汇率制度的考察关注的是布雷顿森林体系崩溃后主要国际货币的汇率制度。

布雷顿森林体系的崩溃开创了浮动汇率时代。虽然早在20世纪50年代就有少量的学者拥护浮动汇率制度，其中也不乏著名的经济学家，比如米尔顿·弗里德曼（Milton Friedman），但是随着60年代后期通货膨胀率的提高和布雷顿森林体系维持难度的加大，浮动汇率制越来越引起各国学者和政府的兴趣。1971年，美国政府放弃了美元与黄金的固定兑换比率，实行自由浮动，日本也在随后的时间里宣布实行浮动，到1973年随着美元的进一步贬值，世界各主要国币都在投机商的冲击下采用了浮动汇率

制度。

从那时起，世界主要的国际货币，如美元、英镑、日元、德国马克，包括后来的欧元均采用浮动汇率制度。无论是从主要国际货币之间的双边汇率还是各自的有效贸易加权汇率或实际有效汇率上来看，汇率都是呈现波动变化的，反映了他们的浮动汇率制度。图8-1显示了日元、英镑、美元的实际有效汇率的变动趋势。虽然浮动汇率制度并没有像倡导者所希望看到的那样能够带来持续稳定的经济增长，汇率的动荡有时比实行布雷顿森林制度时更为剧烈，比如上个世纪的70年代和80年代，但是几十年来主要国际货币国依然实行浮动汇率制度，而且随着资本管制在这些国家的放开和国际金融市场的发展，汇率的浮动也越来越自由。

图8-1　1973年1月—2009年1月实际有效汇率变动趋势①

（二）国际化货币职能实现要求人民币国际化后实行浮动汇率制度

国际货币的职能可以区分为计价手段、交易媒介、支付手段和国际储备四项。这四项职能的行使是分阶段、分层次的，计价手段是交易媒介的基础，只有逐步行使计价手段、交易媒介职能才能行使支付手段职能，脱离了计价手段和交易媒介，就不能担当支付手段，而一国货币在充分行使国际储备职能时，必须已经在国际经贸往来中大量行使计价手段、交易媒介和支付手段职能，只有这样其他国家才可能大量获得该国的货币，进而将其储备起来。目前，我们说人民币国际化进程已经启动，就是基于人民

---

① 资料来源：国际清算银行（BIS）。

币已经在小范围内，特别是边境贸易中开始行使计价手段和交易媒介职能，而我们距离人民币国际化（区域性国际化）、国际化还有很长的路要走，就是因为我们距离充分行使人民币支付手段职能并最终成为主要的国际储备货币还有很长的路要走。

表8-1　各国官方外汇储备构成

年份	美元	欧元	德国马克	英镑	日元	法郎	瑞士法郎	其他货币
1977	80.3%		9.3%	1.8%	2.5%	1.3%	2.3%	2.5%
1978	78.2%		11.2%	1.8%	3.5%	1.2%	2.2%	1.9%
1979	75.2%		12.8%	2.1%	3.7%	1.4%	2.6%	2.2%
1980	69.0%		15.6%	3.1%	4.5%	1.8%	3.3%	2.7%
1981	73.1%		13.4%	2.2%	4.3%	1.4%	2.8%	2.8%
1982	71.7%		12.9%	2.5%	4.7%	1.3%	2.8%	4.1%
1983	72.7%		12.0%	2.7%	5.0%	1.1%	2.4%	4.1%
1984	70.5%		12.8%	3.1%	5.7%	1.1%	2.1%	4.7%
1985	65.1%		15.5%	3.2%	7.6%	1.2%	2.5%	4.9%
1995	59.0%		15.8%	2.1%	6.8%	2.4%	0.3%	13.6%
1996	62.1%		14.7%	2.7%	6.7%	1.8%	0.2%	11.7%
1997	65.2%		14.5%	2.6%	5.8%	1.4%	0.4%	10.2%
1998	69.3%		13.8%	2.7%	6.2%	1.6%	0.3%	6.1%
1999	70.9%	17.9%		2.9%	6.4%		0.2%	1.6%
2000	70.5%	18.8%		2.8%	6.3%		0.3%	1.4%
2001	70.7%	19.8%		2.7%	5.2%		0.3%	1.2%
2002	66.5%	24.2%		2.9%	4.5%		0.4%	1.4%
2003	65.8%	25.3%		2.6%	4.1%		0.2%	1.9%
2004	65.9%	24.9%		3.3%	3.9%		0.2%	1.8%
2005	66.4%	24.3%		3.6%	3.7%		0.1%	1.9%
2006	65.7%	25.2%		4.2%	3.2%		0.2%	1.5%
2007	64.1%	26.3%		4.7%	2.9%		0.2%	1.8%
2008	64.0%	26.5%		4.1%	3.3%		0.1%	2.0%

表 8-1 列示了各国官方外汇储备的货币构成。从表中可以看出，各国的外汇储备主要由国际货币组成，美元、欧元、英镑、日元这四种国际货币几乎构成了全部的各国外汇储备（德国马克和法郎在欧元出现后被取代），这些货币在国际储备中所占的比例也反映了他们的货币地位。美元储备直到现在仍然占有 60% 以上的国际储备比例，这与美元仍然是目前国际化程度最高、影响力最大的国际货币的地位相一致。美元占各国外汇储备比例由 20 世纪 70 年代的 80% 以上已经下降到了目前的 60% 多，欧元所占比例稳步提升，日元比例虽然近年有所下降但也经历过明显的增长，这也反映出了美元的下降趋势，其国际货币职能有所减弱，欧元、日元不断挑战其垄断地位。

对于任何货币，无论是储备货币还是非储备货币，其在国际间经贸往来中必须要解决的问题是兑换数量和兑换自由，核心问题在于是否存在对于资本项目进出的严格限制及其对于汇率的管制。

对于国际储备货币国来说，因为它们在与其他国家货币兑换时，无论在数量上还是在兑换自由上都几乎不受限制，理论上它们可以无限制地创造本币或发行债券来满足国际支付、清偿和汇兑中对货币数量的要求。而非储备货币国需要持有美元等国际货币来满足货币兑换上的数量要求，以其持有的储备货币或者可兑换货币来应对国际支付和债务清偿。一切的债务危机和汇率危机归根结底都表现为无法满足货币兑换的数量要求，也正是因为非储备货币国在货币兑换和数量上的限制，才有了经常项目兑换和资本项目兑换上的限制，目的是以数量限制和项目交易限制来维持货币的稳定和国际收支的平衡。由于国际储备货币国家和非储备货币国家的这种先天的差别，使得由汇率波动引起的货币支付和清偿危机，只在非储备货币国家发生，储备货币国家不会出现这样的问题。

在前文有关汇率制度种类的讨论中，所有的非浮动汇率制度，货币当局都有义务将汇率维持在某一水平或某一范围内，货币政策独立性也同时受到了或多或少的限制。一旦汇率波动超出范围，货币当局就要动用储备进行干预，干预能力的大小受限于储备的多少，在存在大量投机交易等极端情况下汇率水平不能维系，就要发生金融危机，所以说非浮动汇率制度国家为了满足干预的需要，其货币在兑换上就要受到限制。这样国家的货币承担国际储备职能，由非储备货币国家储备，其自身在兑换数量上都要

受到限制，如何满足非储备货币国家的储备需要？因此说，储备货币国家
必须是采用浮动汇率制的国家，因此人民币国际化职能的实现就必然要求
人民币国际化后采用浮动汇率制度。

（三）"三元悖论"的存在要求浮动汇率制度

针对 1997 年亚洲金融危机，克鲁格曼在《亚洲发生了什么》一书中
论证了固定汇率制度是资本流动条件下危机爆发的主要原因，首次提出了
著名的"三元悖论"。在其随后的《萧条经济学的回归》一书中，又通过
详尽的论述，进一步完善了"三元悖论"理论。他认为，理论上独立的货
币政策、稳定的汇率以及资本的完全流动不可能同时实现，一国在选择其
中两个的同时就必须放弃第三者。图 8-2 的中的"不可能三角"形象的说
明了"三元悖论"理论。图中三角形的三顶点分别代表独立的货币政策、
稳定的汇率以及资本的完全流动三个政策目标，三条边分别表示这条所连
接的两顶点处的政策目标组合。在 A 边表示的政策组合下，一国在选择固
定汇率制度的同时追求货币政策的独立性，此时严格的资本管制就是必不
可少的；在 B 边表示的政策组合下，一国在允许资本自由流动的同时追求
货币政策的独立有效，此时放弃固定汇率制度，改为选择浮动汇率制度；
在 C 边表示的政策组合下，一国在实行固定汇率制度的同时允许资本自由
流动，此时该国的货币政策失效。可以看出，MUNDELL-FLEMING 模型是
"三元悖论"理论的特例。

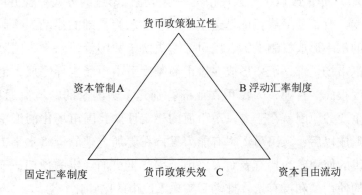

图 8-2　三元悖论的"不可能三角"

人民币实现国际化之后，会面对 B 边所表示的政策选择。首先是资本的自由流动。前文已花了很大篇幅论述了人民币国际化与资本项目开放问题，虽然目前我们距离资本项目的完全放开还有很长的路要走，但我们的目标是确定的，那就是放开资本项目。只有放开资本项目人民币才能实现国际化，人民币实现国际化之后，资本项目必然是放开的，必然是允许资本自由流动的。其次是对独立货币政策的选择。任何一个国际货币都不可能放弃货币政策的独立性，中国是个发展中的大国，人民币国际化之后将是发展了的大国，我们将承担更多的国际责任，中国经济稳定与否将越来越多的影响世界经济的发展，选择货币政策的独立性是中国的需要，更是人民币国际化之后世界的需要。资本的自由流动加货币政策的独立性，在"三元悖论"理论框架下，人民币国际化实现后，人民币必须实行浮动汇率制度。

二、汇率形成机制透明与主权货币的"国际信任"

一种货币成长为国际货币需要具备三个条件，币值的稳定和可预测、广泛的获取途径以及强大的交易网络。我国有必要采取一定措施促进人民币汇率形成机制透明化来获取国际社会的信任，进而保证人民币币值的稳定和可预测，进而促进人民币的国际化（区域性国际化）。

（一）确定汇率形成机制市场化目标有利于人民币国际化进程

自 2005 年汇改以来，人民币汇率制度正以渐进的方式朝着更具弹性的方向转变，改革的最终目标是建立以市场供求为基础的浮动汇率制度。在市场化的汇率形成机制下，人民币汇率决定于我国价格水平、国际收支状况和外汇市场供求，汇率形成在做市商制度下由市场主导完成，汇率水平的可信度很高。目前，人民币在亚洲特别是东盟国家的跨境流通和使用，一个很重要的原因就在于人民币币值的稳定性。我国市场化的汇率形成机制最终形成以后，人民币汇率有能力维持在更加合理的价格水平上，有利于人民币的使用者和持有者对人民币汇率产生更加稳定的预期，不断增大人民币的使用量和持有量，推动和实现人民币的国际化。

市场化的汇率形成机制要求有完善的外汇交易市场。在市场化的汇率形成机制不断完善的过程中，我国的外汇交易市场将会改变市场主体以银行为主的单一格局，降低市场的准入门槛，引入大量银行以外的非银行金融机构和其他参与者；交易品种逐步丰富，不仅局限于即期交易，远期交易、掉期交易和其他衍生品交易成为外汇市场的重要组成部分，丰富公众的避险手段；资本管制逐步放开，资本账户将在未来完全开放，方便快捷的人民币离岸市场和国际汇兑市场逐步建立并发展壮大，人民币对外计价结算获得国际社会的广泛接受，人民币获取途径和交易网络得到拓宽；外汇管理改革不断深化，结售汇制度将向着更加灵活的方向发展，企业将有条件自由选择外汇持有规模，汇率有条件成为真实反映供求水平的市场价格。汇率形成机制市场化改革带来的这一系列变化，有助于国际社会对人民币汇率形成稳定的预期，在普遍接受并愿意持有人民币的同时也能够多渠道的获取人民币，而且有足够发达的交易网络满足国外人民币的交易需要，所以说汇率形成机制市场化目标有利于人民币国际化进程。

（二）实现汇率形成机制透明化中期目标有利于夯实人民币国际化的信任基础

我国当前的汇率制度是 2005 年 7 月 21 日汇率形成机制改革以来形成的，以市场供求为基础、参考一篮子货币进行调节、有管理的浮动汇率制度。人民币不再单一钉住美元，而是以我国的对外经济发展需要为基础，选择若干不同货币，赋予一定的权重组成货币篮子。同时，根据国内、国际经济金融形势，以市场供求为基础，参考这一货币篮子确定人民币多变汇率指数，实现对人民币汇率的管理和调节，维持人民币汇率水平的基本稳定。虽然参考一篮子货币意味着人民币汇率受外币之间汇率变化的影响，但参考一篮子货币不同于钉住一篮子货币。[①] 钉住货币篮子的制度安排下，货币篮子的币种和权重按照明确的原则固定，人民币汇率对篮子中若干货币汇率有升有降的同时实现加权平均的汇率稳定，央行对汇率的干预具有明确的规则而不是任意干预；而参考一篮子货币意味着央行可以随时自主的调节货币篮子的币种和权重，调整的依据是央行自身对市场供求和经济发展状况的判断，央行保留了在汇率调节上的主动权和控制力，使得外界无法形成对汇率的准确预期。我国参考一篮子货币制度的另一特殊性在于，虽然央行宣称的货币篮子可能包括有美元、日元、欧元、韩元、

---

① 中国人民银行网站，http://www.pbc.gov.cn/huobizhengce/huobizhengcegongju/huilvzhengce/

新加坡元、英镑、澳大利亚元、加拿大元、吉林特、泰铢、卢布等等若干种货币，但是实际上起主要作用的是美元，人民币汇率依然主要参考美元进行调节，其他货币起的作用有限。外界一致认为，虽然央行宣称我国的汇率制度是有管理的浮动汇率制度，但距离真正的管理浮动还有很大差距。

伴随着中国经济的发展壮大，人民币汇率问题越来越受到国际社会的关注。从贬值讨论到升值争议，都反映了国际社会对人民币汇率的信任度不够，中国政府有操纵汇率的嫌疑，这不利于人民币汇率的稳定，难以形成对人民币汇率的准确预测，也就不利于人民币的国际化。实现汇率形成机制透明化是我国汇率改革的中期目标，只有透明的汇率形成机制才有可能使国际社会对人民币产生足够的信任，进而推动人民币的国际化。汇率目标区制可以作为向自由浮动过渡过程中的中期选择，并对外公开目标区的内容，实现汇率形成机制的透明。

（三）扩大人民币汇率的浮动范围的近期目标有利于人民币国际化进程加快

在当前我国金融市场不够成熟、金融体制不够健全的条件下，汇率改革的近期目标是不断扩大人民币汇率的浮动范围，以此推动人民币汇率市场化进程的不断前进。扩大人民币汇率的浮动范围是应对当前存在人民币升值预期的条件下国际游资投机炒作的重要应对措施。由于人民币升值预期的存在，国际游资通过各种渠道大量进入中国，这在一定程度上加重了我国资产市场价格，主要是股票市场和房地产市场的价格上涨，也加重了我国外汇储备的过度增长，并一度加重了我国的通货膨胀压力，给我国经济的持续稳定增长造成了不良影响。这种国际游资对人民币的投机炒作对人民币国际化的影响在于，投机资本的投机性很强，普遍具有获利回逃的举动，投机成功后会撤出中国市场寻找下一目标，从某种程度上说，这种撤出是人民币国际化的倒退。当然投机不成功也是要离开中国的。扩大人民币汇率的浮动范围，有利于抑制国际游资的投机行为，也就有利于人民币国际化进程的加快。

三、建立 CAFTA 汇率协调机制尝试推动人民币区域性国际化

一种国际货币所以能够被其他国家大量持有并储备，是因为其通过赤字的方式向其他国家大量输送了此货币。比如美元，长久以来美国一直保持巨额的经常项目赤字和财政赤字，世界各国得以获得大量的美元资产。同样道理，如果有国家愿意承认中国的国际货币地位，持有更多的人民币资产，那么，中国必须要能够通过收支赤字向这些国家输入人民币。目前，总的来看我国的国际收支处在双顺差的状况，而且这种状况短时间内难以取得根本性的变化。然而具体到东盟国家，我国的国际收支已经发生了向贸易逆差方向的转变，并且这种逆差有逐年增大的趋势，随着中国—东盟自由贸易区的建立，这种趋势将得以延续下去。这为我们的人民币国际化（区域性国际化）创造了有利条件，人民币国际化（区域性国际化）最先可能在东盟范围内实现，进而以区域性国际化推动完全国际化。

（一）中国和东盟国家的汇率制度

1. 中国的汇率制度

2005 年 7 月 21 日，我国宣布改革人民币汇率形成机制，开始实行以市场供求为基础、参考一篮子货币进行调节、有管理的浮动汇率制度，这一制度沿用至今。这次汇率制度改革的特点在于不再只是钉住美元，并且进一步发挥了市场供求作用在汇率决定中的基础性作用，有助于经济平衡增长、抑制通货膨胀。我国的汇率制度改革主要从三个方面展开：首先，改革汇率调控方式，改单一钉住美元为参考一篮子货币、以市场供求为基础的浮动。这里的"一篮子货币"，是指按照我国对外经济发展的实际情况，选择若干种主要货币，赋予相应的权重，组成一个货币篮子。同时，根据国内外经济金融形势，以市场供求为基础，参考一篮子货币计算人民币多边汇率指数的变化，对人民币汇率进行管理和调节，维护人民币汇率在合理均衡水平上的基本稳定。其次，改革中间价的确定和日汇率浮动区间。银行间外汇市场上的各交易货币的每日收盘价由人民银行在收盘后公布，以此作为下一交易日各交易货币对人民币的中间价。制定了人民币交易的汇率浮动范围并逐步放大。人民币兑美元交易价格开始允许在中间价上下千分之三的范围内波动，2007 年 5 月浮动范围继续放大到千分之五。人民币兑非美元货币交易价格的可以在中间价上下百分之三范围浮动。最后，对改革后的起始汇率进行调整。2005 年 7 月 21 日确定 8.11 元人民币兑 1 美元的价格作为人民币兑美元在银行间外汇市场上的初始交易中间价。外汇制定银行以此为基础在浮动范围内调整外汇挂牌价格。

2. 东盟国家的汇率制度

由于钉住美元的汇率制度是造成东南亚金融危机的重要原因之一，在危机爆发之后，泰国、印度尼西亚、菲律宾等东南亚国家相继放弃了它们的低频钉住或高频钉住美元的汇率制度，选择了汇率的自由浮动，以让汇率寻找其真正的市场价格。在汇率制度从旧制度退出，新制度重建时期，汇率的剧烈震荡成为该时期汇率制度的主要特点。但是，按高频逐日钉住对东南亚国家的汇率进行计算之后，麦金农和其他一些经济学家发现它们的汇率制度在 1999 年 1 月之后开始有了明显的回归迹象，即回到了危机之前的"软性"钉住美元的汇率制度。

表 8-2　麦金农（2000）对中国和东盟国家汇率实证研究的结果

国别	危机前 1994 年 1 月—1997 年 5 月 日汇率回归			危机后 1999 年 1 月—2000 年 5 月 日汇率回归		
	美元系数	（标准差）	R 平方	美元系数	（标准差）	R 平方
中国	0.996	−0.003	0.995	1.000	0.000	1.000
新加坡	0.817	−0.012	0.905	0.818	−0.026	0.848
马来西亚	0.886	−0.014	0.889	1.000	0.000	1.000
泰国	0.955	−0.012	0.923	0.858	−0.049	0.639
菲律宾	0.987	−0.018	0.836	0.945	−0.040	0.741

为验证麦金农的结论，我们通过对中国和东盟四国货币钉住美元、欧元、日元等 G3 货币篮的实证分析发现，中国和东盟主要国家正在逐渐偏离单一钉住美元的汇率安排。首先，我们对中国和东盟四国货币各自对 G3 货币进行回归分析，回归结果如下：

根据这些表格的数据对比可见，东南亚金融危机后中国和东盟主要国家逐渐偏离实际钉住美元的汇率制度，实行了有管理的浮动，并且这种趋势越来越明显。麦金农对东南亚金融危机后不到 3 年的数据进行回归分析的结果并不能作为对中国和东盟国家汇率安排进行评判的依据，经过更长更近时期数据的回归分析可以发现，中国和东盟主要国家正在逐渐偏离单一钉住美元的汇率安排，而且考虑到美元仍在区内各国汇率安排中占有主要地位，我们完全可以假设上述实证结果中的美元系数背后隐藏着区内货币系数，即美元权重可能包含了区内货币的权重。

表 8-3   2002—2007① 年中国和东盟国家汇率实证研究的结果

国别	美元系数	T 检验值	R 平方
中国	0.900901	0.0000	0.845271
新加坡	0.632913	0.0000	0.870118
马来西亚	0.882596	0.0000	0.779206
泰国	0.732534	0.0000	0.810773
菲律宾	0.901854	0.0000	0.818529

（二）中国和东盟有着汇率协调与合作的共同愿望

经济金融联系的日益密切，使中国和东盟认识到，推进地区包括汇率协调在内的金融合作显得更为必要。从 1990 年东盟核心国家之一的马来西亚总理马哈蒂尔就提议建立区域经济金融合作组织，到 1998 年 2 月马哈蒂尔连续出访泰国、菲律宾、新加坡三国以谋求落实在东盟成员国贸易往来中使用本地区货币作为结算单位以取代美元，再到 1999 年 10 月，马哈蒂尔再次建议设立东亚货币基金，东盟国家加强区域金融合作的愿望一直没有停滞。在 1998 年举行的第二次东亚领导人非正式会议上，胡锦涛代表中国提出在"10+3"框架内建立财政与央行副手会议机制，研究讨论如何在"10+3"框架内加强金融领域的合作，对短期资本流动进行有效监控，加强东亚国家抵抗金融风险的能力。该倡议受到热烈欢迎，"10+3"财政与央行副手会议正式启动。2003 年 6 月 22 日，在亚洲合作对话第二次外长会议，亚洲 18 国的外长发表了关于亚洲债券市场发展的《清迈宣言》，表明了各方致力于发展亚洲债券市场的共同意愿。2003 年东盟财长马尼拉会议，敲定了"东盟金融合作计划"。2004 年 4 月，胡锦涛在博鳌亚洲论坛 2004 年年会开幕式发表演讲时表示，"中国愿同亚洲各国加强宏观经济、金融政策的协调，探索建立区域性投资实体、债券市场、金融合作体系。"

这些表明，包括中国和东盟在内的东亚地区货币汇率合作正在一步步

---

① 2002 年 12 月 18 日—2007 年 9 月 6 日，其中：中国 2006 年 1 月 4 日—2007 年 9 月 6 日，马来西亚 2005 年 8 月 1 日—2007 年 9 月 6 日（日汇率数据回归）

接近于进行"实质性的政策协调机制"的建立。特别伴随着与东亚地区有着紧密关系的国际经济体系严重失衡的加剧，以及对整个地区经济运行构成重要影响的人民币汇率正在发生的越来越多的变革，东亚地区正在推进相关的协调机制的建设。由于东亚情况的复杂性，推动东亚地区汇率协调的难度很大，但随着中国—东盟自由贸易区进程建设，中国和东盟经济联系的日益密切，中国和东盟可能在东亚地区率先建立起汇率协调机制。

（三）可供选择的汇率协调机制

按照经济学理论，地区间进行汇率协调以实现稳定汇率的目标，在协调机制上有五种方案可供选择：（1）区域内国家共同钉住本地区某一货币；（2）区域内国家共同钉住本地区以外的某一货币；（3）区域内国家根据各自的目标选择自己的钉住货币篮子；（4）区域内国家共同钉住相同的货币篮子；（5）共同使用单一货币。从应用前景上看，这五种协调机制在中国—东盟范围内各不相同。

1. 区域内国家共同钉住本地区某一货币可以使区域内不同货币间的汇率保持稳定，但在总体汇率稳定性上受制于钉住国家与被钉住国家之间的经济关联程度和被钉住货币相对于世界主要货币的汇率稳定程度。在中国—东盟范围内，只有人民币适合作为被钉住的区域内货币。人民币汇率虽然稳定，但是即使经过了 2005 年的人民币汇率改革，人民币仍然在很大程度上是钉住美元的，因此在东盟国家范围内，直接钉住美元比钉住人民币更为有效。如果我们把汇率协调的范围扩大到亚洲范围内，日元也是区域内被钉住货币的一个可能选择，但是日元的波动幅度，特别是与美元、欧元的双边波动太大，不适合作为货币锚。另外，将先于人民币启动国际化进程并已取得明显领先优势的日元引入汇率协调的范围，会在一定程度上加大人民币与日元间的竞争关系。

2. 区域内国家共同钉住本地区以外的某一货币既可以保持区域内不同货币间的汇率稳定，也能够增强本地区各国货币的总体汇率稳定性。这是因为，钉住了区域外的货币，就等于减少了区域外采用浮动汇率的货币种类。在中国—东盟范围内，美国是最主要的贸易伙伴国，美元也就是最适宜被钉住的区域外单一货币。亚洲金融危机之前，中国和东盟各国都自发地选择了钉住美元的汇率制度，亚洲金融危机表明了这一机制并不是理想的选择。另外，这一做法会损害本地区货币政策的独立性，不利于地区经济发展。所以这一方案在中国—东盟范围内无法长期成立。

3. 区域内国家根据各自的目标选择自己的钉住货币篮子，其目标在于实现本地区货币的总体汇率稳定，而不是本地区不同货币间的汇率稳定。Ogawa 和 Ito（2002）的研究发现，区域内其他国家货币篮子的组成和权重也是各国在确定本国货币篮子构成、协调不同国家汇率时要考虑的重要因素。在这种情况下，各成员国目标的不同会影响自身对货币篮子构成的确定，进而会影响其他国家最优货币篮子的构成。虽然这一安排赋予了成员国在汇率政策制定上的独立性，但同时也依赖于各国汇率政策的透明化，公开货币篮子构成，造成了事实上的一国汇率政策受制于他国，很难保证此方案的稳定性。Ogawa 和 Ito 的研究还发现，所有的区域内都不会率先采取钉住一篮子货币的汇率安排，这样就会出现亚洲国家集体协调的失败。

4. 区域内国家共同钉住相同的货币篮子能够实现区域内不同货币之间的相互钉住，同时货币篮子作为虚拟的货币锚成为各国货币对外联合波动的依据。货币篮子币种组成的设计上，可以学习欧洲汇率机制仅由本区域货币构成，也可以把本地区以外的货币放进货币篮子。将区域外的货币也放进货币篮子，能够在实现区域内不同货币之间汇率稳定的同时，最大程度实现各国货币的总体汇率稳定。Ogawa 和 Kawasaki（2003）实证研究了区域内国家共同钉住相同的货币篮子的汇率协调机制，计量分析结果表明，包括中国和东盟国家在内的区域内，能够共同钉住相同的货币篮子，并且这个篮子作为货币锚的效果优于美元。而且，在实践中，欧洲的货币合作为中国—东盟区域内的汇率协助提供了成功的经验。

5. 共同使用单一货币是区域汇率协调和货币合作的终极形式，此时汇率问题在区域内成员国之间已经不再存在。被采用的单一货币可以是像拉美国家美元化一样采用区域内的强势货币，也可以是如欧元那样的新货币。在中国—东盟以至整个亚洲范围内货币合作和汇率协调的一种可能方向就是形成单一货币区，但目前不具备实行此种方案的条件。

（四）中国与东盟国家共同钉住同一货币篮的联合浮动制

通过对各种可供选择的汇率协调机制分析，我们发现各国共同钉住同一货币篮子的汇率协调安排是最优的汇率协作方式，而且这一方式的可行性可以通过计量经济分析验证。实行这样的协调机制安排在有利于维持成员国之间汇率以及各成员国货币总体稳定的同时也有利于实现人民币的国际化（区域性国际化）。这是因为：首先，共同钉住的协调机制安排保证了我国与东盟国家之间的稳定汇率关系，这不但有利于扩大我国与东盟国家的贸易往来，更重要的是有汇率稳定带来的东盟国家对人民币信赖程度的增强。东盟国家将更愿意在 CAFTA 范围内使用人民币、储备人民币，改变人民币在东盟国家的使用主要集中在居民使用和小贸交易的现状，使人民币在东盟国家的国家需求和大贸需求增多，从而促进人民币的国际化（区域性国际化）。其次，所钉住的货币篮子应该是包含人民币的货币篮子，这样的安排就是要让人民币至少在东盟范围内率先实现国际储备职能，为人民币在更广的范围内实现国际储备职能并最终实现国际化打下基础。

考虑到美国、日本和欧盟是中国和东盟国家的主要进出口对象，也是投资的最重要来源地。因此，人民币与东盟国家货币可探索实行统一的钉住由美元、日元、欧元和人民币组成货币篮的汇率制度。通过这种多边合作机制保证区域内货币与美元、日元、欧元汇率的稳定，以及区域内货币间汇价的稳定，防止发生传染性货币贬值。现实的国际外汇市场汇率的波动，主要源于美元、日元和欧元之间汇价的波动，并由此形成其他货币间汇率的波动。由于 3 种主要货币的国际市场价格有升有降，若钉住由上述 3 种货币为主构成的货币篮，会使硬币和软币之间的汇价的升降相互抵消，从而有效地平抑汇率波动的风险，避免在钉住美元的汇率制度下，美元过度升值给中国和东盟国家对外贸易带来的抑制出口的不良传导，以及美元过度贬值给中国与东盟国家造成的债务负担加重的打击。

在汇率协调机制的推进过程中，要提高各国汇率政策的透明度，这不仅是成员国之间相互了解、顺利开展合作的需要，也是世界各国对 CAFTA 加深了解的需要，可以减少其他国家对 CAFTA 成员国（特别是我国）汇率制度的误解和无端指责。要通过研究澄清本地区汇率政策对区域经济贸易发展的作用及局限，发现各国货币之间汇率的合理水平，设计稳定汇率的各种政策机制。

鉴于区域内国家和地区经济发展的不平衡性，在改革各自的汇率安排时，可采取逐次进入的方式。即最先参与地区汇率合作的国家，可以是经济发展速度比较高、通货膨胀率较低且相似的经济体，然后在总结经验的基础上，逐步吸纳其他国家进入。而且，货币篮子的选择也可以由不统一过渡到统一，过渡阶段的货币篮子不要求具有一样的币种，但构成至少应包括美元、日元、欧元和人民币，各国可以根据各自的对外贸易和投资情况来确定各自的货币篮子，并规定汇率水平调整的幅度、条件和方法。经济状况相近的次区域层次上可以采取钉住相同的货币篮子，而对区内其他经济体维持较宽的汇率波幅和汇率政策的沟通和协调。

在整个过程中，中国应积极承担大国应尽的责任，利用我国外汇储备多的特点，帮助东盟国家建立维持共同钉住同一货币篮子机制所需的储备资产。可以考虑以借贷的方式提供美元资产，以货币互换的方式提供人民币资产。这也有利于解决我国外汇储备过多、结构单一的问题。

（五）谨慎对待人民币升值问题

稳定的币值是国际货币的特性，在人民币国际化过程中，我们追求人民币币值的稳定。这种对币值稳定的追求不仅是要追求人民币不贬值，也是对人民币不过度升值的追求。虽然升值在表面上会增强国际社会对人民币的认可程度，而且从长期趋势上来看，人民币国际化的进程必然伴随着人民币的升值，但是升值的幅度必须要与我国的实际国情相适应，不能超出我国经济的接受能力。

在对待升值的问题上，日元的国际化道路给我们留下了宝贵的经验。自 1973 年春天，日本开始实施浮动汇率制度以来，日元的名义汇率和实际汇率都经历了一个不断升值的过程，如何应对日元的快速升值是日本在日元国际化过程中面临的一个主要政策问题。在政治冲击、日元投机以及日美贸易摩擦等等因素的作用下，日本政府没能抑制日元的连续升值趋势，甚至其在 1985—1987 年间为缓解日元升值带来的通货紧缩压力而采取的种种努力导致了资产价格泡沫的形成。日本经济泡沫的破裂使得日本经济在随后长达 10 年的时间里都一蹶不振，日元的国际化也没有取得预期的效果。

日本的教训告诉我们，即使在资本管制的条件下，投机性冲击的可能依然存在。尽管当时的日本实行严格的资本管制，但在 1971 年尼克松冲击发生后，投机者认为日元被低估并预期其将会升值，东京外汇市场上日元的升值压力陡增。投机者通过经常项目交易来实现增持日元债权和美元债务，对日元进行投机活动。无论是否实行资本管制，投机者总有办法持有他们认为会升值的货币的头寸，中国需要对维持或调整汇率水平、实施更加灵活的汇率制度时刻保持清醒的成本收益分析。中国社科院世界经济与政治研究所国际金融室副主任张明则已经通过部分案例中发现，国内有部分企业在对人民币做出升值预期的情况下，从国内借入外汇贷款，换成人民币套利，要时刻保持对这些投机行为的清醒认识。

虽然目前学术界关于人民币升值是否会对我国的出口造成影响、是否会影响我国的经济增长还没有统一的意见，但存在不利影响是肯定的。根据新华网的报道，最近进行的人民币压力测试结果显示"若人民币在短期内升值3%，家电、汽车、手机等生产企业利润将下降30%至50%，许多议价能力低的中小企业将面临亏损。""若人民币升值过快，企业将面临利润大幅下滑、甚至亏损的风险。专家表示，在目前情况下，汇率的过快、过度升值，其最终结果很可能是不仅无法优化结构，反倒导致结构问题积重难返。"在避免出现汇率的剧烈波动和避免汇率承受较大压力方面，货币政策具有非常重要的作用，中国政府在制定经济政策时，需要慎重考虑人民币的升值问题。

第二节　人民币国际化的利率条件

利率作为金融产品的价格，是整个金融体系和金融市场中最活跃的因素，是金融市场的核心。目前的汇率浮动范围仍旧相对较小，外汇管制相对仍旧较严。所以，国内利率的变化对于人民币汇率的影响较小，特别是我国远期外汇市场尚未建立，利率对远期汇率基本上不发生作用。但是，利率市场化程度的加深，加大利率的波动幅度和频率，同时在资本账户进一步开放的情况下，利率变动对人民币汇率的影响也会加大，人民币利率变动与美元、日元、欧元等国际货币利率变动相关性越来越大，从而逐步影响到人民币与美元的汇率。随着资本账户开放的推进，市场利率影响力增强，资本国际流动和资产组合、调整，将对人民币汇率产生重大影响。因此，基于汇率与利率的关联机制，资本账户的开放会活跃国际资本的流动，资本的流动无疑会影响到我国的利率和汇率及两者之间的协调关系。

因此，要实现人民币的国际化，放大汇率的浮动范围朝着能够自由浮动的方向发展，需要进一步推进利率市场化，要实现利率市场化，则需要准确把握货币市场基准利率的选择问题，这样才能更好为人民币国际化（区域性国际化）推进服务。

一、中国利率市场化程度评判

（一）利率市场化要点

利率市场化改革涉及到整个金融体系，包括了所有在间接融资和直接融资中所使用的利率。正因为利率本身就是一个复杂的体系，利率市场化改革也是一个相当复杂的系统性工程。在推进利率市场化进程中，我们主要把握四大要点：

第一，利率市场化的本质是使得利率的水平及其风险结构和期限结构由资金的供求双方通过竞争来决定，也就是改变融资活动的风险定价机制。第二，因为融资渠道多种多样，难以一步到位的实现利率市场化。融资定价机制的改变表现为从一些融资领域到另一些融资领域的转变，从一些融资方式的产生和竞争到一些融资方式的淘汰等。整个定价体系的复杂使得官定利率尚未完全开放，利率双轨痕迹尚存。第三，在多样化的利率体系中，各种利率都是彼此联系相互影响的，而在这个利率体系中，必然存在少数几种利率作为整个市场利率的基准，对利率体系产生决定性的影响。从影响面、风险大小程度和市场性等各方面特征来看，该基准利率容易在货币市场上形成。所以，促进货币市场的发展来促成基准利率形成，是利率市场化改革不可或缺内容之一。第四，宏观经济理论和各国的经济调控经验证明，放任自由的利率水平并不能很好的保证国民经济实现稳定增长和充分就业的目标。成功的利率市场化体系的实现，是需要货币当局保证对利率的调控权。这种调控权在市场决定利率的情况下，表现为货币当局拥有足够且有效的市场手段，能够通过公开市场操作去影响基准利率的调整，进而达到调控利率水平及其结构的目的。

总之，利率市场化改革的目标，就是要建立一个以货币市场利率为基准，市场供求及发挥基础性作用，中央银行通过各种市场化的政策工具调控货币市场利率，并通过它来对利率水平和结构施以有效影响的体系。

（二）我国利率市场化改革现状

我国的利率市场化同样采用了渐进式、稳妥推进的改革方式。利率市场化进程的顺序是：先放开银行间利率，后放开客户利率；先放开外币利率，后放开本币利率；先放开贷款利率，后放开存款利率；先放开大额存款利率，后放开小额存款利率，逐步建立由市场供求决定金融机构存、贷款利率水平的利率形成机制，中央银行调控和引导市场利率，使市场机制在金融资源配置中发挥主导作用。市场化的顺序上始于货币市场，先放开银行间同业拆借市场利率和债券市场利率（其中债券市场利率是先放开二级市场，再放开一级）；存款利率是先放开大额、长期存款利率，对一般存款利率实行严格管制；贷款是按照逐步扩大浮动幅度的思路稳妥推进；在整个利率改革过程中，始终注意改革进程与商业银行的自我约束能力、风险防范能力及中央银行对利率的宏观控制能力相适应。从 1996 年到 2007 年，人民银行累计简化、放弃了 120 多种利率的管理。中国现在对存款利率实行上限管理，下限为零；对贷款利率实行下限管理，为基准利率的 90%，贷款利率的上限已经完全放开（除了农村信用社是基准利率的 2.3 倍以外）；外币利率基本按照国际市场利率浮动，但小额外币存款利率还由人民银行管理。利率市场化稳步推进。

但是，我国目前对利率管制的成分仍然比较高。特别是市场化利率中关键部分的存、贷款利率仍然由央行限制，其虽然保护了银行的盈利能力，避免商业银行用利率进行恶性竞争，但是不利于提高银行的定价能力，不利于培育银行的自律精神。一方面是由于我国还没有形成与利率市场化相配套的监管体系；另一方面，我国的金融市场的基础——产品市场的改革仍然有待于完善。按照银行业入世承诺，从 2006 年 12 月 11 日开始我国将取消对外资金融机构开展人民币业务的地域限制，允许其向所有中国客户提供服务，允许外国金融机构办理异地业务。至此，以国有商业银行为主体的中资银行将面临着前所未有的挑战，利率市场化的步伐仍将坚定不移的走下去，只有利率市场化，才能从各类金融工具的风险溢价中发现市场风险，提高商业银行竞争能力；只有利率市场化，才能够建立基准利率对其他利率间的传导机制，稳定货币当局对利率体系的调控权。所以，利用金融危机带来的好时机推进利率市场化的进一步改革目标就是：进一步扩大存贷利率的浮动幅度，提高商业银行的竞争能力；进一步开放资本账户，完善外汇留存机制，进行外汇储备组合投资，提高央行在公开市场操作中的主动权；完善各期央票和国债的发行和管理，形成稳定的无风险收益率曲线为商业银行自我设立利率产品定价服务。

（三）以 SHIBOR 为核心推进利率市场化

在中国人民银行的大力倡导和推动下，借鉴 LIBOR、EURIBOR、HIBOR、SIBOR、TIBOR 等国际基准利率体系的形成经验，通过信用等级较高、交易规模较大、定价能力较强的一流银行报价形成的从隔夜至 1 年利率体系的形成机制，建立与国际基准利率体系完全对接的我国货币市场基准利率体系—上海银行间同业拆放利率（Shanghai Interbank Offered Rate，简称 SHIBOR）自 2007 年 1 月 4 日起正式运行。SHIBOR 是由信用等级较高、信息披露相对充分、在货币市场上交易活跃的 16 家银行自主报出同业拆出利率计算得出的利率，是单利、无担保、批发性利率，由全国同业拆借中心负责其计算和数据发布。目前，不同期限档次的 SHIBOR 形成了从隔夜至 1 年期的完整利率曲线，其综合反映货币市场的资金供求状况和利率的期限结构，也为金融产品定价提供了初步参考，已有交叉货币利率掉期和人民币利率互换以 3 个月 SHIBOR 为基准开展交易。

我国利率市场化有条不紊的推进，已经大有成效。目前，在整个利率体系中，只剩下人民币存款利率上限和贷款利率上限，为迈出最后一步，必须能够形成一个市场性较强的基准利率，形成沿着基准利率波动的利率自动调整机制，商业银行的利率定价也将逐步从钉住法定基准利率过渡到随着市场基准利率波动。其中最突出的就是货币市场基准利率体系的缺失，货币市场基准利率体系问题不解决，利率市场化就无法推进。SHIBOR的推出代表了人民银行极力想培育出我国基准利率的意志，也是为利率市场化和人民币国际化（区域性国际化）推进长远目标铺陈基石。

二、利率市场化与人民币汇率之间的关系

利率和汇率是衡量经济运行状况的重要指标，无论在理论上还是现实中，利率和汇率都紧密相关，尤其在开放经济条件下，利率和汇率是相互制约、相互影响，进一步影响到经济的内外均衡。

在利率和汇率关系中，大部分学者认为两者存在着关系，并且是正相关关系，而少部分分析认为在特定的一些情况下，两者存在反向关系，或

者利率只是传导机制中的中间环节。从资本账户开放的角度，认为利率调控对于稳定汇率存在重要作用，其存在着正相关关系，所以建立较为发达的短期货币市场非常重要（姜波克，1999），同时对于维护国家金融安全存在重要意义。沈国兵（2002）提出了利率与汇率扩展的 M—F 模型，认为利率和汇率的相互作用是有前提假设的，如果仅考虑商品市场和货币市场共同均衡，两者同向变动；但实现的情况下，汇率取决于实际货币供给量、政府支出、本国和贸易伙伴国总产出，其对利率的影响作用也不一定是正向的，利率只是中间变量。马杰、刘利亚（2002）分析认为，利率变化的原因是多种多样的，不同的变化原因可能导致对汇率不同的影响结果。只有找出并分清驱动利率变化的本原动力是实质性经济因素，还是货币性因素，才能准确地判断利率变动时外汇市场的反应。王爱俭（2003）用格兰杰因果检验法得出检验结果，认为人民币利率与汇率联动性较低，现行人民币利率和汇率体制都需要改革。结合学者研究观点，本文认为利率市场化与汇率之间相互影响，两者通过不同的渠道相互作用，即货币市场和外汇市场是融为一体、完全贯通的。在利率管制和利率市场化条件下，利率、汇率相互作用存在差异。在利率管制下，央行在维持宏观金融（货币市场、资产市场和外汇市场）稳定中起主导性的作用；在利率市场化下，市场本身的传导调节机制可以维持宏观经济的稳定，而不需要货币当局过多的干预。而本节主要就开放环境下对利率市场化与人民币汇率传导机制进行分析。

（一）利率变动对汇率的传导机制

市场化利率对汇率的影响主要通过直接和间接两种渠道。直接渠道表现为当利率变动时，导致国际套利资本的流动，进一步影响到外汇市场的平衡，呈现出汇率的上升或者下降。具体来讲，在其他条件不变的情况下，当本国利率水平相对高于其他国家利率水平时，逐利资本将会大量涌入本国，导致对本国货币需求激增，外汇市场上本币供不应求，短期内表现为即期本币汇率上升；反之，本国利率相对较低时，由于资本能够自由流动，本国资本将会流出，本币汇率下降。间接渠道表现为当利率变动时，会改变国内总供给和总需求，从而对汇率产生影响。比如，假设投资收益率不变，本国提高利率，则会增加投资成本，导致投资需求下降，货币需求的下降会带来货币供给的下降，从而可以一定程度上降低通货膨胀率，并增强了外向型商品的竞争力，大大促进出口，出口的增加会增加外汇收入，或者，投资需求的降低，使得经常项目下外汇支出减少，在这两方面作用下，会带来外汇市场上本币汇率的上升（如图8-3）。

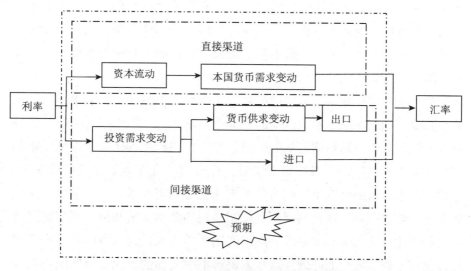

图8-3　利率变动对汇率的传导机制

市场化利率对汇率的影响，无论是通过直接渠道还是间接渠道，预期的作用也是不容忽视的。一国市场利率的变动，会带来居民对本国货币币值、与其他货币汇兑比例变化的预期，从而进一步切实影响汇率。尤其要实现人民币国际化（区域性国际化），则是要放在开放经济环境中考察两者之间的关系，两者变动所受到的影响因素更为复杂。

（二）汇率变动对利率的传导机制

汇率对市场化利率的影响主要通过物价和短期资本流动两个渠道。一方面，汇率会通过影响进出口商品的价格来进一步影响到市场利率。具体分析来看，以本国汇率下降为例，首先，用本国货币表示的进口商品（人民币国际化下用本币衡量商品价值的范围扩大）的价格会随着汇率的下降而上升，进一步会使得这些以进口原材料加工生产的商品的价格上升，此时，如果本国对进口品的需求弹性很小，或者在国内没有替代品的情况下，会导致生产成本的上升，推动最终商品的价格上升，进一步推高国内物价水平，甚至会产生成本推动型通胀压力。其次，从出口商品来看，本币汇率的下降可以增强本国出口产品的竞争力，大大扩大出口规模，假设出口商品的供给弹性较大，该出口商品将会严重供不应求，太多的货币去追逐较少的商品，同样会导致物价水平上升，甚至产生需求拉动型的通胀。因此，通过这样的影响渠道，在名义利率不变的基础上，本币汇率下降引起了进出口商品的价格上升，使得实际市场利率下降。同时，实际利率的下降更有利于债务人，而不利于债权人，从而引起借贷市场上供求失衡，进一步也会影响到市场利率。

从汇率对市场化利率影响的另外一个短期资本流动影响渠道来看，主要也是受预期的影响。本币汇率的下降会激发人们产生汇率进一步下降的心理预期，从而引起短期资本的外逃，使得国内资本的供应量降低，市场利率就此上升。但是，当汇率下降时，也会有人存在着汇率反弹的预期，在短期资本流入的情况下，国内资本市场上可用资本增加，敏感的市场化利率将会随之下降。这种预期就是长期和短期汇率水平和两个国家间经济实力的变化。从我国现实来看，由于我国当前为推进人民币国际化的主要目标就在于资本账户的开放，这样人民币汇率变动的预期主要影响因素是外汇市场上的外汇供求。起始阶段，我们仍然会把维持人民币币值稳定作为一个重要的目标，所以人们一般会认为人民币汇率变化较小，这样使得资本流动影响较小，弱化了汇率对市场化利率的影响。

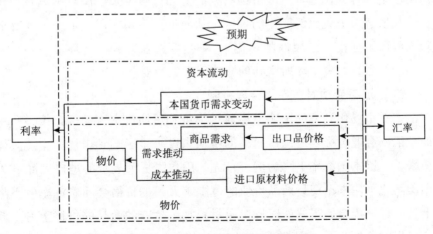

图8-4　汇率变动对利率的传导机制

（三）利率与汇率的互动机制

经济理论中直接给出汇率和利率关系的经典理论是利率平价利率。其一般包括抛补的利率平价和非抛补的利率平价。利率平价利率有三个假设前提：一是无交易成本；二是假定不存在资本流动障碍；三是假定套利现金规模是无限的。抛补的利率平价理论一般形式为：$\rho = i_d - i_f$，其中ρ为即期汇率与远期汇率之间的升（贴）水，i_d为本国货币的利率，i_f为他国货币的利率。在两国货币利率，尤其是短期利率存在差异的情况下，资金将从低利率国家流向高利率国家谋取利润。为了避免汇率变动的风险，套利者会进行套利和掉期交易组合，以保证无风险收益。低利率货币的即期汇率下浮，远期汇率上浮；高利率货币的即期汇率上浮，远期汇率下浮。随着抛补套利的不断进行，远期差价最终等于两国利差，从而使金融市场处于平衡状态。从该利率看出，利率的差异会影响到汇率的变动，汇率的改变也会通过资金流动影响不同市场上资金的供求关系，进而影响利率。

利率平价理论建立在资本自由流动的假设条件下，对于我国目前尚未实现资本项目开放的现实情况下，当前人民币尚未实现可自由兑换，这就使得本币与外币的替代性较差，利率和汇率间的互动机制将会受到制约。利率市场化的尚未完成和汇率的非市场化导致了市场自我消化外部干扰机制的有效性不足，因此人民币汇率波动对利率调整缺乏足够的弹性，人民币汇率与利率相关性相对较低。利率和汇率间的传导机制正常发挥作用的基本条件主要有三点：充分的国际流动性资本、利率市场化和充分开放的外汇市场，汇率能够自由浮动。

1. 在国际流动性资本方面，因为人民币尚未实现可自由兑换，资本项目交易限制较多，国际短期套利资本无法进行充分顺利的套利活动，或者通过各种手段和方式（如，混入经常项目交易结售汇、外汇黑市等）进行的套利成本和时间成本大，影响了利率汇率相互传导的畅通。目前，我国已经积极放松资本流动，合格的境内外投资者可以根据相关规定进行国际资本运作。但是，这种资本流动还是存在较多限制，其在寻找多种投资渠道中的隐性成本较大，套利者要求的风险报酬也越高，所以，这种流动性是不充分的。

2. 利率市场化是目前进行的比较顺利的一个方面，除了商业银行存款利率，其他利率的管制都已经放开，但事实上，市场化利率的规模相对有限，央行市场操作再贷款再贴现利率等利率与市场利率之间缺乏有机联动，难以发挥基准利率的杠杆作用。同时，央行通常会采取逆经济风向的货币调节政策，在通货膨胀时加息以抑之，在通货紧缩时降息以促之。所以，政府积极培育能够发挥基准作用的利率，但目前利率之前仍然存在传递不畅、信息时滞和决策时滞等问题。所以，利用调整利率来改善资本流动和通货膨胀作用效果不高，且利率对汇率的传导机制，更多的表现为通过对宏观经济调控及投资者心理预期的间接作用。

3. 在内外压力下，人民币汇率提高了浮动空间和灵活性。但事实上汇率的波动幅度非常小，人民币汇率主要反映的是央行对汇率合理水平的意愿。即便国内外存在利差，央行会主动通过在公开市场上买卖外汇来稳定汇率水平，降低了对资本流动的敏感度，外汇市场中的供求关系与汇率水平之间的反馈机制被切断，人为的外汇供求平衡缺乏灵活性，在此基础上形成的汇率更难以发挥与利率间的合理传导机制，更多的是误导。而且，国内货币市场不发达，与外汇市场间的直接联系较困难，时常表现为信息不对称、联系不畅通，交易效率低。

基于上文人民币国际化（区域性国际化）推进中，对于资本项目开放，利率和汇率自由浮动的内在需求，利用蒙代尔—弗莱明模型进一步说明浮动汇率下更能发挥利率与汇率的有效传导。首先，在我国目前相对稳定的汇率政策下，人民币汇率的相对稳定可以用固定汇率制度表示，从财政政策来看，其政策效果主要受到国际资本流动性的影响（如图8-5(1)、8-5(2)），一般情况下，资本流动的利率弹性越高（BP曲线越平），即一国资本市场越开放，则财政政策效果越明显。而对于我国，资本项目交易限制较多，资本流动的利率弹性非常低，加以汇率相对固定，最终导致财政政策效果差。因此要提高资本流动的利率弹性，即提高利率对于汇率的作用传导，才能有效发挥财政政策的作用。而对于货币政策，在相对固定的汇率制度下，市场机制作用的最终结果是货币政策无效，并且与资本流动的自由度无关（如图8-5(3)）。所以，在相对固定的汇率制度下，利率的变化不能够顺畅的传导到汇率上，汇率也由此受到一定程度的扭曲。扭曲的汇率制度又会错误的影响到投资者的预期和市场上对于货币的供求状态，影响到资本的流动，进而影响到利率水平。要充分发挥利率和汇率的相互传导机制，必须采取浮动的汇率制度。进一步看在浮动

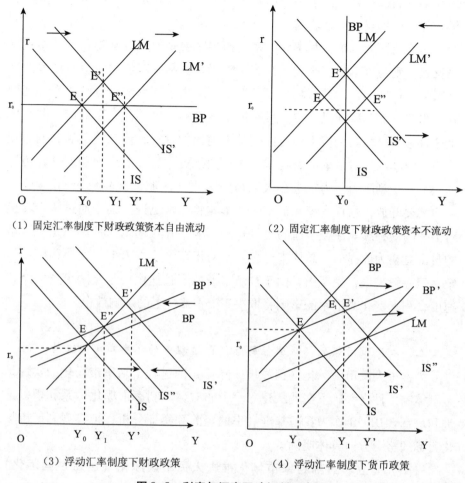

（1）固定汇率制度下财政政策资本自由流动　　　（2）固定汇率制度下财政政策资本不流动

（3）浮动汇率制度下财政政策　　　　　　（4）浮动汇率制度下货币政策

图8-5　利率与汇率互动机制示意图

汇率制度下，财政政策的效果受到国际资本流动的利率弹性影响，当金融市场利率水平调整后引起的资本流动程度越低，则财政政策单独调节总需求的作用越强；货币政策的效果无论资本流动的利率弹性多大，都不会影响到货币政策实施效果。则可以看到在实现浮动汇率下，资本账户开放程度越大，政府对于市场的控制会降低，而更符合市场供求规律。但是，正如上文所述，资本账户开放也不是完全的开放，在某些关键产业领域可以进行适当的控制，发挥政府的有形的手的作用。从各方面来看，在浮动汇率制度下，资本的有效流动能够提高利率弹性，更好的发挥利率和汇率间的互动机制，并且发挥本国货币政策的有效性，并发挥商品市场、货币市场和外汇市场实现有效联动。

综合前面的分析，利率和汇率的作用主要是通过经常项目、资本项目来反映，则与资本项目开放存在着紧密联系。利率对汇率产生对汇率的这种影响是长期的，这种影响能否发挥主要取决于利率能否影响投资、消费和进出口。而利率通过资本项目对汇率的影响考虑的是短期效应，并且产生这种影响是以套利资本的自由流动为前提的。资本流动越迅速，利率变动通过资本项目对汇率的影响就越快；如果资本流动受到限制，这种传导途径就会受到阻碍。为推进在人民币国际化（区域性国际化），我国资本账户需要开放，这样利率和汇率间的影响将非常迅速。利率通过资产转换对汇率的这种影响途径考虑的也是短期影响，并且产生这种影响是以本币的自由兑换为前提的。总体来讲，利率对汇率影响的方向、大小程度不确定。但一般来说，短期内，由于产品市场的调整速度慢于金融市场的调整速度，利率变化对汇率的影响将取决于资本账户上的影响效果。

三、人民币国际化（区域性国际化）过程中的利率市场化选择

为推进人民币国际化（区域性国际化）的进程，利率市场化的实现是金融体制条件之一。下文就从建立一个非对称的利率市场化体系和积极推进和培育 SHIBOR 作为我国基准利率的经验和实证分析，把实现利率市场化目标的努力方向具体明确。

（一）建立非对称利率市场化推进人民币国际化（区域性国际化）进程

为推进人民币国际化的进程，需要建立更为开放的市场化利率体系，才能更好的把握国内和国际两个市场中资金运行的稳定，也是节约社会成本最优选择。根据目前我国利率市场化程度，建立一个非对称的市场化利率体系是较明智的选择。非对称的市场化利率体系表现为，以市场供给决定存贷利率为基础、由货币市场利率作为中介，指导并建立中央银行参考核心利率，这样的一种市场利率体系。其中更注重的是市场力量的作用，同时发挥中央银行利用经济手段干预为辅的一种潜在关系。所以，建立这种非对称的市场化利率体系，首先要完善长期和短期的资本市场，市场体系的不完整将会影响到市场机制的作用效果，其次要完善金融体系本身，

规范商业银行的经营管理，提高其本身对于资金的运作效率，降低不良贷款率，切断与国企和政府的联姻关系，这样才能更好的发挥市场的作用，所形成的利率才更真实，利率波动成为一种正常的市场行为，且波动性相对较小，减少套利机会。

具体来看，在银行体系中，应在开放了同业拆借利率市场的基础上，进一步完善和提高利率市场调节机制，降低交易成本、提高结算清算效率、减少在途滞留资金，这样可以更准确的呈现市场资金供求状况。同时，应该考虑放宽市场化准入标准，鼓励境外资金进入同业拆借市场，与国际市场的链接，能扩大金融市场的作用，某种程度上减少套利的机会，更能保证市场利率的稳定。另外，在银行存贷利率关系上，应该调节引导资金按社会经济发展的需要进行引导，配置资金在企业和居民中的分配，使存贷资金供求达到动态均衡，银行利率体系本身的完善，将会为人民币国际化提供坚实的内在基础。

（二）培育上海同业拆借利率（SHIBOR）作为基准利率选择

逐步放开市场利率是我国利率市场化的可行选择。而其关键步骤就是确定以哪种利率作为基准利率的问题，2007年以来中央银行致力于培育和发展上海同业拆借利率（SHIBOR），而SHIBOR是否符合基准利率选择的要求吗？下面就从经验和实证分析证明SHIBOR具备一定的作为市场基准利率的实力，但也需要进一步完善和培育才能真正成为基准利率，并实现利率市场化，在资本账户开放状态下使得利率与汇率自由化传导机制畅通，推进人民币国际化（区域性国际化）进程。

1. 经验分析：基于基准利率选择考虑的货币市场利率可行性分析

我国金融市场上就出现了包括存款利率、央票利率、国债利率、同业拆借利率、票据贴现利率和SHIBOR等多种重要利率。基于金融市场基准利率选择原则，分析除SHIBOR外其他利率品种作为基准利率可行性的经验分析。

首先，根据经验，一年期的存款利率一度作为基准利率，因为存贷利率直接面对的就是消费者和企业等微观主体，最贴近市场。同时，对于投资者来说，一般都以存款利率作为参考收益率的基准，所以对于其他金融产品的价格有一定的决定作用。但是，由于存贷利率被央行仍然有所管制，不能准确的反应资金的市场供求情况，而且鉴于存款利率的权威性主要集中于 1 年期以上，利率的期限结构不是非常合理。对于央票利率，我们知道其出现主要是作为央行为回笼大量外汇而投放基础货币的主要途径之一。但是从央票本身的性质来看，其政策性较强，发行的主要目的就在于对冲外汇占款，无法保持其发行的稳定性，并且回笼的货币并不会进入到实体经济领域。对于同业拆借利率，从推出同业拆借利率以来，曾在较长一段时间内客观的反应了金融市场的资金供求状况，但是因为它期限集中于短期，央行数据显示，2008 年银行间市场交易中，隔夜拆借品种成交 10.65 万亿元，占拆借成交总量的比例高达 70.8%。[①] 然后再看一下国债利率，由于它低风险的特点，在一定范围内担当了基准利率的角色。但是，最根本的问题在于市场规模太小，且国债的品种不齐全、期限集中在中长期，最多的是 3 到 5 年，而且国债市场集中于银行间市场、交易所市场和银行柜台，又因为国债本身的财政收入属性，整体上看，国债流动性较差，独立性相对较弱，故不适合充当货币市场基准利率。最后看一下回购利率市场，由于信息不对称和信用体系相对落后，导致国债回购成为银行间交易的主要产品。但是与国债本身一样，期限品种较少，目前只有隔夜和 7 天两个品种。2008 年 1 天回购品种成交 37.03 万亿元，占回购成交总量的比例高达 63.7%，[②] 这点从根本上否决了回购利率作为基准利率的可行性。

2. 实证分析：SHIBOR 作为我国基准利率的可行性证据

在上文对于各种金融市场利率作为基准利率分析的基础上，这部分就根据上述各项选取基准利率的原则，从与最具竞争性的债券回购利率比较，对 SHIBOR 的运行效率、与其他利率的相关性和宏观经济指标的相关性进行分析，说明其作为基准利率的可行性问题。

(1) SHIBOR 作为我国基准利率的运行效率分析

我国央行寄予 SHIBOR 来进一步推动利率市场化、培育中国货币市场基准利率体系指导货币市场产品定价、辅助开放经济下与汇率政策的协调、完善货币政策传导机制的重要使命。为分析当前 SHIBOR 作为基准利率的可行性，我们选用 2007 年 1 月 4 日到 2009 年 12 月 31 日的 SHIBOR 数

---

① 资料来源：中国人民银行网站，http://www.pbc.gov.cn/
② 资料来源：中国人民银行网站，http://www.pbc.gov.cn/

据，统计结果见下表8-6，可见随着SHIBOR期限的逐渐延长，利率均值水平也呈现递增的趋势，标准差除了隔夜外，基本随着期限的增长，利率的波动幅度逐渐下降，这在一定程度上表明SHIBOR具有相对合理的期限结构。从图8-6中又可以看到，各类期限的SHIBOR已经形成相对完整的利率曲线，且基本保持一定的平滑性和稳定性，从图8-7中可以看到，交易量最大的隔夜和1周SHIBOR值说明了这一点，为SHIBOR能够成为货币市场基准利率创造了基本条件。

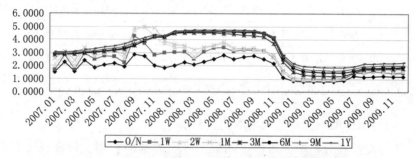

图8-6　2007—2009年SHIBOR不同期限利率统计图

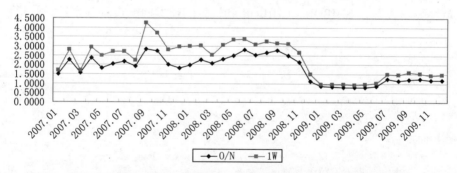

图8-7　2007—2009年隔夜和一周期SHIBOR利率情况统计图

对SHIBOR隔夜序列做ADF检验，显示该SHIBOR时间序列是一个非平稳序列。继续对SHIBOR的差分序列进行ADF检验。选择对一阶差分隔夜SHIBOR序列进行检验，差分项的最大之后期数选择为1，此时对三种形式都进行检验，三个模型都是平稳的。同理，对SHIBOR一周序列进行检验，检验式中不包括趋势项和截距项，差分项的最大滞后期数选择为5，所得到的检验结果为ADF＝−1.9241，分别大于不同检验水平的三个临界值，该序列也是一个非平稳序列。选择对一阶差分7天SHIBOR序列进行检验，差分项的最大滞后期数选择为1，此时对三种形式都进行检验，三个模型都是平稳的。隔夜、7天SHIBOR均存在1阶单位根。另外，对异常值和季节性的检验表明，不存在明显异常点，没有明显季节性。整体上看，SHIBOR具有很高的稳定性。

表8-4　SHIBOR不同期限数据统计表

	O/N	1W	2W	1M	3M	6M	9M	1Y
均值	2.3021	2.5434	2.6988	3.0019	3.1274	3.2322	3.3705	3.3721
标准差	0.7588	1.1281	1.3209	1.2291	1.2231	1.1889	1.1483	1.0975
最小值	0.8008	0.8815	0.9050	1.0133	1.2044	1.4656	1.6361	1.8504
最大值	8.5282	10.0824	13.5786	8.8271	4.5068	4.5973	4.6520	4.7161

数据来源：www.shibor.org

（2）SHIBOR与其他利率的比较分析

从上文经验分析中，可以排除最不可能的基准利率，目标锁定在银行间同业拆借市场利率和银行间债券回购市场利率基准性的比较，因此下文就主要比较分析SHIBOR、CHIBOR和银行间债券回购市场利率。

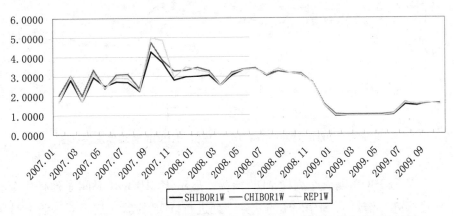

图8-8　2007—2009年CHIBOR1W、SHIBOR1W、REP1W利率情况统计图

首先，从市场主体和规模来看，两个市场的成员构成都非常丰富，在交易规模上，两者的成交量自2001年都在不断提高（如表8-5），虽然债券回购利率的成交量比银行同业拆借市场成交量更大。反映出两者都具有高度的流动性和市场参与者对于这两个利率的高度依赖，从而代表这两种利率具备作为基准利率所要求的基本的市场性特点。在 SHIBOR 报价机制中，加入了报价行的信用评级，这是 CHIBOR 形成过程中并未考虑到的。由于国债本身的性质决定了在市场化程度相近的情况下，信用拆借的风险显然比回购风险高。但其期限结构和利率水平整体水平基本一致。同业拆借利率（CHIBOR1W、SHIBOR1W）的波动较债券回购利率（REP1W）的波动也更小（如图 8-5 所示），其中 SHIBOR1W 的波动最小，说明 SHIBOR 作为金融市场基准利率中关于稳定性方面大大提高，虽然一般来讲其风险相对来讲高于债券回购利率，但是从现实中的各期限利率水平表现，可以说明 SHIBOR 已经接近无风险利率，很可能与 SHIBOR 是央行一手打造出来的，其形成机制也代表了主要金融机构的信用，在我国即相当于国家信用。所以，作为基准利率的同业拆借利率（CHIBOR1W、SHIBOR1W）的稳定性可以和债券回购利率（REP1W）。从市场性和稳定性来看，SHIBOR、CHIBOR 和银行间债券回购市场利率，都有很好的表现，其中 REP 最好。

表8-5　2001—2008 年同业拆借利率和债券回购利率市场运行状况

年份	银行同业拆借利率（1W）	债券回购利率① （1W）（亿元）
2001	5606.93	31271.32
2002	8523.36	84487.53
2003	14563.13	78330.93
2004	10414.08	54208.63
2005	8962.62	61598.90
2006	12904.33	98269.13
2007	21780.10	158416.28
2008	35004.66	150263.01

① 本文所用的债券回购利率是取自人民银行网站上的银行间债券质押式回购利率。

表 8-6　2009 年 9 月 CHIBOR、SHIBOR、REP 各期限利率

市场	O/N	1W	2W	1M	3M	6M
SHIBOR	1. 21	1. 59	1. 63	1. 67	1. 75	1. 85
CHIBOR	1. 20	1. 57	1. 65	1. 67	1. 88	1. 97
REP	1. 18	1. 59	1. 64	1. 69	1. 72	1. 78

数据来自于中国人民银行网站，国家统计局，月度数据是日数据的平均值。

（3）银行间同业拆借利率与债券回购利率的因果分析

首先，变量定义与数据的选取。

根据选取数据的原则，我们选取 7 天的银行间债券回购利率和 7 天的同业拆借利率为研究对象，分别表示为 CHIBOR1W、SHIBOR1W、REP1W。因为，银行间债券回购利率（REP1W）、同业拆借利率（CHIBOR1W、SHIBOR1W）的市场化程度较高，REP1W、CHIBOR1W、SHIBOR1W 相比之下，是同品种利率产品中日交易量最大、交易最为活跃的品种，这也能更好的符合数据的可比性，选取它们的日数据和月平均数据作为研究样本，其中日数据的样本区间为 2007 年 1 月 4 日至 2009 年 9 月 31 日，月数据的样本区间为 2007 年 1 月至 2009 年 9 月。

其次，GRANGER 检验及其结果分析。

从三组基本数据可以看出，它们之间的长期变动趋势基本保持一致。但其中哪个利率能真正充当原因，即充当基准性的作用？需要进一步的检验三个利率之间的因果关系。

采用 2007 年 1 月至 2009 年 9 月的月数据，对 REP1W、CHIBOR1W、SHIBOR1W 三个利率进行协整性检验，显示这三个变量的一阶差分序列为平稳序列。同时，三个变量的变动在长期均具有稳定的相互关系，其中 REP1W 与 CHIBOR1W 的关系更为稳定。这可能与 SHIBOR 成立时间较晚，对于银行体系渗透力相对来说相对不足有关，但总体上还是通过协整检验。

表8-7　协整检验

协整关系	临界值	T 统计量	P 值
REP1W、CHIBOR1W	33.24148	15.49471	0.0000
SHIBOR1W、CHIBOR1W	16.92739	15.49471	0.0302
REP1W、SHIBOR1W	22.36647	15.49471	0.0039

最后，分别对以上三个变量进行两两因果检验，滞后期 m＝7。Granger 因果检验结果如表8-8所示：SHIBOR1W 是 CHIBOR1W 的互为格兰杰因果关系，REP1W 不是 SHIBOR1W 和 CHIBOR1W 的格兰杰成因，CHIBOR1W 是 SHIBOR1W 和 REP1W 的格兰杰成因。这说明 SHIBOR 作为金融市场基准利率在与其他利率间的相关性问题上还有待加强，这可能与其形成的时间尚短有关，还不能给予其他品种利率以指导作用。

表8-8　GRANGER 因果关系检验

NULL HYPOTHESIS：	F-STATISTIC	PROB
REP1W DOES NOT GRANGER CAUSE CHIBOR1W	1.53735	0.2446
CHIBOR1W DOES NOT GRANGER CAUSE REP1W	2.23626	0.1055 *
SHIBOR1W DOES NOT GRANGER CAUSE CHIBOR1W	4.96613	0.0077 *
CHIBOR1W DOES NOT GRANGER CAUSE SHIBOR1W	4.04121	0.0167 *
SHIBOR1W DOES NOT GRANGER CAUSE REP1W	1.56511	0.2363
REP1W DOES NOT GRANGER CAUSE SHIBOR1W	1.60568	0.2247

注：＊表明在5％显著性水平下，F 值大于临界值，拒绝原假设，通过检验。

（4）银行间同业拆借利率与其他经济变量相关性分析

基准利率选择的参考指标除了与其他利率之间的联动性外，也要与宏观经济指标间保持一定的相关性，如国民收入、居民消费指数等关键指标。因此下面主要分析 SHIBOR1W 与这些变量的相关性检验。

首先，变量定义与描述性统计。

REP1WCHIBOR1W、SHIBOR1W 与上文选取同样的指标和数据；宏观经济指标的选取根据变量的代表性及数据的可获性，选取居民消费指数（CPI）、国民收入（GDP）、货币供应量（M2）和固定资产投资（FI）。采用的数据样本区间为 2007 年 1 月 4 日至 2009 年 9 月 31 日，以上均使用月度数据。从图中看到从 2007 年到 2009 年底正好经历了经济的高度膨胀和随后受金融危机影响下经济受到重创的过程。物价指数呈现先高后低的走势，货币供应量稳定增长，GDP 呈现周期性波动，增长率下降，直接投资也呈现出累积性递增。

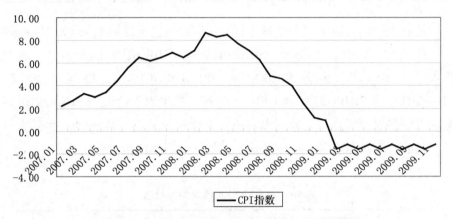

图 8-9　2007—2009 年物价指数（CPI）的波动走势

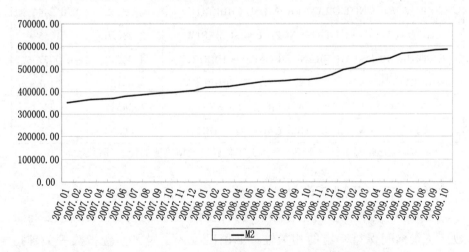

图 8-10　2007—2009 年货币供应量（M2）的波动走势

其次，实证检验及结论。

单位：亿人民币

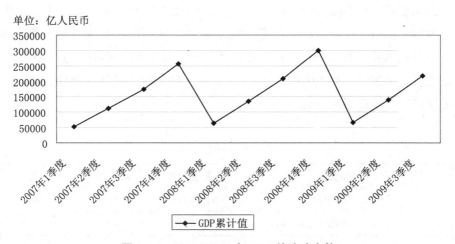

图 8-11　2007—2009 年 GDP 的波动走势

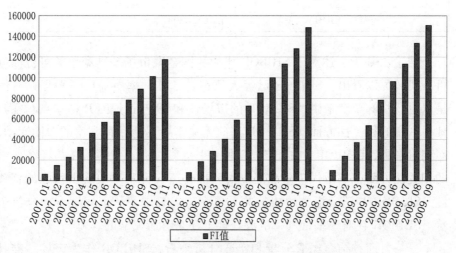

图 8-12　2007—2009 年固定资产投资（FI）的波动走势

在相关性问题的检验中，本文主要选取货币供应量 M2 和物价指数 CPI① 与 SHIBOR、CHIBOR 和 ERP 首先对以上五个变量进行单位根检验，结果表明这些指标的一阶差分序列为平稳序列。在这基础上进行相互间协

---

① 货币供应量 M2 和物价指数 CPI 也都是取月度数据。

整关系检验。得到如表 8-9 的结果。从检验结果可知 CHIBOR1W、SHI-BOR1W、REP1W 与 M2、CPI 都存在长期的协整关系，各市场利率都能够较高反映出物价指数和货币供应量的相关性，其中 SHIBOR1W 显示出的协整关系更加密切，则 SHIBOR1W 作为金融市场基准利率的准确性更高，更能反映出经济指标的变化。

表 8-9　协整检验

协整关系	T 统计量	临界值	P 值
CPI、CHIBOR1W	24.14165	15.49471	0.0020
CPI、SHIBOR1W	25.01601	15.49471	0.0014
CPI、ERP1W	23.8093	15.49471	0.0022
M2、CHIBOR1W	47.25026	15.49471	0.0000
M2、SHIBOR1W	39.27555	15.49471	0.0000
M2、ERP1W	63.82087	15.49471	0.0000

结论：基于上述对于 SHIBOR 作为我国金融市场基准利率的可行性分析，我们可以看出，SHIBOR 已经大致符合基准利率所需的一般原则，但是以更严格的角度来讲，SHIBOR 的市场性和稳定性比 REP 稍差点，在与其他利率的相关性方面，SHIBOR 当前无法指导其他品种利率的协同变动，而相对来讲，CHIBOR 更能导致其他品种利率的协同变动。在与经济变量的相关性方面，货币供应量和消费指数都与这三种利率表现出很强的相关性，SHIBOR 与消费指数的协整关系更突出。总之，从上述三方面分析来看，SHIBOR 在对于基准利率的胜任性上还是有所欠缺的。

另一方面，结合经验分析和实证分析来看，SHIBOR 作为市场基准利率的可行性有待加强，需进一步呵护培养。首先，最基本的期限结构来看，虽然短期内利率结构相对平滑稳定，但是从交易量来看，中长期的交易量较少，影响了 SHIBOR 的基准性。究其深层原因可能在于，SHIBOR 的确定不是以实际成交量来确定的实际利率，影响到了 SHIBOR 的公允性，直接影响到了 SHIBOR 作为基准利率的可行性。同时，因为引入了信用机制，所以在这 16 家报价行中，大部分是大型原国有银行，其信用是绝对较高的，故存在一定的垄断性质，可能会挤压垄断利润，而直接的作用点就是影响利率。

3. 提高 SHIBOR 作为我国基准利率的可行性对策

市场基准利率形成于市场，培育我国的基准利率将促进我国利率市场化，能够更好的服务于人民币国际化的整体推进。基准利率的形成为我国利率市场化的关键一步，也是推进人民币国际化（区域性国际化）的基础。但从上文分析中可以知道，作为人民银行主推并重点培育的方向，我们应该更加努力致力于把 SHIBOR 打造成我国金融市场的基准利率，在人民币国际化（区域性国际化）如火如荼的推进中，该项任务迫在眉睫。最后将结合上文分析针对存在的不足提出改进建议，从而提高其作为基准利率的可行性。

（1）扩大 SHIBOR 的应用范围，活跃 SHIBOR 长期交易

首先，应推进 SHIBOR 报价行内部的 SHIBOR 转移定价机制，作为报价行自身形成以 SHIBOR 为基准的现金流、利差和成本收益分析，并且指导相关金融产品和服务的定价。在扩大 SHIBOR 应用方面，不仅要扩大 SHIBOR 的报价主体范围，也要扩大用 SHIBOR 来给产品定价的范围和 SHIBOR 的使用客体的范围三个方面。在报价主体方面，虽然由于引入了信用评价，也可以增加不满足条件的非报价银行的以实际交易为基础的场外报价，在人民币国际化下，由于建立了国际化的银行、证券和保险体系，在时机成熟后，引入跨国金融机构的报价，基本上不存在垄断性，而是更具有完整性，同时 SHIBOR 的报价更具有公允性。在给产品定价的范围扩大方面，可以把 SHIBOR 的定价机制应用到传统的金融产品（如票据贴现、短期融资融券、CDs、利率互换等）和创新性金融产品中的应用，同时，应大力培育有活跃实际交易市场的长期品种，尤其是在人民币国际化下，与国际金融市场的融合使得国内金融产品更加丰富，SHIBOR 定价的应用无疑会给人民币国际地位注入活力。在使用客体范围的扩大上，应放宽 SHIBOR 产品的使用客体的准入限制，可以增加企业和个人客户参与到 SHIBOR 定价产品交易中，甚至纳入国外投资者参与其中，使得市场机制更好地发挥作用。从这三个方面抓起，必定可以完善 SHIBOR 的期限结构，交易结构也更加均衡。

（2）推动培育 SHIBOR 作为基准利率的金融市场环境建设

我们知道 SHIBOR 主要是作为货币市场的基准利率，但是金融市场包

括了货币市场、资本市场、外汇市场等主要金融市场，各市场之间可以通过利率和利率产品交易把每个市场联系起来，而在人民币国际化下，对外汇市场的影响力也会增强。所以，推动货币市场、资本市场和外汇市场的发展，能够为培育 SHIBOR 的市场基准地位创造良好的金融环境。针对我国特殊情况，目前，主要是金融机构同业拆借和国债市场的发展完善，应该扩大其交易主体、丰富交易品种、扩大交易规模，这样才能够更好的提高市场运行效率，为推动 SHIBOR 的基准地位创造条件。

（3）加强监管，提供金融市场基准利率 SHIBOR 形成的制度保障

在培育 SHIBOR 中建立推动金融市场发展是基础，而监管制度是金融市场发展的保障。从根本上，也就是要加强对 SHIBOR 体系中，报价主体银行、SHIBOR 定价产品和购买 SHIBOR 定价产品三方面的监管。对 SHIBOR 两方交易主体的监管能够保证金融机构的信用，同时，各方会为维持自身利益而监控双方行为，在相互监管和独立的监管机构和部门的监管下，能够更有效的防治价格操作行为的发生，使得以 SHIBOR 为基准的利率体系更好的为金融市场发展和推进人民币国际化服务。此外，在整个过程中市场中介机构，包括市场交易的组织者和服务的提供者（如全国银行间同业拆借中心、中央国债登记结算有限责任公司等），在推动市场基准利率的形成中发挥了重要作用。它们与金融交易各大主体保持着紧密的联系，能够准确把握金融市场交易信息，所以，这些中介机构参与到 SHIBOR 推进过程，根据实际市场交易数据来制定更为合适的操作机制，借力发力，并建立与之配套的管理规定，必将更有效的推动 SHIBOR 作为基准利率的发展。

本章小结

本章从汇率制度层面探讨了人民币国际化的汇率条件。布雷顿森林体系崩溃以来，在全球范围内先后出现了美元、英镑、日元、欧元等几种主要的国际货币，这些货币都是采用了浮动汇率制度。国际货币的职能可以区分为计价手段、交易媒介、支付手段和国际储备四项，只有当一种货币

能够大范围行使国际储备才能称得上是真正的国际化。一国持有一定数量国际储备是为了应对国际支付和债务清偿的需要，国际储备货币必须在兑换数量和兑换自由上满足持有国的需要，只有浮动汇率制度才能解决兑换数量和兑换自由问题。"三元悖论"理论认为，货币政策独立性、资本自由流动和固定汇率制度不能同时满足，而在人民币国际化的道路上，货币政策的独立性是国际货币国必须保持的，资本流动也将越来越自由，所以只能是放弃固定汇率制度。基于以上三个原因，人民币国际化要求人民币汇率向浮动汇率转变，汇率形成机制相对透明是人民币国际化的汇率基础。

汇改以来，人民币汇率制度正以渐进的方式向着更具弹性的方向转变，人民币汇率形成机制透明有利于增强人民币的"国际信任"。建立市场化的汇率形成机制是我国汇率改革的目标，市场化的汇率由外汇市场供求决定，可信度较高，有利于产生稳定的币值，同时在改革过程中我国在外汇管制、外汇市场建设上做出的变革有助于形成防范的人民币获取途径和强大的人民币交易网络，这些都有利于人民币国际化进程。实现汇率形成机制透明化的中期目标，可以使我国免于被指控为汇率操纵国，有利于夯实人民币国际化的信任基础。近期人民币汇改的任务在于扩大人民币汇率的浮动范围，缓解人民币升值预期下国际游资对人民币的投机，有利于人民币国际化进程的加快。

中国与东盟国家的经济往来越来越紧密，随着CAFTA进程的推进，人民币将有条件在东盟实现国际化（区域性国际化），进而推动人民币的国际化，而且中国和东盟有着汇率协调与合作的共同愿望。在分析了各国同时钉住区域内的单一货币、各国同时钉住区域外的单一货币、各国根据自己的目标钉住不同的货币篮子、各国钉住同一货币篮子和使用同一货币五种汇率协调机制后，本文认为各国共同钉住同一货币篮子是最优的汇率协助方式。

第二节，则主要分析如何构建利率市场化，更好适应资本项目开放和汇率体制改革，为人民币国际化（区域性国际化）目标的实现服务。重点分析了我国利率市场化要点和进展，利率市场化与人民币汇率之间的相互作用机制，就如何推进利率市场化，认为应建立非对称的市场化利率体系，并利用经验分析和实证分析提出大力培育和完善上海同业拆借利率

（SHIBOR），实现利率市场化中基准利率选择是实现利率市场化和为人民币国际化（区域性国际化）服务的重点。

参考文献

［1］林德：《"汇率目标区"理论及其实践》，《金融管理科学》1995 年第 5 期。

［2］李心丹：《汇率目标区的理论考察》，《世界经济文汇》1998 年第 3 期。

［3］王世文：《人民币汇率目标区理论构建》，《苏州科技学院学报》2003 年第 2 期。

［4］王相宁、花长劲：《汇率目标区理论在我国的应用前景》，《运筹与管理》2005 年第 5 期。

［5］江秀辉、李伟：《克鲁格曼汇率目标区理论评述》，《时代经贸》2007 年第 61 期。

［6］姜凌、韩璐：《汇率目标区理论与人民币汇率机制的改革思路》，《经济评论》2003 年第 2 期。

［7］秦江萍、叶欣：《汇率目标区理论应用中的几个关键问题》，《上海金融》2005 年第 6 期。

［8］马德功：《汇率目标区理论回顾与展望》，《生产力研究》2003 年第 6 期。

［9］黄梅波、杨坤峰：《汇率目标区理论的实践对我国汇率制度改革的启示》，《云南财经大学学报》2006 年第 3 期。

［10］黄先禄：《汇率理论发展与实践研究——兼论人民币汇率形成的"二合一"模式》，中共中央党校硕士论文，2007 年。

［11］潘冬冬：《"三元悖论"理论对我国汇率政策的启示》，《当代经济》2007 年第 8 期。

［12］黄文青：《东亚区域汇率协作问题研究》，湖南大学硕士论文，2006 年。

［13］唐爱朋：《人民币国际化的路径研究——基于 OCA 理论的分析》，中国海洋大学硕士论文，2006 年。

［14］樊胜：《我国利率市场化渐进改革进程分析》，《商业时代》2007 年第 30 期。

［15］江春：《发展中国家的利率市场化：理论、经验及启示》，《国际金融研究》2007 年第 10 期。

［16］郑玮斯：《论 SHIBOR 与利率市场化》，《商场现代化》2007 年第 18 期。

［17］何慧刚：《人民币利率—汇率联动协调机制的实证分析和对策研究》，《国际金融研究》2008 年第 8 期。

［18］刘仁伍、黄革、戴鸿广：《进一步巩固 Shibor 基准地位》，《中国金融》2008 年第 12 期。

［19］陈勇、吴金友：《对我国货币市场利率体系传导机制的实证研究》，《上海金融》2008 年第 5 期。

［20］陆维新：《上海银行间拆放利率的基准效应研究》，《统计与决策》2010 年第 5 期。

［21］俞卓玥：《论我国货币市场基准利率的选择——基于银行间货币市场利率的研究》，苏州大学硕士论文，2009 年。

［22］段超锋：《金融深化过程中金融市场基准利率选择的比较研究》，复旦大学硕士论文，2006 年。

第九章

金融危机后人民币国际化的约束条件变化

　　此次金融危机凸显国际货币体系缺陷，人民币在国际货币体系中的地位日益提高。本次由美国次贷危机引致的全球性金融危机，引发了各国对以美元为核心的金融体系多种弊端的深刻反思，追溯危机的根本源头，单一主权货币为核心的国际货币体系的利己性、缺乏约束制衡机制、权利义务不对称等内在缺陷再次暴露。后危机时代，国际社会在总结危机教训的同时，更试图改革和重构现有的国际货币体系，以维持国际金融贸易环境的稳定。这给人民币国际化带来了机遇和挑战。总体说来，人民币国际化面临的机遇大于挑战，抓住美元动荡、现有国际货币体系可能重构这样一个时机，加速推进人民币的国际化（区域性国际化）和国际化进程，增强人民币的国际地位，从而改善中国在全球货币金融体系中的弱势地位。

第一节　美国金融危机爆发与国际货币金融体系调整

由美国的"次贷危机"引起的金融危机，迅速影响到世界各国，掀起了一场前所未有的金融风暴。美国、欧洲、日本等主要发达经济体都陷入衰退，新兴经济体与发展中国家的经济增速也放缓，世界经济受到严重冲击。从危机的传导过程来看，美国次贷危机迅速从局部发展到全球，从发达国家传导到新兴市场和发展中国家，从金融领域蔓延到各国实体经济，对世界各国经济造成巨大的影响①。由此可见，次贷危机影响范围之广是前所未有的，对世界造成的危害也是令人震惊的。全球流动性下降、信贷紧缩、经济速度减缓等危害深深影响着全球经济的发展。当然，造成危机的原因是多方面的：既有宏观方面的全球经济失衡，又有微观层次金融机构的过度资产证券化和衍生品创新，同时还有中观层面的金融监管的缺失等等，但在这众多的原因当中，以美元为核心的国际货币体系是全球经济失衡的根源，因为美元作为世界性的货币，它要满足世界经济和国际贸易增长之需，就必须不断增长美元的供给，这要求美国的国际收支赤字不断扩大。通常，一国货币供应持续过快增加，将会在其国内积累起通货膨胀的压力，造成货币的贬值；但是，由于世界上其他国家都持有的美元作为主要的外汇储备，所以，面对持续性的国际收支赤字，美元债务的增加，美国虽也采取一些措施，但它常常"有意忽略"，而不会为此付出调整国内经济的代价。这意味着，在现行的国际货币体系下，国际收支的失衡难以依靠市场的力量自发调节。追根溯源，金融危机的爆发不得不引起我们对现行的以美元为核心的国际货币体系进行反思。

---

① 据估计，全世界经济增长率从 2007 年的 5.0% 降低到 3.5%。2007 年以来，美元贬值步伐明显加快，2007 年全年累计贬值幅度达到 7.7%，美国次贷的经济损失达到 1577 亿美元。新兴市场国家的次贷损失也较严重，亚洲的总次贷损失为 10.8 万亿美元。日本与韩国的次贷损失分别为 87 亿美元和 4 亿美元。

表 9-1　主要国家的次贷损失

单位：亿美元

国家	美国	日本	韩国	中国	马来西亚	亚洲
次贷损失	1577	87	4	28	1	195
银行总资产①	15492	11350	1184	5950	267	20965
银行资本②	1572	572	85	256	29	998
次贷损失/资本	10.03	1.52	0.52	1.08	0.30	1.59
次贷损失/总资产	1.02	0.08	0.04	0.05	0.03	0.09

资料来源：ASIAN EEONOMIES WORKING PAPER SERIES NO. 139，NOV. 2008

　　"多足鼎立"的货币竞争的"战国时代"即将形成，这为加速人民币国际化的进程提供较佳的历史机遇。人民币的国际化是随着本国商品贸易和服务贸易在国外市场扩展，通过经常账户、资本账户和境外货币自由兑换等方式，在境外逐步担当结算货币、储藏货币和投资货币的职能；是由区域性货币走向世界货币的过程。

一、美国金融危机暴露世界货币体系的内在缺陷

　　纵观国际货币体系的演进历史，从布雷顿森林体系到牙买加体系，包括最近美元的国际货币体系地位受到了欧元的挑战，但是美元的国际霸主地位依然坚固。金融危机爆发凸显出的以美元为核心的国际货币体系存在许多问题，因为一个完备和稳定的国际货币体系至少应具备三个方面的功能：稳定充当国际储备货币、调节国际收支平衡及国际资本流动管理。从这三个角度看，美元贬值趋势使之无法"稳定充当国际储备货币"；美国的贸易和财政的双赤字问题造成全球经济失衡，完全丧失"调节国际收支平衡"的功能；所以，以美元为核心的国际货币体系存在的缺陷已经使美元的国际地位走向了下坡路。

---

　　① 注：银行资本：2007 年 12 月国际货币基金组织的国际金融统计在线数据库中的资本账户项目。

　　② 注：银行总资产：美国和马来西亚是 2007 年 12 月的数据；中国、日本和韩国是 2008 年 1 月的数据。

（一）国际货币体系引发全球经济失衡

从 1980 年至今，世界经济出现过四次大的全球性的经济失衡，如下表 9-2 所示。尽管每次经济失衡都有其特定的历史背景和原因，但仔细分析这四次全球经济失衡，我们可以看到一条共性：即在特定的国际货币体系下，由全球经济失衡引发金融危机。

表 9-2　全球经济失衡的基本情况

内容		1980	1990	2000	2005	2008
前 5 大逆差国	逆差总额（亿美元）	615	1730	5307	10188	10907
	占全球逆差比重	26%	59%	78%	82%	77%
	占全球 GDP 比重	0.5%	0.8%	1.7%	2.3%	1.8%
前 5 大顺差国	顺差总额（亿美元）	842	1208	2415	6111	10072
	占全球顺差比重	73%	64%	48%	53%	58%
	占全球 GDP 比重	0.7%	0.5%	0.8%	1.4%	1.7%

资料来源：IMF 国际收支统计，中国银行测算。

纵观全球经济失衡的演变历史，第一次失衡发生在布雷顿森林体系时期，布雷顿森林体系以瓦解告终，取而代之的是牙买加体系。全球第二次经济失衡的发生在 80 年代左右，美国经常账户赤字严重，贸易逆差主要集中在日本和欧洲国家。从表 9-2 中可以看出，前 5 大顺差国的顺差总额 842 亿美元，占全球顺差比重的 73%。由于在 80 年代全球经济明显失衡之后，国际货币体系没有做出根本性的调整，全球经济失衡的问题也就无法解决。在浮动汇率制度下，国际资本的跨境流动开始脱离实体经济，当美元的发行不再受到黄金的约束，美元货币供给量的增长也不再受到美国实体经济的约束，也不受到各国政府授权的国际金融机构的监管，而完全受美国利益的支配时，这种情况下造成的经济失衡最终会以金融危机的形式爆发出来。第三次全球经济失衡发生在 20 世纪 90 年代初，国际上归因于以中国为代表的"金砖四国"和一些新兴市场国家，因为，全球国际贸易的主要顺差方不再是日本，而是正处在经济迅猛发展的新兴市场国家。截止到 2007 年，第四次全球经济失衡再次凸显时，世界已形成以美元、欧元、英镑、日元等为主的多元储备货币体系。随着新兴市场国家经济的迅猛发展，必然要求美元这样的世界性货币能够不断增加供给，以满足国际贸易和经济往来的需求。从实际情况看，亚洲国家尤其是中国成为了国际资金流向的"栖息地"，造成发展中国家的巨额顺差，美国等发达国家的逆差不断扩大，造成全球经济第四次严重失衡。

综上所述，以往的四次全球经济失衡有一个共同的特点：由于美国的经济霸权地位，前五大贸易逆差国里面都有美国，而且逆差幅度高居榜首；而顺差国现在来说一直在随着产业结构的转移在世界各国和全球范围内不断变更。如下图9-1所示，2001—2008年第四次经济失衡的贸易顺差国主要集中在亚洲的发展中国家和中东地区。美国贸易逆差的背后是全球经济失衡下经济危机的不断积累，当风险积累到一定程度必然以危机的形式爆发，从而影响全球经济的稳定。究其根本，在现行国际货币体系下，储备货币国家（美国、欧盟等）在整个国际货币体系中居于主导地位，应更多地承担调整责任并对非储备货币国家负责。一旦国际收支失衡恶化，储备货币国应与广大非储备货币国一样，通过调整其国内经济政策和对外经济关系，对等且实质性地承担调整国际收支不平衡的责任。而现行国际货币体系存在的问题是此次"百年一遇"的全球金融危机爆发的主要原因。从危机的本质上分析，金融危机的爆发也是对现行不合理的货币体系内在缺陷的暴露和存在问题的自我修复和完善的必然结果。

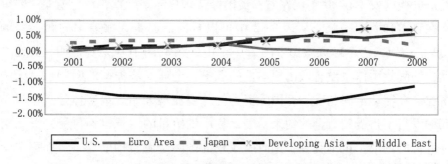

图9-1　2001—2008年世界主要国家的贸易顺差盈余占全球GDP比重

（二）"特里芬难题"困扰现代国际货币体系

1971年以后，浮动汇率取代固定汇率，由于资本项目的自由化，各国的外汇资产可以通过资本市场得到，而不一定需要通过贸易顺差得到，所以各国对外汇储备的需求减少。而且当一国因严重国际收支逆差、汇率大幅度贬值，导致货币危机时，国际货币基金组织 IMF 可有条件地提供贷款，使汇率稳定在某一水平。这似乎在一定程度上缓和了"特里芬难题"。但是 90 年代以来，由于美国国内储蓄—消费的失衡，美国贸易逆差持续增加使得全球经济失衡问题愈演愈烈。虽然现行国际货币体系下，国际储备资产实现了多元化，美元不再是唯一的国际储备货币和国际清算及支付手段，但分析现有的国际储备结构，不难发现美元仍占有相当的优势，即便将来欧元和日元能够与美元相抗衡，相对单极化或三元化的国际储备体系还是会面临"特里芬难题"。因为美国的经常项目逆差是用美元支付的，美国的债务（经常项目下逆差的累积）也是用美元偿还的。当美国无力偿还债务的时候，可以开动印钞机用发行新钞票的方式来还债。也就是说，美元充当国际货币在满足世界经济往来和本国发展需要的同时，也削弱了美元的国际清偿力。在这个意义上"特里芬难题"依然存在。这势必会威胁到美元信用从而动摇美元作为最主要的国际储备资产的地位。"特里芬难题"表明，国际清偿能力的需求不可能长久地依靠国际货币的逆差输出来满足，只要"特里芬难题"上升到无法缓解的局面，现行的国际货币体系内部就一定存有引发经济崩溃的隐患，这表明现有的国际货币体系具有内生的脆弱性。

（三）国际货币体系造成国际汇率体系的不稳定

牙买加体系通过汇率的浮动来形成灵活有效的国际收支调节机制。但是浮动汇率制度下汇率的过度频繁浮动，增加了市场上的不稳定，甚至恶化了各国的国际收支状况。国际货币体系多元化，固然在一定程度上克服了美元独霸世界的弊端，但也增加了新的病因。这就是，储备货币之间汇率频繁变动，造成货币投机盛行。这意味着，如果不能在各储备货币之间确定某种游戏规则，这种国际货币体系并不会对全球经济发展产生有利影响，反而会形成新的祸害。鉴于此，我们自然就要求对储备货币发行国的货币政策和宏观经济政策加强监督，我们自然就要求在多元的储备货币之间建立负责任、有管理、透明且有约束力的汇率关系，我们自然就要求各储备货币国家应对维持这种汇率体系承担主要责任。

在开放经济条件下，根据克鲁德曼的"三元悖论"：货币政策的独立性、资本的自由流动和汇率的稳定性三个目标是不可能同时实现，最多只能同时满足其中的两个目标，而放弃另外一个目标。美国为了本国经济发展，不可能放弃货币政策的独立性，也不会限制资本的自由流动，因此美国根据自身经济利益只有选择浮动汇率制度——任由美元的汇率随市场波动。美国长期实行扩张性的财政和货币政策，几乎可以无约束地向世界倾销美元，这在客观上满足了不断增长的全球贸易和各国对国际储备资产的需求，但是也造成了国际市场上汇率机制的不稳定，因为当今许多国家都采用浮动汇率制，当美国经济出现动荡，美元在国际金融市场上的汇兑比率就会大幅度波动，美元为世界性的关键货币，自然牵动世界各国的汇率，造成国际汇率体系的不稳定。多种汇率制度并存加剧了汇率体系运行的复杂性，汇率波动不断上演。当美元的发行丧失了相应的美国经济实力的支撑，国际金融投机活动又乘虚而入，金融危机爆发的可能性就会加大。同时，在中心—外围汇率制度架构下，经常会出现一种大国侵害小国利益的行为，使发达国家和发展中国家之间的利益冲突更加尖锐和复杂化。

（四）国际储备供求矛盾加剧

国际货币制度在很大程度上决定了国际储备体系，虽然现行的国际货币体系趋向于多元化，但美元和欧元仍是一国国际储备的重要组成部分。2007 年，美元占全球外汇储备的 64%，占全球外汇交易量的 66.7% 以上，占全球贸易结算的 68.0%（如图 9-2 所示）。

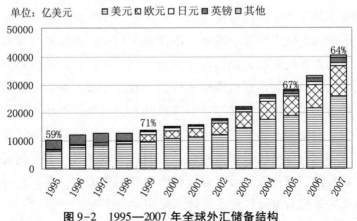

图 9-2　1995—2007 年全球外汇储备结构

现行国际货币体系在外汇储备中反映的矛盾是国际货币发行国与非国

际货币发行国之间利益的不平等。像美国这样的货币发行国可以不受约束的发行美元来取得外汇储备，但是它往往又都是国际贸易的逆差国，通过发行空头美元钞票来侵占了世界各国的自然资源和财富。而非国际货币储备国家只能通过增加出口来取得币值不稳定的美元外汇，完全处于被动、被剥削的地位。这些国家都属于发展中国家，要改变国际储备结构显得力不从心。这样在国际储备的体系中，发展中国家与发达国家的处境形成强烈反差和矛盾。亚洲一些国家通过国际收支长期盈余缓解了对外汇储备的需求，却出现了外汇储备的积累，而赤字国一方面增加了对国际储备的需求，另一方面却出现了外汇储备的下降。国际收支差额对外汇储备供给和需求两方面的制约是现行国际货币制度弊端的集中反映。

二、金融危机对国际货币体系和世界经济的影响

自 2007 年 7 月美国发生次贷危机以来，美金融机构严重亏损，出现信贷紧缩，并逐渐波及实体经济，美国金融危机和经济衰退趋势使美元加速贬值。"百年一遇"的次贷危机和全球性金融危机的爆发对国际货币体系产生了深刻的影响。危机的爆发不仅使得世界大国货币的相对地位和力量发生了此消彼长的变化，也使得传统的国际货币（美元、欧元、日元和德国马克等）的地位排名重新洗牌，在世界人民对美元丧失信心的背景下，中国的人民币在国际货币市场上的地位和作用日益凸显，人民币国际化的进程也在加速。

（一）金融危机对国际储备结构的影响

据 2007 年底的统计数据显示，全球外汇储备的总额中美元外汇储备占64%，日元的外汇储备占3%，欧元的储备占26%。在全球外汇储备货币中，美元的主导地位正在不断地受到挑战。美元在全球央行外汇储备中的比重已从 1999 年的 71.1% 降到 2008 年的 63.8%，欧元在外汇储备中的地位正在迅速加强，在全球外汇储备中的比重已从 18.1% 上升到 26.5% 以上。在金融危机爆发前，虽然国际储备日益呈现多元化的形式，但仔细分析各国的国际储备结构可以看出，美元货币仍然是处于主导、核心的地位的。

但"后金融危机时代"，美元持续走软，严重影响了世界各国对美元货币和美国长期经济走势的担忧和信心，致使美元在国际货币体系中的核

心地位开始动摇。因此，各经济体长期内会大量抛售美元，调整本国的国际外汇储备结构，即可能减持美元而增持欧元或其他日益走强的货币，比如人民币等。从长期来看，美元贬值必定会引起全球实体经济的衰退和国际金融市场的动荡。而世界各国为了维持本国宏观经济的稳定和国际金融市场的安全，也必定会调整国际储备的单一储备美元的结构，这对国际货币体系的储备结构是一次"质的变化"。所以，以美元作为储备货币的国际货币体系是金融危机的爆发主要原因之一。未来要维持国际经济金融的安全和稳定，就要提升区域货币在货币体系中的地位，试图对美元形成一定的约束和制衡。因为，货币背后反映的是各国的经济实力，多元化的国际储备体系有利于形成对发达国家经济行为的约束，共同维持国际金融和货币体系的安全和稳定。

（二）金融危机对国际金融组织的影响

在目前的国际形势下，要想推翻现有金融体制并不现实。国际金融市场最强大的国家都是现有金融体制的受益者。金融危机的爆发需要我们完善国际金融组织体系，积极发挥其在维护国际和地区金融稳定、加强金融监管等方面的作用，提升新兴国家及发展中国家的知情权、话语权和规则制定权。后金融危机时代，新兴国家及发展中国家在世界经济格局中的地位日益重要，因此，他们在完善国际金融组织体系的过程中将发挥巨大的作用。世界各国应通过改革国际货币基金组织、世界银行等国际组织来对国际金融监管体制进行修补和完善。IMF 和世界银行等国际经济组织，应改革在财政、金融和货币领域不合理、不公平的行为准则；制定科学有效的国际金融监管体系和风险预警防范机制，应加强同其他国家在国际金融领域的协调和合作，积极参与国际货币基金组织 IMF 和区域性贸易组织的合作，可以防止金融危机爆发时出现的贸易项下的竞争性贬值；更重要的是，避免汇率贬值出现的国际间的贸易摩擦和政治摩擦问题。强化与其他国家的外贸合作和交流，努力达到"共赢"的效果。

（三）金融危机引起国际货币体系深度紊乱

次贷危机的爆发与深化加剧了国际社会对于美元本位制能否继续维持的担忧。以美元为核心的国际货币体系造成了全球经济失衡问题，为促进世界经济均衡发展，各国政府肯定会采取国际协调和合作机制，尤其是新兴市场国家会强烈呼吁：提升发展中国家的话语权和规则制定权，推动国际经济秩序的公平化和透明化；建立有效的风险预警机制和防范机制，推进多元化的国际货币体系建设，提升区域货币在货币体系中的地位，以形成对美元等核心货币的约束和制衡，有利于货币之间的公平竞争，共同维持世界各国金融体系的稳定。

当美国发生金融危机，可以通过各种渠道传导到其他国家，即使被传导的国家的经济基本面良好或有着比较严密的金融监管体系，都不可能在危机中独善其身。无论是布什政府7000亿美元的问题资产计划、奥巴马政府的8190亿美元经济刺激方案，还是美联储的各种创新信贷机制，最终都只是缓解危机的严重程度，并不能彻底解决全球货币体系面临的通货膨胀和国际货币体系深度混乱的格局。因此，应加强同其他国家在国际贸易领域的协调和合作，积极参与国际货币基金组织IMF和区域性贸易组织的合作，以应对次贷危机对美国金融市场与实体经济的冲击。短期内，要恢复市场信心，各国根据自身情况加快产业结构调整，重建实体经济发展的新动力。长期内，为解决全球经济失衡问题呼吁改革不合理的国际货币体系。

（四）金融危机对世界贸易的影响

"次贷危机"爆发后，美元对世界各国货币的普遍贬值，恶化了与其贸易关系密切国家的出口竞争力，从而通过进出口贸易的渠道将金融危机传导开来。具体来说"次贷危机"引起的美元贬值，有利于美国的出口，从而影响与美国竞争于同一国际市场的国家的出口，导致竞争者出口市场萎缩，竞争国家为减少本国对外贸易损失，会选择本币贬值，各国之间出现竞争性贬值。表9-3比较了2007年和2008年美国对主要出口地出口的情况。2008年，美国的总出口较上年上涨11.9%，其中对东盟的出口上涨12.5%，对欧盟27国的出口上涨11%。美国对欧盟27国的出口在2008年有大幅上涨，这主要是因为2008年美元相对欧元的大幅贬值。由表9-3可以看出，美元的贬值使得美国的出口增加，而其他贸易伙伴国的出口竞争力下降，出口减少直接恶化了本国的国际收支状况。

美国是全球最重要的进口市场，长期以来保持对外贸易逆差，主要依靠进口来维持国内消费。金融危机发生以后，美国信用规模急剧收缩，居民消费支出因此而减少，通过收入效应作用于有直接贸易关系的国家，这将导致其他国家出口减少，进而影响到GDP增长。这对像中国这样依靠净出口拉动经济增长的国家或地区的影响尤为显著，此外，美元大幅贬值将会损害其他国家出口商品的国际竞争力，特别是那些与美国出口商品构成同质性竞争关系的国家和地区。

表9-3　美国对世界主要国家的出口变化

国家 ＼ 出口额	2007年（百万美元）	2008年（百万美元）	变化率（%）
中国	65236	71457	9.50%
加拿大	248888	261380	5.00%
墨西哥	136092	151539	11.40%
日本	62703	66579	6.20%
德国	49651	54732	10.20%
英国	50229	53775	7.10%
荷兰	32963	40223	22%
巴西	24626	32910	33.60%
法国	27413	29026	14.81%
东盟十国	60562	68151	12.50%
欧盟二十七国	247242	274510	11.70%
世界总出口额	1162479	1300532	11.90%

资料来源：U. S. DEPARTMENT OF COMMERCE. CENSUS BUREAU FOREIGN TRADE DIVISION.

（五）美国金融危机为人民币国际化（区域性国际化）创造机遇

这次美国的次贷危机是迄今为止人类最大的金融泡沫。金融危机的爆发，一方面加速美元地位的衰落；另一方面，新兴市场的崛起使得新兴国家货币将在未来的国际货币体系中占有一席之地。相当部分发展中国家融入了全球经济，特别是新兴经济体国家经济的迅猛发展。新兴市场在全球经济总量的占比和对全球增长的贡献度日益上升。2007年中国对全球经济增长的贡献首次超过美国，全球经济增长的50%来自中国、印度和俄罗斯，整个新兴市场对世界经济增长的贡献已经超过60%。新兴市场国家的崛起将促使全球货币体系进行根本性调整。国际货币体系以国家经济和金融实力为支撑，当前新兴经济体的崛起创造了有利的改革条件。本次金融危机使美国货币霸权地位受到挑战，增加了改革的可能性。就中国来说，人民币虽然不是国际储备货币，但中国拥有日益增强的综合国力和美国最大的债权，具有不容忽视的力量。目前中国拥有大量的外汇储备，债权人的地位为推进人民币成为国际货币提供了良好的条件，只有推进人民币成为国际货币才能更好地壮大实体经济。现在人民币处于上升通道的时机，抓住现在人民币受全球追捧的时机，探索人民币国际化（区域性国际化），争取形成境内与周边经济体之间基于人民币的国际贸易结算关系。事实上，人民币作为支付和结算货币已被许多国家所接受，人民币在东南亚的许多国家或地区已经成为硬通货。在推进人民币国际化的过程中，中国还需加强上海等国际金融中心的建设力度和进程，进一步完善金融市场，此外还需把握好金融开放与监管的适度原则。

中国的人民币需要在区域性货币金融合作方面发挥"领头羊"的作用。美国次贷危机的爆发将人民币国际化的步伐向前推进了一步。2008年12月签署的中韩、日韩双边本币协议，也标志着东亚国家在调剂资金余缺、共同面临外生性冲击方面进入了新的阶段。也就是说，货币互换多边化、完善东亚储备库建设、加快发展东亚区域债券市场，将是未来东亚货币合作的发展方向。

三、国际金融危机对各主要货币经济体的影响

（一）对美国经济体的影响

1. 房地产市场的萎缩严重拖累美国经济

次贷危机抑制了美国居民消费，而居民消费占美国 GDP 的 70%，消费的显著下滑必然会极大地影响到美国的 GDP 增长。如下图所示，2005—2008 年美国当期出售房屋量逐年降低，随之出现大量违约，房地产价格大幅下滑，金融机构出现资金链断裂，导致信贷市场流动性短缺，直接陷入支付危机。最终结果导致金融危机由此从房地产市场传递至信贷市场。住房投资已经成为连续 7 个季度拖累美国经济增长的主要因素。同时，房地产市场衰退不仅会使房屋相关支出减少，而且其对消费信心的影响将大大弱化美国经济增长中的消费动力。

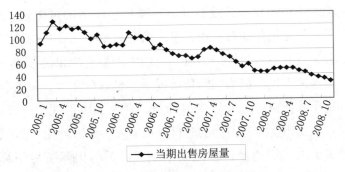

图 9-3   2005—2008 年美国当期出售房屋量

2. 消费的下滑将加快美国经济衰退

众所周知，美国人借贷的消费方式支撑着约 70% 以上的美国 GDP，当消费枯竭，美国的实体经济就不可避免地衰退，美国实体经济将成为危机重灾区。短期内会造成资产价格下跌，居民财富因此而减少，消费受到抑制。中长期企业的萧条和倒闭使很多人瞬间失业，商业银行提供贷款的意愿也开始下降，削弱了企业外部融资的渠道，流动性的匮乏，进一步抑制了企业的投资与居民的消费。美国经济的中长期趋势衰退在所难免。

3. 美元长期贬值将冲击美元的国际地位

2007 年初以来，美元贬值步伐明显加快。以欧元为例，美元对欧元最近两周连创新低，2007 年全年累计贬值幅度达到 7.7%，远远高于 2005 年 0.07% 和 2006 年 0.9% 的全年贬值幅度。尽管美元贬值在短期内对促进出口增长作用明显，但经济学家普遍认为，这种作用难以持久。而且美元贬值将会刺激国内通胀，推高资源产品特别是原油价格，延滞美国经济的复苏。更重要的是，将会严重损害全球投资者的信心。一旦出现全球性抛售美元资产风潮，对于长期依赖国外资金维持增长的美国经济将会是灾难性的。① 从中长期来看，美元作为世界性的核心货币的地位将动摇，欧元、人民币、日元的地位将会在"后金融危机"时代逐渐上升。美元"一枝独秀"的国际货币体系可能被美国、欧盟、亚洲新兴市场国家的多元化货币

---

① 卜伟、段建宇：《次贷危机对世界经济的影响分析》，《宏观经济研究》2008 年第 3 期。

格局所取代。这种多中心货币的构架其实也更加符合全球多极化趋势（张明、覃东海，2005）。2007—2009年美元兑换其他主要国际性货币的趋势如图所示。

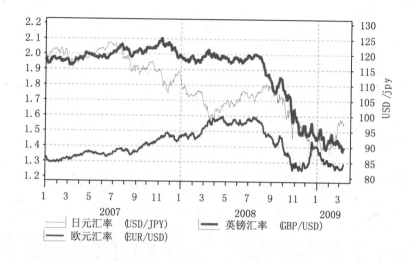

图9-4　2007—2009年日元、欧元和英镑兑美元汇率走势

（二）对欧洲经济体的影响

即使次贷危机的爆发可能加快国际货币体系的演变，但从短期而言，国际货币体系很难发生重大调整。尽管美国金融市场与实体经济在次贷危机中遭受重创，但作为美元的潜在竞争对手，欧元区、英国、日本等国也遭受了次贷危机的冲击，欧元区和英国危机后的发展前景甚至比美国更差。这意味着，次贷危机在削弱了美国作为国际货币体系中心国的竞争力的同时，也削弱了美国潜在对手的竞争力。

1. 金融危机导致股票市场动荡

次贷危机爆发使得欧洲主要的股票市场出现大幅波动，一些银行股暴跌拉动大盘指数下行。众所周知，股市是经济发展的"晴雨表"，是危机蔓延的"风向标"，受美国道-琼斯工业指数和MSCI全球指数的影响。欧洲股指和英国富时100指数跌至历年来最低点，如下图所示。

欧元区经济也显著滑坡，部分欧洲国家房地产市场泡沫破灭严重打击了建筑投资和消费增长，内在增长动力不足，企业和个人信心下降。通货

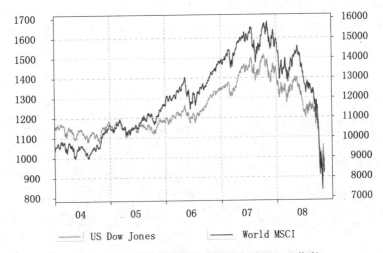

图 9-5　MSCI 全球指数与美国道-琼斯工业指数

图 9-6　英国富时 100 指数与日本东京 225 指数

膨胀居高不下，削弱了居民实际购买力，私人消费支出下滑。在外需下降和欧元升值的双重打击下，出口持续下跌。劳动市场也未能持续改善，就业增长趋缓，失业率开始小幅上升。

2. 欧元区经济将显著滑坡

次贷危机中欧洲的问题比美国更大。欧洲毕竟不是一个主权国家，央行和财政是分离的，很多政策的决策可能会更慢一些。欧元区经济走势严重受制于全球经济形势特别是美国经济的发展状况。外部需求疲软和欧元的再度趋强将严重制约出口的增长。部分国家的房地产市场调整仍在继续，建筑投资和私人消费均持续低迷。扩张性的财政政策难以有效刺激私人需求，却有可能造成财政状况的再度恶化。统一而欠灵活的货币政策作用空间受限。因此，欧元区经济增长速度将持续下降，个别国家甚至会出现短期的衰退。

3. 次贷危机提升了欧元的国际地位

欧元是世界核心货币中美元的主要竞争对手。欧元作为一种新兴的国际货币对现存国际货币体系的冲击，对促进未来世界货币的形成起了示范作用。美元贬值触发了贸易保护主义的抬头，但在一定程度上却有利于欧元区经济复苏。对欧盟而言，美元过度贬值对欧盟而言是机遇与挑战并存。因为日本、美国和欧洲经济发展基本上处于同一发展水平，产品同质性较强，美元贬值使美国产品在价格上更具竞争力。事实上，美元的贬值在一定程度上缓解了欧元区的通货膨胀的压力，使得欧洲央行提高利率的政策压力减小，而欧洲采取较低的利率可以刺激国内宏观经济的增长，这有助于欧元区国家在危机后的经济复苏，并且在一定程度上有利于提升欧元的币值。因此保持强势欧元，其弊端除了国际贸易的出口竞争力下降之外，从长期来看，后金融危机时代对提升欧元的国际地位是利大于弊。

4. 金融危机增大欧洲金融业的风险

与美国银行相比，欧元区银行的杠杆率普遍较高。据统计，欧洲10家最大银行的杠杆率平均达33倍，其中瑞士联合银行63.9倍、巴克莱银行52.7倍、德意志银行52.5倍。高杠杆率意味着银行经营风险较高，即便小幅资产减记也将对资本充足率造成巨大影响。随着金融危机和经济衰退风险加剧，金融机构将被迫降低杠杆率并大规模融资以保持资本充足率和流动性。此外，欧洲的结构性产品投资规模也较严重。统计数据显示，欧洲金融机构（主要是银行）在以美国次级资产等为标的的结构性产品上风险敞口规模巨大。在美国结构性产品市场交易中，除1/3由美国本土机构持有外，其余大部分由欧洲金融机构持有；而在欧洲结构性金融市场，欧洲银行的市场占有量则达到60%。正因为如此，次贷危机发生以来，欧洲银行资产减值规模大大超过美国。随着大量债券到期，欧洲金融机构面对的筹资压力迅速增大。从国别看，德国承担欧洲最多的到期金融债券，占总额的40%。除德国之外，瑞典、荷兰、法国、意大利、西班牙及英国都将面临大量金融债券到期，共占到期金融债券总额的85%。由此来看，未来两三年欧洲尤其是德国的金融系统将面临巨大的融资压力。如果债券市场未来不能很快恢复正常，则欧洲金融机构和公司将被迫出售或减记更多资产。从以上这些方面看，欧洲银行业的整体风险高于美国。但欧洲金融体系中一个极为重要的稳定因素是欧元。经过十年的稳固发展，在此次危机中显示出毋庸置疑的优势。

（三）金融危机对于中国的影响

1. 造成中国资本市场剧烈波动

资本市场最重要的支撑力量就是信心。股票市场是经济的"晴雨表"和"风向标"。一旦出现利空消息，市场就会产生心理恐慌。金融危机引发的心理恐慌会像"传染病"一样，导致人们投资行为的盲目性和羊群效应，极大地加速了金融危机的扩散。中国作为新兴市场长期吸引了大量的国际投资及投机资金，美国次贷危机爆发以后出现的金融恐慌影响到了中国的股市，当美国股票市场形成了悲观的预期，中国股市也会出现大幅下挫的情况。由于美国是全球的金融中心，美国的股价指数被视为一种市场信号。当美国投资者形成悲观的市场预期时，就会抛售资产，其他国家的投资者在信息不充分条件下，即认为市场出现了利空消息，于是也抛售手中的资产，产生股市的"羊群效应"。

2. 造成中国出口形势严峻

全球经济增速受美国次贷危机的影响而大幅度减缓，紧张的国际环境和格局导致了全球贸易保护主义的兴起，美国是全球的消费大国，后金融危机时代国际市场的需求大幅下降，中国国内出口企业面临严峻的挑战和困境。由于国际出口市场的需求降低，进而会影响到中国的企业的经营和劳动者的失业上升，国民经济增长减缓等问题。中国海关总署公布的数据显示，2008年前三季度中国累计实现贸易顺差1809.91亿美元，较上年同期下降2.6%；11月出口额较上年同期下滑2.2%，与10月份增长19.2%和2007年增长近26%的强劲势头构成了鲜明反差。这意味着需求萎缩已经影响到中国的出口，国内经济的疲软态势逐渐显现。如下表所示，从2007—2008年美国的月度贸易数据来看，其货物出口、服务出口以及出口总额的最高点都出现在 2008 年 2—3 月，货物出口金额为 2080.1 亿美元，服务出口为 445.1 亿美元，总额为 2525.2 亿美元，此时美元兑人民币贬值率也在 2 月份出现最大值 -1.57。也就是说，危机爆发后，在美元兑人民币的贬值过程中，美国的出口增加了，中国的出口受到一定的影响和冲击。

表 9-4　2007—2008 年中国—美国出口情况表

单位：亿美元

时间	中国出口额	美元兑人民币贬值率①	美国货物出口额	美国服务出口额	美国出口总额
2007.01	866.2	-0.37	902.57	380.6	1283.17
2007.02	820.96	-0.26	890	379.8	1269.8
2007.03	834.24	-0.17	910.54	390.8	1301.34
2007.04	974.5	-0.34	912.01	393.1	1305.11
2007.05	940.65	-0.57	934.11	402.8	1336.91
2007.06	1032.68	-0.46	948.67	408.8	1357.47
2007.07	1077.44	-0.43	975.02	424.8	1399.82
2007.08	1113.55	-0.07	985.24	435.9	1421.14
2007.09	1123.73	-0.58	994.68	433.1	1427.78
2007.10	1077.24	-0.54	1003.7	437.4	1441.1
2007.11	1176.21	-0.55	1009.7	442.5	1452.2
2007.12	1144.16	-0.74	1018.4	443.1	1461.5
2008.01	1096.4	-1.47	1045.9	447.5	1493.4
2008.02	873.68	-1.57	2080.1	445.1	2525.2
2008.03	1089.63	-1.2	1049.4	452.2	1501.6
2008.04	1187.71	-1.22	1100	462.3	1562.3
2008.05	1204.96	-0.78	1109	468.9	1577.9

---

① 美元兑人民币月贬值率 HL＝（美元兑人民币收盘价-美元兑人民币开盘价）×100/美元兑人民币开盘价

时间	中国出口额	美元兑人民币贬值率①	美国货物出口额	美国服务出口额	美国出口总额
2008.06	1211.8	−1.12	1162	468.7	1630.7
2008.07	1366.75	−0.32	1207	468.2	1675.2
2008.08	1348.73	−0.11	1178	468.7	1646.7
2008.09	1364.32	−0.21	1077	460.7	1537.7
2008.10	1283.27	−0.09	1048	451.1	1499.1
2008.11	1149.27	0.08	970.5	436.2	1406.7
2008.12	1111.57	−0.23	887.5	437.7	1325.2

资料来源：中国金融投资网网络数据库 HTTP：WWW.KIIIK.COM/，中国经济信息网网络数据库 HTTP：//DB.EEI.GOV.C 可整理计算得出。

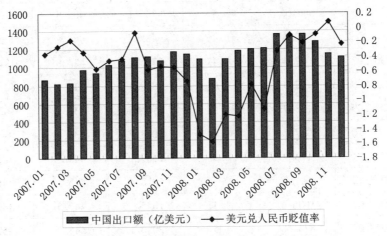

图 9-7　2007—2008 年月度中国出口额与美元人民币的贬值率

　　综上所述，美元金融危机爆发后，世界各国对人民币升值施加了前所未有的压力。美国政府为了降低本国金融危机的严重性，联合欧盟、日本等国家强烈要求人民币大幅度升值，更有甚者，一些发达国家的学者和政要提出了"中国威胁论"，认为本次全球金融危机的爆发中国应该负主要的责任，其目的和企图是让包括中国在内的其他新兴市场国家货币大幅升值。

３. 流动性过剩，通货膨胀压力不减

2009 年以来，中国和世界都面临食品和能源价格上涨带来的通胀压力。尽管 2008 年美国经济放缓，将有助于缓解全球通胀压力，但两大因素可能使中国的通胀压力继续增加。一是上面提到的大量国际资本流入中国，迫使央行继续大量投放基础货币；二是美元贬值继续推动全球能源价格和初级产品价格上扬，造成原材料燃料动力购进价格指数和工业品出厂价格指数上涨，并最终带动居民消费价格指数的上涨。一些专家认为，由于目前中国对能源和部分原料价格实行价格管制，输入型通胀还不明显。国内制造业普遍存在的产能过剩和充分市场竞争，也消化了很大部分进口原料价格上涨因素。但随着能源和原材料定价机制市场化改革以及企业劳动生产率的放缓，中国将面临更大的通胀压力。[1]

（四）金融危机对中东地区的挑战

在新兴市场国家中，当前基本面最为脆弱的群体既非拉美国家，也非东亚国家，而是中东欧国家。从经常账户余额与 GDP 的比率来看，2007年东亚国家的平均经常账户盈余 5.3%，拉美国家的平均经常账户赤字为2.2%，而中东欧国家的平均经常账户赤字高达 10.1%。从外债与 GDP 的比率来看，2007 年东亚国家为 18%，拉美国家为 23%，中东欧国家高达 53%。

１. 出口萎缩加剧经常账户逆差

如图 9-8 所示，进入 21 世纪之后，中东欧国家不仅经常账户赤字不断恶化，而且净外部借款的增长额远超过外汇储备的增长额。因此，如果跨境资本继续流出，则部分中东欧国家极有可能爆发货币金融危机，尤其是波罗的海三国、匈牙利、乌克兰等基本面最为脆弱的国家。中东欧地区的新兴市场国家 80% 出口输往欧盟内部，但出口商品结构较为传统，对欧贸易处于逆差状态；2008 年底白俄罗斯出口同比下降 25%；波兰经常账户逆差/GDP 由上年的-4.7% 扩大为-5.4%。中东欧国家受美国金融危机的影响出口市场的萎缩，加大了国际收支的不平衡。

---

① 卜伟、段建宇：《次贷危机对世界经济的影响分析》，《宏观经济研究》2008 年第 3 期。

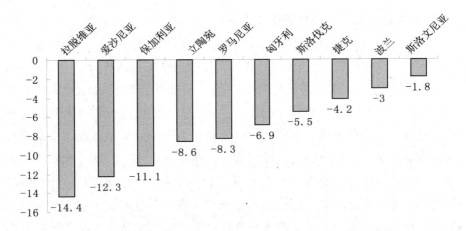

图 9-8 2007 年中东欧经常账户逆差占 GDP 比重

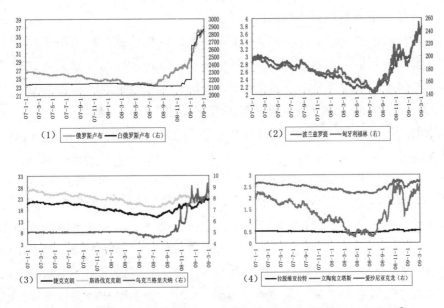

（1） —— 俄罗斯卢布 —— 白俄罗斯卢布（右）

（2） —— 波兰兹罗提 —— 匈牙利福林（右）

（3） —— 捷克克朗 —— 斯洛伐克克朗 —— 乌克兰格里夫纳（右）

（4） —— 拉脱维亚拉特 —— 立陶宛立塔斯 —— 爱沙尼亚克龙（右）

图 9-9 2007 年 1 月—2009 年 3 月中东欧各国货币兑美元汇率走势①

2. 金融危机对中东欧汇率市场的冲击

金融危机对中东欧等转型国家的金融体系冲击较大。首先，银行体系

---

① 数据来源：BLOOMBERG

受害深重。一些中小商业银行出现支付危机，一些私人中小银行已被国有大银行收购，乌克兰工业投资银行因外债过重而被政府接管，2008 年 10 月 13 日乌克兰中央银行宣布未来半年内禁止储户提前提取定期存款，并禁止银行扩大贷款规模。其次，转型国家的币值普遍下跌。

由图 9-9 可以看出：2009 年第一季度，白俄罗斯卢布贬值 23%，居东欧货币贬值之首。俄罗斯卢布贬值 19%。波兰、匈牙利货币均贬值 22%。捷克、斯洛伐克、乌克兰货币分别贬值 15%、9%、6%。波罗的海三国拉脱维亚、爱沙尼亚、立陶宛货币分别贬值 11%、10%、10%。

（五）金融危机对新兴经济体的影响

1. 新兴经济体发展速度将明显放缓

随着发达工业国家经济增长大幅跌落，发展中国家出口增长将显著下滑；同时，销售前景转淡，就业和收入上升放缓，也将压制投资和消费的增长。个别国家对能源价格采取补贴政策，随着补贴的缩减，高油价的效应显现，企业和个人消费都将受到冲击。此外，国际金融市场的动荡也使金融环境日益趋紧。印度经济将继续减速增长；拉美国家也受紧缩货币拖累；由于通货膨胀严重，原材料以外的产品竞争力持续下降，俄罗斯经济增长也将有所放缓。

2. 新兴经济体面临外汇储备缩水的损失

新兴经济由于本国经济发展的需要，在经常账户和资本账户下对美国形成了长期的顺差格局，东盟一些发展中国家以出口原材料为主积累了大量的美元外汇储备。后金融危机时代，美元的长期贬值就意味着这些国家的主权财富的损失。美国消费需求的降低会使新兴经济体的出口减少、增长放缓。这些新兴市场国家的经济复苏在很大程度上依靠出口带动，美元贬值相对来说严重影响了东亚国家的出口，而且对于这些国家的汇率制度和货币汇率的稳定都有不同程度的影响。如下图所示，2007 年至 2008 年泰国、菲律宾货币累计升值 4%、5%，印度尼西亚货币比累计贬值 20%。

3. 新兴经济体的资本市场存在隐患

金融危机后，美元贬值将使得大量的资金为寻找更高投资利润开始流向新兴经济体国家。如果是大量的短期外资的流入，将推动这些国家国内资产价格的飙升，很容易滋生经济泡沫。当国际投机者赚取了暴利之后，这部分资金又会大量从新兴经济体撤出。由于新兴经济体缺少完善的金融

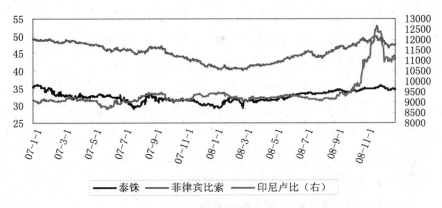

图9-10　2007—2008年东亚主要国家的汇率波动情况

监管系统和有效的防范金融风险的机制，当大量短期资本迅速撤出时，便会造成这些国家的流动性不足和资金严重短缺，引发支付和信用危机。后金融危机时代，随着美国金融危机的不断深化，外国投资者和各种为牟取暴利的短期资本纷纷把资金撤离美国，并将这部分资金投入回报较高的新兴市场。当资金进入东亚以后，会寻找各种短期牟利的投资机会。从一国金融稳定和经济安全的角度分析，这部分游资会炒作该国的股票市场和房地产市场，为下一波金融危机的隐患埋下伏笔。

（六）金融危机对日本的影响

受全球金融危机影响，2008年底以来外部需求低迷，日本出口遭受重大打击，GDP也大幅下降。外需曾是带动日本经济回暖的主要因素，但美国金融危机之后，外需出现大幅下降，国内需求也依旧疲弱。在住房投资持续回落的同时，企业投资也开始萎缩；物价的上涨使得居民实际可支配收入缩水，居民消费持续低迷。劳动市场也出现连锁反应：就业增长停滞，失业率开始上升。根据最新统计：2008年日本的经济GDP将下跌率为-12.1%，如图9-11所示：OECD国家整体降幅超过6%、美国-6.2%、欧盟为-5.9%、冰岛为-3.6%、韩国为-20.8%。

在日本，出口减少和个人消费低迷已经造成了实体经济的恶化。特别

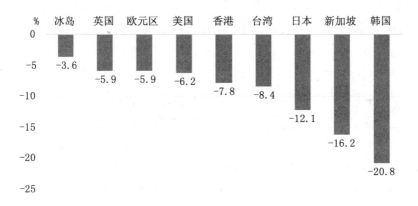

图 9-11　2008 年金融危机对主要货币经济体 GDP 的影响①

是在中小城市，房地产市场下滑等现象更为严重。统计数据显示，日本 2008 年经常项目顺差较 2007 年下降 34.3%，其中商品和服务贸易顺差下降 81.7%。2008 年全年日本经常项目顺差为 16.28 万亿日元，较 2007 年下降 34.3%。商品和服务贸易顺差为 1.8 万亿日元，较 2007 年骤降 81.7%。2008 年日本商品贸易出口额为 77 万亿日元，较 2007 年减少 3%；进口额为 73 万亿日元，增长 8.8%；商品贸易顺差为 4 万亿日元，比 2007 年减少 67.3%。可见，美国金融危机给日本的进出口贸易带来了严重的影响。不仅如此，股市低迷、外汇市场的激烈变动以及金融市场的混乱所造成的金融机构的收益恶化及个人投资的损失，加速了日本宏观经济的恶化。

第二节　国际货币体系改革与人民币国际化战略

导致此次金融危机的成因诸多，但以美元为主导的、基本不受约束和监管的单极化国际货币体系格局无疑是最根本的原因。金融危机以来，美

---

① 数据来源：BLOOMBERG

国的政治经济实力和综合影响力都有所下降，加之巨额负债、信任危机等诸多负面因素的影响，美元作为世界主要储备货币的前景被普遍看坏，美元在国际货币体系中的霸权地位备受挑战。而"金砖四国"、"展望五国"等新兴经济体却在这次危机中率先复苏，成为引领世界经济发展的新动力。改革国际货币体系的固有缺陷，是避免危机再次发生的唯一出路，而新兴经济体的崛起，为国际货币体系改革提供了更多的有利条件，增加了改革的可能性。尤其是改革开放以来，中国经济的迅速崛起，以及人民币自东南亚金融危机以来逐步坚稳的国际信用为世界所关注。顺应国际货币体系改革大潮的兴起，中国只有积极参与到世界经济新格局的创建中去，才能取得长足的发展，而人民币国际化正是顺应这一历史潮流的重大举措之一。

一、国际货币体系改革经验总结

熊彼特说过，一个时代离我们越近，我们对它了解的就越少。考察和梳理国际货币体系的起源和历史有助于更好的理解当前的国际货币体系。纵观国际货币体系发展的各个阶段，国际货币体系的演变历史经历了从最初的银本位制、金银复本位制，到后来的国际金本位制、金汇兑本位制、以美元为中心的布雷顿森林体系，到目前被称作"无体系的体系"的牙买加体系。从国际金本位制的诞生到布雷顿森林体系的解体，从牙买加体系的建立到现如今重塑国际货币体系改革大潮的涌动，伴随着世界经济格局的几经变迁，国际货币体系经历了百余年的发展。分析这个演进过程、总结和归纳这个发展过程，我们可以得到许多启示，这对改革和完善当前的国际货币体系，构建未来的国际货币体系具有重要的借鉴意义。

（一）国际货币体系伴随着国际实体经济关系演变

从国际货币体系的演变来说，从国际金本位制到布雷顿森林体系，无不体现了国与国之间以贸易和投资为主要内容的实体经济关系的演变，各个货币体系的逐个解体都与国际货币体系中核心国家相对经济实力与其货币地位的失衡有着密切的关系。

在国际金本位制时期，英国首先开始了工业革命，凭借其强大的殖民地统治，成为世界上最大的工业强国、最大的工业品输出国和最大的海外投资国，在国际贸易和国际投资中占有绝对的优势，因此英镑无可厚非的成为国际金本位制的主导货币，英国支配着当时的国际货币秩序。

第一次世界大战之后，由于资本主义经济的进一步发展以及第二次工业革命，美国工业生产迅速发展，其在世界工业总产值中所占的比重从23%上升到36%，跃居成为世界第一位；德国也从13%上升到16%，仅此于美国；而与此同时，英国却从32%下降到14%，从头号工业强国滑落至世界第三位。国际金本位制由于没能及时反映和适应这种国际实体经济关系的变化，维持了35年的时间，其后演进的金汇兑本位制也只能算是个过渡阶段的国际货币体系。第二次世界大战之后，美国在全球的经济实力进一步加强，成为名副其实的经济霸主，随之美国主导建立的以美元为核心的布雷顿森林体系正是反映了当时国际实体经济关系的变化。布雷顿森林体系在其最初建立的二十年左右的时间里相对较为稳定，但伴随着战后西方资本主义国家的重建，世界经济格局发生了巨大的变化，布雷顿森林体系也随着美国经济实力的相对衰落而变得不稳定并最终解体。

（二）国际货币体系中单一国家货币绝对优势存在的弊端

任何单一国际货币在国际货币体系中要想占据绝对优势，都不可避免"特里芬难题"。国际货币体系的建立和运转不能过于依赖任何一种单一的国别货币，布雷顿森林体系的崩溃，以及目前牙买加体系的不稳定都充分说明了这一点。

国际货币基金组织创设的特别提款权，为解决国际货币体系的核心问题提供了一个崭新的思路和模式，这种机制的建立，表明国际社会开始尝试建立一种国际通用的信用货币，试图改变建立在一国货币基础上国际货币体系的状况，具有里程碑式的意义。

（三）国际货币体系的更迭是市场选择的结果

历史经验表明，国际货币形态的更替不是单单以某个政府意志为转移的，而是经济发展过程中市场选择的结果，是大国博弈从而引致世界经济金融格局变化的结果；汇率制度的变革也通常是大国之间利益矛盾难以调和的结果。

二、国际货币体系现状与改革诉求

从20世纪70年代开始，有关国际货币体系改革的讨论就一直没有停止，但多数时间主要集中在学术探讨层面，现实中缺乏足够的力量来推进制度变迁。本次金融危机再一次显现了单一主权信用货币为核心的国际货币体系的内在缺陷，国际货币体系改革势在必行。

（一）当前国际货币体系的固有缺陷

以单一国家主权信用货币为主导的国际货币体系加剧了风险集中和危机传导。当一国货币成为全球初级产品定价货币、贸易结算货币和储备货币后，该国货币当局单一兼顾国内货币政策目标与各国对储备货币的要求，负债消费的经济发展模式长期内难以持续。

1. 汇率制度的不稳定性

牙买加体系承认浮动汇率制的合法性，使浮动汇率在成为国际收支失衡的自动调节器的同时，也为国际投机资本合法套取汇率差价获利提供了机会。由此，国际汇率处于经常性的变动之中，国际金融领域的持续动荡。主要国际货币之间的比价不稳定（见图9-12、9-13），也使国际货币体系的外围国家面临巨大的不确定汇率风险，其贸易、金融等方面都受到不同程度的影响。尤其是对绝大多数发展中国家来说，基于本国经济发展的实际情况，只能根据主要国际货币之间的汇率波动状况选取带有固定性质的钉住汇率制度。多种汇率制度并存加剧了汇率体系运行的复杂性，汇率波动和汇率战不断爆发，金融危机风险大增，不利于弱国利益的保护。

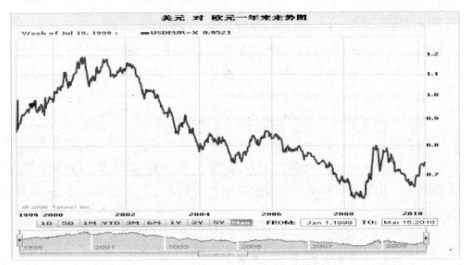

图9-12　美元对欧元汇率变动走势图

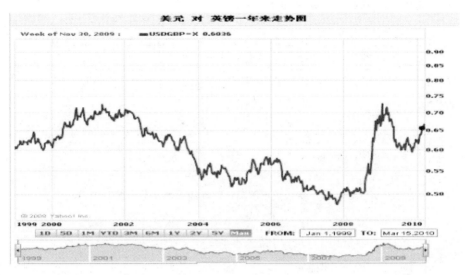

图 9-13　美元对英镑汇率变动走势图

　　另外，一国货币的贬值意味着同它相对应的另一种货币同时发生升值，反之亦然。因此，即使本币对内价格稳定，但由于外币自身的升值或贬值，本币的对外价格也会被动地相应升值和贬值，从而给一国经济带来因货币对外价格变动而引发的收益或损害。目前各国政府和央行的宏观调控大都基于本国经济利益，只有当汇率的过度波动同时影响双方经济或各国利益时，才会出现有力的国际协调，这给国际外汇市场汇率波动的国际协调增加了难度，而现行的国际货币制度缺少国与国之间维持汇率稳定的责任与损益的调节机制。

　　2. "特里芬难题"尚未得到根本解决

　　布雷顿森林体系的崩溃，证明依赖单一国别货币在国际体系不可避免"特里芬难题"（见图 9-14）的存在。在牙买加体系下，国际储备的多元化虽然摆脱了对单一货币依赖，一定程度上分散了矛盾、缓解了"特里芬难题"，但是并未根本解决"特里芬难题"。在多元化的国际货币储备体系中，一个国家的货币同时充当国际货币的矛盾依然存在，这就使得国际储备货币国家几乎无约束地向世界倾销其货币，并且借助金融创新产生出巨大的衍生金融资产，这势必与世界经济和国际金融的要求发生矛盾。矛盾一旦激化，将会引起国际金融市场动荡及爆发危机的严重后果。如由美国次贷危机引发的全球金融危机就是例子。

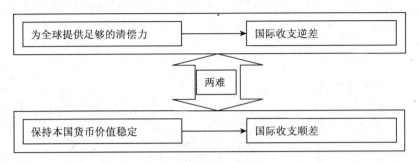

图9-14　主权货币国际化面临的"特里芬难题"

3．核心国际货币的权力与义务不对等

由于当今的牙买加体系是以美元为核心的国际货币体系，美元的本位货币的地位使美国享受了国际货币的权力：美联储充当"世界中央银行"的角色。但却只是行使了"世界中央银行"的权利，没有同时承担起相应的义务。美元失去了黄金的约束后，不断通过经常项目逆差向外提供美元来享受海外的资源、产品和服务，通过资本项目顺差收回流出的美元，导致了美元资产在境内外的迅速膨胀。美元保持着国际储备货币的霸权地位，其他货币只能从属于美元，跟随美元的变动而变动，否则就会遭受金融危机的打击。发展中国家为了应付投机资本的冲击而积累大量外汇储备，其中美元占国际经贸往来及各国外汇储备的60%—70%。2001年，美元开始战略性贬值，毫不兼顾世界其他国家利益，发展中国家由此面临着资本损失的危险。美元无限制的对外发行，刺激了美国虚拟经济的过度发展，引发了美国虚拟经济与实体经济的严重失衡，为当前的金融危机埋下祸根。

4．国际金融组织的独立性和权威性有限

不存在"超国家"制度因素的"没有体系的体系"是当前国际金融制度安排的总体特征，如今的国际货币体系只是各国对外货币政策和法规的简单集合，这种制度的缺位使国际金融体系一定程度上处于一种无序状态——缺乏充当国际最终贷款者和有效的监管者，缺乏肩负调节国际收支失衡、防范与化解金融危机以及维护金融市场机制。发达经济体在国际金融组织中处于主导地位，新兴市场和发展中国家缺乏足够的话语权，国际金融组织的独立性和权威性有限①，未能形成对主要国家经济金融政策的有效监督和制衡。国际组织缺少必要的资源和融资手段，应对金融危机的"全球最后贷款人"的功能缺位，尚未在全球层面建立科学、高效的金融风险预警和应急救助机制。国际金融组织应改善监督，保证对所有的成员国待遇的公平与公正。应特别加强对主要货币发行国的经济金融政策以及主要国际金融市场的监督，以一部完善治理结构，改善决策程序，提高危机预警和处置能力。

（二）金融危机提升国际货币体系改革诉求

美国次贷危机是由于美国自身的经济结构、金融体系及政策等方面深层次的原因所酿成的。但是在经济全球化、金融全球化的条件下，在现有以美元为核心的国际货币体系下，美国的次贷危机通过美元的无约束发行，迅速蔓延酿成世界性金融危机。这次全球性的金融危机让各国认识到在现行的国际货币体系存在制度性缺陷的情况下，要避免此类危机的重演，不能光靠加强自身金融监管。美国发生金融危机，以单一美元作为世界货币的结算机制使其他国家不能独善其身。国际货币改革势在必行，严峻的现实让世界各国意识到，世界迫切需要一个通过民主方式赋予合法地位的世界金融组织，改变由美国主导的全球经济以及以单一美元作为世界货币结算的机制。

六十多年来，美国以其在政治、经济、军事、科技等诸多方面长期占据着霸主的地位，一直没有哪个货币可以挑战美元。但是本次次贷危机使国际货币体系的公信力和可持续性再次受到质疑，严重地动摇了以美元为核心的国际货币体系。为了缓解货币市场的信贷紧缩，为了刺激投资和推动经济增长，美联储实行了如大幅降息，注入流动性等宽松的货币政策，这些举动更是严重削弱了美元的国际信用。另外，本次金融危机使各国实体经济蒙受了巨大的损失，国际社会对国际货币体系改革的意愿进一步加强。后危机时代传统的发达国家经济体面临衰落，而新兴市场经济国家的相对经济实力得到加强。对今后美国经济的消极预期再次冲击了美元的国际货币地位，欧元的诞生，中国的崛起以及世界政治经济格局的渐变，使

---

① 作为现行国际货币体系的重要载体之一的 IMF，由于被美国等少数发达国家操纵，缺乏一定的独立性和权威性。

美元在国际货币体系中的地位遇到越来越多的挑战。世界经济版图将发生变化，国际货币体系也必然会伴随世界经济格局变化而发生变革。除了本次金融危机之外，多元化的世界贸易开放格局、世界金融储备体系和世界贸易结算体系的变化趋势，也将促使国际货币体系的根本性调整。

（三）金融危机后国际货币体系的改革方向

由于长期的贸易顺差和资本账户顺差，中国积累了巨额的外汇储备，而外汇储备的结构里面主要是美国国债，我国成为美国最大的债权国。美国金融危机爆发后，美元的贬值造成中国等新兴市场国家的财富巨额缩水，严重损害了发展中国家的利益。显然，美元的国际地位随着次贷危机的爆发在逐步下滑，全球经济实力的转移和变化，必然带动国际货币体系的调整和变化。新兴市场国家应该凭借日益强大的经济实力和国际影响力，提升话语权和规则制定权，以形成对美元的约束和制衡。虽然国际货币体系的构建是一个漫长的过程，在变革阶段会面临众多的挑战与阻力。美国金融危机的爆发与以美元为核心的国际货币体系中密切相关。"后金融危机时代"改变美元霸主地位、重塑国际货币体系的呼声越来越高，未来国际货币体系的改革方向是：要改变以美元为主导的货币体系，提升区域性货币的国际地位，由于货币反映一个国家的经济实力，所以新兴市场国家在经济实力不断增强的过程中，要提升本国货币的国际影响力，以对美元形成一定的约束。构建多元化的货币体系有利于形成货币之间的竞争和制衡约束，多足鼎立的货币格局可以共同支撑国际货币体系的稳定。

1. 新兴市场国家改革国际货币体系的主张

短期内要改变现有国际货币体系并不现实，因为这涉及到美国等发达国家的利益，发达国家从自身的国家利益出发不会轻易放弃在国际货币体系的主导地位。因此，新兴市场国家应充分利用这次全球金融危机的契机，努力呼吁改革国际货币基金组织、世界银行等国际组织来对国际货币体系进行修补和完善，以给发达国家施加压力。要保证发展中国家拥有更大的发言权和规则制定权，让 IMF 等国际组织能够代表更加广泛的国家利益。随着新兴国家及发展中国家在世界经济格局中的地位日益提高，因此，他们在完善国际货币体系的过程中将发挥巨大的作用。关于国际货币体系的改革，新兴市场国家主张加快推进多元化国际货币体系建设，努力发挥多种货币的相互制约、相互竞争的作用，共同支撑国际货币体系的稳定。综上所述，改革以美元主导的国际货币体系是许多发展中国家的共同愿望。虽然国际货币体系的重构是一个长期过程，短期内难以实现。但是改革国际货币体系的愿望和需求，摆脱对美元的霸权地位，提升区域货币在货币体系中的地位是许多发展中国家的主张和共识。

2. 未来国际货币体系的改革方向

纵观国际货币体系的演变历史，货币体系的改革和调整代表着各国的利益和立场。后金融危机时代，各国应该根据自身情况，推行有效的扩大国内需求经济刺激计划，短期内要恢复市场信心，长期内要注重加快产业结构调整，重建实体经济发展的新动力。对于发展中国家而言，应根据本国的通货膨胀水平、经济规模和国内金融市场开放程度以及资本流动性等因素选择恰当的汇率制度。

第一，为解决全球经济失衡问题，世界各国应采取国际协调和合作机制，建立世界储备货币多元化的稳定汇率体系，弱化美元霸主地位，促进世界经济均衡发展。积极发挥国际金融组织在金融稳定和金融监管等方面的作用，提升发展中国家的话语权和规则制定权，推动国际经济秩序的公平化和透明化。

第二，要建立有效的风险预警机制和防范机制。虽然美国不会轻易放弃世界经济霸权地位，其他国家也着眼本国经济利益的考虑，不会轻易接受人民币的国际化（区域性国际化）和国际化进程，但是我国的态度必须旗帜鲜明，要求改革现有的国际货币体系以维护本国的经济金融安全。推进多元化的国际货币体系建设，提升区域货币在货币体系中的地位，以形成对美元等核心货币的约束和制衡，有利于货币之间的公平竞争，共同维持世界各国金融体系的稳定。

第三，强化国际货币基金组织在国际救助和金融监管方面的职能。从扩散和传导机制方面说明了开放资本项目的危害性，所以各国根据自己的需要和经济情况决定资本项目的开放与否。与此同时，各国政府和国际社会应该对短期资本异常的、大规模流动进行一定的联合限制和监控，使现行国际货币体系能够真正满足全球化金融的安全和稳定。因此，改革现行的国际货币体系，关系到我国的经济安全和稳定，无法回避。

第四，改革货币基金组织的不合理制度。IMF在危机救助过程中对发达国家和发展中国家采取双重标准，遭到广大成员国的强烈不满。中国应与广大发展中国家一道，努力改变国际货币基金组织份额和投票权基于经济规模的分配原则，重新审核基金份额、扩大基础投票权。市场主体一旦脱离监管和法制的约束，过度追求盈利，盲目竞争，市场就可能滑向无序，金融危机就极易发生。所以，一方面加强对场外衍生品的跨国监管，提高市场交易透明度，有效防范金融风险；另一方面，在国际游资大规模流动的情况下，应在国际层面建立对资本流动的监管协调机制，防止冲基金等主要投资者的冲击。因此，IMF 应该完善信用监管职能以及强化危机前市场的风险预警机制。改革货币基金组织有利于国际间经济合作的整体协调，是未来国际货币体系改革一条择优的道路。

（四）国际货币体系的改革模式选择

1. 重建一个新的布雷顿森林体系

由美国次贷危机引发的全球性金融危机，重创了美国、欧盟、日本等发达国家的金融体系和实体经济。为了应对危机，美国不顾及对其他国家的利益影响，不负责任地开动印钞机向市场倾注流动性，使金融危机的负面影响进一步升级。欧元在此次危机中面临巨大的贬值压力，2008 年 10 月以来，包括法国、英国、德国和欧盟中央银行行长在内的主要欧洲国家领导人纷纷呼吁改革现行国际金融体系，要求建立"第二代布雷顿森林体系"，以避免全球金融危机的再次重演。

欧洲呼吁建立一个新的布雷顿森林体系，主要意图是期望欧元能够挑战美元，至少期望争取到和美元平起平坐的地位，除了能够分享到作为全球储备货币的铸币税收入和其他好处之外，还可以提升欧洲金融市场消化危机的能力。但是就目前的局势来说，重返"布雷顿森林体系"可能性较小。

2. 创造一种新的超主权国际储备货币

由美国次贷危机引发的全球性金融危机使当前国际货币体系的内在缺陷和系统性风险暴露无遗，本次金融危机能够迅速蔓延至全球，很大一部分原因在于美元在国际储备体系中所具有的不对称地位。改革当前国际货币体系，创造一种超主权的国际储备货币，可以避免当前这种主权信用货币作为国际储备货币的内在缺陷。早在 20 世纪 40 年代，凯恩斯就曾提出采用 30 种有代表性的商品作为定值基础建立国际货币单位"BANCOR"的设想，以避免黄金储备引起通货紧缩，同时防止主权货币作为国际储备引起不同国家容易处在经常账户盈余和赤字两个极端。1969 年，国际货币基金组织创设 SDRS 以缓解主权货币作为储备货币的内在风险，可以说 SDRs 是一种超主权货币的尝试性载体。

2009 年，中国人民银行行长周小川提出建立一种与主权国家脱钩并能保持币值长期稳定的国际储备货币：一国主权货币作为全球贸易的尺度和参照基准，汇率政策对失衡的调节效果将非常有限；而由一个全球性机构管理的超主权国际储备货币作为全球贸易的尺度和参照基准，全球流动性的创造和调控将成为可能。周小川认为特别提款权是超主权货币最佳备选，应以特别提款权为切入口，逐步扩大特别提款权的使用范围，谋求"创造一种与主权国家脱钩、并能保持币值长期稳定的国际储备货币"的最终目标。需要强调的是这一改革的进行必须是渐进的，不能一蹴而就。

3. 扩大特别提款权（SDRs）在国际储备中的规模

由于美国长期处在世界政治经济霸主地位，自布雷顿森林体系以来，美元在国际货币体系中一直处于核心地位。国际货币基金组织表面上是全球性的国际组织，但很大程度上却受美国等少数国家操控，为缓解主权货币作为国际储备缺陷而创造的一种国际通用的信用货币 SDRs，其规模自创立以来都被控制在一个较小的范围内①，根本无法发挥国际货币的功能。

现有的 SDRs 具有超主权储备货币的特征和潜力。可以着力推动 SDRs 的分配以及进一步扩大 SDRs 的发行量和使用范围，从而能真正发挥其国际储备货币的功能。可以从几个方面做努力：改善当前 SDRs 只能用于政府或国际组织之间国际结算的现状，使其能成为国际贸易和金融交易公认的支付手段；积极推动创立以 SDRs 计值的资产，推动 SDRs 在国际贸易和投资中的计价功能；从增加 SDRs 定值货币篮的货币品种、调节货币篮已有货币的权重等角度完善 SDR 的定值机制；吸收现有的储备货币作为其发行准备、以实际资产支持的方式等改善 SDRs 的发行方式。

4. 推行区域货币制度，创立强极区域货币群体

本次金融危机虽然很大程度上动摇了美国的经济霸主地位，但是世界

---

① 1971 年，SDRs 占国际货币总储备的 4.5%，1976 年，该比例下降到 2.8%。

经济格局短期内很难因一次危机而彻底改变，短期内美元仍会保持在国际货币体系中的核心主导地位。欧元的诞生，对美元在国际货币体系中的霸主地位是有力挑战，未来国际货币体系可能出现欧元和美元争夺主导权的态势。新兴经济体的日益发展也将促进国际货币体系格局的转变，能否出现多强鼎立的局面，将取决于各个经济体主权货币博弈力量的此消彼长。不过，从单极主权货币到多元的国际货币体系改革趋势势不可挡。

面对千差万别的各类经济体，统一全球所有央行发行全球统一的货币，目前显然无法实现。但区域经济一体化的发展以及区域货币合作使区域货币一体化成为可能：就国际政治经济发展的趋势格局看，欧元区对非成员欧盟国家的吸纳和对前法属殖民地非洲小型货币区的整合将接近尾声；美元区将包括整个北美地区并向南美国家拓展；海湾合作理事会（GCC）成员国的海湾货币区、俄罗斯与中亚的卢布区、以巴西雷亚尔为核心的拉美货币区也可能得到发展；非洲可能分化为西非五国、东非五国的统一货币区和南非 14 国的货币联盟；东盟国家可能实现货币统一，但最终将会被亚洲核心国收编；随着海峡两岸经济相互融合速度的加快，大中华人民币区有望形成，推动着人民币国际化进程。

从另一个角度讲，全球金融危机促进了世界经济的国际化（区域性国际化）发展：区域汇率协调安排和货币国际化（区域性国际化）趋势都得到进一步加强，区域金融市场和区域性的国际货币也得到进一步发展。区域经济多极元、区域货币一体化是国际储备多元化改革最有力的促进因素。根据 IMF 测算，到 2020 年，北美、"欧元区和英国"、"金砖四国和日本"三大区域经济在全球 GDP 总量的份额将分别为：20％、21％、31％，这意味着届时世界经济格局将演变成大致均衡的三极。到时候，区域强货币将成为国际货币体系新格局中的主力力量。

5. 构建多元化国际货币体系

国际货币形态的更替首先是市场选择的结果，汇率制度的变革决定于大国之间的长期博弈。最有可能出现的结果将是由美元、欧元、日元、人民币、黄金、特别提款权等多种货币相互制衡的国际货币格局。单一核心货币模式的不稳定性和缺乏协调性的特点在本次金融危机爆发中显现无遗。金融危机的迅速蔓延更是动摇了美元在国际货币体系中的地位，就国际货币体系的未来发展而言，随着新兴市场经济体的国际影响力和国际地位日趋提高，多元化的国际货币体系很有可能会逐渐替代美元作为国际货币体系唯一核心的模式。

多元化的国际货币体系是将各经济体根据地理位置、经济规模、国内金融资本市场的发达程度、经济开放程度、国际贸易的商品结构和地域分布、全球金融经济一体化的程度等结成的几个区域货币联盟或者是区域内的统一货币体系，其中统一货币体系中的区域货币由本区域内经济基础相对较强、货币汇率波动较小、在重大国际事件发生之时具有担当起维护本区域经济秩序稳定能力的国家货币。多元化的货币体系不仅能够充分满足各区域内和世界范围内的货币需求，而且区域货币间的协调比较容易达成。既能减少区域内的金融动荡和经济危机对整个国际货币体系的冲击，又便于具有统一货币的区域内的经济活动往来。

综上所述，虽然此次金融危机对美元的国际地位产生较大的影响，但美元作为核心的国际货币体系将会持续很长一段时间。按目前的情况估计，在未来的若干年内，国际货币体系将是一个"一主多元"的格局。

第三节　金融危机后人民币国际化的机遇与挑战

在反思这场全球性金融危机过程中，追溯危机的根本源头，重构国际货币体系的呼声尘嚣四起，这给人民币国际化带来了机遇和挑战。我们也应当充分利用金融危机带来的国际货币体系改革契机，推进人民币的国际化进程。

一、人民币国际化的机遇

随着经济全球化与区域经济一体化的发展，全球生产一体化、贸易自由化、跨国公司兼并和收购浪潮的兴起，国际资本流动和国际直接投资迅猛发展。世界政治经济格局发生了巨大的变化，亚洲经济迅速崛起，各国贸易依存度均呈上升趋势。其中，中国经济持续健康快速发展，大国经济和人民币长期稳定的良好国际信用等有利条件，将促使人民币在区域经济中充当关键货币的角色成为可能。

（一）国际金融危机给人民币国际化带来的机遇

本次金融危机使美元霸权地位受到挑战，各国经济和金融的相对实力发生了变化，增加了国际货币体系变革的可能性。在金融风暴席卷全球，美元走势疲软、人民币稳步升值的局势下，我国同周边国家和地区之间的贸易、经济往来的日益频繁和加深，亚洲国家，尤其是东盟国家使用人民币替代美元作为结算货币和储备货币成为可能。就目前阶段，人民币国际化（区域性国际化）并非人民币在亚洲区域内的货币一体化，而是通过与区域内货币的长期合作和竞争成为区域内金融、贸易的关键货币。

1. 金融危机严重削弱了美元的国际信用

此次由美国次贷危机引发的全球性金融危机，是自布雷顿森林体系瓦解以来最为严重的货币危机。究其危机的根源与发展，与美元作为国际货币结算和国际储备的主要货币的核心单极国际货币体系不无关系。次贷危机发生后，现行的国际货币体系无法提供相对稳定的汇率环境，美元汇率波动频繁，以美元作为国际货币结算和国际储备的缺陷和代价越来越大，主要体现在持有美元储备的价值缩水和以美元交易的风险剧增，尤其还会导致发展中国家的货币错配风险。

美元的形势不容乐观，各国都看贬美元、寻找出路。但是美元不会立即丧失其在国际货币体系的核心主导地位。欧元疑问结构性改革滞后等原因，短期内还不具备成为国际货币的条件；日元只能说在亚洲范围内具有比较优势；并且，用单一国际货币替换美元在国际货币体系的核心地位，都不可避免"特里芬难题"的出现；即便试图采用近期改革的热点视角——超主权货币（特别提款权，SDRS），也需要很长一个过程。

此次金融危机对全球经济造成的创伤使各国经济体再次认识到多元货币体系和多种储备货币的重要性，也为国际货币体系由单极向多极化转变，为人民币国际化（区域性国际化）、国际化发展提供了新的契机。人民币国际化（区域性国际化）和国际化是应对当前危机和挽救国际市场信心的有效手段，减轻各国经济体受美元制约的状况。就实际情况分析，人民币目前并不具备国际化的条件，但是已经初步具备国际化（区域性国际化）的条件。

2. 中国经济持续增长的态势和人民币良好的国际信誉

危机导致的美元衰落需要新的国际货币替代，而危机中坚挺的人民币却赢得了良好的国际地位和声誉，伴随着中国成为全球第三大经济体，第二大贸易国和第一大外汇储备国等综合国力的强劲，人民币国际化（区域性国际化）、国际化迎来了难得的历史发展机遇。

大国经济为人民币国际化（区域性国际化）提供基础条件。改革开放30多年来，我国经济持续快速发展，1979—2008年，我国经济年均增长率为9.8%，大大高于同期世界经济3%的平均增长速度。目前，中国已成为全球第三大经济体、第二大贸易国和第一大外汇储蓄国。一种货币能否成为区域关键货币是市场选择的结果，而市场选择的基础是货币发行国要具备强大的经济实力。英镑和美元称霸世界时，英国和美国都是当时的世界经济枢纽；德国马克和日元在成为全球主要国际货币时，德国和日本的经济都在大幅度增长。

单位：亿美元

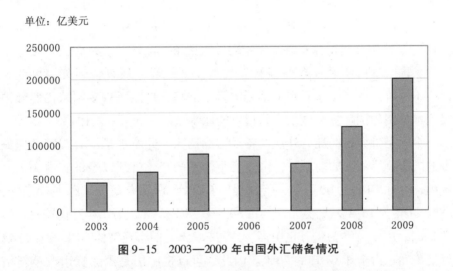

图9-15　2003—2009年中国外汇储备情况

巨额外汇储备（见图9-15）为人民币国际化（区域性国际化）提供重要保障。随着对外开放不断推进，我国贸易、投资取得了长足的进展，对外贸易连年顺差，积累了大量的外汇储备。截至2009年9月，中国外汇储备达2.27万亿美元，中国有能力运用充足的外汇储备参与建立亚洲货币基金、亚洲借款安排乃至货币互换安排，支持建立有利于本地区投资和贸易发展的金融合作机制框架。外汇储备的不断攀升意味着中国具有十分充足的国际清偿能力，提高了中国对外支付、调节国际收支平衡的能力。

人民币币值稳定、汇率稳中有升，成为人民币国际化（区域性国际化）的强大推动力。亚洲金融危机期间，中国坚持人民币不贬值，为区域内货币竞争性贬值设置了防火墙，稳定了投资者的信心，使得亚洲金融危机得以提前缓解。随着以市场供求为基础、参考一篮子货币进行调节的有管理的浮动汇率制度新体制的实施，人民币缓步升值。人民币升值最直接的影响是加速人民币国际化（区域性国际化），因为存在升值空间预期，投资者愿意持有，境外需求更加旺盛。中国政府长期以来的稳健货币政策以及在亚洲金融危机中表现的坚定立场，向世人展示了一个负责任的政府和一种负责任的货币形象，人民币也因此赢得了广泛的国际声誉。另外，良好的人民币升值预期也有利于推动人民币国际化进程。人民币升值可以缓解潜在的通货膨胀压力，促进企业技术创新，提高效率，促进中国出口企业转型，减轻外债还本付息压力；有利于吸引投资者持有人民币资产，促进人民币拓展国际生存空间，加快人民币国际化进程。

（二）国际货币体系改革新格局给人民币国际化带来的机遇

从国际货币体系和全球经济霸权的发展来看，从黄金到英镑再到美元，不同阶段不同国家采用了不同的货币战略。现阶段许多国家仍然维护美元本位制的国际货币体系，并尽可能地将自己的利益最大化。

中国是世界目前拥有外汇储备最多的国家，同时也是持有美国国债最多的国家；另外，如前所述，国际货币体系的变化必须以经济实力变化为基础，全球 GDP 为 60 万亿美元，美国 GDP 为 14 万亿美元，约占 23.5%，欧盟 GDP 为 18.4 万亿美元，约占 30.3%，日本 GDP 为 4.9 万亿美元，约占 8%，中国 GDP 为 4 万亿美元，约占 7.3%。四个经济体 GDP 相加为 42 万亿美元，占全球 GDP 的 70%。因此，可以说中国是国际货币改革新格局的主导力量之一。

作为地位不断上升的大国，中国必须具有大国思维和全球思维，要从全球发展的角度利用全球化货币战略不断巩固自身的地位，推动全球经济的发展。这次金融危机使人民币国际化的条件更加成熟，危机为人民币国际化提供了绝佳的机遇，人民币走向国际、中国成为关键货币国和人民币成为关键货币，应成为中国未来货币战略的核心内容。

我国的经济实力在不断增强，人民币在未来国际货币体系中扮演的角色及地位也越来越重要。首先，在国内生产总值方面，2008 年达到了 2.1

万亿美元，接近同期东盟 10 国的 2 倍；外汇储备 2 万亿美元，接近同期东盟的 5 倍，且世界排位第一；贸易额 2.56 万亿美元，接近东盟的 2.5 倍。以现在的经济实力，人民币完全有条件成为区域主导性货币。同时，上述各项经济指标还处在一个高速增长期，时间越往后规模愈大，总体经济实力愈强，能够充分发挥支撑人民币国际化（区域性国际化）作用。从东盟国家情况看，接受人民币国际化（区域性国际化）意愿非常强烈。金融危机之后，人民币在国际货币体系中的地位不断提高，表现在以下几方面：

第一，随着中国经济实力的逐步增强和国际影响力的日益上升，中国要进一步增强金融控制力，必然要实现人民币国际化。人民币的国际化，就是要让人民币成为真正的国际货币，其目的是人民币的可自由兑换以及中国资本账户的开放，国际化就是实现这一目的的过程。在人民币国际化过程中，人民币的储备化是向关键货币国发展的基础。金融危机使美国受到冲击，而中国以强大的经济实力为后盾，保持人民币的坚挺，并成为东盟一些国家的结算和储备货币，为协调东亚乃至世界的经济贸易的稳定、加快全球经济复苏以及维持全世界经济稳步发展作出了贡献。

第二，自国际金融危机以来，美元、欧元等国际货币不断贬值，不仅对世界经济贸易尤其是对新兴国家的出口市场造成严重影响，而且还造成这些国家的外汇储备不断缩水。相比之下，中国的宏观经济基本面较稳定，人民币的国际地位不断提高，已得到新兴国家和东盟各国官方和民间认可，人民币不仅成为边境贸易结算货币，并成为一些东盟国家的贸易结算货币和保值的储备货币。

第三，受美国次贷金融危机影响，东盟国家在贸易、投资等方面面临尴尬局面，已向我国要求使用人民币买方信贷，以帮助解决贸易支付和投资困难。并为了加强防御金融危机的传导和欧美国家国际贸易保护主义冲击，强烈提出建立"10+3（中日韩与东盟 10 国）"，"10+1（中国与东盟 10 国）"货币联盟。"10+3"货币联盟形式是由中日韩出资建立"美元外汇基金"，当东盟 10 国发生贸易支付困难时，从基金中获得美元借款支持，用于平衡贸易。"10+1"货币联盟形式是主要由我国以人民币或美元支持形式，在发生贸易支付困难时给予借贷款。但无论何种要求或货币联盟，均可见东盟希望人民币外汇支持愿望殷切。同时，"10+3"货币联盟借款效果远比不上人民币国际化（区域性国际化）的直接服务效果，以及人民币主导下与贸易互相促进效果，因而，在推进人民币国际化（区域性国际化）更有现实发展意义，特别是在东盟地区任何时候均会比较乐意接受。

二、人民币国际化的挑战

我国虽然具有经济规模及其发展潜力、人民币币值稳定和良好信誉、区域经济合作的主动力地位等促进人民币国际化的初步条件，虽然金融危机的辐射影响以及国际货币体系改革大潮为人民币国际化带来了难得发展契机，但是，冷静的分析思考，我国从改革开放至今只有短短30几年时间，资本账户尚未完全自由兑换、经济金融开放程度与美国等发达国家相比处于仍然较低水平、金融监管体制和风险防范体制还需要进一步完善等现实情况，都是我国推行人民币国际化进程中不可避免的阻碍和挑战。

我国涉足国际货币体系改革的核心问题在于人民币是否能在新的国际货币体系中承担更重要的地位，这对人民币的国际化问题而言，也是一种挑战：货币的国际化除了会给该国带来一定的利益外，也会对该国经济产生一些负面影响。例如货币政策的制定和执行难度加大，政府对于国内宏观经济的调控能力减弱等。

（一）中国资本账户项目尚未实现完全可自由兑换

从国际货币的经验来看，一国货币想要成为国际货币必须要成为完全可兑换的货币，如果不是完全可兑换的货币，就会限制这种货币的使用范围，也就难以成为真正意义上的国际货币。因此，人民币真正实现国际化也必须要在资本项目自由兑换后才有现实可能。按照IMF的定义，货币自由兑换涉及经常项目与资本和金融项目的兑换。中国政府已经于1996年12月实行了人民币经常项目下的可兑换。中国目前尚未实现人民币资本项目可兑换，与资本项目可兑换相对的是资本项目管制，根据IMF的划分，在资本项目的13个子项中，中国对其中的12个进行管制，从表面上看，中国的项目管制是较多的，但是实际上确实是一种"名紧而实松"的管制。从中国的具体管理来看，资本项目下的部分子项已有相当程度的开放，并对部分子项实行了有条件的可兑换。资本项目的不完全可自由兑换限制了人民币的跨境流通，致使境外人民币的回流渠道不通畅，限制了人民币的国际化。

人民币资本账户完全自由可兑换不是在短时间内就可以实现的，开放进程的快慢取决于国内经济稳定发展和各项制度的完善。QDII 以及 QFII 准入门槛的降低表明我国从"两端"开始"松绑"中国资本项目管制。但发展与改革的同时，需要把握好时机。推进人民币资本账户的开放，可以从几个方面取得突破：允许非居民自由用外汇兑换成人民币，或持有人民币存款，或将其人民币投资于中国的国债、公司债券、股票、金融衍生工具等；允许非居民将持有的人民币存款或其他资产自由兑换成外汇汇出；合格的境外金融机构或国际组织可以在中国境内发行人民币债券，并允许其把所筹资金汇往境外；居民可以自由地使用人民币或使用人民币购汇对外直接投资。

另外，可以在东盟自贸区等局部次区域、周边境贸易中率先使用人民币作为国际支付货币，逐步在港澳台开展人民币结算业务等。稳妥的逐步推进人民币资本账户的自由兑换，为实现人民币国际化提供必备的条件。

（二）中国金融市场的发达程度和开放程度有限

一国货币要想在国际货币体系中占有一席之地，首先需要货币主权国拥有一个足够广度和深度的金融市场，尤其是资本市场作为支撑。高度开放的资本市场是一国货币转化为国际清偿力的重要途径。另外，发达的海外金融机构网络，有助于国际货币的存放和转换，可以促进以本币进行国际贸易和国际投资，推动本币国际化。人民币的国际化同样需要有一个发达的、与世界有密切联系的金融市场为基础。发达开放的金融市场可以为持有人民币的投资者提供一个价值储藏、投资增值的场所，同时也可以提高非居民对人民币的持有意愿。

中国改革开放以来，特别是加入 WTO 以来，通过金融体制改革和风险处置，外汇管制逐步放松，中国的金融市场有所发展。但是就目前中国金融市场的现状，仍有许多制约人民币国际化的因素：受国内金融业改革的牵制，金融全球一体化、离岸金融市场建设进程缓慢；境内金融产品品种稀少，人民币期货、期权等金融市场交易均未正式开通；国内缺乏一个国际金融中心，国际社会对人民币的接纳程度还十分有限；一级市场和二级市场、农村市场和城市市场、货币市场和资本市场都存在不同程度的分割现象。另外，中国的金融市场还存在较为严重的结构性失衡问题：一是单一银行主导，缺乏多层次的金融市场；二是以银行为主体的货币市场当中存在结构性失衡；三是以股票市场为主体的资本市场结构失衡成为一种常态；四是债券市场缺乏客观的信用评价标准。中国的金融市场，无论是资产总量、交易规模，还是金融产品的品种、质量及金融创新能力都与发达国家的金融市场存在较大的差距。

发展我国的金融市场，包括发展资金拆借市场、短期国债市场、长期资本市场、期货市场等，完善证券交易所功能，健全各项证券交易法规，提高企业的直接融资意识等。另外，还应依靠市场主体的积极性和创造性大力推进金融产品创新，以适应金融业务综合化、金融活动国际化、金融产品多样化等发展趋势，从而更好地满足人民币国际化的要求。

（三）中国金融体系抗风险能力脆弱

人民币国际化将加大遭遇金融风险的几率。一国货币一旦成为国际货币，国外持有者可以通过多种渠道在短期内取得大量该国货币，一旦该国的某一经济环节出现问题，便会成为国际投机家进攻的目标，从而容易引发金融危机。要推进人民币的国际化就不能不顾及到这些经济问题所带来的风险问题。所以，要求国际货币主权国政府要有很强的金融风险防范能力，主要是完善的金融监管体系，拥有宏观调控的丰富实践经验和高超的操作技巧，从而能够及时掌握国内国际经济、金融变化情况，并成熟运用政策工具进行调控。

我国的金融监管体系还处于起步阶段。中国人民银行1984年开始专门行使中央银行职能，对政策工具的运用还不成熟，应对经济变化的相应经验不足，对世界经济、金融动态的信息采集和分析研究能力还不强。一些监管部门刚刚建立，其监督管理职能还有待进一步完善。我国的金融监管体系还远远不能够承担起人民币国际化带来的风险防范问题。

经过20多年的金融体制改革，中国虽然已经逐渐形成了全方位、多元化的金融结构体系，但金融体系整体仍然比较脆弱，面临着不稳定风险因素的困扰：不良贷款比率仍有一定比例（见图9-16）。截止到2008年底，我国主要商业银行的不良贷款余额为0.49万亿元，不良贷款率2.45%；城市商业银行的不良贷款余额为484.8亿元，不良贷款率为2.33%；农村商业银行不良贷款余额为191.45亿元，同比增加60.82亿元；流动性整体性虽然较为充足，但波动较大（见图9-17）。

截止到2008年底，商业银行流动性比例46.1%，同比提高9.72个百

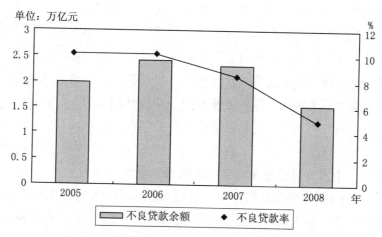

图 9-16　中国银行业金融机构不良贷款余额和比率①

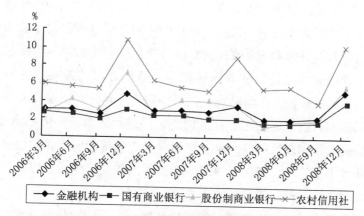

图 9-17　中国金融机构超额存款准备金率

分点。我国商业银行的资本充足率虽然有很大程度的提高，但是与发达国家的商业银行相比，跨国国际业务有限的我国商业银行依然处于弱势。正是由于金融体系的脆弱性，中国金融市场迟迟不能较大幅度地对外开放，而对于人民币成为东亚货币合作的主导货币而言，开放且相对完善的金融市场是绝对必需的。

———————————

①　数据来源：中国人民银行、中国银监会。

金融监管当局的审慎监管、存款保险制度和中央银行最后贷款人职能是国际社会公认的稳定金融体系的三大基石。应加大力度建设和完善金融监管协调机制，有效发挥机构监管与功能监管的作用，加强跨行业、跨市场监管。健全对系统性金融风险的评估，提高监测、分析和预警能力。增强金融体系的逆周期性，提高硬度经济周期波动的能力。加强金融突发事件应急管理能力的建设，完善系统性风险的事前预防和事后应对机制。适时推出存款保险制度，完善金融安全网，切实维护金融体系安全稳定。

（四）中国国际贸易和国际投资领域影响力不足

自 1978 年改革开放以来，中国已逐步成长为世界第一大外汇储备国、第二大贸易国和全球第三大经济体。但中国目前仍然是一个发展中国家，总体经济实力还不够雄厚。长期以来，中国经济的增长过度依赖于投资和出口拉动，发展模式属于出口导向型经济，对外依存度高达80%，缺乏经济独立性。另外，中国经济消费率较低、投资率偏高等结构性矛盾在这次金融危机下显得更加突出。目前，迫切的需要加快转变经济增长方式，以投资、消费和出口协调发展的途径，解决经济发展瓶颈。前面已经论述过，国际货币体系总是伴随着国际实体经济体经济关系实力的演变而演变，中国的人民币倘若在国际货币体系中占有一席之地，必须有强有力的经济规模和实力做保证。在"扩大内需，促进经济增长"十项措施、4 万亿元经济刺激计划以及重点产业调整和振兴规划等措施下，加快经济结构调整，从根本上解决长期制约中国经济发展的深层次矛盾，以强国强货币的姿态满足人民币国际化目标的要求。

在对外经济交往中谋求最大化利益是推动本币国际化的重要动力，这在国际贸易中体现的尤为明显。随着一国主权货币在国际贸易和国际投资领域的使用范围和使用程度逐步深入和延伸，其他国对该国的经济依赖程度也会随之提高，这将更有利于推进该国货币的国际支付和结算的货币职能，进而推进其货币国际化进程。IMF 已有研究表明：推动日元和德国马克的国际化的主要力量是强劲的出口贸易和不断提升的国际投资地位。自改革开放以来，随着综合国力的稳步走强，我国国际地位和影响力也显著提升，已经成为世界第一大外汇储备国、第二大贸易国。但是由于出口贸易产品主要集中在附加值较低的初级产品和一般性制成品，致使我国处在产业链国际分工中的下游位置，国际贸易影响力受到一定程度的限制。与此同时，我国对外投资的领域和规模也相当有限，这在一定程度上制约了人民币国际化进程。

本章小结

美国金融危机的爆发，美元、英镑等世界货币的贬值，引起了国际货币体系的动荡，同时也暴露了当今国际货币体系的种种弊端。本章首先分析了金融危机之所以会爆发的国际货币体系因素，即当今国际货币体系造成了严重的全球经济失衡和"特里芬难题"等问题。接着主要从国际储备结构、国际金融组织和世界经济贸易等角度分析了金融危机对国际货币体系和世界经济的影响。本章具体考察和梳理了国际货币体系的起源和发展，分析历史的同时并根据现实情况提出目前国际货币体系改革方向可能存在的模式选择。"后金融危机"时代，世界发达经济体国家遭受了巨大的冲击，美国、欧洲、日本等主要发达经济体都陷入衰退，而新兴经济体与发展中国家受到牵连的同时，更试图改革和重构现有的国际货币体系，以维持国际金融贸易环境的稳定。从长期来看美元的衰退必将导致了世界各大主要国家货币的重新"洗牌"。世界发达国家经济实力的变化必将带来国际货币体系的重新调整和新的变化，货币竞争的"多足鼎立"和"战国时代"即将形成。人民币国际化的约束条件随之变化，这给人民币国际化（区域性国际化）和国际化带来了机遇和挑战。中国拥有着强大的经济实力作为后盾支撑，人民币在国际货币体系中的地位日益提高，这为加速人民币国际化（区域性国际化）和国际化的进程提供较佳的历史机遇。本章试图分析金融危机后人民币的国际化（区域性国际化）和国际化的约束条件的变化这一问题，力争提升人民币国际的地位和国际影响力，为加速人民币国际化（区域性国际化）和国际化的进程提供条件支撑。

参考文献

［1］田野：《美国金融危机与国际货币体系改革分析》，《吉林大学硕

士论文》2009 年第 5 期。

[2] 葛兆强：《国际货币体系改革与人民币国际化研究》，《海南金融》2009 年第 9 期。

[3] 跃刚、王胜英：《论人民币国际化进程的阶段性划分》，《中国商界》2008 年第 5 期。

[4] 徐明棋：《从日元国际化的经验教训看人民币国际化与区域化》，《世界经济研究》2005 年第 12 期。

[5] 潘理权：《寡头垄断的国际货币体系与人民币国际化战略选择》，《经济问题探索》2007 年第 1 期。

[6] 赵锡军、宋晓玲：《全球金融危机下的人民币国际化：机遇与挑战》，《亚太经济》2009 年第 6 期。

[7] 刘仁伍、刘华：《人民币国际化风险评估与控制》，社会科学文献出版社 2009 年版。

[8] 李靖：《人民币区域化对中国经济的影响与对策》，中国金融出版社 2009 年版。

[9] 刘奇渊、刘力臻：《人民币国际化进程中的汇率变化研究》，中国金融出版社 2009 年版。

[10] 刘力臻：《人民币国际化的独特路径及发展前景》，《华南师范大学学报》2010 年第 1 期。

[11] 李若谷：《国际货币体系改革与人民币国际化》，中国金融出版社 2009 年版。

[12] 韩骏：《加快推进人民币国际化的策略》，《投资研究》2007 年第 6 期。

[13] 宣文俊：《国际货币体系改革与人民币国际化》，《上海经济研究》2009 年第 12 期。

[14] 李伏安：《国际货币体系的历史、现状——兼论人民币国际化的选择》，《金融研究》2009 年第 5 期。

[15] 曹红辉：《国际化战略中的人民币区域化》，《中国金融》2006 年第 5 期。

[16] 曹红辉：《人民币区域化的新进展及发展态势》，《中国金融》2008 年第 10 期

［17］曹红辉、周莉萍：《国际货币体系改革方向及其相关机制》，《国际金融研究》2009 年第 9 期。

［18］周晓娇：《人民币国际化现状及发展分析》，《中国商贸》2009 年第 15 期。

［19］石纬林：《现阶段推进人民币区域化的基本原则与路径》，《经济纵横》2009 年第 7 期。

［20］程实：《次贷危机后的国际货币体系未来发展：本位选择、方向和路径》，《经济学家》2009 年第 6 期。

［21］陈江生、陈昭铭：《国际货币体系改革与人民币国际化》，《中共中央党校学报》2010 年第 1 期。

［22］李扬：《国际货币体系改革及中国的机遇》，《新金融》2008 年第 7 期。

［23］钟红：《国际货币体系改革方向与中国的对策研究》，《国际金融研究》2006 年第 10 期。

［24］杨小军：《当前国际货币体系新特征及其发展趋势研究——兼论人民币国际化》，《金融发展研究》2008 年第 9 期。

［25］陈雨露：《作为国家竞争战略的货币国际化：美元的经验证据——兼论人民币的国际化问题》，《经济研究》2005 年第 2 期。

［26］吴念鲁：《论人民币可兑换与国际化》，《国际金融研究》2009 年第 11 期。

［27］黄海波、熊爱宗：《特别提款权与国际货币体系改革》，《国际金融研究》2009 年第 8 期。

［28］张云、刘骏民：《当代国际货币体系的困境与人民币国际化探析》，《郑州大学学报》2010 年第 1 期。

［29］张礼卿：《应该如何看待人民币的国际化进程》，《中央财经大学学报》2009 年第 10 期。

［30］姜波克、张青龙：《国际货币的两难及人民币国际化的思考》，《学习与探索》2005 年第 4 期。

［31］姜波克、张青龙：《货币国际化：条件与影响的研究综述》，《新金融》2005 年第 8 期。

［32］陈江生、陈昭铭：《国际货币体系改革与人民币国际化》，《中共

中央党校学报》2010 年第 1 期。

[33] 蒙代尔著，向松祚译：《汇率与最优货币区蒙代尔经济学文集》第 5 卷，中国金融出版社 2003 年版。

[34] 孙海霞、斯琴图雅：《日元国际化进程和对人民币国际化的启示》，《亚太经济》2010 年第 1 期。

[35] 曹勇：《人民币国际化的政治与经济双重视角分析》，《经济体制改革》2010 年第 2 期。

[36] 陆前进：《美元霸权和国际货币体系改革——兼论人民币国际化问题》，《上海财经大学学报》2010 年第 1 期。

[37] 黄梅波、熊爱宗：《特别提款权与国际货币体系改革》，《国际金融研究》2009 年第 8 期。

[38] 翁东玲：《现行国际货币体系下人民币的区域化和国际化》，《亚太经济》2009 年第 10 期。

[39] 杨小军：《当前国际货币体系新特征与人民币国际化》，《上海金融》2008 年第 11 期。

[40] 刘爱文：《人民币的国际化之路》，《商业研究》2005 年第 18 期。

[41] 宣文俊：《国际货币体系改革与人民币国际化》，《上海经济研究》2009 年第 12 期。

[42] 李建军：《当代国际货币体系运行的理论框架、模式和面临的风险》，《国际金融研究》2009 年第 7 期。

[43] 宗良、李建军：《人民币国际化的历史机遇和战略对策》，《国际贸易》2010 年第 1 期。

[44] 巴曙松、杨现领：《从金融危机看未来国际货币体系改革》，《当代财经》2009 年第 11 期。

[45] 高海红、余永定：《人民币国际化的含义与条件》，《国际经济评论》2010 年第 1 期。

[46] 葛华勇：《关于国际货币金融体系改革的思考》，《中国金融》2009 年第 5 期。

[47] 中国人民银行上海总部金融市场管理部课题组：《人民币国际化背景下上海国际金融中心的发展战略研究》，《上海金融》2009 年第 12 期。

〔48〕王元龙：《人民币国际化的全方位风险控制》，《经济研究参考》2009 年第 60 期。

〔49〕陈炳才：《人民币国际化：主权货币结算和资本项目可兑换同时进行》，《武汉金融》2010 年第 3 期。

〔50〕聂利君：《货币国际化问题研究——兼论人民币国际化》，光明日报出版社 2009 年版。

〔51〕徐洪水：《人民币国际化的理论分析及战略思考》，《国际经贸探索》2004 年第 10 期。

〔52〕周道许：《推进人民币国际化进程的战略思考》，《中国金融》2009 年第 24 期。

〔53〕王勇辉：《浅析东亚货币合作与人民币国际化》，《社会主义研究》2008 年第 1 期。

〔54〕李稻葵、刘霖林：《人民币国际化：计量研究及政策分析》，《金融研究》2008 年第 11 期。

〔55〕巴曙松：《从国际货币体系改革趋势看中国金融发展战略》，《国研专稿》2009 年第 11 期。

〔56〕香港政府统计处网站，www. info. gov. hk.

〔57〕杨明秋、何德媛：《论人民币国际化的亚洲策略》，《中央财经大学学报》2009 年第 11 期。

〔58〕黄文青：《亚洲区域货币合作与人民币国际化的路径选择》，《时代经贸》2008 年第 2 期。

〔59〕陈继勇、盛杨怿、周琪：《解读美国金融危机——基于实体经济的视角》，《经济评论》2009 年第 3 期。

〔60〕高珊珊：《美元贬值背景下重审现行国际货币体系》，云南财经大学硕士学位论文，2008 年。

〔61〕张明：《次贷危机对当前国际货币体系的冲击》，《世界经济与政治》2009 年第 6 期。

第十章

人民币国际化的路径选择

　　一种货币的国际化过程通常包括计价结算货币——外汇投资交易货币——各国储备货币等阶段。国际金融危机以来，中国的经济地位日益凸显，世界政治经济格局的动荡纷纭，发展中国家都呼吁要改革当前的国际货币体系，反对美国的霸权主义给世界经济造成的影响。人民币在国际贸易、国际投资和资本流动等方面都发挥着越来越重要的地位。人民币区域性国际化和国际化的进程也逐步加快。我国在与香港、澳门和东盟各国之间已经基本开始了人民币贸易结算上的区域性国际化。同时，近年来，中国的经常账户一直处于顺差状态，外汇储备也在逐年增长，国际清偿能力不断提高，也提升了人民币在国际货币体系中的地位。一方面，国际信用地位的提高对人民币在对外经济贸易中执行计价结算职能有直接的推动作用；另一方面，经常账户顺差形成的大量外汇储备也为资本输出提供了来源，带动人民币在国际资本交易中执行投资借贷和价值储藏职能，成为国际投资货币。我们相信，随着我国经济持续稳定增长，综合国力日益强大，市场经济体制竞争力增强，以及货币政策制定水平和货币管理水平提高、国内金融体系逐渐完备、资本项目稳妥有序开放等等诸多条件的日益完善，人民币实现完全彻底的可自由兑换和真正意义上的国际化是可以期待实现的。

　　在应对当前的国际金融危机过程中，货币互换协议的签订、人民币在周边部分地区结算试点以及筹建人民币离岸市场等一系列人民币区域性国际化、完全国际化相关政策陆续出台，加速了人民币国际化进程。目前，在人民币国际化雏形初现之时，中国政府的态度还是积极的。

　　人民币国际货币职能三阶段的支撑条件及演进过程如图10-1所示：人民币国际化是市场选择的结果，同时也是一种国家战略。如何把握中国的实际国情，对未来人民币国际化的发展模式及路径做出科学、合理的规划，是必须思考的问题。2008年7月，根据国务院批准的《中国人民银行

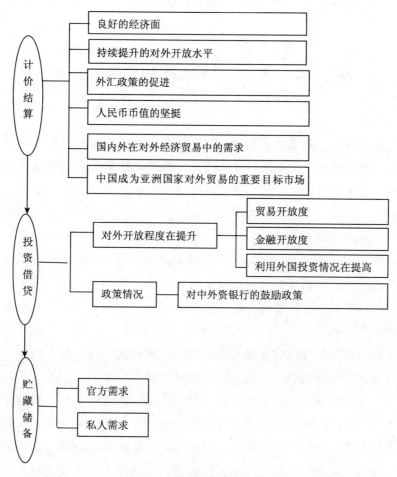

图10-1　人民币三大国际货币职能的支撑条件和演进路径

主要职责内设机构和人员编制规定》，中国人民银行决定在内设机构中新设汇率司，其中的一个职能是"根据人民币国际化的进程发展人民币离岸市场"。2009 年 4 月，中国国家主席胡锦涛在二十国集团金融峰会上强调中国政府对国际货币体系改革的基本立场——促进国际货币体系多元化、合理化。这是中国政府参与国际货币体系改革的努力方向，首先，人民币在亚洲的国际化（区域性国际化）也可以提升我国在东亚货币合作中的地位。我国应加快推动人民币国际化进程，提升我国在国际货币体系中的地位，提高我国影响世界经济和金融形势的能力，发挥人民币在国际货币体系改革中的重要作用，共同支撑国际货币体系稳定。

第一节　完善人民币周边国际化基础

人民币现在已经走出了国门。十多年前，人民币在中国境外除了香港有些商家接受外，几乎无人问津。现在，世界上越来越多的目光钉住了中国货币，人民币已经在中国的周边的东盟国家走红。

一、人民币周边化现状

人民币国际化是以边境贸易和出境旅游推动的，人民币先在周边国家和地区流通，其货币职能跨越国界逐步在国际范围上的延伸，逐步具有国际结算、国际信贷、国际储备的三大职能，是自然国际化和政策国际化相统一的一个动态发展过程。

人民币在中国周边邻邦里受到了如同美元般的礼遇，许多的中国观光客手持人民币尽情消费，已成为当地的独特现象。人民币在蒙古共和国已在流通，现钞总量中占有很大比例。尼泊尔和中国政府签约，欢迎中国人直接持人民币进入尼泊尔消费。在朝鲜、越南、缅甸及俄罗斯，人民币都受到不同程度的欢迎。人民币在东盟的越南、缅甸、泰国等周边国家和地区已被作为支付和结算货币。缅甸、越南、老挝等东盟国家是仅次于港澳台的人民币流通活跃地区。在中缅边贸中，每年跨境流动的人民币达 10 多亿元；人民币可在越南全境流通，越南国家银行已开展人民币存储业务。

不过，人民币的接受程度尚远没有跟上中国与东盟之间贸易的增长。从2004年到2008年，中国与东盟贸易额从1058.8亿美元上升到2310.7亿美元，年均增长率高达21.6%。但这意味着中国—东盟自贸区人民币的使用潜力巨大。2007年广西与东盟（主要是越南）的边境小额贸易为15亿美元，比上年增长43%，基本上是使用人民币结算。贸易特别是边贸的持续发展，是人民币走向国际化（区域性国际化）的基础。目前，边境结算方式既有比较原始的票据跨境交换，也有边境银行和地摊银行两头在外不涉及现金的结算方式，但95%都以人民币为结算。

人民币在周边国家分布较为广泛，已经存在一定的流通规模，具体可以从周边各个地区进行考察。

在中国周边的东南亚地区，主要包括越南、缅甸、老挝、柬埔寨、泰国和新加坡等国家。其中，越南与我国的云南省和广西壮族自治区交界，两国边境地区的居民有着相近的生活习惯，文化和语言也相同，所以，人民币在越南的流通是由边境居民的相互贸易引致的。在两国人民进行的各项活动中，包括贸易、旅游、留学等都不同程度地使用人民币；同时人民币也进入了越南的投资领域。人民币在越南的流通范围比较广，渠道也比较多。缅甸，与我国的西南边境接壤，两国的经贸活动比较多。由于缅甸政局不稳定和经济方面也存在较多问题，尚未走出困境，缅甸货币币值波动较大，而人民币币值坚挺，所以两国的经贸往来中较多使用人民币进行结算，人民币在缅甸具有较大的流通规模。同样与我国西南边境接壤的老挝地区，与我国也有着频繁的边境经贸活动。虽然人民币在老挝的流通规模远远少于越南和缅甸，但也呈现出逐年增加的态势。老挝的外汇也同样处于短缺状态，这使得人民币在与老挝的经贸往来中具有很大的使用潜力。柬埔寨、泰国和新加坡与中国相距不是很远，虽然并不接壤，两国的经贸活动和人员往来依然很频繁，人民币也较多使用。其中在柬埔寨，人民币已经成为硬通货，被作为国家储备货币储存。作为离岸金融中心的新加坡也已成为重要的离岸人民币市场之一。

在与中国西部接壤的周边国家，主要指巴基斯坦、尼泊尔、吉尔吉斯斯坦和哈萨克斯坦等。巴基斯坦与我国新疆维吾尔自治区接壤，是第五个将人民币用于出口结算的国家（前四个国家分别是尼泊尔、越南、俄罗斯和蒙古）。由于两国已有很久的边贸往来历史，人民币的使用在该国具有较大的发展空间。尼泊尔与我国西藏自治区接壤，是一个小国，两国的贸易额并不是很大。但尼泊尔也是一个外汇不是很充足的国家，所以，人民币在经贸往来中很受欢迎。吉尔吉斯斯坦与我国新疆维吾尔自治区接壤，两国边贸往来很多，带动了人民币的使用。但吉尔吉斯斯坦的经济总量不是很大，所以，人民币在该国使用的规模受到经贸活动量的限制。哈萨克斯坦是中国的第二大邻国，两国在能源方面有着合作，工程技术人员和游客往来较多，人民币在两国边贸交易和人员往来中使用。

与中国东北边境接壤的国家有韩国、俄罗斯、蒙古和朝鲜等。韩国与中国经贸交易和人员往来较多，但因为韩国经济发展较好，韩元币值也较为稳定，人民币在韩国有所使用，但所占比例较小。俄罗斯是中国最大的邻国，也是中国的贸易伙伴，同时由于俄罗斯已经批准在其出口贸易中使用人民币进行结算，两国活跃的边境贸易活动带动了人民币在俄罗斯的使用。在蒙古，人民币扮演着"第二美元"的角色。一方面中国是蒙古的第一大贸易国，两国间的经贸活动和人员往来带动了人民币在蒙古的使用；同时，蒙古的外汇短缺，国内物资也较为匮乏，中国商品对蒙古出口较多，人民币在蒙古也被广泛的接受和大范围的使用。人民币在朝鲜的使用也是由贸易和投资带动的，同时我国政府也一直对朝鲜进行各种形式的转移支付。由于两国都是社会主义国家，加上这一政治因素，人民币在朝鲜已经成为硬通货，被广泛接受和使用，甚至比美元和日元更受欢迎。

从以上的具体分析可以看到人民币在与中国接壤或邻近的周边国家已有不同程度的使用，且大部分是由边贸交易和人员往来带动的。人民币在周边国家的使用程度受很多因素的影响，如两国的经贸交易量、邻国的经济情况（包括政局稳定与否、币值稳定与否等），甚至在有些国家也受到政治因素的影响。

二、边贸的繁荣是人民币国际化（区域性国际化）的基础

中国的人民币已经成为周边国家国际贸易的结算手段，也会很快成为国际性的货币。在推动贸易便利化和经济一体化的进程中，开展跨境贸易人民币结算，推动人民币逐步成为这一区域的结算货币，对于进一步推进人民币国际化（区域性国际化）具有重要意义。

人民币跨境贸易主要分布于同我国边境接壤的一些国家，下面我们分别介绍在不同国家开展跨境贸易人民币结算的情况。

同我国接壤的东南亚国家：越南同我国的云南、广西边贸成交额中90%以上由人民币进行结算，两国之间的边境贸易十分活跃，主要采取"互市"的形式。缅甸与我国的经贸活动和人员来往也非常的频繁，据估计，在中缅边贸中，每年流出、流入的人民币都有几亿之多；据央行2005年调查显示，人民币在缅甸的滞留量超过了五十亿，仅少于越南。在老挝与中国的边贸交易中，每年的贸易额都有数十亿美元之多，全部用人民币进行结算，所以每年都大约有上百亿元的人民币在老挝境内流通；据央行2005年的调查显示，老挝境内的人民币滞留量大约有6.5亿。柬埔寨与我国不接壤，但相距较近，经贸活动和人员往来也比较多，是中国的第四大贸易伙伴；中国对柬埔寨的投资额也呈现逐年增长的态势。泰国同我国的贸易活动交易额也在逐年增长，同时我国赴泰国旅游的人数也在逐年增加，据巴曙松在2003年的估计，人民币在泰国境内的滞留量大约有44亿。在其他与中国接壤的东南亚国家，在边贸活动中也有一定量的人民币进行结算交易。

与我国西部接壤的国家：在巴基斯坦和我国的经贸往来中，人民币一直较为坚挺，所以在两国的经贸活动中，使用人民币进行计价结算较多；统计数据显示，两国的贸易额2004年为30.61亿美元，2005年达到了42.61亿美元；央行2005年的调查也显示，人民币在巴基斯坦流通的总额为一亿元左右。中国与吉尔吉斯斯坦和哈萨克斯坦的贸易近年来也在迅速发展，双边跨境贸易的发展带动了人民币流通规模的扩大，央行2005年的调查数据显示，人民币在吉尔吉斯斯坦和哈萨克斯坦等国的流通量大约为12亿左右。

在我国东北边境接壤的国家：蒙古与中国较早建立了贸易关系，两国贸易往来频繁，2004年中蒙边境贸易中的人民币结算量约为90%，据央行2005年的调查数据显示，人民币在蒙古的存量大约有3亿元。在蒙古境内流通使用的货币中大约有50%是人民币；在与我国边境接壤的蒙古地区，流通使用的人民币甚至达到80%—90%。俄罗斯是我国的第四大贸易伙伴，其与我国的边贸活动近年来也有较快的发展，2004年两国贸易额为212.3亿美元，2005年就达到了291亿美元，同比增加37%；据央行2005年的数据显示，俄罗斯境内的人民币现金大概有5亿左右。朝鲜也是中国的主要贸易伙伴，2005 年我国和朝鲜的双边贸易额为 15.8 亿美元，其中 45% 的边贸使用人民币进行计价结算；据央行的调查数据显示，人民币现金在朝鲜的滞留量 2004 年末达到了 27.5 亿元。

人民币在周边区域的流通大多是由经贸活动和人员往来带动的，促进边贸经济发展是人民币在周边国家流通，进而成为区域货币的基础。

三、开放边境投资特区吸收境外人民币

随着人民币在周边国家使用的更加广泛化，人民币在周边国家的沉淀量也会增加。为提高境外经济主体对人民币的意愿度，从而推动人民币更好的走出去，需要为境外人民币提供使用和增值的渠道，可以考虑开放边境投资特区吸收境外人民币。如广西最大的边境城市崇左市，与越南接壤，有国家一类口岸 3 个、二类口岸 4 个及边民互市点 13 个，具有丰富的农业、矿业、旅游业等自然资源，跨境边贸和旅游便利，是境外投资者到边境投资的最佳城市。港台及海外拥有雄厚的资本、成熟的技术和很大的对外投资能力，而崇左的区位优势、资源优势、政策优势突出，为加强合作提供了很好的基础。这种情况下，可考虑完善崇左市的投资环境，为港台和海外经济主体用其持有的人民币到崇左投资提供便利条件。

伴随着 CAFTA 进程，越来越多的人民币在境外流通。虽然这些境外人民币的流通产生于中国与东盟国家国际贸易结算的需要，但目前看来，境外人民币已经不仅局限于在国际贸易中行使价值尺度和流通手段的职能，开始向贮藏手段职能发展，人民币已经踏上了区域化、国际化之路的漫漫征程。我们认为，中国边境地区有条件建立多样性的人民币"资产池"，人民币"资产池"的建立是既服务于人民币国际化，又服务于北部湾开放开发的大胆创新。

中国边境地区建立人民币"资产池"供境外人民币投资，首先从数量上就能解决人民币资产的供需矛盾。在产品结构上，针对不同投资者对风险的承受能力，将不同期限结构、利率结构的产品纳入资产池，将极大满足多元化的投资需要。中国边境地区推出人民币"资产池"具备较多有利条件：一是中国边境地区经济发展的良好前景，中国边境地区基础设施和大型项目增多给推出人民币资产池提供了现实基础。而东盟各国在跨境人民币结算后，贸易增加带来的持有人民币的增量，给建立人民币资产池提

供了资金来源。总体上讲，中国边境地区各地经济良好的发展前景，给推出人民币"资产池"提供支撑。二是中国边境地区在与东盟经济交流中地位显著，正是由于中国边境地区与东盟的经济交流日益密切，并且中国边境地区作为中国面向东盟开放的窗口，使得中国边境地区在建立了人民币"资产池"之后，有能力将人民币资产推向东盟国家。

中国边境地区建立人民币"资产池"要自足于 CAFTA 框架合作，确定多样化的发展道路，将债券投资、股权投资、房地产投资等都纳入到"资产池"。

（1）面向境外投资者发行人民币债券

中国边境地区可以优先选择发行用于重大项目建设的政府债券。政府债券的优点在于有政府信用做担保，风险低；同时选择收益前景良好的交通、能源等重大项目领域能够保证债券的收益性。政府债券的这种低风险与高收益是债券顺利发行的有力保障。同时，中国边境地区在推进北部湾开放开发的过程中不断有重大项目出现，能够形成持续的供给。

（2）允许境外投资者以人民币进行股权投资

中国边境地区拥有大量的特色优势产业，比如南宁的物流、会展业，北海的旅游、高新技术产业，钦州的石化工业，防城港的能源、钢铁和船舶产业。据调查，仅 2008 年上半年，南宁、北海、钦州、防城港 4 市新签订 1000 万元以上国内经济合作项目就达 218 个，合同金额 502. 41 亿元。这些项目的普遍发展前景良好但自有资金不足，大部分资金需要融资解决。如果能创造有利条件允许境外人民币以股权投资的形式参与进来，既丰富了人民币"资产池"的构成，又解决了项目发展资金难题。

（3）吸引境外人民币来中国边境地区进行房地产投资

中国边境地区作为经济后发展地区，经济发展潜力巨大，多年来中国边境地区房地产投资一直保持良好增长态势，商品房销售面积及销售额稳步增长，销售价格逐年提高但在全国范围内仍处于较低水平。省会南宁 2009 年 7 月份新房均价 4500 元/米^2，远低于温州（17116 元/米^2）、上海（15404 元/米^2）、杭州（15277 元/米^2）、北京（15051 元/米^2）等城市，升值空间巨大。随着北部湾经济区的开放开发，中国边境地区涌现出了大批新兴城市如北海、钦州、防城港、玉林、崇左、贺州、来宾等，它们的房地产业正处于高速增长期，发展潜力大、速度快。

吸引境外人民币以人民币来中国边境地区投资房地产，一是可以吸引境外企业参与房地产项目开发或者是土地储备市场；二是吸引境外个人投资者，来中国边境地区直接购买房产，活跃中国边境地区的房地产市场。

（4）充分考虑境外人民币对流动性的要求

任何投资者在做出投资决策的时候都会考虑资产的流动性，境外人民币选择我们的"资产池"进行投资也不会考虑流动性问题，如果我们的"资产池"流动性很差，必然会使得"资产池"对境外人民币的吸引力大大降低。地方金融当局要做出满足流动性需要的制度安排，比如，建立针对人民币债券的活跃的二级市场，二级市场可以考虑引入国内投资者参与。当然，人民币"资产池"流动性的提高也与整个人民币资产市场的发展相关，随着越来越多的境外投资者进入这个市场，人民币资产的流动性才会越来越好。

四、争取人民币直接投资试点建设

首先，实施人民币境外直接投资是人民币区域化的有利条件和必要前提。使用人民币到东盟国家进行直接投资，这对提高东盟国家对人民币的认同度有着极其重要的作用。其次，人民币境外直接投资有利于中国企业实施"走出去"战略，平衡"引进来"与"走出去"之间的差距。实行人民币境外直接投资，对我国企业实施"走出去"战略将是一个很大的鼓励。这意味着国内"走出去"企业锁定了投资成本，规避了汇率风险，降低了投资费用，有助于企业积极到东盟各国进行投资设厂，拓展东盟市场。广西作为人民币境外直接投资试点具有明显的优势：

1. 区位优势。广西地处华南经济圈、西南经济圈与东盟经济圈的结合部，在中国与东盟、泛北部湾、泛珠三角等国际国内区域合作中具有不可替代的战略地位和作用。特别是广西承办中国——东盟投资峰会、泛北部湾经济合作论坛等使得东盟国家对广西的认同度和熟悉度均高于其他省份。人民币境外直接投资现主要面向东盟国家，因此，广西作为人民币境外直接投资试点，区位优势显著。

2. 企业"走出去"优势。广西有大量企业到东盟国家进行直接投资，走出去的主体队伍不断壮大，企业融资能力、承揽大项目能力和对受资国投资风险与产业发展的认识与分析能力不断增强。并且走出去的企业中国有集团、民营企业纷纷上阵，而投资主要集中在越南和印尼等东盟国家。广西作为人民币境外直接投资试点，企业优势显著。

3. 政策优势。广西对重点企业"走出去"出台有很多优惠政策，扶持重点企业、重点项目"走出去"，到海外开拓市场，争取新的发展。广西作为人民币境外直接投资试点，广西企业会更加积极实施"走出去"战略，平衡国家"引进来"和"走出去"之间的矛盾。

第二节　推进人民币区域性国际化

中国现实情况的特殊性（如现阶段资本账户尚不可完全兑换等）决定了人民币国际化的路径选择具有自己的特点，人民币国际化（区域性国际化）也是人民币实现国际化过程中必经的一个阶段。同时，人民币国际化（区域性国际化）既是一个目标，又是一个过程。从国际货币职能视角来考察，人民币的国际化（区域性国际化）可以划分为以下三个阶段：第一个阶段是推进人民币成为边境流通货币，即使人民币具备计价结算的职能；第二个阶段是推进人民币成为境外借贷资产和境外投资资产，即使人民币具备投资借贷职能；第三个阶段是推进人民币成为境外储备资产。在后面的几节，我们将从各个职能角度就人民币国际化（区域性国际化）问题进行具体分析。

一、人民币执行计价结算职能

人民币执行计价结算职能是人民币国际化（区域性国际化）的基础。推进人民币进行计价结算有助于进出口企业应对汇率风险，改善中国的对外贸易状况。在对外经济贸易中使用人民币进行计价结算的本质就是在国际经贸中以人民币承担计价和结算的货币职能，即居民和非居民进行国际贸易（包括商品和劳务）之际，进出口合同以本币计价并结算；居民使用本币向非居民支付进口款项，允许非居民持有本国货币的存款账户并以此存款账户向中国支付进口款项。

随着我国经济持续快速增长，经济实力增强，人民币币值坚挺，加上汇改后人民币持续的升值，人民币在与我国接壤的周边国家和地区的使用越来越广泛。目前，在俄罗斯、蒙古、越南、缅甸、尼泊尔等周边国家的边贸结算中，人民币已经成为主要结算币种。在这次由美国次贷危机引起的全球金融危机之后，美元的主导地位开始受到冲击，币值出现剧烈下跌，从而使得人民币作为区域性国际结算货币的外部需求进一步增大，国内进出口企业对人民币用于国际结算货币的需求也越来越高。综合以上内外部情况可见，推动人民币参与国际结算的时机已经成熟。

（一）人民币计价结算的现实可能性

现阶段对推进人民币的计价结算职能，我国已经具备了现实可能性，这可以从两方面来考察：即良好的宏观环境和微观主体需求。首先，良好的宏观环境形成了推进人民币计价结算的坚实基础：中国经济持续快速增长，综合国力明显增强，对外开放水平持续提升，经常账户已经完全可兑换，资本账户的开放也正稳步有序推进，人民币汇率持续走强等；同时，微观主体方面，中国国际地位的提高使得人民币在国际货币体系中的地位不断提升，尤其是在与中国接壤的周边国家或地区广受欢迎，在某种程度上人民币已经可以自发流通，这些周边国家或地区对于接受用人民币计价结算具有主观上的愿望。具体来看：

1. 良好的经济基本面是推进人民币计价结算的基本前提

要使一国货币执行计价结算的职能就需要有本国经济和国力的坚实支撑。近些年来，中国经济快速发展，综合国力增强，国际地位提高，为推进人民币执行计价结算职能提供了良好的前提条件。2003 年以来，中国 GDP 始终保持着两位数的增长速度，年均增长 10.6%。随着经济快速发展，中国 GDP 总量在世界的排名也连续上升，2005 年中国 GDP 连超法国和英国，由第六位上升至第四位，2006 年 GDP 总量突破为 20 万亿元人民币，与经济总量排在前三位的美国、日本和德国的差距也在不断缩小。与此同时，中国人均国民总收入步入了中等收入国家行列，2002 年中国人均国民总收入首次超过 1000 美元，2006 年人均国民总收入翻了近一番，超过 2000 美元，步入中等收入国家的行列。

在经济快速增长的同时，中国经济运行质量也在稳步提高。中西部地区经济快速增长；财政收入和企业利润均呈现出快速增长的态势；经济结构调整步伐明显加快，第三产业比重继续提高；对外开放的深度和广度进一步拓展；基础产业和基础设施建设继续加强。

中国对外经贸规模不断扩大，近年来中国外汇储备持续大幅增加。2003 年底外汇储备达 4033 亿美元，位居世界第二；到 2006 年底，中国外汇储备达 10663 亿美元，反超日本，成为世界第一大外汇储备国；中国 2009 年外汇储备超过了两万亿，达到 219176.9 亿美元；据世界银行估计，2010 年中国外汇储备将增至 2.818 万亿美元。中国对外经济的综合实力不断增强，抗风险能力也在稳步提高。

2. 持续提升的对外开放水平构成了人民币计价结算的现实基础

近年来，中国经济发展态势良好，对外开放规模日益扩大，国际分工的参与程度继续加深，中国已积极融入到经济全球化进程中，对世界经济的增长具有巨大的拉动作用。快速发展的经济为开展人民币计价结算奠定了良好的现实基础：

第一，进出口贸易持续快速增长，2007 年全年中国进出口总额 21738 亿美元，比上年增长 23.5%，已跃至世界第三。2008 年，中国进出口总额为 25616 亿美元，同比增长 17.8%。2002 年，中国货物进出口总额为 6208 亿美元；2003 年超过法国和英国，上升到世界第四位；2004 年突破万亿美元大关，超过日本，居第三位；2006 年继续快速增长，货物进出口总额达 17604 亿美元，是 2002 年的 2.8 倍。2003 年至 2006 年，中国货物进出口总额年均增长 29.8%，进出口贸易总额占 GDP 的比重从 2002 年的 42.7% 上升至 2006 年的 66.9%，对外贸易在国民经济中的作用越来越大。

第二，贸易结构进一步优化。在出口方面，中国轻工、纺织等传统产业的比较优势得以保持，机电、信息等新兴产业的竞争力不断上升，产品综合竞争力明显提高，出口商品的主体由劳动密集型的轻工纺织产品逐步转向技术密集型的机电产品和高新技术产品。2002 年至 2006 年，中国机电产品和高新技术产品的年均增长率分别达到 36.8% 和 42.7%，占出口总额的比重分别上升到 56.7% 和 29.0%。

第三，贸易广度也在持续扩大，多元化的贸易市场格局正在形成。不仅与美国、欧盟、日本等传统贸易伙伴的双边贸易稳步增长，而且与印度、东盟等周边国家（地区）的贸易合作也蓬勃发展，对南非、巴西、智利等非洲和拉丁美洲国家的进出口也保持良好增势。

第四，吸收外商直接投资平稳发展，对外直接投资快速增长。中国政府一直为外商投资创造良好条件，改革开放 30 多年来，在利用外资方面取得了举世瞩目的成就。截至 2010 年 3 月，外商对华投资累计设立企业近 69 万家，实际使用外资超过 1 万亿美元，中国连续 17 年位居发展中国家之首位。2009 年在金融危机影响下，在全球跨国直接投资下降近 40% 的情况下，2009 年中国吸收外资仍保持在 900 亿美元的高位，仅下降 2.6%，居全球第二。在利用外资继续增长的同时，随着"走出去"战略的付诸实施，对外投资出现了强劲的增长势头。2008 年中国的对外投资增长了 111%，达到 559 亿美元，在全世界排名第 12 位，在所有发展中和转型经济体中排名第 2 位。

3. 外汇政策方面的变化形成了人民币计价结算职能的重要制度条件

2003 年《国家外汇管理局关于境内机构对外贸易中以人民币作为计价货币有关问题的通知》规定"境内机构签订进出口合同时，可以采用人民币作为计价货币"。2005 年，《国家外汇管理局关于边境地区境外投资外汇管理有关问题的通知》（以下简称《边境贸易外汇管理办法》）明确指出："边境地区投资主体以人民币进行境外投资的，可以……到所在地外汇局办理境外投资登记手续。"《边境贸易外汇管理办法》的颁布实施，解决了边境贸易中使用人民币进行计价结算及进出口核销的问题。同时，中国与周边的蒙古、越南、尼泊尔、吉尔吉斯斯坦、俄罗斯等主要国家分别签订了有关边境地区双边本币支付结算的协议，双方边境地区的商品和服务贸易可以使用人民币进行计价结算。因此，在边贸地区的报关、核销、对外直接投资等方面使用人民币进行计价结算已无明显外汇政策限制。在针对台湾的小额贸易方面，2001 年国家外汇管理局出台《福建省东山县对台小额贸易出口核销管理试行办法》，允许东山关区对台小额贸易以人民币计价核销。在港澳地区，从 2003 年中国人民银行第 16 号公告为香港银行个人人民币业务提供清算安排，到 2005 年第 26 号公告，再到 2007 年第 3 号公告，这一系列政策也为推进了人民币在个人消费中执行计价结算职能。但在一般贸易中，人民币仍只限于执行计价职能而不能跨境支付结算。

从以上出台的一系列政策可以看到，目前，外汇管理政策对人民币在对外经贸中执行计价职能已经没有了限制，在结算方面的政策限制也在逐渐放宽。

4. 人民币币值的稳定和上升构成了人民币计价结算职能的市场条件

币值的稳定和上升是使一种货币能够成为计价结算货币的市场条件。人民币汇率形成机制改革以来，人民币对美元汇率持续走强，截至 2007 年底累计升值幅度已超过 10%。伴随着中国经济对周边国家影响能力的增强和人民币币值的走强，人民币在一些贸易伙伴国，尤其是在周边国家或地区树立起了良好形象，流通范围在逐渐扩大，并形成了一定规模，甚至已经有许多周边国家或地区将人民币作为储备货币或者将其纳入汇率定价的货币篮子，使人民币承担起国际化货币的角色。人民币币值的走强是推进人民币进行计价结算的重要因素。而且国内外对人民币会持续升值的共同预期将更有助于保障人民币计价结算的顺利推行。

5. 国内外在对外经贸中的需求形成了人民币进行计价结算的微观前提

本国居民在对外交往中自然愿意使用本币，但通常只有非居民对本币的接受程度比较高，愿意在经济贸易交往中使用本币作为结算币种，本币作为计价结算货币才可能成为现实。

我国目前的对外贸易规模已相当大，2008 年进出口总量高达 2.56 万亿美元，边境贸易中使用人民币进行计价结算的需求日益增加。当前，在境内进出口企业中，具有选择定价能力和结算币种的企业对人民币用于计价结算有强烈需求；境外出口商、在我国有大规模投资和人民币收入的外资企业，因为希望从人民币升值中获益，对人民币进行计价结算也有着较大的需求。

6. 中国作为亚洲国家对外贸易的重要目标市场形成了人民币计价结算的市场潜力

在一国货币的国际化进程中，该国与区域内其他国家贸易往来越频繁，越有可能成为其他国家对外经济贸易的目标市场，从而更多的与区域内其他国家进行货币合作，在经贸往来中其他国家对该国货币的需求也会越来越大。近年来，中国与亚洲其他国家和地区的经贸往来越来越频繁，贸易额也呈逐年增加的态势。2008 年中国进口总额为 1.133 万亿美元，从亚洲其他国家进口总额达到 0.7026 万亿美元，占中国从全球进口总额的62.01%，较 2007 年提高了 30 多个百分点。中国市场巨大，一直是亚洲其他国家对外贸易的重要目标市场，且贸易总额在逐年增长，形成了人民币执行计价结算职能的市场潜力。

同时，近年来我国与周边国家和地区的区域经济及货币合作发展迅速。一是内地与港澳经济关系日益紧密。CEPA 实施后，减少和消除了两地经贸交流中体制性的障碍，使两地的货物、资本、人员流动得更加自由和便捷。2004 年香港和澳门银行办理人民币业务后，为原来沉淀于港澳地区的人民币现钞建立了安全、高效的回流机制，实现了港澳地区人民币现钞的有序回流，并且已经有国家开发银行和中国银行先后在香港成功的发行了人民币债券。二是我国与东盟的自由贸易区建立。2002 年 11 月，中国领导人与东盟各国领导人签署了《中国—东盟全面经济合作框架协议》，同意于 2010 年建成中国—东盟自由贸易区。据估计中国—东盟自由贸易区建成后，将形成一个覆盖 19 亿人口，近 5.2 万亿经济总量，4.5 万亿美元贸易总额的经济区，成为世界上人口最多并有较强经济实力的自由贸易区。在货币合作方面，根据《清迈协议》的安排，中国与东盟 10 国也签署了人民币与对方货币之间的双边货币互换协议；并与越南、老挝等国家的中央银行签订了有关边境贸易本币结算的协定，周边局部地区建立了人民币现钞的回流渠道。在此背景下，完全有可能形成一个以人民币为主要贸易结算货币的人民币经济区。

（二）人民币计价结算的现状特点

近年来，中国政治经济地位不断提高，我国与周边国家和地区的经贸往来不断深入发展，人民币币值稳定并具有升值预期，这使得人民币在与中国接壤的周边国家和地区的经贸活动中广受欢迎，尤其在缺乏硬通货、货币汇率也不是很稳定的国家和地区更是如此。在总量方面，人民币在周边国家和地区流通的规模在逐渐上升。在流通区域方面，人民币已经由在边民互市贸易中执行计价结算职能，扩展到在边境贸易中执行计价结算职能。在中国与越南、泰国、缅甸、朝鲜、蒙古、俄罗斯、巴基斯坦、尼泊尔等国家的边境贸易中，均不同程度的使用人民币进行计价结算，且结算量也在逐年增长。近年来，中国的边境贸易呈现逐年增长的态势。2004年，黑龙江与俄罗斯的贸易总额达到了 299 亿元，较前一年增加 29 个百分点；广西与越南的贸易总额达到了 14 亿元，同比增加 13 个百分点。双边贸易快速发展促进了人民币现金在边贸结算中的使用和流通。同时，中国政府对边境贸易的发展也给予了高度重视，不断推出鼓励优惠政策鼓励边贸发展，并从各方面提供便利。目前，中国已经与多个接壤国家签订了双边货币结算协议。在各种政策措施和便利条件的推动下，人民币结算在中国对外贸易结算中所占的比重越来越大。中国政府根据边境地区的实际情况也出台了相应法规，允许边境贸易中使用人民币进行计价结算，并鼓励中国边境地区的商业银行与周边国家（地区）银行积极拓展双边国家货币结算业务。政府政策的出台更促进了人民币计价结算使用量的增加。在云南地区，人民币计价结算已达到了边贸结算业务总量的80%左右。可见，使用人民币进行计价结算的交易量在逐年增长。

近年来，边境各省银行、税务及海关等部门为人民币计价结算职能的推进也积累了一定的经验。一是在出口退税方面，出口退税试点成效显著。以云南为例，国家税务总局在2004年10月下发《补充通知》（财税【2004】178号），将以银行转账方式进行结算的退税比例由70%上调到应退税额的100%。边境贸易中以人民币进行结算的出口退（免）税政策，有效地促进了边境贸易的发展。二是银行间边境贸易中越来越多的使用人民币进行结算。以中越间的边境贸易结算为例，1993年5月，中越两国央行签署了《中越关于结算与合作协定》，在这个《协定》框架下，中越银行间逐步建立了边境贸易结算与合作关系。1996年起，中国农业银行广西分行率先在广西东兴、凭祥等边境城市与越南方面开展了边境贸易结算业务，以银行间的国际结算业务取代现金交易，截至2007年2月底，该行已累计办理边境贸易结算188.48亿元人民币（折合23.12亿美元）。银行边境贸易人民币结算的开展，为人民币进一步执行计价结算职能积累了经验。

对现阶段人民币计价结算职能的使用情况我们还可以从以下三个方面具体来考察：

首先是空间方面，目前，人民币境外流通主要集中于与中国接壤的边境国家，包括在西南边境的越南、老挝、缅甸、尼泊尔；西部边境的巴基斯坦、吉尔吉斯斯坦、哈萨克斯坦以及东北边境的俄罗斯、蒙古、朝鲜等国。此外，在没有直接接壤的东南亚国家也不同程度地存在着人民币流通。

其次是流出途径方面，可分为传统流出方式和新兴流出方式。其中，传统流出方式，包括边境贸易流出，人员往来携带（包括旅游支付、探亲访友、留学等），以人民币为手段的对外投资等；新兴的流出方式，如以人民币信用卡等现代信用工具为载体的流出，这种新的技术途径推动了人民币在境外的流通。除此之外，还有非法流出渠道，如存在着以毒品走私、境外赌博、洗钱等形式的非法人民币流通。

最后是人民币境外流、存数量方面。对于人民币境外流、存数量问题，有多种估计数据。如，2004 年 3 月，国家外汇管理局宣称，境外流通的人民币估计超过 300 亿元。其他估计也大致如此。2004 年 2 月，香港地区的银行开办了人民币个人业务，业务范围包括存款、汇兑、信用卡等，至此香港地区的人民币流通被纳入到银行体系。此后，随着人民币兑换美元的单边升值预期，香港人民币存款呈不断上升的势头，至 2009 年 3 月末，香港人民币存款规模达到 531 亿元。可以预见到，随着资本项目的放开以及人民币国际化的推进，人民币在香港及其他境外地区的流通数量会日益上升。

（三）现阶段人民币计价结算面临的问题

人民币执行计价结算职能是人民币国际化（区域性国际化）的基础。人民币执行计价结算职能在边贸地区已经有了很大的发展，但在一般贸易中才处于起步阶段。具体来看，现阶段人民币执行计价结算职能面临以下问题：

1. 总体上使用范围比较小

人民币在对外经贸中执行计价结算职能，主要是源自市场自发形成的需求，中国及其周边国家和地区大多是在市场产生一定的人民币结算交易规模后才出台相应的政策安排，并没有明显的鼓励政策，甚至在一些国家或地区还存在着限制政策。

如在双边贸易中，缅甸、越南、蒙古、巴基斯坦等中国周边国家或地区，经济发展相对落后，金融市场不够发达，缺乏足够的美元、日元、欧元等国际硬通货作为支付手段，在这种情况下，人民币由于中国良好的经济基本面和稳定的政治局面，币值稳定并有走强趋势，而受到欢迎，成为边贸双方结算货币的最佳选择。但在部分国家或地区存在着对人民币跨境支付流通的政策限制，如俄罗斯。

在跨境贸易中，由于美元的市场因素以及交易中货币使用方面的惯性，虽然在次贷危机以来美元霸主地位有所动摇，但其仍是当前最重要的计价结算货币。相比较而言，人民币计价结算在总体上使用范围仍然偏小，且主要集中于中国边境省份和邻国的边贸贸易中。在与港澳台交往中，也部分使用人民币，主要集中在旅游探亲，但在对欧、美、日、韩等的经贸中较少使用人民币。同时在交易规模上，人民币与美元等传统国际结算货币的差距依然很大。从总体上看，人民币计价结算并没有得到国内外市场的广泛接受，只是在部分周边国家和地区部分的流通。

2. 各方面发展并不平衡

首先是人民币结算工具方面。现阶段人民币结算工具主要以现钞和银行卡为主。每年国内银行在人民币结算方面以人民币计价信用证以及指定中国海关为受益人的关税保函而开展的业务并不是很多。在跨境贸易中，并没有发展出与现代国际贸易发展密切关联的人民币结算工具。

其次是人民币计价结算的地区使用方面。人民币执行计价结算职能表现出地区发展不平衡的特征。越南等与中国南部地区邻近的国家对人民币的认可度较高，在交易中大量使用人民币；但是在俄罗斯以及中亚的一些国家，使用美元或者其本国货币较多一些，使用人民币进行计价结算的很少，在这些国家人民币执行计价结算职能尚处于起步阶段，还有很长的路要走。

再次是人民币进行计价结算的流通渠道方面。人民币计价结算的流通渠道发展很不平衡，只有少量的人民币经正规金融渠道流通，较大部分人民币是通过民间渠道和地下渠道流通的。产生这种现象的原因大致有两方面：一方面是由于人民币执行计价结算职能主要是存在于边境贸易和小额贸易中，在这种交易中，由于现金交易具有费用较低而且比较方便的特点，所以较多使用现金进行结算，很少经由银行等正规金融渠道；另一方面，人民币现金的跨境流通促进了民间汇兑的发展，很多正常的跨境结算需求转入民间渠道和地下渠道，对正规银行的业务发展产生较大压力。

二、人民币执行投资借贷职能

（一）发展背景——人民币执行投资借贷职能的必要性

随着人民币计价结算职能的发展，人民币在周边流通的广度和深度都在加大，在人民币回流渠道没有完全畅通的情况下，人民币境外沉淀量会增加，海外持有人民币增多，形成人民币债权。于是人民币持有方希望持有人民币能够获取投资收益，即要求人民币执行投资借贷的职能。与此同时，在使用人民币进行计价结算的过程中，外国进口商进行付款时，可能没有足够的人民币用以支付。为保证外国进口商有足够的人民币支付能力，从而也更好地推进人民币执行计价结算职能，应该满足外国进口商对人民币的贸易融资需求。所以，人民币执行投资借贷职能是人民币国际化（区域性国际化）的一个必然也必要的步骤，在人民币计价结算职能推进和发展的过程中自然产生了使用人民币投资和借贷的需求。在这种情况下，中国政府需要为境外人民币持有者提供人民币的融资市场，以解决境外人民币的投资需求和流动性需求。

人民币融资市场至少有两部分组成，即人民币借贷市场和人民币资本市场。

当人民币成为区域内贸易货币后，大量的国际贸易离不开资金融通，人民币离岸市场可以成为境内外企业贸易融资的场所，为推动区域贸易增长提供资金融通的便利。同时，在开放市场环境下，逐步形成人民币离岸金融中心利率。人民币的资本市场包括离岸人民币债券市场和离岸人民币股票市场。随着海外人民币沉淀量的增加，应该为人民币持有者提供更多的人民币资产选择机会。在浮动汇率和浮动利率的货币体制下，为境外人民币持有者提供必要的防范外汇风险的手段和工具，促进人民币成为境外企业和居民投资资产组合的组成部分。

（二）有利条件——对外开放程度在不断深入

首先是贸易开放度。近年来，我国的对外贸易开放情况在不断上升，这为人民币执行投资借贷职能提供了有利的基础条件。改革开放以来，中国的对外贸易比率一直处于上升的态势。2008 年，面对国际经济衰退和金融危机的不利影响，中国对外贸易比率依然达到了 58.2%，保持了较高的水平。

其次是金融开放度。不断上升的金融开放度为人民币执行投资借贷职能提供了良好的金融市场环境。改革开放以来，中国的对外金融比例也处于逐年递增的态势，2008 年达到 54.3%，体现了中国对外金融开放的积极进展。

最后是对外资的利用情况。从中国对外国直接投资和其他投资额的利用情况来看，中国市场的对外吸引力越来越高，越来越多的国家和地区（特别是亚洲的其他国家和地区）对中国的投资额逐年增加。自 1993 年以来，亚洲其他国家和地区对中国市场的直接投资及其他投资额占中国实际利用外资额度的比率一直在55%以上，中国已经成为亚洲其他国家和地区的重要目标市场，在亚洲产业链中占有无可替代的位置。这为人民币在对外经济贸易中进行投资借贷创造了良好的条件和形成了直接途径。

(三) 政策情况——对中外资银行的鼓励政策

近年来，中国经济处于稳定的增长态势，也保持了较高的增长速度。中国与其他国家的贸易往来也越来越频繁，利用外资额度也在逐年增加。同时，在全球经济一体化的进程中，中国金融业也在不断的推进改革开放，内部金融环境在不断的改善，逐渐形成完善的金融体系。

首先是外资银行在中国的发展情况。2001年底，中国开始允许境内的外资银行在全国开展各种外汇业务，并在主要城市逐步开放外资银行队中资企业的人民币业务。自2006年12月11日起，中国境内的外资银行在取得经营人民币业务资格后，可以在全国范围内向其客户提供人民币服务，取消了地域限制。至2007年底，中国境内的外资银行资产总额1,714.63亿美元，比年初增长47%，占全国金融机构资产总额的2.4%，其中各项贷款余额951.56亿美元，比年初增长54.7%，占全部金融机构各项贷款余额的2.5%；负债合计1,554.23亿美元，比年初增长45%，占全部金融机构负债合计的2.3%，其中各项存款余额606.63亿美元，比年初增长68.8%，占全部金融机构各项存款余额的1%。截至2007年末，中国银监会已经批准21家外资银行将其中国境内分行改制为外资法人银行，其中17家已经完成改制开业。经过不到一年的时间，外资银行在华发展的市场格局已经实现了由"分行主导"向"法人主导"的平稳过渡。截至2007年末，在华外资法人银行26家（下设分行及附属机构125家、支行160家）；外国银行分行117家（下设支行9家）。截至2007年末，中国银行业金融机构利用外资余额为754.01亿美元，其中境外金融机构入股中资金融机构的完成额为207.46亿美元，境内外资金融机构实收资本和营运资金余额为133.69亿美元，中资银行海外上市（H股）引进资金412.86亿美元。截至2007年末，共有25家中资商业银行引入33家境外投资者，投资总额为212.5亿美元。

其次，中国的银行走向世界。与外资银行进入中国的情况相比，中国银行的国际化进程刚刚处于起步阶段。在这种情况下，香港国际金融中心地位的巩固会对人民币在国际经贸中充当投资借贷货币有很大的推动作用。近年来，香港的人民币业务快速发展。2004 年，香港推出了人民币存款、汇款、货币兑换和信用卡业务。2005 年，香港增加了人民币的支票业务，同时也放宽了相关的限制。2007 年初，香港获得发行人民币债券的资格，内地金融机构也于当年首次在香港发行人民币债券。香港的人民币业务一直处于推进过程中并不断地有新的突破。2009 年中银香港首次成功办理了香港人民币跨境贸易融资业务，这标志着香港正式启动了人民币贸易融资业务。利用香港的既有优势，巩固其国际金融中心地位，可以促进中国形成一个富有深度和弹性的金融市场，为人民币在区域内执行投资借贷职能创造良好的金融市场环境。同时中国银联成功的海外扩张，也为人民币在海外执行国际货币职能创造了条件。

（四）进一步推进人民币执行投资借贷职能的建议

一是为海外人民币创造使用和投资渠道。对于境外沉淀的人民币，除了允许外国进口商使用其向我国进行进口支付外，还应该允许人民币持有者使用人民币对我国进行投资，包括直接投资和投资于国内的人民币资产及金融市场，并对两种投资进行区别对待和管理。直接投资的人民币应视为外资，并使其享受外商投资优惠政策；而对投资于国内人民币资产和金融市场的，应该参照资本和金融账户管理，对其进行相应管制。同时，为了提高海外对人民币的持有意愿，应该有步骤的放开资本账户，发展人民币离岸金融市场，丰富人民币投资品种，满足境外人民币持有者对人民币各类投融资产品和金融衍生产品等的需求。在推进人民币国际化（区域性国际化）的过程中，积极地带动国内金融业务的发展和金融机构的壮大。

二是通过正规渠道提高境外人民币使用的便利性。放开境外银行间人民币拆借，允许境外银行办理当地与我国企业的贸易信贷融资等业务，包括买方信贷或卖方信贷等，以便增进人民币境外流通和可获得性，增强境外人民币使用的便利性。

三是人民币离岸金融中心的建立。在当前国内利率还没有完全市场化，人民币还不能完全可自由兑换，人民币汇率形成机制还需进一步完善的现实情况下，可以促进香港建立人民币离岸金融中心，为境外人民币提供投资和交易的场所。

香港人民币离岸金融中心的建立，可以为境外人民币提供投资和交易场所，满足东亚地区对人民币融资的需求，并逐步形成完全市场化的人民币汇率和利率指标体系。香港作为国际性离岸金融中心，与内地的上海、北京等地相比较，在国际金融领域具有明显的竞争优势。从地理位置、基础设施、经济自由度、金融体系等角度看，香港具备建立人民币离岸金融中心的基本条件。为了促进人民币国际化（区域性国际化），应通过放宽政策限制，允许香港经营人民币贷款业务，扩大中央政府、内地企业和香港企业在港发行人民币债券规模，允许内地企业和香港企业在港发行以人民币计值的股票，推动香港与内地之间使用人民币结算等措施，以促进香港人民币离岸中心的建立。

三、人民币成为他国储备货币，执行贮藏职能

人民币的国际化（区域性国际化）是从人民币在跨境贸易中执行计价结算货币职能开始的，但国际化（区域性国际化）的最终目标应该是使人民币成为区域内的储备货币。

（一）人民币执行财富储备职能具有必要性，同时也具有必然性

人民币在区域内执行财富储备职能，无论是官方还是私人都有一定的需求意愿。

首先是官方对储藏人民币的需求。当人民币在区域内实现了计价结算职能和投资借贷职能后，人民币也将成为区域内国家和地区调节国际收支的重要手段，并成为区域内各国家和地区主要储备货币之一。区域内各国和地区的经济主体会越来越多的利用人民币离岸金融中心，筹集资金来弥补国际收支逆差，而顺差国的盈余也会在人民币离岸金融中心加以运用。区域内一些国家和地区的中央银行或金融当局为了获取利息收入，也会把手中的人民币投入到人民币离岸金融中心，通过人民币离岸金融中心，使国际储备盈余的国家和地区与国际储备短缺的国家和地区能够互通有无。对人民币来说，需要在亚洲货币体系中承担更重要的责任，人民币将逐渐成为亚洲货币体系稳定的名义锚。

其次是海外居民对储藏人民币的需求。近年来，在缅甸、老挝和朝鲜等国家，通货膨胀极其严重，本币处于持续大幅贬值状态。而中国经济保持了稳定快速的发展，人民币的汇率也处于基本稳定的状态。所以，人民币在这些国家很受欢迎，居民持有人民币一般用于储藏和保值。在朝鲜，

人民币有"第二美元"的称誉。可见，人民币在这些国家的受欢迎度很高，基本处于准硬通货的地位，许多居民都愿意储藏人民币现金用于保值、增值。

（二）现阶段人民币执行贮藏职能的现状

现阶段，海外人民币部分的被官方和私人部分持有，使人民币在海外执行贮藏职能。

首先，作为官方储备货币实现零的突破。2006 年 12 月 1 日，菲律宾货币委员会开始接纳人民币为其中央银行储备货币，这是外国中央银行首次将人民币列为官方储备货币。2007 年 10 月 1 日，白俄罗斯国家银行官方网站宣布，将人民币列为国家新的外汇储备之一。另外，尼泊尔、韩国和马来西亚等少数国家还持有少量人民币作为储备，根据有关文献资料，马来西亚中央银行的货币储备中就有约 1 亿元人民币。

其次，境外开始出现人民币存款业务。2004 年 2 月，香港首次推出人民币存款业务，同年底，澳门的人民币业务也正式开展，而且人民币存款数量每年稳步增加。截至 2008 年 10 月底，在港人民币存款 660.72 亿元人民币。此外，孟加拉国、马来西亚、印尼、新加坡、菲律宾、韩国等国家和地区已经接受指导汇率体系中加入了人民币等 7 种新货币；2005 年 11 月 5 日，印度储备银行印度央行宣布调整汇率指数，将人民币和港币纳入一篮子货币。

第三节　人民币国际化的阶段划分

人民币的国际化（区域性国际化）作为国际化的初级阶段，就是人民币在国际间发挥价值尺度、流通手段、支付手段和贮藏手段等职能的过程，上一节我们分别从计价、结算、投资、借贷和贮藏职能的角度探讨了人民币国际化（区域性国际化）的推进方法和发展顺序，本节我们将考虑我国的现实情况，主要从实际操作意义上对人民币国际化进程的不同阶段进行划分，探讨人民币国际化的具体途径。

一、人民币国际化分阶段基础设施建设

人民币国际化是一个需要国家经济、政治地位、金融体制、金融市场等多方面条件成熟，利率市场化、资本项目开放、汇率市场化等多种机制相互配合的长期的推进过程，所以其总体的指导思想必须是立足于人民币国际化的现状和中国的基本国情，紧紧抓住2008年全球金融危机之后国际货币体系调整的重要战略历史机遇期，以国家强大的经济实力为后盾、以金融体制改革为支撑、以民间推动为先导、以周边市场为依托、以区域合作为手段、以政府主导、市场选择为核心，采取边境贸易与旅游进口相结合、国际贸易与国际金融相结合、增强经济实力与健全金融体系相结合、实现短期目标与谋划长远目标相结合的方式，按照"积极、稳妥、渐进"的原则，有层次、分阶段地推动人民币的国际化。

（一）完善人民币国际化的国际贸易路径和国际金融市场路径规划

纵观美国、英镑、欧元和日元等货币的国际化历程，不难发现，这些货币基本都是采取国际贸易和国际金融市场两条途径不断扩大其在全球范围内的影响，以至于最终被世界各国广泛认可，在贸易领域发挥着计价和结算货币的职能，在国际金融领域发行以该货币计价的各种金融投资产品，同时发挥着充当其他国家贮备资产的国际货币职能。对于人民币的国际化来说，也应当主要通过这两条途径进行推进，将这两个方面始终贯穿于人民币国际化的各个阶段，并且根据不同阶段的情况双管齐下，同步推进。

人民币国际化的国际贸易路径主要是要借助于我国现有的世界贸易大国的地位，通过在国际贸易中推广采用人民币计价结算的手段来实现人民币国际化。2008年下半年以来，我国进出口贸易受到全球金融危机的影响，呈现出了一定的下降态势，但是政府通过采取密集地与多国央行签订货币互换协议，积极推出人民币跨境贸易结算试点等措施，在稳定并不断扩大我国国际贸易规模的同时，实现人民币在国际贸易结算中比例的提高，这便是利用中国的贸易规模优势推进人民币在区域内的流通和使用的典型范例。以人民币提供的流动性刺激国际贸易规模扩大，同时以国际贸易促进人民币在国际市场行使国际货币职能，能够形成货币与贸易的良性互动。2009年我国出口贸易总额已经超越了德国成为世界第一出口大国，

这种在世界贸易中地位的提高，更为人民币通过计价结算的方式扩大在世界范围内的认可度提供了坚实的基础。所以在现阶段条件下，可以人民币跨境贸易结算的落实和推广为重点，加大签订货币互换协议国家的数量，通过国际贸易途径加速推进人民币国际化进程。

通过国际金融市场途径推进人民币国际化要比国际贸易途径复杂许多，因为其不仅需要依赖一个稳定、高效、开放的金融市场体系来支持人民币的国际流动，需要利率、汇率和资本流动放松管制作为制度许可，还需要行之有效的金融监管体系作为推进过程的保障。这一途径的总体指导思想就是通过金融市场的不断完善，扩大人民币计价的金融产品在世界范围内的影响力，使人民币成为受欢迎的投资对象，并成为世界各国储备资产。可供选择的具体措施主要包括：一是在国际市场发行人民币计价的政府债券和企业债券，以及各种相关的金融衍生品，使人民币资产逐步成为国际市场上个人、企业、金融机构和各国中央银行的投资对象和资产保值增值的重要投资工具；二是加强区域货币合作，通过双边或多边货币协定发挥人民币在区域中提供流动性和稳定区域经济的核心货币作用，例如实行中国—东盟经济一体化过程中的货币选择问题，"亚元"或整个亚洲区域内重要的锚货币，而之前签订的多项货币互换协议就是一个很好的尝试；二是用人民币直接对外投资和国外个人、机构直接使用人民币在中国进行投资。这能直接提高人民币在国外相关区域的流通规模和认同程度，而外国投资者对国内的投资又能形成很好的人民币回流渠道；三是在上海建立人民币金融中心，在香港设立人民币的离岸金融中心。在上海建立金融中心人民币的定价中心和结算中心，可以发挥"聚集效应"，正如纽约之于美元、伦敦之于英镑，将为未来人民币的国际化奠定良好的市场基础；又由于我国目前利率没有完全市场化、汇率体制并不完善、特别是资本账户没有开放，没有一个开放、发达的人民币投资渠道，所以通过香港人民币离岸市场的发展，为境外人民币持有者开辟投资渠道，提供以人民币计价的金融产品，为人民币提供一个充分国际化的市场平台。

（二）完善人民币投放与回流机制

一国货币要想成为国际货币，建立合理、有效、可控的货币境外投放和回流机制是技术保障，没有顺畅的投放和回流，货币链就将断裂，货币总量就会失去监管和控制，使国内经济遭受冲击。人民币国际化的货币投放与回流途径主要可以选择两种模式：1. 金融渠道投放，贸易渠道回流；2. 贸易渠道投放，金融渠道回流。在这一阶段，人民币回流的主要方式就是通过对其他国家的货物和服务贸易出口。中国对周边国家的对外经济格局表现为商品、资本同时净输出，国际收支平衡表上表现为经常项目顺差、资本与金融项目逆差，并且这一情况在短期内难以改变。因此，人民币国际化的初期应通过金融渠道对人民币进行输出，而通过贸易渠道实现人民币的回流。首先要在与周边国家的对外贸易中逐步推广人民币计价和结算；其次通过对外投资进行人民币的投放，这主要包括直接投资、证券投资和国际信贷，从而使周边国家持有的人民币资产不断增加。在中国经济发展方式转型之后，人民币国际化的货币投放与回流方式应逐步转变为贸易渠道投放、金融渠道回流，使中国成为周边国家的消费者和债务国。值得注意的是，在建设有效的货币境外投放和回流机制过程中，政府的监管水平必须相应加强，对人民币的流入流出总量进行监控，防止人民币的大量外流或回归所造成的对国内实体经济的冲击。同时，要加强国际协调，规范非正规渠道的资金流出，实现人民币跨境流动的规范化和合法化。以下将分别对人民币的流出和流入机制进行具体分析：

1. 人民币流出机制的建设

（1）进口贸易渠道

进口贸易主要包括货物进口和服务进口两个方面。在货物进口上，台湾、韩国、日本、马来西亚、泰国在中国贸易逆差来源地中分别列第1、2、3、4、6位，东盟与我国的贸易往来非常密切，这些国家和地区对人民币需求相对旺盛，而我国作为进口商，在选择币种和定价方面具有较多的主动权，因此利用这些经济体通过进口渠道输出人民币的市场操作空间较大。特别是对于那些资源类输出国家来说，由于我国进口资源需求逐年增长，所以对这些国家将长期呈现贸易逆差，这就使得我国成为了资源类输出国家的重要合作伙伴，我们需要抓住这种契机，提高我国在资源进口贸易中币种选择的话语权，大力推动人民币成为计价结算货币。在服务贸易进口上，我国应主要针对与我国服务贸易往来密切的国家和地区进行人民币的推广，例如香港与内地互为双方最大的服务贸易伙伴，东盟国家与我国的服务贸易量逐年增长，而且人民币作为结算货币已经在这些国家和地区使用。服务贸易的增加，为人民币向境外的直接输出提供了一定的现实基础。

(2) 旅游渠道

旅游是货币国际化进程中除了贸易、投资以外的另一重要动力和载体，特别是在人民币国际化的初级阶段，人民币的投资品种还很有限，旅游便成为了人民币现金流出的一条最主要渠道。人民币在旅游消费上的支付，目前是集中在港澳及越南、缅甸等东南亚地区。人民币在区域范围内的流通与旅游又相互促进的作用，一方面人民币的境外流通有助于中国游客出游的积极性，减少其交易成本；另一方面游客境外使用人民币也成为了境外获得人民币的重要来源。

(3) 对外直接投资渠道

鼓励和扶持国内优秀企业进行跨国经营，一方面可以消除贸易壁垒对企业本身有利，同时也有利于人民币在国际范围内的使用。

(4) 人民币贷款渠道

通过国内银行或其海外分支行向境外经济主体提供人民币贷款，实现人民币的流出，可以从短期的贸易贷款开始，逐步发放一般性的中长期贷款。同时，也可以允许国内银行向海外直接投资项目提供人民币融资。

(5) 境内居民境外赌博、走私与购买毒品渠道

据我国公安部门披露，我国境内的不法分子在境外赌博、走私和购买毒品都采用人民币支付，使其成为地下人民币流出的重要渠道。

2. 人民币回流机制的建设

(1) 贸易出口渠道

与贸易进口渠道一样，贸易出口渠道也主要分为货物和服务两个方面，它主要取决于贸易对象国的人民币持有规模和对人民币作为国际贸易计价货币的政策限制。根据我国现实情况，应主要选择香港、台湾、日本、韩国和部分东盟国家等与我国经济往来密切的国家，鼓励境内企业在与这些国家进行货物及服务贸易输出时，允许其采用人民币进行相关款项的支付。

(2) 旅游渠道

旅游不仅是现阶段人民币现钞的主要流出渠道，它同样也是一个人民币现钞的重要回流手段。我国应鼓励境外游客使用其手中持有的人民币现钞来中国进行旅游和消费，使得流通在外的人民币通过旅游方式有序地回

流境内。

（3）境外发行人民币产品渠道

境外发行人民币计价的金融产品，可以为境外人民币的持有者提供有效地投资渠道，也使得人民币实现有序的回流，同时，通过人民币衍生品的不断丰富，使得其他国家投资者拥有了合理规避人民币汇率风险的工具，有利于促进其对人民币的认可程度。

在扩大境外发行人民币金融产品时，主要可以采取扩大发行主体，增加发行地点等方式加强人民币的辐射面积，通过发行包括金融债券、基础建设债、普通企业债、资产证券化等在内的多种形式的金融产品的方式增加发行品种。

（4）人民币 FDI 渠道

人民币 FDI 是指境外经济当事人用其积累的人民币资产对境内进行投资。从操作层面，为确保人民币 FDI 得以顺利开展，我国需要进行一系列政策调整，具体包括：一是外资审批领域；二是外汇管理领域，要重点加强收支申报、账户开立、验资寻证等环节的监管，确立人民币 FDI 的管理框架[1]。

（5）人民币 QFII 渠道

我国现阶段仍然实行资本项下的金融管制，但是境外投资者可以通过 QFII 渠道投资国内的资本市场，实现人民币的回流。

（6）货币走私渠道

据我国海关统计，近年来查获的走私案件中，人民币走私占据了相当大的比例，一部分外流的人民币也通过走私的途径回流到内地。

上文曾经提到，人民币投放和回流机制能否成功运行的一个重要保证就是监管的到位。在人民币境外流量较小的时期，应当建立海外人民币业务库，对人民币的境外投放、跨境调拨、清算等业务进行处理；当人民币境外流通量逐渐增大时，设立海外人民币发行代理库，并且通过设立统一的人民币全球流通管理中心，管理境外人民币投放和回流，并进行人民币跨境流量的监测与统计，有效地防控人民币大量流入流出可能造成的

---

① 殷剑峰：《人民币国际化路线图》，2009 年 5 月"中国金砖四国论坛"演讲稿。

风险。

3. 在国内边境地区建立平台（项目库）形成境外人民币阳光化回流机制

以广西为例，伴随 CAFTA 进程，周边国家和地区居民逐渐认可和接受人民币作为交易货币和国际清算手段，导致大量人民币在境外流通。必须尽快建立人民币回流机制，给在东盟市场流通的人民币提供一条有法律保障的投资渠道。而实行境外人民币直接投资中国的重大项目是人民币回流机制的一项重要举措。这不仅有利于保障国际市场上人民币持有者的投资收益，提高各国对人民币的认同度，提高中国货币当局货币政策制定的有效性，也有利于扩大人民币结算的范围和提高人民币的吸引力。

（1）区位优势。境外人民币主要集中在东盟市场上，而广西作为中国与东盟对接的桥梁，是承接境外人民币回流和境外人民币直接投资中国重大项目的枢纽。广西正处在经济快速发展的阶段，也需要大量资金的支持。

（2）项目优势。广西泛北部湾经济区的建立，伴随着众多重大项目的发展，这无疑为境外人民币直投提供了良好的投资渠道。因此，建立境外人民币直投，广西是很好的首选承接地。

（3）政策优势。国家对广西实行的投资优惠政策多。一方面，扩大广西吸收外商直接投资的审批权限，还伴有很多诸如税收减免等政策优惠；另一方面，对广西北海、南宁、防城港、钦州等地实行特殊优惠政策。这些有利的政策措施都有助于吸引境外人民币直接投资广西。

因此，为方便境外人民币直接投资广西，广西应尽快建立北部湾产业项目库。一方面给境外人民币直接投资广西北部湾产业提供更多可选择的项目；另一方面，也可以加大广西北部湾建设对境外人民币的吸引力，争取更多的资金，服务广西经济又好又快发展。项目库的建立应注意以下几个方面：

（1）项目库的建立要紧紧围绕全区具有战略性、全局性、宏观性的关键问题，突出重大规划和重大项目，促进广西区内产业升级，基础条件及设施的较大改善。

（2）以规划定项目，以项目定投资。要争取更多的境外人民币直接投资广西北部湾产业，就必须要有好的建设项目，并力争使这些项目能列入到广西的经济发展规划或各项专业规划当中。

（3）可制定奖励及优惠措施，如"鼓励引荐境外人民币直接投资广西的奖励办法"、"鼓励境外人民币直接投资广西的优惠措施"等，并制定具体的奖励和优惠措施和细则，以吸引广大境外投资者投资广西。

（4）项目库建成后，争取在"中国—东盟贸易门户"、"泛北部湾经济合作论坛"以及各东盟国家的官方网站公布，方便境外人民币直接投资者查阅相关项目建设及投资信息。

（三）人民币国际化（区域性国际化）阶段划分的基本思路

按照货币国际化一般规律，一种货币是否成为了国际货币，其衡量标准通常是货币可接受程度以及流通使用的范围。以此来定义的国际货币，就是在世界范围内可自由流通的货币，具有国际计价结算、国际信贷投资、国际储备三大功能，并为世界各国所广泛接受。鉴于我国国情和人民币的现实状况，人民币国际化将是一个漫长的逐步推进的过程，其基本路线应该为周边化（大中华地区、周边国家）、区域性国际化（亚洲）以及全面国际化（人民币区域性国际化的延伸），其动力和载体则依次为贸易、旅游、投资，在这一过程中必须特别注重与我国循序渐进的开放次序相一致，与资本项目开放相协调。

人民币"次区域性国际化"阶段，主要是指以边境贸易和旅游为主要手段带动人民币在我国周边国家和地区流通使用，发挥人民币在国际贸易和私人部门消费中的计价结算职能；同时，伴随着人民币在实体经济中跨境流通规模的加大，对人民币资本项目的交易需求也会增加，这一阶段可以考虑将人民币国际化与资本项目的开放进程合二为一，本阶段的最终目的是使人民币成为周边国家官方和私有部门承认和接受的硬通货，并为人民币在亚洲范围内的区域性国际化在各个方面进行铺垫，积累经验。

人民币区域性国际化阶段，也即人民币的亚洲化，主要是指人民币在亚太区域范围内执行国家货币职能。这一阶段的重点是建立人民币离岸中心，并逐步实现利率市场化和有效的汇率机制，从而为资本项目的开放提供制度保障。货币实行资本项目下的自由兑换是货币国际化（区域性国际化）的真正开始。这一阶段的主要任务是进一步疏通人民币的流入流出渠道，提高人民币跨境流量的监测与管理，保证境外人民币市场的稳定的同时，确保国内人民币供给需求的稳定。为此，我们一方面要加强金融市场建设，大力发展货币市场、资本市场，不断扩大市场规模和市场开放度，使国内市场和国际市场的利率水平相协调；还要进一步提高金融监管效率，增强金融风险的防控能力和国内金融市场自身消化金融风险的能力；此外，还要继续加强与周边国家和地区的金融合作，并将合作范围不断推广，与区域内其他国家共同努力发展亚洲债券市场，建立亚洲货币体系和汇率机制，并努力使人民币成为亚洲货币合作机制中的关键货币。

人民币国际化阶段是区域性国际化在全球范围内的延伸，主要是指人民币在全球范围内被世界各国广泛接受，在全球范围内执行和充当国际货币，发挥计价结算、投资和储备的职能，具有完善的投放和回流机制，发达、开放的金融市场和金融投资品种，成为具有全球化性质的国际货币，这是人民币国际化所要达到的最高目标。

表10-1　人民币国际化阶段性目标和战略对策[①]

人民币国际化阶段	初级阶段	中级阶段	高级阶段
国际化方向	人民币次国际化（区域性国际化）	人民币亚洲化	人民币国际化
货币目标	成为可完全自由兑换货币	成为亚洲主导货币	成为世界性货币
经济总量估计	GDP 位居世界第三	GDP 位居世界第二	GDP 与美国相当
主导力量	市场力量主导	市场和政府力量共同主导	市场和政府力量共同主导
国际化渠道	边贸、人员往来、旅游	区域经济合作（贸易、投资）	跨地区贸易和投资
人民币职能	贸易中计价、支付结算手段	国际投资和市场交易工具、部分国家储备资产	国际储备和市场干预手段
区域货币合作目标	建立亚洲货币基金	发展资本市场，建立亚洲货币汇率合作机制	亚洲货币在国际地位上的提升

通过以上介绍，我们认为在人民币国际化的整个进程中，要坚持以人

---

① 参见潘理权：《寡头垄断的国际货币体系与人民币国际化战略选择》，《经济问题探索》2007 年第 1 期。

民币周边化为出发点，以亚洲范围内的国际化（区域性国际化）为重点，把握好人民币国际化这一长期趋势，致力于形成互动、协调、可持续的人民币国际化发展态势。人民币国际化应是政府主导与市场自发演进相结合的过程，通过"路径依赖"和"自我强化"效应，形成相互促进的作用，通过对区域内外的个人及企业的心理预期和行动决策产生影响，使其在既得利益确立的条件下，自发成为进一步推进人民币国际化（区域性国际化）更深层次的动力。人民币国际化（区域性国际化）是一个动态演变过程，不同阶段都有其相应的经济发展情况和制度安排作为发展的基础，应根据人民币国际化所处的不同时期及其特点，分别确定其阶段性目标和战略对策（见表10-1）。

二、人民币次区域性国际化阶段

人民币次区域性国际化主要是在对外贸易、旅游、投资中有秩序地推进以人民币计价和结算，增加其在周边地区和国家的流通和使用，为人民币在亚洲范围内的国际化（区域性国际化）奠定基础。目前中国还处于"一个国家四种货币"的局面，即中国大陆、香港、澳门、台湾四地同属于一个主权国家，却有四种货币共存，没有统一的货币。鉴于以上情况，人民币的国际化之路应先从一国四币的融合开始，逐渐向外辐射。首先，应立足于我国现实的国情，同时借鉴欧元国际化的经验，分阶段逐步推进。例如中国大陆与台湾地区虽然经贸往来日益密切，但却存在着巨大的政治分歧和历史遗留因素，构成了货币一体化的重大障碍，因此在最初阶段很难将台湾地区纳入货币一体化进程中。根据现实可行性和易操作性，我们可以先统一中国大陆、香港、澳门的货币，在此基础上，将人民币的区域性国际化扩大至周边国家，例如将东盟作为人民币周边化的突破口，在中国—东盟的经济一体化框架内逐步谋求货币合作，内部固定各自的汇率，对外联合浮动。待时机成熟以后，可以用强势的人民币替代其他的货币或以人民币为主导创造单一货币以实现货币的统一。在此基础上，将人民币的周边化继续拓展到日本、韩国等东亚国家，以至马来西亚、泰国等东南亚国家，为整合游离于人民币辐射范围之外的台币做好准备，同时也为人民币在亚洲区域内将成为关键货币之一夯实基础，从而为人民币的亚洲化进行铺垫。

在人民币的次区域性国际化过程中我们一定要充分利用中华区经济相连、文化同宗的优势，以港澳台为重要依托，先中华区，后逐步扩展到周边国家。所以人民币的次区域性国际化进程也包括以下两个方面：一是内地与港澳台地区的一国四币整合；二是人民币在周边国家和地区的推广。

（一）内地与港澳台地区货币融合

20 世纪 90 年代以来，世界经济一体化趋势不断加强，作为区域经济一体化的高级阶段——区域货币合作与区域货币一体化，在理论和实践中都得到了极大的发展。特别是欧元的成功推出，使得货币一体化理论从传统的"一个国家一种货币"朝着"一个市场一种货币"方向转型成为现实，为世界主要区域经济体的货币一体化提供了宝贵的经验，具有极大的参考价值。

1993 年国际货币基金组织和世界银行在《2020 年的中国：新世界的发展挑战》的结论部分中提到，"过去 20 年里中国取得了惊人的成就，经济有了快速、稳定的发展，未来 20 年可望取得同样的成绩。如果考虑包括内地和港、澳、台组成的中国经济体，那么我们不难发现，其 GDP 是仅次于美、日、德的第四大经济体，其国际贸易仅次子美、日，其国际储备则是全球首位。中国自身典型的大国经济特征，稳健的经济成长，以及人民币的持续强势，使得人民币有可能成为世界货币格局中引人注目的'第四极'货币。"这是"中华经济区"一词首次见诸于正式报告，其作为一个整体分析单元，包括了中国大陆、中国香港、中国澳门和中国台湾四个地区。此外，这个报告里还提到了另外一个重要观点就是大中华区人民币的前景问题，目前两岸已经实现"三通"，两岸四地自由贸易区，实现贸易与投资的自由化，是我们目前所要努力的方向。那么经过一段时间的发展，不难预测，有着巨大经济潜力的"中华经济体"的经济规模很可能会超过日本和德国成为世界第二经济强国，这时就为人民币在国际上的推广打下了坚实的基础。

实现大中华区内部的金融与货币统一，对于促进两岸四地不同经济体间的资源优化配置、增进社会福利；对于提高中国在未来世界经济格局中的地位及发挥在亚洲货币合作中的核心作用都具有极其重要的现实意义和战略意义。下面我们将分别针对整合背景及条件，遵循"由简入繁"的原则，对具体的一国四币整合路径进行说明。

1. 整合的背景

（1）内地与香港的贸易与投资情况

从 1985 年至今，内地一直是香港最大的贸易伙伴。2007 年，香港向内地的进口总额达到 13296.52 亿港元，远远高于从其他国家和地区的商品贸易输入，同年向内地出口 406.1 亿港元，位列所有香港出口目的地的第二位。进口和出口总额都远远高于同其他国家的贸易往来。同时，香港也是内地的重要贸易伙伴，据商务部统计，2009 年 1 至 12 月，内地与香港贸易额约为 1749.5 亿美元，其中，内地对香港出口为 1662.3 亿美元，自香港进口为 87.1 亿美元，贸易总额位列仅次于欧盟、美国之后的第三位。香港是内地重要的商品出口地，内地每天对香港供给的农副产品也已成为香港市民生活的基础，而内地将大量的资源性产品出口至香港，既为内地丰富的资源产品开辟了新的市场，又为香港的生产制造业提供了大量的廉价原材料。

表 10-2　2003—2007 年香港和内地的贸易与投资情况[①]

单位：亿港元

	2003	2004	2005	2006	2007
香港产品出口	1216.87	1259.82	1360.3	1345.27	1091.22
其中出口内地	367.57	378.98	446.43	402.68	406.1
香港产品进口	18057.7	21111.23	23294.69	25998.04	28680.11
其中从内地进口	7856.25	9182.75	10493.35	11929.52	13296.52
内地向香港的直接投资		10201	12719	20243	
香港向内地的投资		12116	14774	21172	

香港与内地的相互投资比贸易往来起步要晚，从 1978 年改革开放以后两地才有真正意义上的投资往来，但是香港凭借其地理位置和先天的同大陆的紧密关系使得这种投资规模飞速扩大，对促进两地经济一体化产生了深远的影响。截止到 2006 年底，香港对内地直接投资额累计 2714.36 亿美

---

① 资料来源：《香港经济年鉴》；《中国统计年鉴》；中华人民共和国统计局 2010 年网上公布资料。

元，接受内地的投资累计达到2595.26美元。最近几年这种发展态势更加明显，仅2009年一年，内地共批准港商投资项目10701个，实际使用港资金额460.8亿美元，目前现在内地正逐渐成为香港的重要投资者。而据香港有关专家分析，内地可能事实上已经成为了香港最大的外来直接投资者。因为在香港外来投资中占据首位的英属维京群岛，在其对香港的投资中，很大一部分是香港本地投资者以避税为目的资金流出的回流。

（2）内地与澳门的贸易与投资情况

表10-3　2003—2007年澳门主要商品进口原产地和目的地

单位：亿澳门元

主要国家/地区	2003	2004	2005	2006	2007
进口（原产地）					
中国内地	94.9	123.9	135.2	164.7	183.8
中国香港	27.9	29.5	31.3	37.2	43.6
欧盟	26.4	34.8	41.2	47.9	67.6
日本	19.9	26.8	34.1	30.5	38.7
中国台湾	12.8	13.5	12.6	11.7	15.0
美国	8.7	11.3	12.8	20.0	24.3
出口（目的地）					
美国	103.2	109.9	96.5	90.2	82.9
欧盟	47.2	48.8	33.9	40.0	37.2
中国内地	28.4	31.4	29.5	30.4	30.3
中国香港	13.6	17.0	19.4	22.9	26.7

澳门虽然面积较小，人口较少，但其与内地的经贸往来却十分密切，由表10-3不难看出，中国内地和香港分别列其进口商品原产地的第一位和第二位，列其出口商品目的地的第三、四位。在投资方面，截至2003年底，澳门累计对内地实际投资53.5亿美元。而国家商务部的数据显示，2009年1—3月中国内地实际使用澳门投资共0.9亿美元，累计批准澳资项目12066个，实际利用澳资累计达到83.2亿美元。这些数据无疑都显示出了内地对于澳门的投资、贸易、旅游在澳门经济中占有举足轻重的

地位。

（3）内地与台湾的贸易与投资情况

由于历史遗留原因和政治上的分歧，台湾和内地的经贸往来一直受到限制，然而这种限制已经无法适应经济全球化的浪潮，也无法阻挡台湾对大陆的进口需求与拓宽市场的出口需要。从上世纪90年代开始，两岸的经贸往来日益密切，货物与服务进出口迅速增加，大量台湾投资者来大陆办厂，充分发挥了两岸经济的互补性。目前，内地业已成为台湾的第三大贸易伙伴，是其第二大出口市场、第一大出超来源地和被评选出的最理想投资地。台湾业已成为大陆的第八大贸易伙伴，据2009年商务部的统计数据显示，大陆与台湾贸易额为1062.3亿美元，其中，大陆对台湾出口205.1亿美元，自台湾进口857.2亿美元。投资方面，2009年1至12月大陆共批准台商投资项目2555个，实际使用台资金额18.8亿美元。截至2009年12月底，大陆累计批准台资项目80061个，实际利用台资495.4亿美元。按实际使用外资统计，台资在大陆累计吸收境外投资中占5.2%。

综合以上的数据，我们认为在内地与台湾经济联系日益紧密的情况下，维护和推动海峡两岸的正常经贸交流，无疑会促进两岸社会福利的共同提高，对内地和台湾的经济发展具有重大的现实意义。

通过上述分析可以看出，两岸四地的经济已经形成了你中有我，我中有你的局面，一个"中华经济体"的雏形已经初现端倪，特别是这个经济体所蕴含的能量是绝对不可小觑的，即使不考虑四地建成自由贸易区，为经济发展带来的动态效应，单独分析其各自的经济实力，我们看到，2009年中国内地GDP总量为49093亿美元，位居世界第3位，中国台湾2008年GDP总量为3980亿美元，居世界第20位，中国香港2008年GDP总量为2025亿美元，居世界第26位。如果将2009年两岸四地的GDP进行加总，整个规模为55206.07亿美元，超过日本位于美国之后的世界第二位。这一经济体不仅是现有的经济实力居于世界前列，而且其发展速度也高于世界的一般水平。而且，由于内地、香港、澳门和台湾四地贸易、投资往来密切，势必产生对两岸四地货币合作的需求。所以实现大中华区的人民币、港币、澳门元和新台币的相互融合，对于促进两岸四地经济发展、增进社会福利，降低金融风险、具有极其重要的现实意义；而且"四币融合"对于提升人民币的国际地位、推进人民币国际化进程、加快内地金融体制改革，推动利率市场化、汇率调整和资本项目开放和人民币成为亚洲货币合作中的"支点货币"，促进国际货币体系改革等都具有长远的战略意义。

2. 整合的路径

根据"最优货币区"理论，应选取商品、劳动力和资本流动比较自由且经济发展水平近似、经济关联度较高的地区相互之间实行固定汇率，并保证区内各种货币具有充分可兑换性，或是直接采用一种共同的货币。根据这一理论，遵循"由近及远"、"由简入繁"、"由易到难"的原则，我们在推进"四币整合"的过程中应首先选取最接近这一条件的两个经济体进行整合。由于香港和澳门的经济发展水平相近，货币与汇率制度相似，所以首先将港币和澳门元进行整合在短期内是可以实现的。而香港和内地虽然往来最为密切，但由于经济结构和经济发展水平、货币汇率制度、金融市场发展程度等都具有一定的差异，所以港币与人民币的整合就不是一朝一夕就能完成的，而是需要一个较长的过程。但是由于香港和大陆在世界经济领域的重要地位，势必使得港币和人民币的整合成为关系到中国货币最终能否统一的最为关键的步骤。通过以上分析我们不难看出，人民币与港币、澳门元的相互融合的具有极强的可操作性，而新台币的融合虽然在相当长的一段时期内还无法实现，但目前台湾对内地、香港和澳门的经济依赖逐渐加强态势是不容置疑的，区域经济发展的"积聚效应"和"引力作用"，特别是一旦在融合后的货币在亚洲乃至国际上发挥重要作用时，新台币为了自身发展的前途问题，不得不主动加入由内地、香港和澳门构筑的统一货币圈。

(1) 港币—澳门元的整合

之所以选择先对港币与澳门元进行整合是有一定依据的。首先，两地的历史背景相似，政治制度、法律制度以及生活方式差异较小，同时由于其地理位置所带来的血缘地理优势使得其商品、劳动力和资本流动最为便利；其次两地具有相似的货币与汇率制度，香港在货币发行时必须以7.8港币：1美元为基础缴纳美金作为发行准备，采用固定钉住美元的联系汇率制度，澳门在货币发行是同样需要具有固定比例的储备金（美元和港币），而且同样采取了联系汇率制度，将澳门元与港币进行挂钩，而且两地都没有统一的"中央银行"，而是由商业银行代理发行货币（香港三大发钞银行为汇丰银行、渣打银行、中国银行，澳门两大发钞银行为大西洋银行和中国银行）；此外，两地均属于小型高度开放经济体，经济基本面具有较好的融合，尽管澳门的 GDP 总量无法与香港相比，但是两地的人均 GDP 相差不大，2009 年澳门人均 GDP 为 38968 美元，香港人均 GDP 则接近 3 万美元，两者同为自由贸易港，是小型开放式经济体，同时两者的产业结构相似，都是自然资源匮乏、制造业并不发达，以服务业等第三产业为主，且经济发展速度基本相同。

表10-4　澳门货币统计量 M1 的构成

单位：百万澳门币

年份	货币量 M1	流通货币	活期存款	澳门币	港元	其他货币
2001	5 916.7	1 895.8	4 020.9	1 626.9	2 329.6	64.4
2002	6 350.8	2 053.0	4 297.8	1 878.2	2 361.8	57.8
2003	8 789.5	2 361.7	6 427.8	2 510.0	3 533.3	384.5
2004	13 440.7	2 772.7	10 668.0	3 512.5	6 746.1	409.4
2005	12 788.9	2 974.3	9 814.6	3 874.1	5 398.7	541.8
2006	18 255.2	3 403.6	14 851.5	4 972.8	8 039.0	1 839.8
2007	22 606.6	3 925.1	18 681.4	5 674.0	11 184.4	1 823.0
2008	24 729.6	4 400.6	20 329.0	8 610.3	10 354.1	1 364.6
2009	30 608.0	4 905.9	25 702.0	10 067.2	14 544.6	1 090.2

资料来源：澳门金融管理局统计数据。

除了上述因素之外，我们可以通过以下的澳门货币量（M1）中，不同货币所占的比重可以看出，澳门市场上的流通货币主要有三种，即澳门元、港币和其他货币，其中港币所占比例最大。而且澳门在对外贸易往来中基本都是采用了港币作为计价和结算货币，所以将港币与澳门元进行整合无论是从转换成本和面来说，还是从对经济不对称造成冲击的效率损失来说，都是较小的，而且是简单易行的。

（2）港币—人民币的整合

上文已经提到过，内地是香港的第一大贸易合作伙伴，两者的经济往来非常密切，同时生产、贸易、投资和金融服务等方面的交往密切，商品、劳动力和资本的流动非常频繁，市场高度融合且相互依赖，满足最优货币区理论的最重要的前提条件，也是港币—人民币一体化最重要的现实基础，然而如果想要进一步实现两个币种的融合，还需要两地人民在较长的一段时间里努力创造条件，这主要包括：进一步提高两地的经贸往来和生产要素流动水平、两地的经济金融高度开放、两地汇率制度的融合和稳定、近似的通货膨胀水平和宏观政策协调、近似的经济发展水平。我们应该清醒的认识到，港币-人民币一体化是一个动态发展的过程，需要市场的自发演进，也需要政府的制度安排不断推进。而两地的货币融合每达到一个更高的层次，又都会促进经济金融融合的深化，由此可见，二者是互为条件，相辅相成的。

①进一步推动内地香港自由贸易区的建设

2003年6月中央政府和香港特别行政区政府签订了《内地与香港关于建立更紧密经贸关系的安排》（简称"CEPA"）。这一协议的签署，标志着由政府制度安排推动的香港和内地的经济整合进入了一个新的阶段。

CEPA的出现，使得内地对香港开放了制造业和服务业，也使得内地的企业引进了资金与先进的管理经验，帮助其扩大了生产规模，改善了贸易条件。而且2004年1月1日起，对香港进入内地的273种商品开始实行零关税，同时在金融方面CEPA降低了香港银行业进入内地市场的准入条件，鼓励内地银行将国际资金的外汇交易向香港转移，维护香港的国际金融中心地位。而且由于香港银行已经可以办理人民币在港的存款、兑换、信用卡和汇款等多项业务，使得两岸人员往来更加便利，同时也为人民币的出入境提供了良好的流入流出渠道。正是由于这些原因，近几年两地的经贸往来更是飞速发展。为了实现两地经济的进一步发展，港币—人民币整合，我们应继续推进内地香港自由贸易区建设，进一步降低关税水平，建立关税同盟；进一步开放劳动力市场，促进劳动力自由流动；逐步实现资本的自由流动，使两地资本市场对接。在这一过程中，我们应始终坚持两条主线，即由商品市场一体化——金融市场一体化途径推进，和由香港和珠三角地区——香港和华南地区——香港和整个内地地区推进。最终形成统一的商品、劳动力和资本市场。

②人民币汇率制度改革与港币联系汇率制度的调整

现行的人民币汇率制度是参考一篮子货币，有管理的浮动汇率制，而香港采取的是单一钉住美元的联系汇率制。为了实现港币—人民币一体化目标，汇率的改革，主要是港币汇率制度的调整分为两个阶段：一是建立货币目标区增大汇率弹性；二是变单一钉住美元为钉住一篮子货币。

在联系汇率制度下，香港的汇率、利率和货币供应量几乎完全受制于美元，所以香港的经济在很大程度上受美国经济的影响。同时，由于发行准备金制度的影响，香港几乎完全失去了运用货币政策和汇率政策调节经济的可能性。这对于适应当今国内外复杂的经济形势，需求经济的平稳发展是不利的。特别是近年来美元汇率波动不定，前几年的坚挺和金融危机时期的疲软，使得香港为了维持港元与美元汇率的稳定付出了高额代价，对香港经济造成了一定的影响。而且从对外贸易额来看，内地已成为香港的第一大贸易伙伴，所以香港的汇率制度不应再单一地钉住美元，应逐步转向钉住一篮子货币的汇率制度，使汇率有更大的弹性，以应对经济形势的变化。但是，这种汇率制度的调整绝不是一蹴而就的事情，应分步骤、分阶段的进行改革。首先可以先建立起汇率目标区作为过渡性选择，由于其兼具固定汇率和浮动汇率的优点，既增大了汇率弹性又可防止汇率过度的波动，所以是一个理想的选择。待条件成熟以后再改为钉住一篮子货币的汇率制度。由于香港和内地密切的经贸关系与频繁的资金往来，可以考虑选择相同或相似的货币篮子，当港币与人民币钉住的货币篮子相同，权数也相同时，港币与人民币的融合便可以进入汇率联盟阶段了，由此人民币和港币的整合，最重要的一步业已完成。

（3）新台币的回归

由于政治、历史等多方面原因，新台币的"回归"在相当长的一段时期内还具有不确定性，但台湾经济对于内地、香港和澳门经济的依赖逐渐加强是不容置疑的。我们认为，当整合后的人民币—港币—澳门元将在整个亚洲乃至国际货币体系中发挥重大作用，而那时新台币的回归也将成为顺理成章的事情，在此我们就不对回归方法进行具体的阐述了。

综上所述，虽然四地同属一个中国，但由于历史的原因，四地又属于不同的货币区，各个地区都有自己的独立货币制度和金融体系。人民币在区域内地位的不断提升及内地与香港经济融合的进一步加深，都为港币脱离钉住美元而转向"人民币化"创造了条件，而澳币由于实行钉住港币的固定汇率制度，则将间接的实现"人民币化"，由此使得人民币、港币、澳币形成了事实上的货币融合，融合后形成的经济发展动力，又将反过来增强人民币的国际地位和成为国际储备货币的竞争力，在成为亚洲范围内

"锚货币"的基础上，升级为世界各国的国际储备货币。但是由于在货币融合的过程中还存在着许多待解决的问题，所以需要借助外力，通过政府的制度安排来推进"四币"的融合和统一，这样不仅可以在现有的基础上继续扩大人民币在香港、澳门和台湾地区的流通和影响，而且借助香港的自由港地位，使得人民币能在目前不可自由兑换的前提下，通过香港为人民币走向亚洲，乃至走向世界打开一扇窗口，从而能大大加快了人民币的国际化（区域性国际化）进程，提高人民币国际化指数。所以一国四币的融合不但可以为人民币参与区域货币合作积累经验，甚至对将来"中华共同体"的货币有效参与国际货币体系改革，提高中国货币地位都大有裨益。

（二）周边国家和地区的人民币次区域性国际化

由于我国经济高速稳定增长，使人民币的国际地位获得了强有力的支撑，特别是亚洲金融危机和 2008 年全球金融危机之后，人民币在区域内的信誉不断获得提升，使其赢得了区域内市场的信赖和需要。统计数据显示[①]，我国与周边国家的边境小额贸易中人民币的使用数量不断上升，一般贸易和投资中的人民币使用数量也在不断提高，这说明人民币已在周边国家和地区树立起了"良币"形象，且为这些国家和地区所认可，人民币"周边化"趋势已初现端倪。目前人民币作为支付货币和结算货币的国家和地区有 19 个，其中包括了台湾、越南、缅甸、老挝、朝鲜、韩国、俄罗斯、哈萨克斯斯坦、吉尔吉斯坦、塔吉克斯坦、印度、尼泊尔、阿富汗、泰国、孟加拉国、马来西亚、印度尼西亚、菲律宾、新加坡。人民币的这种"周边化"不只表现在人民币辐射范围的不断扩大，表现在人民币履行国际货币职能的不断扩展。因此，从边贸推动下的人民币国际化（区域性国际化）策略起步，逐步有意识地推进人民币在国际贸易和投资中的作用，是推进人民币国际化（区域性国际化）比较现实的途径。

必须实事求是地说，人民币在周边的使用还主要是停留在边贸上。人民币的"周边化"，除了在边贸中促进人民币的使用规模之外，还应推动人民币作为主导货币介入区域经济活动，使它可以作为统一货币的前身并

---

① 参见本书第十二章第一节第二部分"边贸的繁荣是人民币国际化（区域性国际化）的基础"。

发挥相关服务、支持作用推进区域经济一体化，这便是 2010 年开始中国—东盟经济一体化所要达到的目标。

1. 推动人民币周边化的对象选择

（1）依据对象国与我经贸关系的密切程度

根据推广人民币的难易程度来说，在进出口贸易上，通常是进口方更具有计价结算货币选择的话语权，因此在推行人民币周边化时，应首先以对我国有顺差的经济体作为推行人民币周边化的对象。

（2）依据对象国对人民币的认可程度

对象国机构和个人对人民币接受意愿度是试行人民币走出去的重要基础。周边化首先应选择认可人民币的对象国作为突破口。

（3）依据对象国对人民币的管制程度

单单只有对人民币的需求和认可是不够的，如果对象国政府对人民币的使用存在管制，要想消除壁垒，还应由我国政府出面与对象国政府进行协商，争取这些国家放宽对人民币的管制条件，顺利推进人民币的周边化和国际化（区域性国际化）。

（4）对象国与我国人民币往来的便利程度

技术条件决定了人民币结算的可得性和便利性，其中最重要的便是人民币资金跨境清算渠道是否通畅，使人民币的投放与回流有稳定可靠的机制保障。现阶段应根据人民币在周边国家和地区的流通现状，继续推进与相关周边国家和地区双边货币合作协议的签订，加强与东南亚各国的区域货币合作，使人民币在周边流通正式化、规范化。

2. 人民币周边化的推进方法

第一阶段：推动人民币在与周边国家和地区贸易往来中的使用。从前文列出的我国与东盟、中亚地区和蒙古、俄罗斯、朝鲜等国家贸易往来中使用人民币进行结算的比例逐渐提高的趋势来看，随着中国经济规模的持续扩大，经济增长的稳定性提高，对外开放程度不断扩大，人民币持续走强，比值稳定且信誉良好，受到了这些周边国家的一致认可。这一阶段我们应以政府为主导力量继续推动人民币在贸易中充当结算货币，并将这种推广由边贸向与周边国家的一般贸易上延伸，同时必须要开始为人民币的境外流通提供正规金融服务，不能让人民币的境外流通只停留在边境地区的"地摊银行"和"兑换所"等非正规金融体系里。把人民币境外流通纳入到正规的金融服务体系，一方面可以减少人民币"体外"循环所带来的交易风险；另一方面又能使监管机构获得准确的人民币跨境流通数量，捕捉更准确人民币境外供给和需求的重要信息。具体说来，应该将以贸易为基础的人民币的投放与回流纳入到银行体系，削弱地下经济的力量，避免可能出现的大规模人民币出境和回流。同时，需加强与周边国家的高层次政府间交流，进一步推广与一些周边国家和主要的贸易伙伴国签订有关以人民币为主的货币合作协议和货币互换协议。

第二阶段：开展人民币借贷业务，鼓励人民币的境外直接投资，提高对人民币跨境流通的监管水平。只有人民币在国际贸易结算中积累到一定的规模和信用之后，才能转向借贷职能，鉴于此阶段人民币自由兑换还没有完全实现，所以这时的人民币借贷业务应停留在贸易借贷和对特定周边国家的借贷上（例如东盟国家）。同时，应与周边国家政府协商，允许中资企业到境外用人民币进行直接投资。这意味着我们除了要建立人民币结算中心以外，还应有限度的开放对周边国家的资本项目可兑换试点，这些都对人民币的境外管理和中国宏观货币政策的制定提出了更高的要求。

第三阶段：扩大人民币的投资职能。当境外居民、企业和政府手中持有了一定量的人民币之后，必须要对这些人民币进行投资，以获得资产的保值增值。这时，就对人民币定价的金融产品提出了需求。对于投资者来说，只有一般的国际借贷这一投资渠道是远远不够的，必须有多样化的人民币一般性金融工具和由此衍生出的用于规避汇率风险或投机用途的衍生性金融工具，这时建立以人民币为主体的区域金融市场就格外重要。此外，随着人民币投资职能的增强，对资本项下的可兑换也提出了更高的要求，随着需要在第二阶段试点的成功的基础上，逐步扩大试点范围和资本账户开放种类，为资本项目的完全可兑换做铺垫。

第四阶段：人民币成为周边国家的主要储备资产之一。与我国贸易往来密切的周边国家大部分属于发展中国家，外汇储备不高，金融市场不完善，市场流动性匮乏，极易受到外来不稳定因素的影响，特别是金融危机以来，由于美元、欧元等主要贸易结算货币波动比较剧烈，所以造成了对这些国家极大的冲击。而目前人民币势头较猛，比值稳定且有升值预期，在扩大其结算、投资等货币职能后，理应成为这些国家的国际储备货币。

3. 人民币周边化国际贸易方面的新进展和发展方向

目前，人民币的周边化已经取得了一定进展，在越南、缅甸、泰国、柬埔寨等东盟国家和朝鲜、蒙古、俄罗斯、尼泊尔、巴基斯坦等与我国接壤的国家，人民币作为支付和结算货币已经被普遍接受；而在香港、台湾、韩国、马来西亚、孟加拉、菲律宾、新加坡等国家和地区，人民币相关业务也开始陆续出现。特别是在东南亚的许多国家和地区，人民币已经成为硬通货，其中柬埔寨更是把人民币作为国家的储备货币。为了继续推进人民币在国际贸易结算领域的应用，我国政府在许多方面做出了很大的努力。

从 2008 年底开始，国家密切出台了一系列政策并签订了多项协议。先是与韩国央行签署货币互换协议，在之后的不到 4 个月的时间里，中国央行又相继与 6 个国家和地区，签署总计高达 6500 亿元人民币的货币互换协议，而且这些协议都是由对方央行率先要求签订的，且都以人民币作为议价货币。这一方面反映了这些国家对人民币的认可程度，促进了人民币在双边贸易中计价和结算的使用，同时也标志了官方渠道对人民币在这些国家分布和流通进行了认可，从而被认为是人民币实现国际化（区域性国际化）的"破冰之旅"。

之后，在 2009 年 4 月 8 日国务院又出台政策，决定在上海、广州、深圳、珠海、东莞共 5 个城市开展跨境贸易人民币结算试点。试点地区的建立如同为人民币在国际贸易领域上的计价结算打开了一扇窗，使得人民币的结算范围从边境贸易扩大至与港澳地区、东盟和其他周边国家的双边贸易，乃至整个国际贸易，有力地推动人民币实现国际化（区域性国际化）。

除此之外，中国政府还建立起了人民币跨境流动监控网，将之前游离于地下的人民币纳入到统一的金融体系中进行监管，为宏观经济货币政策制定服务，同时形成人民币大规模流动的预警机制。不仅如此，为了更好的促进人民币通过贸易领域进行流通，政府还积极的鼓励商业银行设立海外分支机构，开办海外人民币业务，用以对跨境人民币贸易提供服务。

目前看来，尽管人民币在与周边国家跨境贸易结算中的推广已经有了很大的进展，在政策上和基础设施建设上也给予了很大支持，但是无论是货币互换协议的签订，还是跨境贸易结算试点，涉及到的都仅仅是与中国贸易往来密切的周边国家和地区，作用范围和开放程度还很有限。所以说，我国的人民币国际化（区域性国际化）目前还仅处于周边化的第一阶段。

目前阶段存在的问题主要是：

首先，人民币结算工具较少，目前还是主要以现钞和银行卡为主，除此之外只有每年为数不多的几笔人民币计价信用证以及指定中国海关为受益人的关税保函，其他现代国际贸易中经常使用的托收等结算工具还没有出现，更不用说次国际化（区域性国际化）第二阶段所提到的贸易借贷业务。

其次，与周边国家的大部分人民币计价结算还仅仅停留在边贸等小额贸易上，银行提供的人民币正规金融服务还远远不够，在成本方面不具有优势，这在一定程度上限制了人民币计价结算的发展。

再次，周边国家采取人民币计价结算的意愿差异较大。例如，东盟的许多国家，特别是越南、泰国和柬埔寨等国，人民币的认可度较高，在与我国的贸易往来中大量使用人民币；而俄罗斯与一些中亚国家，更倾向于使用美元或其本国货币作为计价结算货币，对人民币认可度不高，甚至存在政府的管制。

通过以上的分析，我们认为应主要在两个方面促进人民币在国际贸易领域上的推广，一是继续扩大货币互换协议的签订范围，采取人民币/外币的形式；二是继续扩大人民币跨境结算试点；三是借助中国与东盟经济一体化的契机，使其作为突破口，推广人民币周边化。具体做法为：

（1）加快货币互换，且应以本币签订从而促进人民币的国际化（区域性国际化）

在之前我国央行与其他国央行签订的双边货币互换协议中，与日本、菲律宾和韩国签订的是人民币/外币形式，而与泰国、马来西亚和印度尼西亚签订的是美元/外币形式。为了人民币周边化的尽早实现，我国今后所签订的双边货币互换应尽量采取人民币/外币的形式。这样，一是可以提高人民币在国际贸易中的议价能力；二是推广人民币在国际贸易结算中的使用；三是在可预测的未来一段时间内，我国对外提供流动性的概率较大，如果对方央行需要美元，如采取人民币/外币的货币互换形式，将由他承担人民币汇率风险，而如果采取美元/外币的互换形势，我国将承担人民币汇率风险；四是在人民币/外币的货币互换形式下，外国央行可以将所取得的人民币用于支持该国国内企业向我国的进口，从而促进人民币在该国的使用，提高人民币在该国的认可度和接受度，有利于人民币的国际推广。

（2）增加人民币跨境结算试点，扩大人民币贸易结算范围

我国首批确立的人民币跨境贸易结算试点主要集中在上海、广州、深圳、珠海、东莞5个城市沿海和边境城市，随着人民币周边化范围的扩大，试点范围也应该向其他的边境开放地区（如哈尔滨、广西云南等边境城市）推进，最终在全国进行推广。不仅如此，还应该进一步扩大人民币跨境结算业务类型，全方位的为跨境贸易的人民币结算提供服务。

（3）以中国—东盟经济一体化为契机，促进人民币周边化

由于东盟国家贸易依存度大，贸易总额占 GDP 比重高，且与中国贸易往来非常密切，所以使用人民币计算能大大减少汇兑成本，同时由于中国和东盟具有先天的地缘优势，特别是东盟各国普遍外汇贮备短缺，全球经济危机下，出口需求不足、投资需求不足，而人民币作为一种"良币"受到了东盟各国的青睐，所以选择东盟作为人民币周边化的突破口是比较合适的。而且，东盟各国的贸易结构比较相似，集中在纺织、电子产品、石油产品等方面；加之其通货膨胀率相似，资本、劳动力、技术等要素流动性强等原因，使得中国—东盟建立区域经济合作一体化具有极高的可行性。由此，最好的办法是推行人民币国际化（区域性国际化），以人民币作为区间贸易结算货币和使用以人民币还贷的买方信贷、各种借款。从而提高东盟对中国进口能力和本国投资能力，推动出口，扩大区间贸易与生产，实现区域自成贸易经济体系，维持贸易经济持续稳定增长。

2010 年，中国—东盟宣布正式启动经济一体化进程，这是在货物贸易自由化基础上的进一步深化和延伸。为了使人民币在东盟区域全面实现结算、投资、金融产品发行和自由兑换、甚至成为区间统一货币的目标，我们可以参考以下做法：

（1）使人民币充分进入双方经贸活动

在经济合作一体化的初期，通过制度安排，直接使人民币成为区域主导货币难度较大，涉及到货币主权和与美元、当地货币的货币竞争问题。所以，应当通过人民币大量渗透到双方的经贸活动中，最后由"无处不在"的状态将人民币自动导向区域主导性货币的角色。当然，这也需要我

国政府在关税、投资等方面给予一定的支持。同时，我国政府也应该与东盟各国政府进行协商，通过一些直接的制度安排，促进人民币的推广。人民币首先从国际贸易领域开始切入，在愿意接受人民币结算的东盟国家全部推行人民币结算，那么5年内（2011—2015）将使东盟国家节省人民币以外的外汇支出15000亿美元，双方贸易额增加30000亿美元。

（2）使人民币进入东盟投资活动

首先，为东盟国家从中国进口提供买方信贷，其次，鼓励东盟国家接受我国"走出去"向东盟投资企业的企业使用人民币进行投资，同时也允许持有人民币的东盟企业用人民币在我国进行投资。同时在东盟各国设立人民币经营机构，开设人民币业务，例如人民币计值的金融租赁、福费廷以及国内全套的融资业务；

（3）使人民币资产成为东盟的投资工具

全面放开企业、居民在东盟国家存贷款，允许金融机构在东盟国家开展离岸金融业务，并不断丰富以人民币计价的金融投资产品。

（4）使人民币进入东盟市场的各个领域

其中主要包括商业、金融、服务、旅游、生活消费等各个领域，这时人民币已经在东盟各国和地区形成了"无处不在"的局面，人民币成为区域主导货币也就水到渠成。

此外，以中国—东盟经济一体化为突破口拓展人民币在国际贸易领域的使用之后，将自然衍生出对人民币国际金融领域的需求。随着中国与周边国家贸易量的稳步增加，必然导致非居民持有的人民币数量显著增加，和对人民币的投资需求显著增加，人民币的境外存量显著增加，并构成非居民（包括企业、个人、外国官方机构）资产，将会形成对人民币的存款、贷款、投资人民币资产市场和其他境外以人民币计价的金融产品的强烈需求。伴随着实体经济中人民币跨境流通规模的加大，人民币资本项下的交易需求也会大幅增加。

（5）人民币周边化在国际金融领域的新进展和发展方向

通过人民币境外流通数据就可以看出，人民币国际化（区域性国际化）的金融进程远远滞后于贸易发展，存在着"贸易大国"和"金融小国"的矛盾。特别是在国际借贷市场、国际债券市场和对外直接投资方面人民币的使用数量，微乎其微，而且在这三个核心部分的国际化指数接近为零。

但是，应该说在贸易领域上人民币广泛的用于国际结算，有利于金融机构丰富其人民币结算工具的类型和人民币金融产品的种类。随着跨境贸易人民币结算试点的推出和人民币在贸易领域上应用的不断扩大，结算业务、短期资金拆放、中长期投融资业务、衍生品业务等都会获得发展，为人民币在国际金融领域的应用创造崭新的局面。这其中主要包括：试点银行可以为境外银行提供人民币贷款；境外企业委托境外银行作为代理行或清算行，而这些境外银行到境内的试点银行开设人民币账户；试点银行直接向境外企业提供贸易项下人民币融资，及买方信贷，这些都将人民币周边化的金融进程更向前推进了一步。

在此基础上，我们应逐步开放金融市场，建立开放式的短期外汇借贷市场、人民币清算市场和外国人民币债券市场等，多管齐下，人民币在国际金融领域上的应用：

（1）建立人民币自由兑换试点。当前，在人民币实现完全可自由兑换条件尚不成熟的情况下，应先对同我国经贸往来密切，人民币认可度较高的周边国家与我国接壤的广西、云南、黑龙江、新疆等部分边境地区，实行人民币特殊管理政策。一是放宽人民币流出限制，改携带人民币出境限额管理为申报管理；二是两地金融机构在边境地区设立货币兑换所，将人民币的地下流通正规化；三是允许边境城市金融机构开办人民币离岸金融业务；四是完善银行边贸结算，建立合理的人民币回流渠道；五是设立人民币出入境监测点，以便及时、准确掌握周边国家和地区接受和使用人民币状况。通过试验区的运作，为人民币国际化积累经验。

（2）在香港发行人民币债券，培育人民币债券市场，使得人民币具备投资与储备功能；通过境外人民币债券市场的发展，拓展香港人民币离岸市场的深度，扩大离岸人民币金融产品的业务范围，推动人民币在资本项目下的可自由兑换，为下一阶段香港成为真正意义上的人民币离岸金融中心做准备。近年来，政府已有意识地采取了这些举措，并于2009年在香港成功的发行了人民币债券，标志着这一进程的正式开展。

（3）除了传统的一般性人民币金融产品外，为使非居民人民币持有者能更有效规避风险，还应积极发展与人民币资产相关的金融衍生品，使人民币在国际金融领域得到进一步的深化和延伸。

（4）在我国资本项目尚未完全开放的条件下，对制度与管理就提出了更高的要求。因此，央行、银监会和商务部在积极组织引导外贸企业，商业银行用人民币计价、清算的同时，应积极筹建经常项目下本币清算中心，确保经常项目下本币的投放和回龙。根据国家建立上海国际金融中心的战略目标，可以考虑在上海建立经常项目下人民币清算中心。

（5）金融监管和宏观经济政策制定需进一步提高。国际贸易领域上的人民币使用和国际金融领域的人民币投资，都使得境外人民币的流动数量和累计存量上升，这就对我国央行在海外的信誉、宏观调控和金融监管的能力等方面提出了更高的要求，特别是人民币的国际化在获得铸币税收益的同时，如何及时根据人民币的供需关系调整货币供应量将成为关键。此外，还应密切监控人民币的出入境数量，防止发生大规模的流入流出所带来的对境内市场的冲击。

当人民币在与周边国家国际贸易和国际金融领域中发挥价值尺度、交易媒介和投资职能后，人民币不仅成为个人和企业的储备资产，也将成为政府的干预资产，成为周边国家国际储备的重要组成部分；人民币支付能力都显著增强，宏观经济政策制定有了更大的空间；中国的金融市场更加开放，人民币将自动成为一些国家货币的名义锚等等。这些都将为人民币的亚洲化打下坚实的基础。

三、人民币亚洲化与国际化

人民币亚洲化是整个人民币国际化过程的核心阶段。其主要目标是通过积极推动亚洲区域货币合作，使人民币通过国际贸易途径和国际金融途径，逐步成为区域性主导货币，实现人民币的亚洲化。比较日元国际化的路径可以看出，货币实行资本项目下的自由兑换是货币区域性国际化乃至完全国际化的必要条件。而在短期内我国的资本项目无法完全开放的前提下，应利用香港国际金融中心的优势，设立人民币离岸中心，使之成为人民币通向亚洲各国乃至世界的枢纽和中心，通过开拓海外人民币的投融资渠道，扩大人民币在亚洲范围内的影响力，使更多的亚洲国家投资者有愿意持有人民币，同时应开放境外机构在境内发行人民币债券和股票，并允许其参与到境内人民币货币市场和资本市场。但是，鉴于人民币实行资本项目下可自由兑换对于人民币国际化具有的重要意义，所以当条件允许后，应逐步实行人民币资本项目完全可兑换。随着资本项目汇兑限制的取消，境外人民币累计数量的上升和投资工具的增加，人民币将逐步成为亚洲国家和地区的储备资产。但与此同时，境外人民币存量的上升，对我国的货币政策制定、国内价格水平、利率水平和汇率水平都将产生重要影响。所以这一阶段的一项重要任务就是要保证境外人民币市场的稳定和国内人民币供给需求的稳定。为此，既要进一步深化金融体制改革，完善金融市场建设，又要不断扩大市场规模和开放度，使国内外市场利率水平相协调，还要不断提高金融监管效率，增强国内金融市场化解金融风险的能力。此外，还要不断巩固与其他亚洲国家和地区的金融合作，大力发展亚洲债券市场，建立制度安排下的亚洲货币体系和汇率机制，并努力使人民币成为亚洲货币合作机制中的关键货币。如果这一阶段取得成功，就能提高人民币在亚洲货币单位中的权重，并使之成为亚洲范围内的主导货币，而且货币本身的自我实现和自我强化机制，使得人民币顺利实现亚洲化，并向全面的国际化迈进。

（一）具体实施过程

由上面的讨论我们不难看出，人民币的亚洲化目标就是使人民币成为"亚洲的支点货币"，而这个目标的实现必须要具备几个条件[①]：

（1）该国具有庞大的经济总量和稳定的经济增长速度；

（2）和该亚洲范围内各国具有紧密的贸易投资往来；

（3）拥有巨大的开放的金融资本市场；

（4）该国的中央银行实力雄厚，可以充当亚洲范围内最后贷款人的角色；

（5）具有完备的经济体系、合理的经济结构，对外依存度较小，在经济与金融危机中能够有效隔离内外经济传导。

所以，人民币亚洲化的路径选择也就主要是针对以上几个方面做出选择：

1. 在国际贸易领域上的继续推进

在与周边国家和地区采取人民币进行贸易结算的基础上，将人民币结

---

① 肖学军：《"一国四币"的整合及其实现路径研究》，东北师范大学硕士学位论文，2005年。

算的一般贸易扩大到东亚、东南亚、中亚、南亚等其他亚洲国家；通过与这些经济体签订本币互换安排，允许这些国家和地区持有并购买人民币计价的金融资产，参与中国资本市场交易等手段，促进双边贸易持续稳定的发展，并支持其将人民币作为储备货币。

2. 建立人民币离岸金融中心

（1）建立离岸金融中心的意义

①在许多东亚国家的贸易往来中，中国一直处于逆差状态，人民币可以进口支付走出去；而人民币在次国际化（区域性国际化）阶段通过加大央行间货币互换力度以及商业银行间清算体系的建设，又使得人民币在贸易领域的流出途径，又从金融领域上得到拓展。这种流出，必然导致外国需要将获得人民币，用于从中国的进口和对中国的投资，也即为人民币提供一个合理有效地回流机制。只有人民币能够自由进出，并在更大范围内的自由使用，同时具备有效地金融工具，境外人民币持有者才能对冲以规避汇率风险。而中国目前还不具备作为国际货币发行国所必须拥有的健全、发达、开放的金融市场，资本自由流动等前提条件。作为过渡，在香港发展人民币离岸市场，建立人民币离岸金融中心，为境外人民币持有者开辟投资渠道，提供以人民币计价的金融产品和风险、收益率都比较满意的金融产品，是一种比较理想的选择。再通过实现人民币在资本项目下可兑换、发展国内资本市场、打造上海国际金融中心地位等举措，为人民币区域创造充分条件。

②有效拓展金融市场的广度和深度。一个金融市场高度发达的国家，不仅需要有高效、开放的境内货币、资本市场，还应有完善的境外金融市场，这也是实现人民币国际化（区域性国际化）乃至国际化的重大基础条件之一。建立离岸金融中心能够为境外人民币持有者提供更多的投融资渠道和资产保值增值工具，还能够将境外离岸资金吸引到我国境内来，促进国内金融市场的发展，为国内外金融市场的接轨创造条件。而且在将来在人民币自由兑换的前提下，离岸金融市场还能够开设欧洲人民币业务，使人民币市场的广度获得极大的延伸，成为人民币国际化的助推力和强大支撑。高度开放和发达的金融市场和金融中心将使一个国家或地区，成为国际金融市场的核心和枢纽，是一个国家货币进行国际兑换和调节的重要载体和渠道，最终实现其货币的国际化。

③离岸金融中心的建设有助于弥补人民币资本账户未完全开放的不足。在离岸市场上，人民币作为境外货币可以与外币自由兑换，将有助于提前释放一部分人民币资本账户自由化的风险，作为资本项目开放的缓冲。现阶段，人民币资本账户还不具备完全开放的条件，但人民币不能自由兑换，严重制约了中国和潜在海外债权人、借款人和客户之间的资金流动，从而使得人民币的国际化进程受到阻碍。然而人民币自由兑换也不可操之过急，在没有充分准备的情况下盲目放开对资本账户的管制，无异于自取灭亡，会使国内的金融体系遭受重创。而离岸金融市场的建设发展弥补了这一不足，他能够为资本账户逐步开放提供缓冲的时间，将过渡成本尽可能的减小，并减弱甚至消除对境内金融市场的冲击。

④离岸金融业务的开展可以促进国内金融体系的完善，刺激本国资本市场和金融基础设施的发展。人民币离岸业务的开展必然使国内的金融机构有更多的与国际金融市场接触的机会，有助于学习国外先进的管理方式、经营理念和创新型金融工具。市场的参与者能够从新的业务中学习新鲜知识，市场的管理者也可以在我国完全取消外汇管制前积累更多的监管方面的经验。所以，离岸金融中心的建立为中国实施对外开放、更多的融入国际金融领域提供了基础设施建设与管理经验。

综上所述，人民币离岸金融中心的建立，可以为境外人民币提供有效地投资和交易场所，满足亚洲地区对人民币投融资需求，并促进完全市场化的人民币汇率和利率指标体系的形成。香港作为国际性离岸金融中心，与内地的上海、北京等地相比较，在国际金融领域方面具有明显的竞争优势。所以，由于其本身的世界性金融中心地位，加之其在地理位置、基础设施、金融体系、经济开放度等方面的优势，香港都具备建立人民币离岸金融中心的基本条件。

（2）香港人民币离岸中心的发展路径

鉴于以上分析的香港作为人民币离岸金融中心的重要性，政府应该出台多项政策，保证其有序的发展，最终形成功能完善，品种众多的高效的人民币离岸市场。首先，应通过放宽政策限制，允许香港金融机构经营人民币贷款业务，扩大中央政府、内地企业和香港企业在港发行人民币债券的规模，允许内地企业和香港企业在港发行以人民币计值的股票，鼓励香港与内地之间的经贸往来采用人民币进行结算。具体来说，香港人民币离岸市场的建设主要涉及三个方面：一是境外人民币借贷市场。当人民币成为区域内贸易货币后，大量的人民币国际贸易需要资金融通，人民币离岸市场可以成为境内外企业贸易融资的场所，为推动区域贸易增长提供资金融通的便利，并将其延伸到一般性的人民币借贷业务。同时，在开放市场环境下，逐步形成人民币离岸金融中心利率，作为人民币资产价格确定的基础。二是境外人民币资本市场。境外人民币资本市场主要包括离岸人民币债券市场和离岸人民币股票市场。随着非居民持有人民币数量的上升，应该为人民币持有者提供更多的人民币资产选择机会。三是人民币衍生品市场。在浮动汇率和浮动利率体制下，为境外人民币持有者提供必要防范外汇风险的手段和工具，促进人民币成为境外居民和企业投资资产组合的组成部分，需要有大量的各种风险、收益的人民币金融衍生产品。从本质上讲这是一个内外一体型的离岸金融市场，作为我国金融市场全面开放的过渡性形态，现阶段，可参照新加坡经验，先将香港建成清算型的人民币离岸中心。清算型人民币离岸中心的建立可以为国内外企业提供高效率的清算服务，是经常项目下人民币计价、清算的必要环节和必然结果。

在此基础上，为了更好的丰富和完善离岸人民币资本市场，首先应加大境外人民币债券发行。先期允许中央政府在港发行人民币债券，之后不断拓宽发债主体，允许内地银行在港发行人民币债券，允许境内外资银行在港发行人民币债券，允许内地企业在港发行人民币债券，允许香港企业在港发行人民币债券，同时借助国际金融机构向国外发行外国人民币债券。外国人民币债券是以人民币为面值、本地居民为投资主体、非居民为发行主体的长期融资工具。外国人民币债券应该遵循先私募后公募的步骤进行。为了推动外国人民币债券的发展，还应该在上海建立外国人民币债券市场的二级市场，为该种债券提供较好的流动性。其次，在发展离岸人民币股票市场，允许境内外企业发行以人民币计价的股票。最后，在此基础上离岸人民币衍生品市场。

通过以上人民币离岸市场的建设，推动人民币金融产品逐步成为国际金融机构、各国央行资产增值、保值的金融工具，还可以为本国企业创造一种低成本、低风险的国际融资方式，以较低的利息成本来获取国际上的其他硬通货和商品，增强其在国际范围内的购买力。

综上所述，当以上过程完成之后，人民币在亚洲范围内充分实现了计价结算职能和借贷投资职能，人民币就将成为亚洲国家和地区调节国际收支的重要手段，也将成为亚洲各国家和地区的主要储备货币之一。亚洲各国和地区的经济主体会越来越多的利用人民币离岸金融中心进行投融资，国际储备盈余的国家和地区与国际储备短缺的国家和地区也能互通有无。同时，亚洲范围内一些国家和地区的金融当局也会持有一定量的人民币，并把手中的人民币投入到人民币离岸金融中心进行保值增值，通过人民币离岸金融中心，使对人民币来说，需要在亚洲货币体系中承担更重要的责任，人民币将逐渐成为亚洲货币体系稳定的名义锚。

3. 资本项目下的自由兑换

人民币在资本和金融项目下不能自由兑换，使得非居民持有和使用人民币受到比较严格限制，这必然导致人民币无法成为各种金融产品计价和交易手段，无法顺利成为其他国家居民的投资和储蓄资产，也无法被其他国家或地区当作外汇储备及其稳定汇率的货币锚。在人民币贸易计价结算达到一定规模后，单独依靠人民币离岸市场是不够的，资本项目不能自由兑换，也将使得离岸人民币业务开展得捉襟见肘，无法充分发挥其作用，所以要想充分的发挥人民币在国际金融领域的职能，为境外居民提供人民币计价的金融产品，实现人民币资本项目可兑换是必不可少的过程。但是，资本项目的开放绝不是一蹴而就的事情，需要从建立人民币自由兑换试验区开始，逐步拓展到资本项目的完全可兑换。设立人民币自由兑换试验区，这一步骤主要在上述人民币周边化通过国际金融领域实现中有具体阐述①。试点成功以后，应将试点范围不断的扩大，待监管等其他各方面条件成熟以后，应全面的放开对资本项目的管制。开放过程中值得注意的是，资本项目可兑换意味着人民币汇率制度的调整，中国将承受短期汇率的较大幅度波动，这就要求政府审时度势，有效地控制开放的速度，提高监管水平，防范风险的发生。

人民币亚洲化的最终目的就是使人民币在亚洲区域内国家和地区成为主要的结算货币，借贷投资货币和储备货币之一。但是，人民币成为亚洲储备货币也意味着中国政府在亚洲要承担更大的金融稳定的责任，中国要

---

① 参见本书第十二章第三节中"人民币国际化的国际贸易和国际金融市场路径"。

承担最后贷款人的角色，所以人民币的亚洲化是一个任重道远的任务，需要长期的多方面的努力才能完成。

（二）人民币国际化（区域性国际化）在世界范围内的拓展

在经过人民币的次国际化（区域性国际化）和亚洲化以后，人民币业已成为亚洲范围内各国家和地区的国际贸易计价结算货币和投资储备资产。这时就应该把握机会，在进一步增强国力的基础上，市场自发演进和政府的制度安排共同作用，推动我国金融市场机制的不断完善，提高金融体系效率，提高人民币在世界范围影响力，这一阶段就称为人民币国际化（区域性国际化）在世界范围内的拓展阶段，也即人民币国际化的最终目标。人民币国际化的一个重要标准，就是使人民币在充当国际贸易领域的结算货币和国际金融领域的投资货币的基础上，最终成为世界各个国家和地区主要的储备资产。这一目标的实现前提必须是，人民币成为亚洲国家的主要储备资产，即完成了亚洲化阶段，并借助于区域内所建立的亚洲货币体系和汇率机制、甚至是统一货币单位，使人民币向全球其他国家和地区拓展。在这个阶段，中国已成为世界上数一数二的经济和政治大国，则会使得人民币的国际影响力大大加强，同时由于其为亚洲各国的"锚货币"，借助于亚洲经济体的影响力，人民币在世界上的作用也会大大加强，这有助于人民币或是以人民币为主要支点之一的亚洲统一货币（如亚元）将成为国际货币体系中的重要组成部分，从亚洲向国际范围内辐射，最终形成多极化的国际货币体系。

这时多极化的国际货币体系新格局将是美元为一极、欧元为一极，人民币和日元（或者统一的"亚元"）为新的增长极。这样的国际货币体系框架，将使得世界的主要经济体在分布上更加均衡，更有利于国际政治和金融形势的稳定。首先，多元化的国际货币体系能够削弱美元的主导地位，防止美元霸权的发生，同时多极化的国际货币之间相互制衡，相互合作，能够降低宏观政策的协调成本，防止金融危机的传导，有利于世界经济的繁荣与稳定；其次，以人民币和日元（或"亚元"）作为新的增长极能够使更多的亚洲国家平等的参与国际交往和具有决策权，而非仅是一种建立在少数发达国家利益之上的制度安排；再次，多极化的国际货币体系为世界各国从事国际经贸往来提供了更多可供选择的清偿工具，与金融投资工具，既避免了由一种货币充当国际货币而产生的特里芬难题，也避免了两极货币格局所产生的"翘翘板效应";另外,多极化的国际货币体系还能分散各国的外汇储备的汇率风险,是其相互成为其他货币波动的平衡力量,防止由汇率波动所带来的外汇储备的损失。所以说,人民币国际化的实现不只能为中国带来收益,更能为亚洲各国乃至世界国家和地区带来效用的提高。

本章小结

近年来,人民币作为贸易定价和结算货币在我国边贸地区备受欢迎。中国与周边国家和地区经济与贸易发展和合作将进一步促进人民币境外空间和职能范围的扩大。随着中国与东盟国家自由贸易区的建立以及市场整合的进展,人民币在我国港澳地区和东南亚等国被认可和使用,人民币将陆续在其他国家和地区登陆并获得可兑换资格。如,从 2006 年 12 月 1 日起,人民币被列入菲律宾中央银行可自由兑换货币名单,这意味着当地银行可以通过中央银行买卖人民币,普通民众在银行兑换人民币时会更加容易。因此,在美元走势疲软、人民币升值的局势下,亚洲国家使用人民币替代美元作为结算货币和储备货币成为可能。

但现阶段人民币主要是在私人领域的局部范围内具有国际货币功能。除香港外,人民币主要仍是在边境贸易中充当计价结算职能。在国际金融市场中人民币的参与度较低,金融交易需求较少。以外汇市场中的人民币交易为例,总量在迅速上升,但相对规模仍然有限,其中 2007 年仅占全球外汇交易总量的 0.5%;在结构上,主要表现为即期交易和远期交易,尤其依赖于即期交易。

在我们分别从计价、结算、投资、借贷和贮藏职能的角度介绍人民币国际化(区域性国际化)的推进方法和发展顺序的基础上,结合我国的现实国情,接着从实际操作意义方面对人民币国际化进程的不同阶段进行了划分,并分别介绍了国际贸易和国际金融两条途径,采取政府主导和市场自发演进相结合的方式,按照周边化、区域性国际化和全面国际化的推进顺序,根据人民币国际化所处的不同时期制定了不同的阶段性目标和对策，具体介绍了人民币国际化过程中所需要做的各种准备。

近期人民币国际化（区域性国际化）的显著特点是，地域上主要局限在与中国有活跃边贸活动的国家和地区之间。按照渐进推进的国际化思路，人民币的国际化必然是从在边贸中履行计价和交易媒介职能起步，进而不断扩大边贸计价的范围，在积累到一定的规模和信用之后转而到在一般贸易中履行结算功能。只有在国际贸易积累到相当的规模、国内金融市场也相对完善、人民币自由兑换即将完全实现时，人民币才可能真正扩展到作为国际金融市场上的借贷和投资货币、进而作为国际储备货币，成为真正的国际货币。

参考文献

［1］黄泽民：《分步推进人民币国际化》，《国际金融》2009 年第5 期。

［2］黄燕君，包佳杰：《国际贸易结算货币理论及其对我国的启示》，《金融科学》2007 年第6 期。

［3］吴顺达：《浅析金融危机背景下的人民币国际化机遇》，《中国管理信息化》2009 年第12 期。

［4］陈晞，虞红霞：《全球金融危机下的人民币国际化路径研究》，《金融观察》2009 年第5 期。

［5］殷剑峰：《人民币国际化的路线图》，《观察》2009 年第12 期。

［6］曹红辉：《人民币区域化的新进展及发展态势》，《中国金融》2008 年第10 期。

［7］贺翔：《人民币区域化战略问题研究》，《河南金融管理干部学院学报》2007 年第1 期。

［8］邱兆祥，粟勤：《货币竞争、货币替代与人民币区域化》，《金融理论与实践》2008 年第2 期。

［9］邱兆祥，粟勤：《人民币区域化的成本——效应分析》，《经济学动态》2006 年第6 期。

［10］沈国兵：《日元与人民币：区域内货币合作抑或货币竞争》，《财经研究》2004 年第8 期。

［11］李晓霞：《择机推进深港进出口贸易人民币结算》，《河南金融管理干部学院学报》2007 年第 1 期。

［12］陈雨露，汪昌云：《金融学文献通论（宏观金融卷）》2006 年第 11 期。

［13］刘力臻，徐奇渊等：《人民币国际化探讨》，人民出版社 2006 年版。

［14］邱兆祥等：《人民币区域化问题研究》，光明日报出版社 2009 年版。

［15］钟伟：《略论人民币的国际化进程》，《世界经济》2002 年第 3 期。

［16］钟伟：《略论香港作为人民币金融中心的构想》，《管理世界》2002 年第 10 期。

［17］郑凌云：《人民币区域化与边贸本币结算功能扩展》，《国际贸易》2006 年第 7 期。

［18］赵庆明：《人民币资本项目可兑换及国际化研究》，中国金融出版社 2005 年版。

后 记

金融危机给全球经济带来重创的同时，也促进了全球经济格局的巨大变化。美元霸权已经进入一个缓慢衰落的过程，欧元地位并未获得预期提升，亚元战略仍未实现。随着中国经济实力的增强，人民币已逐渐成为部分国家和地区的货币互换和边境贸易核算过程中追捧的对象。据统计，目前人民币货币互换国已达到八个，人民币的国际化进程已显端倪，人民币国际化的环境逐步成熟起来。

首先，改革开放以来中国经济一直处于又好又快的发展状态，经济实力和国际影响力逐年增长，尤其是此次危机中中国树立起负责任大国的形象，让世界再一次认识了中国特色的发展方式造就的卓越成果，中国经济崛起和可持续发展为人民币国际化提供了强有力的国力支撑。

其次，在此次危机中，为了抵御各种外部冲击、维护区域稳定，世界各国和各经济体纷纷在货币领域展开深层次的合作。亚洲经济体也通过区域内货币、金融等领域的合作来增强风险抗击能力，在区域货币合作过程中，人民币逐渐积累了货币国际化的区域性优势。

再次，近年来中国积极发展与周边国家和地区的睦邻友好关系，加强同周边国家和地区的往来与合作，为人民币国家化营造了一个和平稳定、平等互信、合作共赢的周边环境。此外，一直以来东盟国家是中国对外贸易和投资的重要对象，随着CAFTA的建成，中国与东盟的双边贸易和投资往来更加密切，这必将推动在现有使用人民币计价结算的基础上，扩大人民币在东盟区域的影响力，为进一步推进人民币国际化提供有利支撑。

目前，人民币国际化的呼声越来越高，2009年以来中国政府也逐步推出相关政策来配合推进人民币国际化。但是，人民币国际化的条件是否已经成熟？虽然，理论界很早就提出了关于人民币国际化这一课题，并展开了激烈的讨论，但是对人民币国际化的研究大都限于表面，只是对人民币国际化的对策和障碍等进行了探讨，并没有对人民币国际化进程中的具体条件进行深入挖掘。在现有条件下，如何推进人民币国际化？以及推进过程中，中国应该做出哪些方面的准备？实施怎样的政策和措施等来保障人民币国际化进程、如何防范人民币国际化过程中的风险？这些都是在推进人民币国际化进程中亟待解决的问题。

因此，研究中国是否已经具备人民币国际化的各项条件，分析人民币国际化的利弊，探讨如何推进人民币国际化进程，防范人民币国际化进程中的风险，具有深远的意义。一方面，可以进一步丰富和完善人民币国际化理论，并为该理论提供实证案例。另一方面，通过对人民币国际化进程中所需要满足何种条件，以及如何防范人民币国际化进程中的风险进行深入分析和探讨，可以部分解决上述人民币国际化（区域性国际化）进程中存在的问题，为推动人民币国际化提供理论和战略指导。因此，人民币国际化课题的研究具有十分重要的现实意义。

广西大学范祚军教授及其团队，在分析和总结国内外相关研究的基础上，多次运用比较分析、经验借鉴、现实与发展相结合等定性方法和 ADF 检验、Granger 检验等定量分析方法，分析了人民币国际化（区域性国际化）的进程如何，达到了何种程度，推进人民币国际化过程中，需要在国力条件、金融体制和金融市场、汇率机制等方面做哪些准备来应对人民币国际化过程中的问题，既有经验借鉴和现状考察，又有对人民币国际化进程中的条件分析部分和路径选择论证。本项研究首先对人民币国际化的可行性进行了定性和定量的分析，得出了推进人民币国际化可以给中国带来更多的利益的结论；然后，对人民币国际化的现状进行了考察，并得出人民币国际化程度较低，尚处于起步阶段，但是人民币同日元相比更具有充当东亚地区货币锚的潜力；其次，文章从国力条件、金融市场条件、金融体制条件、汇率和利率条件几方面入手对人民币国际化的现实条件进行了深入细致的考察，并认为在人民币国际化（区域性国际化）的国力条件的发展结构仍需调整，人民币国际化的金融体制条件中的资本账户需要逐步放开，金融监管要与时俱进，人民币国际化的金融市场条件中的金融市场改革势在必行，人民币国际化的汇率和利率条件中应推动浮动汇率制度和非对称的利率市场化。最后，课题从此次金融危机影响入手，提出了人民币国际化（区域性国际化）的具体战略和风险防范。

　　总之，本研究不同于其他学者的视角对人民币国际化这一问题进行了研究和探讨，在研究方法的选择上也在切合实际情况基础上，进行了一些大胆的创新，使得研究结果更加科学、全面。当然，人民币国际化课题是一个内外兼修的长期过程，研究的需要涉及到方方面面，特别是资本项目开放、汇率制度选择、金融市场开放等核心问题，争论颇多。有"争"才有"论"，我们希望著作的出版，能够进一步推动人民币国际化问题的研究，特别是对于国家制定正确的人民币国际化战略、适时正确的推进这一进程具有战略指导意义。

　　本课题的研究是在中央财经大学校长王广谦教授、李健教授的指导下，在中央财经大学、广西大学、中国人民大学等单位共同努力和协作之下合作完成的。课题研究过程中，先后完成研究论文多篇，并在此基础上最终形成了本书稿。这期间从研究选题、提纲构思、文章结构到内容都倾注了王广谦教授和李健教授大量的心血，课题组多次组织、召开讨论会议，经过不断地修改和完善，最终确立了本书的写作大纲，统一了写作思路，并不断地协调研究进度。在研究过程中，课题组成员也都付出了艰辛的努力，研究成果的发表让人深感欣慰，也期望本研究能为人民币国际化这一伟大事业提供有效的支撑和借鉴。在课题研究过程中，中国—东盟研究院院长、广西大学党委书记梁颖教授、广西大学商学院院长阎世平教授，以及广西大学财政金融研究中心的同事们给予了很大的帮助，在此深表谢意。本课题是由王广谦教授拟定研究框架和写作提纲，范祚军教授具体组织，课题研究人员及分工如下：第一章：范祚军、袁佳丽；第二章：关伟、陆晓琴；第三章：陈琳、杜宇、许珊珊；第四章：潘永、宁莉；第五章：范祚军、夏梦迪；第六章：范祚军、秦丽丽；第七章：唐文琳、李笑琛；第八章：唐文琳、孙辉、秦丽丽；第九章：范祚军、凌璐阳、黄江月；第十章：杜宇、邹春燕。在本课题的研究过程中，我们参考了大量国内外已出版的书籍、发表在期刊网上的学术论文以及网络资料，借鉴了相关学者的研究成果，在此我们向这些作者表示诚挚的感谢，尽管书中开列了相关参考文献，但是恐有疏漏，还望见谅。尽管我们在研究这一课题的过程中付出了极大的努力，但是因研究水平有限，加之资料等条件的限制，书中不足之处在所难免，恳请广大专家学者和广大的读者批评指正，提出进一步的修改和完善意见和建议，我们在此向您表示诚挚的感谢。